国家出版基金项目
NATIONAL PUBLICATION FOUNDATION

"船舶智能制造关键共性技术"丛书

船舶制造车间组网技术

王建勋　陈宝峰　单忠德　王　旭　主　编

哈尔滨工程大学出版社
Harbin Engineering University Press

内容简介

本书介绍了无线传感网、多业务高带宽承载网、数控设备网等新一代信息与网络技术，提出了解决在船舶制造车间复杂作业环境下的网络构建和覆盖、在船舶制造过程中的物联等关键共性问题的方式，构建了基于物联网的可控、可管、可扩展和可信的船舶制造车间网络空间架构，以此实现船舶智能制造网络的互联互通，以及在车间实际运行过程中的数字化和信息化融合与仿真、优化、实时控制，为船舶制造车间组网提供指引。

图书在版编目(CIP)数据

船舶制造车间组网技术/王建勋等主编.—哈尔滨：
哈尔滨工程大学出版社，2023.11
ISBN 978-7-5661-4032-6

Ⅰ.①船… Ⅱ.①王… Ⅲ.①造船-智能制造系统-
车间管理 Ⅳ.①U671-39

中国国家版本馆 CIP 数据核字(2023)第 129322 号

船舶制造车间组网技术
CHUANBO ZHIZAO CHEJIAN ZUWANG JISHU

选题策划	史大伟　雷　霞　汪　璇　周长江
责任编辑	宗盼盼　王丽华
封面设计	李海波

出版发行	哈尔滨工程大学出版社
社　　址	哈尔滨市南岗区南通大街 145 号
邮政编码	150001
发行电话	0451-82519328
传　　真	0451-82519699
经　　销	新华书店
印　　刷	哈尔滨午阳印刷有限公司
开　　本	787 mm×1 092 mm　1/16
印　　张	24.25
字　　数	570 千字
版　　次	2023 年 11 月第 1 版
印　　次	2023 年 11 月第 1 次印刷
书　　号	ISBN 978-7-5661-4032-6
定　　价	126.00 元

http://www.hrbeupress.com
E-mail:heupress@hrbeu.edu.cn

"船舶智能制造关键共性技术"丛书
编 委 会

《船舶制造车间组网技术》
编 委 会

主 编

王建勋　　陈宝峰　　单忠德　　王　旭

副主编

张　倩　　刘　波　　朱雪玲　　张炳均　　李新杰

编写人员

庄肖栋	王朋庄	徐朝月	吴　乐	赵宏剑	贾　沛
储云泽	于　航	郄金波	姜　军	周文鑫	汪　璇
马秋杰	牛延丹	周荣富	黄敏健	饶　靖	陈好楠
张　然	沈文轩	吴　韩	周同明	苏华德	马彦军
顾继安	潘冬伟	高　杰	习　猛	瞿雪刚	罗　金
万　莉	钱振华	伍英杰	宋建伟	张亚运	王素清
沈　伟	刘玉峰	唐诗渊	唐永生	李　迎	张　俭

前　言

随着全球新一轮科技革命和产业变革深入发展,新一代信息技术与先进制造技术加速融合,为制造业高端化、智能化、绿色化发展提供了历史机遇,世界造船强国纷纷规划建设智能船厂,以智能制造为抓手,力图抢占全球制造业新一轮竞争制高点。船舶制造是典型的离散型生产,具有船厂空间尺度大、船舶建造周期相对较长、工艺流程复杂、单件小批量生产、中间产品种类繁多、物理尺寸差异大、作业环境相对恶劣等行业特点,对智能制造技术提出了特殊要求。

近年来,在国家的关心指导、行业的不断努力下,我国船舶工业实现了跨越式发展,产业规模迅速扩大,国际市场份额大幅跃升,造船三大指标位居世界前列,船舶工业核心设施和技术能力大幅提升,形成了长三角、珠三角和环渤海湾三大造船基地;造船核心设施能力达到国际领先水平,骨干船厂建立起以中间产品组织生产为特征的现代总装造船模式,并不同程度地开展了智能化转型探索工作,取得了一定成效。但是我国船舶工业大而不强的问题依然存在,造船质量、效率与世界先进造船国家相比还存在一定差距,我国船舶制造业处于数字化制造起步阶段,各造船企业发展水平参差不齐,三维数字化工艺设计能力不足,关键工艺环节装备自动化水平不高,基础数据缺乏积累,互联互通能力薄弱,集成化水平低等问题亟待解决。未来的 10~20 年是我国由造船大国向造船强国迈进的关键时期,也是我国造船企业通过技术创新实现转型升级、由大到强的重要发展机遇期,风险更大,挑战更为激烈。

为贯彻落实海洋强国、造船强国国家战略,国家相关部委先后发布了《推进船舶总装建造智能化转型行动计划(2019—2021 年)》(工信部联装〔2018〕287 号)、《船舶总装建造智能化标准体系建设指南(2020 版)》(工信厅科〔2020〕36 号)等规划文件,旨在加快新一代信息通信技术与先进造船技术的深度融合,提高我国造船效率和质量,推进船舶总装建造数字化、智能化转型。2016 年 12 月 20 日,工业和信息化部、财政部批复"船舶智能制造关键共性技术专项"项目立项,专项以船舶智能车间为对象,研究突破船舶智能制造关键共性技术,形成船舶智能制造核心技术和系统集成能力,使我国船舶企业建造技术水平跃上一个新台阶,缩短与国际先进造船国家的差距。通过"船舶智能制造关键共性技术专项"四年的研究,形成了一批船舶智能制造关键技术研究成果。为更好地推广科研成果,实现行业共享，项目组将专项的主要研究成果编辑成一套"船舶智能制造关键共性技术"丛书，该丛书以船舶智能车间为对象，通过对面向智能制造的船舶设计技术、船舶智能制造集成技术应用以及互联互通的船舶智能制造车间基础平台开发的相关研究总结，形成船舶智能制造关键共性技术的知识文库，为我国造船企业推进智能制造提供方向指引和知识支撑，助推提升企业造船效率和质量水平，为进一步构建智能船厂，实现我国由造船大国向造船强国的转变打下坚实基础。

本丛书共十一分册，各分册主要内容如下：

第一分册《船舶智能制造数字化设计技术》主要介绍船舶智能制造的数据源头数字化设计技术，包括基于统一三维模型的详细设计及审图、设计与生产集成、三维工艺可视化作业指导以及面向智能制造的产品数据管理系统开发与应用等内容。

第二分册《船舶智能制造工艺设计》主要介绍船体构件加工成形、船体焊接、管子加工、船体结构件装配、分段舾装、涂装等关键工艺环节的工艺模型设计、工艺特征描述、工艺路线设计、工艺知识库构建。

第三分册《船舶智能制造模式》主要介绍造船企业智能化转型的目标图像，分析国内骨干造船企业智能制造技术总体水平与差异，构建以信息物理系统为核心的船舶智能制造系统架构，研究船舶智能制造的设计、管控生产模式，并给出实施路径与评估评价方法。

第四分册《船舶智能制造车间解决方案》主要介绍船舶智能车间通用模型、面向智能制造的船舶中间产品工艺路线制定，提出船体分段、管子加工与分段涂装智能车间解决方案。

第五分册《船舶中间产品智能生产线设计技术》主要介绍国内骨干船厂中间产品生产线的发展现状以及对自动化、智能化程度的需求，研究型材切割、条材切割、船体小组立、平面分段、管子加工等典型中间产品生产线的设计方案，设计开发智能控制系统并验证，支持各类中间产品智能生产线的应用。

第六分册《船舶智能制造的统一数据库集成平台》主要介绍数据库顶层设计、数据库设计规范、数据库标准接口和数据库集成开发技术。

第七分册《船厂大数据技术应用》主要介绍船厂大数据应用的顶层设计、大数据质量保证、大数据分析和应用使能工具等技术，并对基于大数据的派工管控协同优化、分段物流分析与智能优化、船厂能源管控优化进行应用研究。

第八分册《船舶车间智能制造感知技术》主要介绍船舶分段制造车间定位技术、船舶制造中间产品几何信息感知技术、车间资源状态信息采集技术、船舶焊接与涂装车间环境感知应用技术。

第九分册《船舶制造车间组网技术》主要介绍船舶制造车间复杂作业环境下的网络构建和覆盖、制造过程物联，构建基于物联网的可控、可管、可扩展和可信的船舶分段制造车间网络空间架构。

第十分册《船舶智能制造海量数据传输与融合技术》主要介绍基于三维模型的海量数据传输技术及海量异构数据融合、管理技术。

第十一分册《船舶分段车间数字化多工位协同制造技术》主要介绍船舶分段制造车间切割、焊接等多工位协同作业、协同机制分析技术与船舶制造现场多数据源协同集成技术。

本丛书是项目团队花费大量时间和精力研究、编写的成果，希望能够得到广大读者的认可和支持。同时，我们也期待着读者的宝贵意见和建议，以便我们不断改进和完善本丛书的内容，为读者提供更加优质的服务和产品。

最后，我们要感谢所有参与本丛书编写和出版的人员及单位，他们的付出和支持是本丛书能够顺利出版的重要保障；还要感谢所有关注和支持智能制造技术发展的人，让我们共同推动智能制造技术在船舶行业的广泛应用和发展，为实现船舶工业数字化、智能化转型而不懈努力！

编　者

2023 年 5 月

目　　录

第1章 在船舶制造过程中的物联网技术

1.1 概　　述

船舶制造过程的互联互通平台是船舶智能制造发展的关键技术之一,必须集中力量研究攻关,力争全面突破,进而支撑船舶生产设计、综合管控和船舶建造的协同作业,从而全面提高船舶制造的质量和效率,降低制造成本,提升船舶产品的竞争力。

我国船舶制造企业经历了一段时间的快速发展,取得了以下显著成绩。

(1)在基础设施、制造装备、装备自动化等方面持续投入,建设了切割流水线、中小组立焊接流水线、大吨位船坞/船台等先进的硬件设施。

(2)国内骨干船舶企业大力推进"数字化造船"建设,实施了产品数据管理(PDM)系统、企业资源计划(ERP)系统和制造执行系统(MES),实现了船舶产品的数字化设计,制造过程的生产计划、物流和质量等的信息化管控,显著提高了船舶制造的效率和质量。

但是,我国要发展成为"船舶制造强国",依然面临如下挑战。

(1)船舶制造现场缺乏实时感知系统,无法及时获取船舶制造过程的分段建造计划执行状态、分段场地堆放、物流配送和设备资源利用等数据,致使工艺改进、生产计划协调等决策缺乏实际生产现场的数据支撑。

(2)船舶制造车间尚未构建数据传输到工位的通信网络,致使船舶制造工艺数据、生产任务派工数据和物料配送等数据无法推送到制造现场,进而使实际船舶制造"按工艺、按计划的建造"难以贯彻,导致生产混乱和船舶建造精度、质量难以控制。

(3)船舶制造过程的产品、工艺文件、测量精度和计划等海量异构数据信息融合程度低、共享难,只能进行独立分析,导致船舶制造车间内的工位之间,设计、计划和质量等部门之间的协作程度低。

(4)船舶制造过程未能充分考虑制造现场的环境、设备资源和中间产品的状态等与设计、规划的差异,致使船舶制造过程的稳定性和可靠性较低,严重降低了船舶分段制造的一次合格率。

为此,我国迫切需要开展互联互通的船舶智能制造车间基础平台开发工作;研究船舶车间智能制造感知技术,实时获取船舶制造过程的状态信息;构建船舶制造车间的网络通信系统,进行基于三维模型的海量数据传输技术研究,实现基于三维模型的工艺、计划和现场制造过程等海量异构数据的传输;研究船舶制造过程的海量异构数据融合技术,实现工艺、中间产品和现场制造过程等异构数据的融合、共享,为生产设计、精度控制和生产计划管控等提供完整的、有效的数据支撑;研究建立数字化多工位的协同机制,支撑船舶制造过程的协同作业,提高效率;研究船舶制造现场多数据源协同集成技术,为提高船舶实际制造的精度控制和一次合格率提供数据支持。

工业物联网是通过工业资源的网络互联、数据互通和系统相互操作,实现制造原料的灵活配合、制造过程的按需执行、制造工艺的合理优化和制造环境的快速适应,达到资源的高效利用,从而构建服务驱动型的新工业生态体系。工业物联网拥有智能感知、泛在连通、精准控制、数字建模、实时分析和迭代优化等6大特征。

工业物联网的实施包括以下阶段。

(1)智能感知:随时随地进行工业数据的采集。

(2)互联互通:将采集到的数据利用通信网络实时、准确地传递。

(3)数据应用:利用云计算、大数据等相关技术,实现对数据的充分挖掘和利用。

(4)服务模式:利用信息管理、智能终端和平台集成等技术,实现传统工业的智能化改造。

发展工业物联网能让组织连接不同的新旧设备,实现相互之间的对话,在互联互通之中优化资源并创造价值。图1-1为工业物联网产业链(LaaS为基础设施即服务,PaaS为平台即服务,SaaS为软件即服务,MEMS为微机电系统,RFID为射频识别,PLC为可编程逻辑控制器,DCS为分散控制系统,SACDA为数据采集与监视控制系统)。

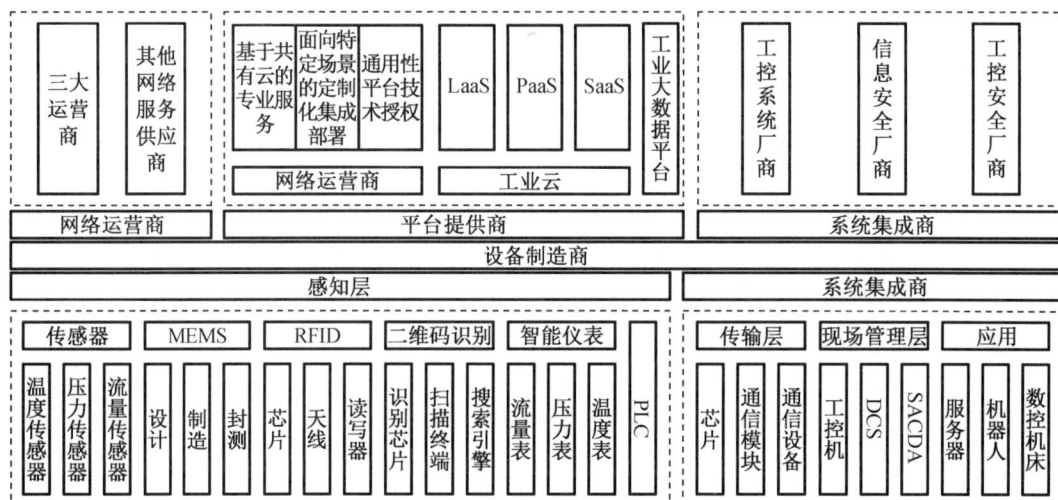

图1-1 工业物联网产业链

物联网技术是基于信息技术和互联网的发展而出现的,最先提出物联网技术的是美国麻省理工学院的Ashton教授。2005年,Ashton教授在信息社会世界峰会上提出了"Internet of Things"这个理念,也就是将"物"用互联网的方式链接起来,此概念在引入我国之后被称为"物联网"。人们习惯于将互联网世界定义为一个虚拟世界,其中的内容并不是真实可触摸的,与现实世界有很大的区别,而物联网就是将虚拟世界和真实世界联系起来。将物与互联网进行连接是需要传感器技术和设备的,将物连接到计算机互联网中,就可以通过计算机观察物的运行情况,因此,物联网一般用于物流系统、工程建设项目中。

物联网技术是将物连接到互联网的一种技术,在船舶制造中使用物联网技术可以让制造流程更加便捷、顺利且智能。现阶段,船舶智能制造成为船舶行业发展的新趋势,这离不开经济全球化背景下越来越多的经济贸易往来。船舶制造行业是否智能化,是船舶企业是否能在新一轮国际竞争中脱颖而出的决定性因素。在物联网技术的应用下,智能化生产线及信息化、智能化船舶制造模式,可实现船舶智能制造过程,有助于设计、进货、装配、信息采集、修正、监控等全方位的联合管控,以推动船舶智能化发展。

相较于传统的信息技术,物联网技术可以为船舶发展提供劝导式设计,并对此加以利用。物联网技术的特点如下。

(1)环境情境感知,用户传达高效。情境感知是指计算机设备通过传感器和相关技术感知当前环境,为用户提供适当的信息或服务的能力。情境感知也可以应用于说服系统的设计。物联网包含多个传感器,可以感知包括用户行为状态和物理环境状态在内的信息。同时,物联网可以通过场景中的信息媒体,随时随地根据设计要求向用户传递信息。

(2)数据多维化,信息载体多样。物联网通过传感器,利用无处不在的无线网络,在不同的时间和空间中及时、准确地传输与呈现数据。在信息载体方面,物联网技术下的信息载体已经超越了移动设备的屏幕。智能音箱、智能镜子等新硬件为物联网环境下的信息表达提供了新的载体选择。

(3)网络互联实时,交互方式不一。物联网是互联网的延伸,在实现物联空间内的设备相互链接的同时,通过网关与互联网相互链接,可以使内部信息通过互联网传递到外部,实现信息感知与反馈;在相互交换方面,随着技术的发展,增加实现语音识别的实际场景模式。

1.2　物联网技术在船舶制造过程中的应用

1.2.1　供应链和物流管理

在当前应用物联网技术中,供应链的各环节已成为一个有机整体,可以有效管理所有供应链环节中的物品。在供应链中,所有的关键"物"都有与之相对应的"电子标签",并且这种电子标签是可以被感知、扫描或者定位的。由此可以看到供应链在船舶智能制造中的重要作用及其普及度。在船舶智能制造中,供应链系统主要包括船舶制造的内部供应链、外部供应链,以及船舶制造单位与物流公司之间的供应链。应用物联网可以提高效率,简化工作流程,降低人力资源的投入。在船舶智能制造中,物流管理也是一部分,运用物联网功能可以及时录入所需信息,同时实现跟踪管理、实时查询。在计算机信息系统中,确定并提交相关的订单,供应链中的供货商就会及时发货,在货物运行过程中,所有的物流信息,包括货物是否出仓、运送到的具体位置、接收人,以及货物存放的仓库、货位等都可以通过相关的物联网平台进行查询。

1.2.2　生产制造管理

在船舶制造过程中,利用物联网技术可以及时实现各环节的优化管理,主要体现在以下几个方面。

(1)物联网技术促使各类设备设施及资源资料实现合理的协调使用,避免混乱丢失情况的出现。

(2)物联网技术平台可以轻松实现资源共享和信息数据管理,有统一的规范与要求,可以简化生产制造管理工作。

(3)通过物联网技术及传感器来收集制造过程中所需的专业数据,有助于建立生产闭环控制及自动化的错误数据反馈机制。

1.2.3　安全生产管理

在船舶智能制造中,可以充分利用物联网在设备设施中安装的传感器进行安全检测,这对于船舶安全生产管理很有帮助。物联网具有信息数据处理与控制功能,可协助船舶生产管理。简单地讲,就是将相关参数进行设定,然后充分发挥物联网对危险信号、数据信息的感知功能,自动智能化处理可以自行控制修复的故障,并且对于无法处理的信息及时发出相应的安全警报,传输到对应的后台管理员处进行有针对性的解决。当然,建立安全生产管理机制,可以及时有效地辨别高风险因素并做出快速响应。采用物联网控制系统来追踪环境与设备设施中的危险信号,可以有效应对船舶智能制造中存在的危险性较高的情况或者具有较高风险的因素,尽量避免安全隐患的发生。

1.3　在船舶制造过程中的物联网技术分析

本节针对在船舶制造过程中,物联网在组网时,出现的网络应用环境恶劣,设备间通信协议繁多,网络易受干扰、不稳定等问题,开展在船舶制造过程中的物联网的接入需求、网络构架、不同通信协议转换、网络可靠性及抗干扰性等技术问题的研究,形成物联网组网的优化方案;根据不同船舶制造车间的环境特点,建立不同的网络配置模型,定义网络的拓扑结构、功能结构与运行结构,实现高稳定性、高可靠性的物联网。

1.3.1　在船舶制造过程中物联网接入需求的分析

采用物联网技术是实现数字化、可视化、信息化船舶智能制造这一目的的有效途径。其先决条件是确定需要通过物联网采集的数据信息及其传输要求,从而确定制造过程接入物联网技术的设备与接入方式。研究物联网接入需求,基于船舶分段制造加工车间,从工艺过程、生产管理、设备管理 3 个视角,完成对各加工工位需要采集的数据量、数据种类等基础数据信息的确认,为设备的顺利接入、信息的顺利传输奠定良好的数字环境基础。图 1-2 为国内某船厂分段制造车间平面图。

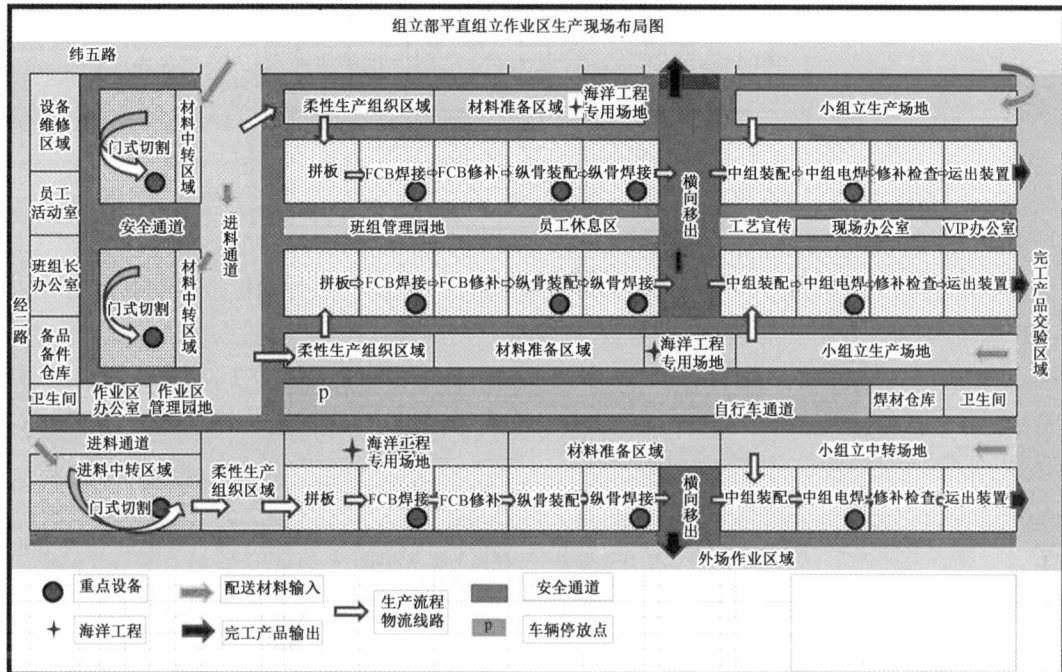

图 1-2　国内某船厂分段制造车间平面图

1.3.1.1　工艺过程需求分析

在船舶制造过程中,物料进入分段制造车间首先经过门切数控切割(门切工位)进行钢板的预处理。然后到拼板工位,按照设计要求进行不同数量钢板的拼合,并保持拼合状态进入焊接工位。两面成型自动焊(FCB)焊机主要完成对拼合好钢板的焊接和对焊接效果的检验与修补,以达到钢板牢固焊接的生产目的。接着进入纵骨装配焊接工位,将拼合焊接好的钢板进行纵向焊接,以形成船体支撑架构等结构。不同船体对钢板形状的要求不尽相同,有的钢板经过纵骨装配焊接工位后直接拿到船体里面,而有的则要继续加工生产,完成不同船体建造的要求。再加工的钢板需经过中组装配、中组焊接,这是对生产物料更大规模的拼接与焊接,接着在中组修补工位完成焊接工艺的检验与修补,最后脱离生产设备,运出分段制造车间。

物料在进入分段制造车间后,主要流经 6 大工位,分别是门切工位、拼板工位、FCB 焊接/修补工位、纵骨装配/焊接工位、肋板装配/焊接工位、舾装工位。经过对图 1-3 中生产加工过程的分析,可以看出物料在分段制造车间流经工位众多,工序繁多,对物料的加工要求也不尽相同。分段制造车间根据所需设计模型及规格进行简化、拆分,得到简分后的船体尺寸,再安排生产部门按照生产精度要求进行生产加工,以满足制造的要求。

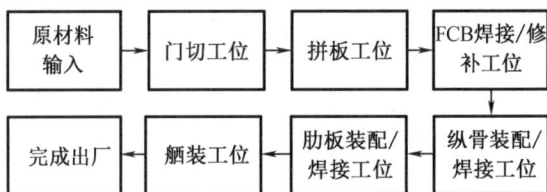

图 1-3　船舶制造车间工艺流程

首先,经过门切工位进行所需尺寸预处理。其次,拼板工位对钢板进行拼接工作。在 FCB 焊接/修补工位和纵骨装配/焊接工位,分别对钢板进行横向焊接、纵向焊接,同时对焊接品质进行检验与修补。肋板装配/焊接工位和舾装工位完成钢板出厂前最后的加工、检验与舾装。最后达到要求的钢板完成出厂。分段制造车间的物联网接入需求如图 1-4 所示。

图 1-4　分段制造车间的物联网接入需求

图 1-4 给出了 6 大工位接入物联网时的不同的生产工艺需求。门切工位是对钢板进行切割成型预处理,接入物联网的需求主要有钢板切割精度、品质等。拼板工位主要对切割好的钢板保持拼合状态,对合缝的精度与品质有要求。FCB 焊接/修补工位主要是对切割完成后拼合的钢板进行焊接重组,使得钢板的长度、厚度、形状发生物理改变,并对焊接精度不达标的钢板进行修补作业,因此接入物联网的需求主要是钢板焊接的精度、品质等。纵骨装配/焊接工位主要也是进行焊接重组,与 FCB 焊接/修补工位不同之处在于焊接方式不同,因此对接入物联网的需求依然是钢板焊接的精度、品质等。肋板装配/焊接工位接入物联网的需求主要有钢板切割的精度与品质等。舾装工位是对生产加工好的物料进行严格把控,保证出厂后的物料结构品质优良,以满足建造使用的要求。

1.3.1.2　生产管理需求分析

船舶制造车间有 6 大工位,每个工位的正常加工生产,不仅是保证船体按时交付的基础,也是决定船企的信誉的基础。良好的生产管理步骤,不仅可以提高生产加工的效率,而且也能提高企业的经济效益。每个工位在一个生产周期内,可生产出相应的产品。因此,船舶制造过程的生产管理需求,主要是面向生产人员、生产材料、生产部件、生产产品及生产环境进行物联网接入需求的数据分析。

经过工艺过程需求分析,可以看出分段制造车间进行的生产制造步骤繁多。由于分段制造车间生产过程基本上是全自动化,因此车间希望对生产人员进行实时监控、对工作环境进行实时把控,最主要的是对生产材料及成品质量的实时掌控,达到生产人员安全、生产材料可靠、生产环境优良、生产产品品质上乘的优质化、绿色化生产的目的。图 1-5 为在船舶制造生产管理过程中接入物联网的具体需求。

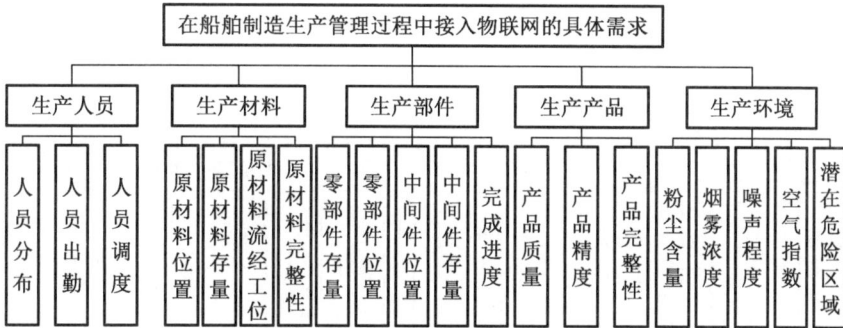

图 1-5　在船舶制造生产管理过程中接入物联网的具体需求

图 1-5 从生产人员、生产材料、生产部件、生产产品、生产环境 5 个方面,明确了在船舶制造生产管理过程中接入物联网的具体需求。车间不仅要保证生产人员在安全、健康的环境下进行生产作业,还要确保生产产品的品质达到出厂合格要求。

1.3.1.3　设备管理需求分析

经过生产计划、生产加工之后,产品初具规模,要进行产品精加工或出厂前的检验,即所谓质量状况检测。对于计划生产雏形与实际成品,要进行报验情况分析;对计划达到的精度要求,要进行精度验证分析;将实际产品与理想产品进行对比,分析实际产品的缺陷,经过再加工或精加工后,使产品达到理想状态。

工位的缓存与工时消耗不一样,工位缓存对生产加工人员而言,主要是为了防止生产期间无人看守,造成生产事故,或是在生产过程复杂时,由于工作人员来不及应付,造成设备超负荷运行等,对设备造成损害。

加工生产过后,要对生产过程所消耗的资源物料进行统计,包括在制产品数量统计和生产工位缓存量统计,这么做的目的,一是为了统计实际生产所消耗资源的多少,与历史数据进行对比,方便技术工程师及时发现问题,减少资源消耗,节约成本;二是为了了解该工位所剩资源的多少,方便物料管理部门及时增减物料采购的数量,合理安排采购计划,节约成本开支。

最后,生产的产品,在质量检测合格、物料消耗符合规定标准后,及时配送到指定的生产工位,方便组装、深加工等。这里需要完成的配送流程,包括配送人员、时间、目的地等数据。在每次配送过程中,会有意想不到的情况发生,可能造成产品损耗等,因此配送后,要对产品缺陷状态进行数据统计,以便后续生产弥补这部分损耗。

因此,设备管理就是以设备为研究对象,追求设备综合效率,应用一系列理论、方法,通过一系列技术、经济、组织措施,对设备的物质运动和价值运动进行全过程(从规划、设计、选型、购置、安装、验收、使用、保养、维修、改造、更新直至报废)的科学型管理。针对分段制造车间的生产设备而言,设备的成本、维护成本、损耗是企业最为关心的问题,状态良好的设备不仅能够提高生产加工效率,而且可以减少人工管理成本,实现优质造船的目的。在船舶制造设备管理过程中的物联网接入需求如图1-6所示。

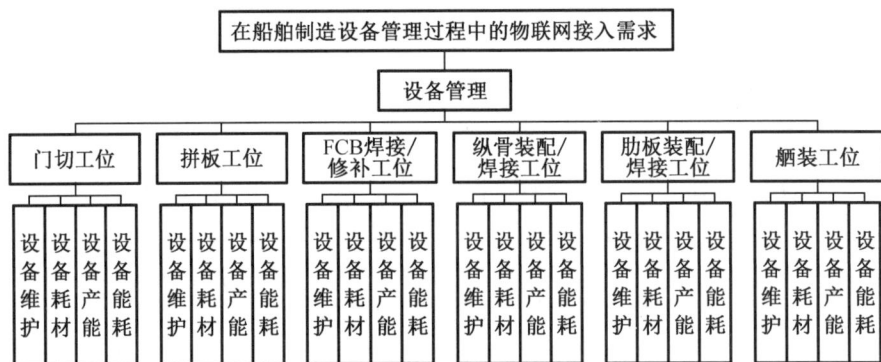

图1-6 在船舶制造设备管理过程中的物联网接入需求

图1-6给出了6大工位接入物联网时的生产设备管理需求。这些生产设备的状态不仅关系到产品能否顺利制造完成,甚至关系到产品能否顺利交付船东的信誉问题。设备发生故障时,应及时派工作人员进行维修;设备耗材、能耗过高时,应考虑对设备进行精度调节,及时清洁设备和更换旧有部件,减少更换整体设备的概率,降低企业成本。产能越高,则说明设备被保养得越好。因此应该定时对设备进行“体检”,以保证设备一直处于最佳生产状态。

设备管理是对设备寿命周期全过程的管理,包括选择设备、正确使用设备、维护修理设备和更新改造设备全过程的管理工作。

设备管理是以企业经营目标为依据,通过一系列的技术、经济、组织措施,对设备的全过程进行科学管理,即实行从设备的规划工作起直至报废的整个过程的管理。这个过程一般可分为前期管理和使用期管理两个阶段。设备的前期管理是指设备在正式投产运行前的一系列管理工作。

在实际船舶制造过程中,生产进度主要包括生产作业完工情况、生产计划达成情况等,这两方面也是重要的生产考核内容。在计划好生产进度的前提下,如何高效地完成,又是实际生产过程中必不可少的重点内容。

在实际生产中,若实作工时太长、设备与人员等待时间太长,会造成企业成本、资金负担,设备空载等不良影响,因此,将工时消耗作为物联网生产管理需求之一,就是为了合理调度生产方式,让员工与设备更加紧密地结合在一起,达到生产高效的目的。

企业设备管理应当以效益为中心,坚持依靠先进的技术,促进生产经营发展和以预防为主的方针;以科学发展观为指导,贯彻国家的方针、政策、法规,通过技术、经济和组织措施,对企业的主要生产设备进行综合管理,坚持设计、制造与使用相结合,维护与计划检修相结合,修理、改造与更新相结合,专业管理与群众管理相结合,技术管理与经济管理相结合的原则,做到综合规划、合理选购、及时安装、正确使用、精心维护、科学检修、安全生产、适时改造和更新,不断改善和提高企业技术装备的素质,为企业的生产发展、技术进步、经济效益的提高服务(图1-7)。

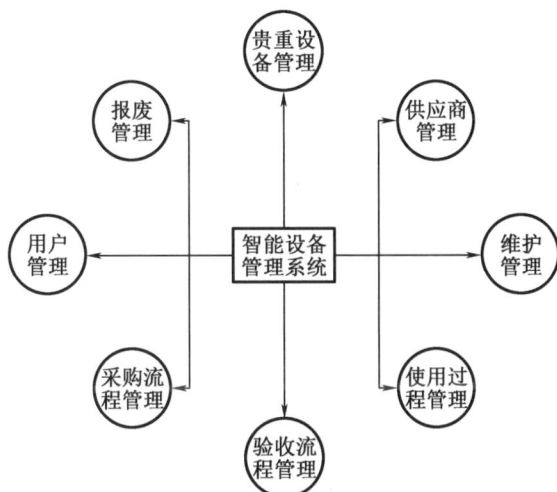

图1-7 设备管理

从物资、资本两个基本面来看,设备管理可分为两种基本运动形态,即设备的物资运动形态和设备的资本运动形态。设备的物资运动形态,从设备的物质形态的基本面来看,是指设备从研究、设计、制造或从选购进厂验收投入生产领域开始,经使用、维护、修理、更新、改造直至报废退出生产领域的全过程,这个过程的管理称为设备的技术管理;设备的资本运动形态,从设备资本价值形态来看,包括设备的最初投资、运行费用、维护费用、折旧、收益及更新改造的费用等,这个过程的管理称为设备的经济管理。设备管理既包括设备的技术管理,又包括设备的经济管理,是两方面管理的综合和统一,偏重于任何一个管理都不是现代设备管理的最终要求。

因此,在分段制造车间中,相同工序不同工位间的并行作业协同,以及前后工序不同工位间的串行作业协同,可解决多工位作业交叉并行时存在的计划精准度低、工序间协调差、停工/待工频繁、生产效率低下、工位间中间产品缓冲量大等问题,可提高工序间生产过程步调和节奏的一致性、多工位间生产信息的对称透明度、多工位间制造资源的匹配度,可提升船舶制造过程的柔性化程度。

1.3.1.4 数据采集与传输需求

经过上述3个方面对物联网接入数据需求的分析,我们明确了各工位数据的类型、数据量等基础数据。如何实现这些数据信息的收集,是实现物联网在船舶制造过程中应用的核心一步。

根据在船舶制造过程中收集的数据,工作人员可诊断分析分段制造车间设备、工艺、中间产品的状况等,标定关键制造单元的参数并进行误差补偿,及时调整分段制造过程中工艺目标的偏离,以小组立生产车间为验证对象,实现在现场多数据源协同集成条件下完成数据采集需求分析。

数据的采集主要包括人员数据的采集、物料数据的采集、设备数据的采集及产品质量数据的采集。相关系统可发放人员的调度任务,通过对人员工作的出行状态、出行时间、产品加工时间等主要信息的采集,来确定人员的生产数据。物料数据的采集是使用二维码标签来进行分区管理,在不同的区间内对产品进行工序号和加工数量等信息的读取。

车间的生产设备自动化程度不高,主要是对设备的运行状态和产品加工的数量进行采集。读写器可读取设备的编号、操作员工的编号、工号及读取时间等设备信息,在设备运行到一定程度或发生故障时,系统能够及时向相关部门发送信息,以便相关人员对设备进行维修。另外所有设备的运行信息都会被保存到数据库中,设备每运行一次,数据库都会更新一次。

生产的产品质量是整个生产管理部门的重点,若生产工序不在控制范围内,就会造成后续一系列加工浪费的情况,及时向管理者反馈生产的产品质量,有利于减少加工的质量问题。在生产过程中一般有自检、互检和专检3个质量检测制度。完成产品的加工后,质检人员需要对产品质量进行检测并记录产品的质量检测情况,可根据产品的具体情况进行相应的处理。

(1)数据采集方式

①人工统计数据

人工统计数据,是工作人员将需要统计的数据逐个输入电脑或手写入表格中。这种方法不仅效率低下,容易出错,而且很难保证统计数据的准确性和完成的准时性。随着人口红利的减少,社会对于人才的需求日益增多,聘用的人工成本也随之增加,现在更多的企业不会使用该方法统计数据。随着科技的进步,该方法已经显得过时,且很难满足日益增长的经济效益需求。目前该方法趋于淘汰状态,仅在某些特殊的场合使用。

②人工扫码

人工扫码,是利用麻省理工学院提出的电子代码(electronic product code,EPC)技术,结合条形码、二维码生成装置,将需要采集、统计的信息,编写入条形码和二维码中,并能够实时更新条形码和二位码中的数据信息。当要获取信息时,可以利用扫码枪、手机等设备对准条形码和二维码进行扫码,即可得到数据信息,而不用逐个地录入信息。扫码成功会有"扫描成功"提示,并可以通过电脑、手机等设备,将条形码和二维码里的信息呈现出来,方便人们随时查看比对。人工扫码较人工统计数据方式节省了大量时间,进而增加了企业的经济效益,同时也节约了企业的人工成本。

目前,人工扫码在各个领域,如超市收银、乘坐公交和地铁、医院预约等,都得到极为广泛的应用。在这些领域,我国目前的发展水平和普及率是远远领先于其他国家的。条形码和二维码的使用,可以很好地满足当前我国对于在船舶制造过程中物联网信息一体化的需求。

③RFID

近几年来，随着大规模集成电路和无线电技术的广泛应用，RFID 逐渐产生和发展起来，它可以自动获取射频范围内的电子标签中携带的信息。将电子标签附在目标物体上，就可以实现目标的识别与对象间的通信。RFID 由于远距离的无接触识别与通信，现在已经被广泛应用到日常生活和企业中。另外，RFID 的电子标签安装方式比较灵活，且不易损坏，对环境适应性比较好，在未来的各行各业中，RFID 的需求必将越来越大。

RFID 作为一种无线通信技术，是一种简单的无线系统，主要由电子标签、阅读器及应用软件系统组成，并利用射频信号实现目标对象的自动识别，是 21 世纪自动识别领域的一项重大突破。

a. 电子标签

电子标签主要由天线及集成电路(IC)芯片组成，每一个标签都具有唯一的电子编码，它是数据的载体，内部存储了相关目标的信息并附着在目标物体上。电子标签主要分为主动式和被动式两类。主动式电子标签内部有电源，可以主动发送射频信号，信号传递时的辐射范围较广，成本相对较高，寿命较短；被动式电子标签内部不含电源，成本较低且寿命较长。

b. 阅读器

阅读器主要由天线、芯片及耦合元件组成，是用来收集并可以读写标签中相关信息的设备。目前，市场上主要有手持式及固定式阅读器。RFID 系统的工作频段由阅读器的工作频率决定，而阅读器的识别距离由功率大小来决定，故用户可以根据需要设定功率以调节射频识别距离。阅读器包含了射频模块和读写模块，可以收发信息和联络通信，是整个射频识别系统的中流砥柱。

c. 应用软件系统

针对不同需求开发的不同的应用层软件，一般与阅读器相连，负责一些控制操作，如读写标签等，并把采集的数据进行集中处理或者简单的分析，为管理层做后续决策提供支持。

(2)设备接入方式

船舶制造车间网络形式众多，典型的接入方式有以 Wi-Fi、4G 为代表的无线高速网络接入方式，以工业无源光纤网络(PON)为代表的稳定光纤网络通信接入方式，以串行总线(USB)、工业现场总线(IFB)为代表的现场总线通信接入方式，以电力线(PLC)为代表的载波信号通信接入方式。根据车间实际环境，采用不同接入设备搭配不同的接入方式：室内较空旷的应用场景，优先采用移动终端设备搭配 Wi-Fi、4G 接入方式；大型生产设备较多的应用场景，优先采用工业个人计算机(PC)搭配光纤、总线接入方式；支持低电压生产设备的应用场景，优先采用 PC 搭配 PLC 接入方式。同时，接入设备要能够根据实时状况切换接入方式，保证系统在不同环境下的稳定运行。

①DNC 接入模块

通过直接数字控制(DNC)模块连接分段制造车间的切割设备，实时感知每台切割机的运行状态(如工作、停机、故障、维护等)，在作业过程中记录每台切割设备切割钢材的规格参数、切割指令、切割耗时、产生的零件清单等信息；通过焊机智能监控模块，感知分段制造车间每台焊机状态和焊接作业时的工艺参数,实时收集记录焊机空载及工作时长,焊接工作时的焊接电流、电压超限情况,并记录使用焊机的焊工信息;分别记录焊机、焊机群、焊工的有效工作时长和超限作业时长。

②条形码(或二维码)接入模块

以条形码(或二维码)为主要标识方式,对分段制造车间的钢材原料及零件、各级组立等中间产品进行标识。在车间应用中,钢材切割以物料清单(BOM)为基准,在预处理完成后通过喷码设备在钢材原料上喷印钢材条形码,便于钢材在后续流转中的识别和信息采集;在钢材切割完成后,使用激光打码设备为零件打印二维码,减少人工标号的过程,为切割完成零件高效自动理料、集配提供信息快速辨识的基础,同时也为零件在后续加工、打磨、集配过程的流转提供信息识别依据。基于组立装配焊接BOM,使用喷码的方式为各级组立喷印二维码,便于组立的转运交接、装配过程的识别及完整性的检查。同时在扫码的过程中记录扫码的地理位置信息,有效记录各级中间产品的位置分布,为准确地分析中间产品的在制品数量、缓存数量提供实时精准的数据。

③综合技术接入模块

基于视觉、室内全球定位系统(iGPS)等多类传感,借助传感精度标定与补偿、图像匹配与三维重建、数据预处理与特征提取等技术,检测在分段制造过程中零件的集合尺寸、曲型零件加工实际尺寸参数与模型理论参数的差异,以及组立中间产品的外形尺寸、三维面形、空间位姿等信息,提早预防质量和精度问题,实现分段制造过程的全面质量和精度管理。

在分段制造车间及分段内狭小的作业舱室中,部署相关环境检测集成模块,检测烟雾、粉尘、温湿度、噪声等参数,对于超标的作业环境进行报警;同时部署图像视频监控系统,根据生产区域的划分,动态识别并定义危险区域。表1-1为部分工位数据信息采集方式与数据汇总方式。

表1-1 部分工位数据信息采集方式与数据汇总方式

数据参数	数据采集方式	数据类型	设备接入方式	采集频率
钢板切割精度	人工测量	数据型	人工输入	每次生产后
钢板焊接品质	人工测量	文字型	人工输入	每次生产后
FCB焊机状态	人工测量	文字型	人工输入	实时
人员分布	二维码	文字型	扫描二维码	实时
原材料位置	二维码	文字型	扫描二维码	每天
烟雾浓度	传感器	数据型	自动感知	实时
设备故障检测	传感器	文字型	自动感知	实时
设备运行状态	人工测量	文字型	人工输入	实时

当有员工进出车间时,只需将员工卡刷在装有RFID的门禁装置上,即可获取员工信息、出入时间等信息,再通过以太网将门禁信息传输到控制PC里。在车间布置大量传感器装置,不仅可以获取设备状态信息,还可以获取环境信息,通过报警声、强光闪烁等信号及

时获取所需数据信息,再通过网线接入企业管理 PC,达到实时查看、采集实际数据的目的。

1.3.2　在船舶制造过程中物联网的网络架构

在船舶制造过程中,为实现物联网优化配置和高效组网,造船企业以无线传感器网络、多业务高带宽网络、数控设备网络为基础,将不同网络有机结合成一个整体物联网,设计物联网的整体拓扑结构、功能结构与运行结构,形成立体分层的物联网网络架构方案,使之具有兼容性、开放性、灵活性、可靠性、先进性和经济性的特点,而且方便设计、施工和维护。

1.3.2.1　分层组网技术

组网技术就是网络组建技术。计算机网络的类型有很多,不同的组网技术有不同的分类依据。设备组网配置的确定必须根据传输网络的实际需求进行设计选择。

(1)分类

分层组网技术主要分为以太网组网技术和异步传输模式(ATM)局域网组网技术。

①以太网组网技术

以太网组网非常灵活和简便,可使用多种物理介质以不同拓扑结构组网,是国内外应用的最为广泛的一种网络,已成为网络技术的主流。以太网按其传输速率分为标准以太网(10 Mbit/s)、快速以太网(100 Mbit/s)、千兆以太网(1 000 Mbit/s)等。细缆以太网10 BASE-2 采用 IEEE 802.3 标准,它是一种典型的总线型结构。细缆以太网,是通过 T 形接头与网卡上的卡扣配合型连接器(BNC)接口相连的总线型网络。

②ATM 局域网组网技术

以 ATM 交换机为中心连接计算机所构成的局域网络叫作 ATM 局域网。ATM 交换机和 ATM 网卡支持的速率一般为 155 Mbit/s~24 Gbit/s,以满足不同用户的需要,标准 ATM 的组网速率是 622 Mbit/s。ATM 是将分组交换与电路交换优点相结合的网络技术,适用于局域网、广域网场合,可在局域网、广域网中提供一种单一的组网技术,实现完美的网络集成。ATM 组网技术的不足之处是协议过于复杂和设备昂贵带来的相对较高的建网成本。

(2)基本网络结构

物联网基本网络结构有环形网和链形网。

由于环形网具有良好的自愈能力,因此只要路由分布允许,应尽可能组建环形网。铁路、公路沿线网,路由分布的关系主要采用链形网。这种组网方式比较简单,使用的光纤数少,但通常不能实现对业务的保护。不过在条件允许的情况下,可以通过把链形网改造成环形网来实现对业务的保护。链形网中只要各站之间的距离不太长(一般 3 个站之间的最大距离≤80 km),而线路光缆又足够(4 条光纤)时,建议将其建成环形网。

链形网变成环形网后,网络的生存能力大大加强,其代价是多用了一对光纤。结合链形网需要光纤数量少和环形网能够对重要业务进行保护的特点,可以根据实际情况采用链形网与环形网混合组网。对于重要的业务采用环形组网方式,确保业务传输的可靠性;对不重要的业务采用链形组网方式,保证组网的经济性。

（3）研究与设计

基于不同网络结构特点,合理进行分层组网技术的研究与设计。

①网络协议栈分层

一种网络大致包含 7 个分层。分层是在一个"协议栈"的不同级别说明不同的功能。这些协议定义了通信是如何发生的,如在系统之间的数据流、错误检测和纠错、数据的格式、数据的打包和其他特征。网络分层组网技术架构如图 1-8 所示。

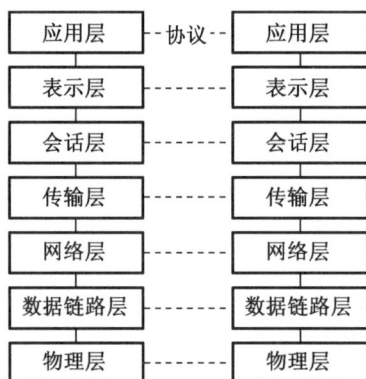

图 1-8　网络分层组网技术架构

a. 物理层(physical layer)

物理层规定了通信设备的机械、电气、功能和规程特性,用以建立、维护和拆除物理链路连接。具体地讲,机械特性规定了网络连接时所需接插件的规格尺寸、引脚数量和排列情况等;电气特性规定了在物理连接上传输比特流时线路上信号电平的大小、阻抗匹配、传输速率距离限制等;功能特性是指对各个信号分配确切的信号含义,即定义了数据终端设备(DTE)和数据通信设备(DCE)之间各个线路的功能;规程特性定义了利用信号线进行比特流传输的一组操作规程,是指在物理连接的建立、维护,以及物理连接交换信息时,DTE和 DCE 双方在各电路上的动作序列。物理层的主要设备有中继器、集线器、适配器。

b. 数据链路层(data link layer)

数据链路层在物理层提供比特流服务的基础上,建立相邻节点之间的数据链路,通过差错控制提供数据帧(frame)在信道上无差错的传输,并进行各电路上的动作序列。数据链路层在不可靠的物理介质上提供可靠的传输。该层的作用包括物理地址寻址、数据的成帧、流量控制、数据的检错和重发等。在这一层,数据的单位为帧。数据链路层的主要设备有二层交换机、网桥。

c. 网络层(network layer)

在计算机网络中进行通信的两个计算机之间可能会经过很多个数据链路,也可能经过很多通信子网。网络层的任务就是选择合适的网间路由和交换节点,确保数据及时传送。网络层将数据链路层提供的帧组成数据包,包中封装有网络层报头,其中含有逻辑地址信息——源站点和目的站点的网络地址。在这一层,数据的单位为数据包(packet)。网络层协议的代表包括网络之间互连的协议(IP)、互联网分组交换协议(IPX)、路由信息协议(RIP)、地址解析协议(ARP)、反向地址转换协议(RARP)、开放式最短路径优先(OSPF)等。网络层的主要设备是路由器。

d. 传输层(transport layer)

第4层的数据单元也称作处理信息的传输层。当谈论传输控制协议(TCP)等具体协议时又有特殊的叫法,TCP的数据单元称为段(segment),而用户数据报协议(UDP)的数据单元称为数据报(data gram)。这一层负责获取全部信息,因此,它必须跟踪数据单元碎片、乱序到达的数据包和其他在传输过程中可能发生的危险。第4层为上层提供端到端(最终用户到最终用户)的透明的、可靠的数据传输服务。所谓透明的传输是指在通信过程中传输层对上层屏蔽了通信传输系统的具体细节。传输层协议的代表包括TCP、UDP、序列分组交换协议(SPX)等。

e. 会话层(session layer)

会话层也称会晤层或对话层。在会话层及以上的高层次中,数据传送的单位不再另外命名,统称为报文。会话层不参与具体的传输,它提供包括访问验证和会话管理在内的建立与维护应用之间的通信机制。如服务器验证用户登录便是由会话层完成的。

f. 表示层(presentation layer)

表示层主要解决用户信息的语法表示问题。它将欲交换的数据从适合于某一用户的抽象语法,转换为适合于开放系统互联(OSI)内部使用的传送语法,即提供格式化的表示和转换数据服务。数据的压缩和解压缩、加密和解密等工作都由表示层负责。

g. 应用层(application layer)

应用层为操作系统或网络应用程序提供访问网络服务的接口。应用层协议的代表包括远程终端协议(Telnet)、文件传输协议(FTP)、超文本传输协议(HTTP)、简单网络管理协议(SNMP)等。

②无线传感器网络(WSN)、多业务高带宽网络(MHN)、数控设备网络(CNC-EN)

a. 无线传感器网络

无线传感器网络在近几年得到了飞速发展。在关键技术的研发方面,学术界从网络协议、数据融合、测试测量、操作系统、服务质量、节点定位、时间同步等方面开展了大量研究,取得了丰硕的成果;工业界也在环境监测、军事目标跟踪、智能家居、自动抄表、灯光控制、建筑物健康监测、电力线监控等领域进行了应用探索。随着应用的推广,无线传感器网络技术开始暴露出越来越多的问题。不同厂商的设备需要实现互联互通,且要避免与现行系统的相互干扰,因此要求不同的芯片厂商、方案提供商、产品提供商及关联设备提供商达成一定的默契,齐心协力实现目标。这就是无线传感器网络标准化工作的背景。实际上,标准化工作由于关系到多方的经济利益甚至社会利益,受到相关行业的普遍重视。如何协调好各方利益,达成共识,需要参与各方拥有足够的理解和耐心。

到目前为止,无线传感器网络的标准化工作受到了许多国家及国际标准组织的普遍关注,他们已经制定了一系列草案甚至标准规范。其中最有名的就是IEEE 802.15.4/紫峰(ZigBee)协议标准,它甚至已经被一部分研究及产业界人士视为标准。IEEE 802.15.4定义了短距离无线通信的物理层及链路层标准,ZigBee则定义了网络互联、传输和应用标准。尽管 IEEE 802.15.4 和 ZigBee 协议已经推出多年，但随着应用的推广和产业的发展，其基本协议内容已经不能完全适应需求，加上该协议仅定义了联网通信的内容，没有对传感器部件提出标准的协议接口，所以难以承载无线传感器网络技术的梦想与使命；另外，该标准在不同国家落地时，也必然要受到该国家地区现行标准的约束。为此，人们开始以 IEEE 802.15.4/ZigBee 协议为基础，推出更多版本以适应不同应用、不同国家和地区。

尽管存在不完善之处，IEEE 802.15.4/ZigBee 仍然是目前产业界发展无线传感器网络技术当仁不让的最佳组合。本章节将重点介绍 IEEE 802.15.4/ZigBee 协议标准，并适当顾及传感器网络技术关注的其他相关标准。当然，无线传感器网络的标准化工作任重道远：首先，无线传感器网络毕竟还是一个新兴领域，其研究及应用都还显得相当年轻，产业的需求还不明朗；其次，IEEE 802.15.4/ZigBee 并非针对无线传感器网络量身定制，在无线传感器网络环境下使用时，有些问题需要进一步解决；最后，专门针对无线传感器网络技术的国际标准化工作才刚刚开始，国内的标准化工作组也才刚刚成立。为此，我们要为标准化工作的顺利完成做好充分的准备。

（a）物理层/介质访问控制（MAC）层标准

无线传感器网络的底层标准一般沿用了 IEEE 802.15 的相关部分标准。无线个域网（WPAN）的出现比传感器网络要早，通常定义为提供个人及消费类电子设备之间进行互联的无线短距离专用网络。无线个域网专注于便携式移动设备（如 PC、外围设备、掌上电脑（PDA）、手机、数码产品等消费类电子设备）之间的双向通信技术问题，其典型覆盖范围一般在 10 m 以内。IEEE 802.15 工作组就是为完成这一使命而专门设置的，且已经完成一系列相关标准的制定工作，其中就包括被广泛用于传感器网络的底层标准 IEEE 802.15.4。

（b）IEEE 802.15.4 标准

IEEE 802.15.4 标准主要是针对低速无线个域网（LR-WPAN）制定的。该标准把低能量消耗、低速率传输、低成本作为重点目标（这和无线传感器网络一致），旨在为个人或者家庭范围内不同设备之间低速互联提供统一接口。由于 IEEE 802.15.4 定义的 LR-WPAN 网络的特性和无线传感器网络的簇内通信有众多相似之处，很多研究机构把它作为传感器网络节点的物理层及链路层通信标准。

IEEE 802.15.4 标准定义了物理层和介质访问控制层，符合 OSI 模型。物理层包括射频收发器和底层控制模块，介质访问控制层为高层提供了访问物理信道的服务接口。

IEEE 802.15.4 在物理层设计中面向低成本和更高层次的集成需求，采用的工作频率分为 868 MHz、915 MHz 和 2.4 GHz，各频段可使用的信道分别有 1 个、10 个和 16 个，各自提供标准 20 kbit/s、40 kbit/s 和 250 kbit/s 的传输速率，其传输范围为 10~100 m。由于标准使用的 3 个频段是国际电信联盟远程通信标准化组织 （ITU-T）定义的用于科研和医疗的工业、科学与医疗开放频段，因此被各种无线通信系统广泛使用。为减少系统间干扰，标准规定在各个频段采用直接序列扩频（DSSS）编码技术。与其他数字编码方式相比较，直接序列扩频编码技术可使物理层的模拟电路设计变得简单，且具有更高的容错性能，适合低端系统的实现。

IEEE 802.15.4 在介质访问控制层方面，定义了两种访问模式。其一为带冲突避免的载波侦听多路访问模式(CSMA/CA)。这种模式参考无线局域网(WLAN)中 IEEE 802.11 标准定义的分布协调功能(DCF)模式,易于实现与无线局域网的信道级共存。所谓的 CSMA/CA 是在传输之前,先侦听介质中是否有同信道(co-channel)载波,若不存在,意味着信道空闲,将直接进入数据传输状态;若存在,则在随机退避一段时间后重新检测信道。这种介质访问控制层方案简化了实现自组织(Ad-Hoc)网络应用的过程,但在大流量传输应用时给提高带宽利用率带来了麻烦;同时,因为没有功耗管理设计,所以要实现基于睡眠机制的低功耗网络应用,需要做更多的工作。

IEEE 802.15.4 定义的另外一种通信模式类似于 IEEE 802.11 标准定义的点协调功能(PCF)模式,通过使用同步的超帧机制提高信道利用率,并通过在超帧内定义休眠时段,很容易实现低功耗控制。PCF 模式定义了两种器件:全功能器件(FFD)和简化功能器件(RFD)。FFD 设备支持 49 个基本参数,而 RFD 设备在最小配置时只要求它支持 38 个基本参数。在 PCF 模式下,FFD 设备作为协调器控制所有关联的 RFD 设备的同步、数据收发过程,可以与网络内任何一种设备进行通信。而 RFD 设备只能和与其关联的 FFD 设备互通。在 PCF 模式下,一个 IEEE 802.15.4 网络中至少存在一个 FFD 设备作为网络协调器,起着网络主控制器的作用,担负簇间和簇内同步、分组转发、网络建立、成员管理等任务。

(c)蓝牙(bluetooth)技术

蓝牙技术是一种无线数据和语音通信开放的全球规范,它是基于低成本的近距离无线连接,为固定和移动设备建立通信环境的一种特殊的近距离无线技术连接。蓝牙使当前的一些便携移动设备和计算机设备能够不需要电缆就能连接到互联网,并且可以无线接入互联网;可实现固定设备、移动设备和楼宇个人域网之间的短距离数据交换(使用 2.4～2.485 GHz 的 ISM 波段的特高频(UHF)无线电波)。蓝牙可连接多个设备,克服了数据同步的难题。

蓝牙技术也是工作在 2.4 GHz 的 ISM 波段,其采用快速跳频和短包技术减少同频干扰,保证了物理层传输的可靠性和安全性,具有一定的组网能力,支持 64 kbit/s 的实时语音。蓝牙技术日益普及,市场上的相关产品也在不断增多,但随着超宽带技术、无线局域网及 ZigBee 技术的出现,特别是其安全性、价格、功耗等方面的问题日益显现,其竞争优势开始下降。2004 年蓝牙推出了 2.0 版本,带宽提高了 3 倍,且功耗降低了一半,在一定程度上重建了产业界的信心。由于蓝牙技术与 ZigBee 技术存在一定的共性,所以它们经常被应用于无线传感器网络中。

(d)其他无线个域网标准

无线传感器网络要构建从物理层到应用层的完整网络,而无线个域网标准为其提前制定了物理层及介质访问控制层标准。除了前面讨论的 IEEE 802.15.4 及蓝牙技术外,无线个域网技术方案还包括超宽带(UWB)技术、红外(IrDA)技术、家用射频(HomeRF)技术等,其共同的特点是短距离、低功耗、低成本、个人专用等,它们均为在不同的应用场景中被用于无线传感器网络的底层协议方案。

(e)路由及高层协议标准

在前面讨论的底层标准的基础上,已经出现了一些包括路由及应用层的高层协议标准,主要包括 IEEE 802.15.4/ZigBee、6LoWPAN、IEEE 1451.5(无线传感通信接口标准)等。另外,Z-Wave 联盟、Cypress（Wireless USB 传感器网络)等也推出了类似的标准,但是在专门为无线传感器网络设计的标准出来以前,ZigBee 无疑是最受青睐的,也受到了较多的应用厂商的推崇。

（ⅰ）ZigBee 协议标准

ZigBee 联盟对网络层协议和应用程序接口(API)进行了标准化。ZigBee 协议栈架构基于开放系统互连模型 7 层模型,包含 IEEE 802.15.4 标准及由该联盟独立定义的网络层和应用层协议。ZigBee 所制定的网络层主要负责网络拓扑的搭建和维护,以及设备寻址、路由等,属于通用的网络层功能范畴;应用层包括应用支持子层(APS)、ZigBee 设备对象(ZDO)及设备商自定义的应用组件,负责业务数据流的汇聚、设备发现、服务发现、安全与鉴权等。

另外,ZigBee 联盟也负责 ZigBee 产品的互通性测试与认证规格的制定。ZigBee 联盟定期举办 ZigFest 活动,让发展 ZigBee 产品的厂商有一个公开交流的机会,完成设备的互通性测试。而在认证部分,ZigBee 联盟共定义了 3 种层级的认证:第 1 级(Level 1)是认证物理层与介质访问控制层,与芯片厂有最直接的关系;第 2 级(Level 2)是认证 ZigBee 协议栈,又称为 ZigBee 兼容平台认证(compliant platform certification);第 3 级(Level 3)是认证 ZigBee 产品,通过第 3 级认证的产品才允许贴上 ZigBee 的标志,所以也称为 ZigBee 标志认证(logo certification)。

协议芯片是协议标准的载体,也是最容易体现知识产权的一种形式。目前市场上出现了较多的 ZigBee 芯片产品及解决方案,有代表性的包括 Jennic 的 JN5121/JN5139、Chipcon 的 CC2430/CC2431、Freescale 的 MC13192 和 Ember 的 EM250 ZigBee 等系列的开发工具及芯片。

（ⅱ）6LoWPAN 草案

无线传感器网络从诞生开始就与下一代互联网相关联,6LoWPAN 就是结合这两个领域的标准草案。该草案的目标是制定如何在 LoWPAN(低功率个域网)上传输 IPv6 报文。当前 LoWPAN 采用的开放协议主要指前面提到的 IEEE 802.15.4 介质访问控制层标准。由于 IPv6 是下一代互联网标准,在技术上趋于成熟,并且在 LoWPAN 上采用 IPv6 协议可以与 IPv6 网络实现无缝连接,因此互联网工程任务组(IETF)成立了专门的工作组,制定了如何在 IEEE 802.15.4 协议上发送和接收 IPv6 报文等相关技术标准。

在 IEEE 802.15.4 上选择传输 IPv6 报文主要是因为现有成熟的 IPv6 技术可以很好地满足 LoWPAN 互联层的一些要求。首先在 LoWPAN 网络里面很多设备需要无状态自动配置技术,在 IPv6 邻居发现(neighbor discovery)协议里基于主机的多样性已经提供了两种自动配置技术:有状态自动配置与无状态自动配置。另外在 LoWPAN 网络中可能存在大量的设备,需要很大的 IP 地址空间,这个问题对于有着 128 bit IP 地址的 IPv6 协议不是问题。其次在包长受限的情况下,可以选择 IPv6 的地址包含 IEEE 802.15.4 介质访问控制层地址。

IPv6 与 IEEE 802.15.4 协议的设计初衷是应用于两个完全不同的网络,这直接导致了在 IEEE 802.15.4 上传输 IPv6 报文会产生很多的问题。

首先,两个协议的报文长度不兼容。IPv6 报文允许的最大报文长度是 1 280 B,而在 IEEE 802.15.4 上的介质访问控制层的最大报文长度是 127 B。由于本身的地址域信息(甚至还需要留一些字节给安全设置)占用了 25 B,因此留给上层的负载域最多为 102 B,显然无法直接承载来自 IPv6 网络的数据包。

其次,两者采用的地址机制不相同。IPv6 采用分层的聚类地址,由多段具有特定含义的地址段前缀与主机号构成;而在 IEEE 802.15.4 中直接采用 64 bit 或 16 bit 的扁平地址。

再次,两者设备的协议设计要求不同。在 IPv6 的协议设计时没有考虑节省能耗问题。而在 IEEE 802.15.4 中很多设备都是由电池供电,能量有限,需要尽量减少数据通信量和通信距离,以延长网络寿命。

最后,两个网络协议的优化目标不同。在 IPv6 中一般关心如何快速地实现报文转发问题,而在 IEEE 802.15.4 中,如何在节省设备能量的情况下实现可靠的通信是其核心目标。

无线传感器网络主要包括 4G、Wi-Fi、ZigBee、全球微波互联接入(WiMAX)等网络形式。

b. 多业务高带宽网络

多业务是指通过电信网络中 IP 承载网提供的多种业务服务功能;高带宽是指能够满足大量数据、服务信息,通过承载网络,可以一起或同时进行传输。多业务高带宽网络包括有线(比如,工业 PON、工业以太网(IE)、电力线载波通信等)和无线(比如,Wi-Fi、4G、WiMAX 等)两类网络。

c. 数控设备网络

数控设备是指应用数控技术的设备。数控技术也称计算机数控技术。数控设备网络是支持不同网络的设备,是一一对应的网络模式。数控设备网络包括串行总线、工业现场总线、工业以太网、PLC 等通信网络。

图 1-9 给出了车间当前主要 3 种网络形式,即 WSN、MHN、CNC-EN 的区别与联系。由图 1-9 可以看出,WSN 包含 MHN 的 WiMAX 网络,MHN 与 CNC-EN 共同支持 PLC、IE 网络,但是 WSN 与 CNC-EN 之间没有共性网络,彼此间网络形式是独立的。

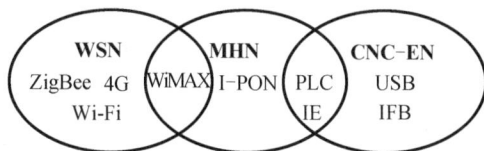

图 1-9　WSN、MHN、CNC-EN 3 种网络关系图

1.3.2.2　网络拓扑结构

拓扑结构,是指网络中各个节点相互连接的形式。其主要有星形拓扑、环形拓扑、树形拓扑、总线型拓扑等形式。其中由总线型、星形和环形这 3 种基本形式混合起来运用的结构称为混合型结构。

（1）物联网网络架构选择

①REST 架构

表征状态转移（REST），是由 Roy Fielding 博士在其博士论文中首次提出的一种软件架构概念。REST 架构常基于 HTTP、统一资源标准符（URI）、可扩展标记语言（XML）及超文本标注语言（HTML）使用，是一种可以提高系统伸缩性、相对简单的服务架构。REST 对所有的资源共享提供统一的操作接口（如 API 接口），接口有着明确的功能定义和操作契约。REST 还提供无状态交互，帮助基于架构的基本服务，组合构建为更大的自由集合，得到理想的系统应用架构。

②集中式架构

集中式架构是物联网物理架构常见的接入架构之一，是以各类 M2M（machine to machine，机器—机器；machine to man，机器—人）等终端设备为代表，通过分析终端设备自带的接口与接入方式，整合并设计开发一系列集成接口，使得机器设备能够集中连接在一起，实现工业生产对加工设备的集中管理。集中式架构通过有线通信方式，能够提供稳定、可靠的网络接入。但是在实际开发统一集成接口过程中，由于设备与设备间，异构、兼容性较差，造成开发成本过高。而且开发好的集成接口，由于数量有限，设备接入数量与范围等方面存在局限性。

③分布式架构

分布式架构常见于各类传感器网络中，通过把众多设备抽象为节点，并以自组网的形式，设计出星形、环形等形状的分布式网络，再将各节点通过不同的路由转换策略进行整合通信的一种物联网架构。相较于接入设备受限的集中式架构，分布式架构以设备虚拟为节点，接入数量存在明显优势。分布式节点开发成本低廉，使得接入范围更广，能够满足更多设备接入需要。但分布式节点以小型、轻便设备为主，并网方式以无线方式为主，因而在通信可靠性上，存在明显不足，易受到环境干扰，造成通信不佳，甚至中断的不良影响。因而，本章节将结合集中式架构和分布式架构特点，设计出满足实际车间需求的混合式网络架构（表1-2）。

表 1-2　REST 架构、集中式架构、分布式架构比较

物联网架构	架构特点	服务领域	架构优点	架构缺点
REST 架构	面向软件系统架构	以开发便捷的应用系统为主	架构内服务可以自由组合	系统内缺乏统一标识，安全性存在隐患
集中式架构	面向终端设备架构	支持各类 M2M 终端设备	提供稳定、可靠的接入方式	接入设备有限，接入范围局限
分布式架构	面向设备节点架构	支持传感器网络，支持不同路由协议转换	接入范围较广，连接方式简单，支持多设备接入	通信稳定性不高，可靠性较差

根据集中式架构与分布式架构,结合现场车间设备资源分布,搭建如图 1-10 所示的混合式物联网网络架构(IOT-HNA)。由图 1-10 可知,整个生产车间被划分为两个子部分。左半区域,主要用来存放按照切割标准生产好的待用钢板。这部分区域大型设备很少,留有储备加工原料的场地,适合利用无线技术、传感器技术进行网络设置。右半区域,主要将切割好的钢板,按照生产设计要求,进行拼装焊接等制造工艺。这部分区域大型设备众多,运行交织复杂,生产加工环境相对恶劣,同时重型加工设备对无线传感器网络的通信造成较强干扰,因此,使用多业务高带宽网络与数控设备网络兼并的通信组网方式,可以满足这部分区域设备既能精准加工,又能实时传输数据的需要。

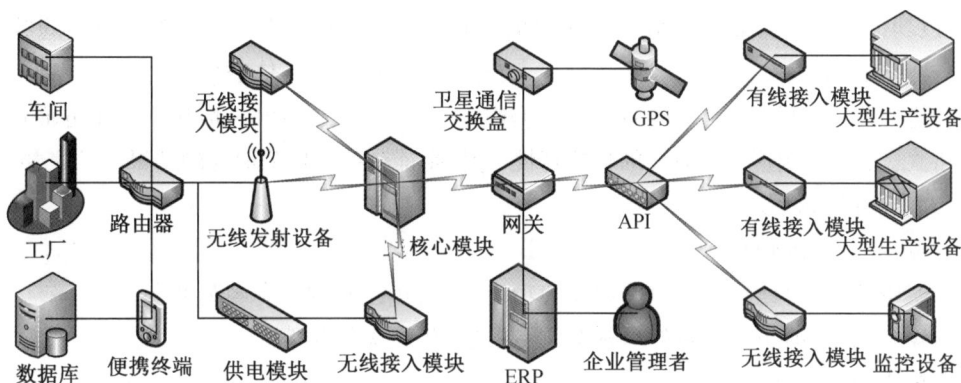

图 1-10　混合式物联网网络架构

(2)整体拓扑结构

图 1-11 是在图 1-10 的基础上设计而来的。将图 1-10 中大型设备细化,得到包括 6 大工位在内的工业现场总线网络形式的混合型拓扑结构图。核心交换机的左边,各种便携式设备连入路由器,可实时访问数据库。核心交换机的右边,则将 ERP 连入 API 统一接口中,实现 ERP 获取各工位实时生产数据信息,方便工作人员、管理者随时查看与监控。

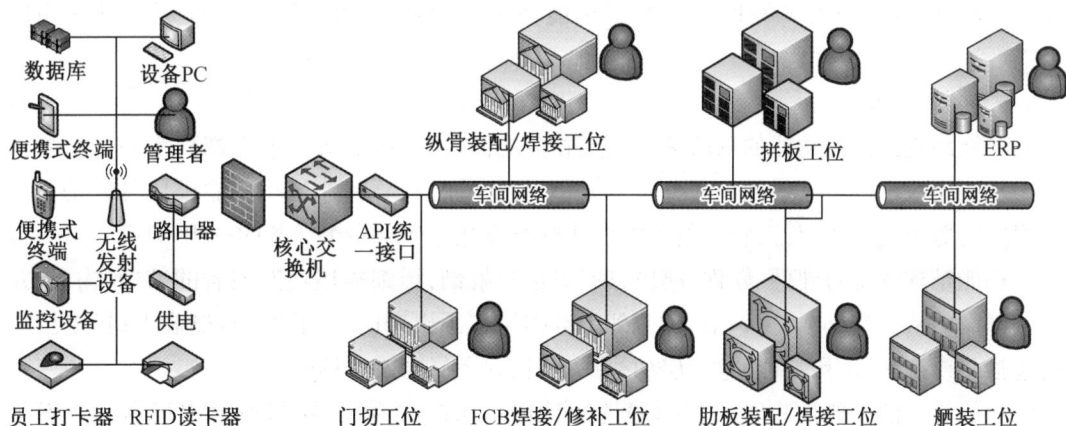

图 1-11　整体拓扑结构

1.3.2.3　网络功能结构

(1)功能

功能的定义是对象能够满足某种需求的一种属性。凡是满足使用者需求的任何一种属性都属于功能的范畴。满足使用者现实需求的属性是功能,而满足使用者潜在需求的属性也是功能。功能的二重性是指功能的客观物质性和主观精神性。

功能与功能载体在概念上有分、有合,麦尔斯在创立价值工程时就提出:顾客购买物品时需要的是它的功能,而不是物品本身,物品只是功能的载体。只要功能相同,载体可以被替代。这就是功能与其载体在概念上应有的区分。但是,一种功能的实现不可能没有载体,所以功能与其载体又必须结合。在价值工程运作中,往往是某种功能与原来的载体分离了,经过创新方案与另一个载体结合起来,这就称为功能的载体替代。

功能的特性是指对功能的定性、定量的描述。商品的功能特性一般包括 3 个方面:品质、能力和款式。考虑到这 3 个方面的功能特性,会使功能分析和价值取向的结果比较完善。

功能的种类如下。

①按功能性质划分

a.使用功能,即具有物质使用意义的功能,它的特性通常带有客观性。

b.美学功能,即与使用者的精神感觉、主观意识有关的功能。

②按用户需求划分

a.必要功能,即只为满足使用者的需求而必须具备的功能。

b.不必要功能,即对象所具有的、与满足使用者的需求无关的功能。不必要功能的出现,有的是由于设计者的失误,有的则是由于不同的使用者有不同的需求。

c.不足功能,即对象尚未满足使用者的需求的必要功能。

d.过剩功能,即对象所具有的,超过使用者的需求的必要功能。

③按重要程度划分

a.基本功能,即与对象的主要目的直接有关的功能,是对象存在的主要理由。

b.辅助功能,即为更好地实现基本功能而服务的功能,是对基本功能起辅助作用的功能。

(2)功能结构

功能结构是按照功能的从属关系画成相应的图表,图中的每一个框都称为一个功能模块。功能模块可以根据具体情况分解得大一点或小一点,分解的最小功能模块可以是一个程序中的每个处理过程,而较大的功能模块则可能是完成某一个任务的一组程序。

功能结构图是对硬件、软件、解决方案等进行解剖,详细描述功能列表的结构、构成,并根据剖面的从大到小、从粗到细、从上到下等描绘或画出来的结构图。从概念上讲,上层功能包括(或控制)下层功能,愈上层功能愈笼统,愈下层功能愈具体。

功能结构图主要是为了更加明确地体现内部组织关系,更加清晰地厘清内部逻辑关系,做到规范各自功能部分,使之条理化。

图 1-12 为网络功能结构图,基于车间现有的 3 种网络形式(WSN、MHN、CNC-EN),设

计出了应用网络要达到的功能结构。通过 WSN,对协议栈的 4 层,即数据链路层、网络层、传输层、应用层进行研究,在已知 Wi-Fi、4G/5G 等协议的构成下,应用这些网络连入物联网设备,实现数据采集、数据传输、资源共享、提高传输性能、增强可靠性等功能,使得网络具有兼容性、开放性、灵活性、可靠性、先进性和经济性的特点,而且具有方便设计、施工和维护等功能。同样,MHN 和 CNC-EN 均可实现这些功能。

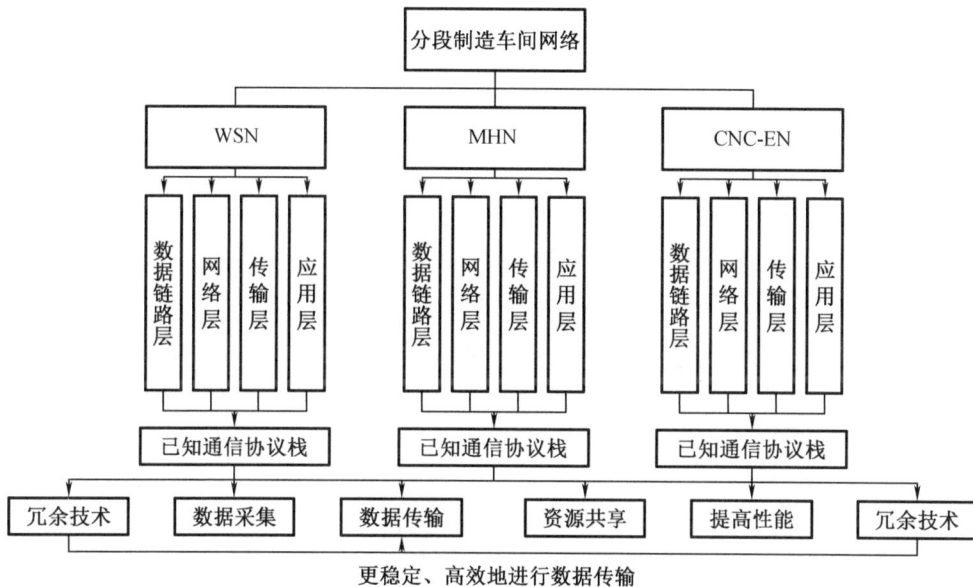

图 1-12 网络功能结构图

1.3.2.4 网络运行结构(图 1-13)

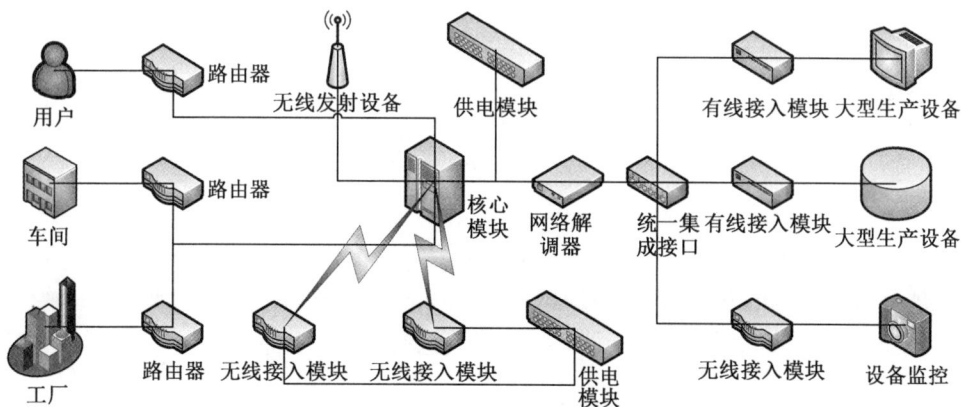

图 1-13 网络运行结构图

网络运行机制是指推动、调节、制约网络系统各生产要素正常运转,以实现目标的功能体系。它构成企业经营机制的主体部分,涉及企业生产经营供、产、销的决策、计划、组织、控制等管理活动的全过程。完善企业的运行机制,是通过权力的划分、责任的明确、利益的调整,使企业内部的责、权、利有机地统一起来。其完善过程,涉及企业决策体系、领导制度、组织制度、分配制度及企业内部调控体系的深入调整,是企业改革的进一步深化。

企业运行过程中,各要素有机结合形成生产、经营和管理 3 大结构。

生产结构履行物资形式转换与产品价值和使用价值的创造职能;经营结构履行对外联系的职能,完成生产要素以生产成果流出企业的任务;管理结构履行协调的职能,使运行过程中人、财、物和信息各要素之间保持最佳组合关系,发挥最高效率。

企业组织结构在运行过程中所发挥出来的作用形式可表现为生产、营销、财务、人事和创新等 5 大机能。

(1)生产机能以效率为原则进行物资形式转换,创造新的价值。

(2)营销机能利用资金和信息进行生产采购与生产成果销售,实现生产所创造的价值。

(3)财务机能以效益为原则进行资金运筹,以满足营销需要。

(4)人事机能以协调为原则配置和调节劳动力,以保证其他机能的有效发挥。

(5)创新机能以进步为原则进行技术改造和制度方法变革,促进企业发展。

1.3.2.5 立体分层的物联网网络架构方案

(1)物联网体系架构

①USN 体系

泛在传感器网络(USN),是国际电信联盟(ITU)提出的一种分层体系架构。ITU 在 2005 年正式提出了物联网的概念。紧接着,物联网成了世界各国争相发展的新一代信息技术。USN 逐渐发展成为重要的物联网分层体系。最初的 USN 体系由下向上划分为感知层、网络层和应用层 3 层。感知层是物联网体系的核心,相当于人类的五官,是实时感知、识别外部世界,即时获取数据信息的重要通道与来源。网络层运用多种网络形式、网络介质,将采集到的数据信息及时向上层传输,以便上层可以获取与查看。应用层是整个体系架构的最上层,该层集中了大量应用管理设备,满足物联网带给人们在任何时间、任何地点,对任何事物都能智能快捷地获取并管理数据信息。随着科学技术的进步,USN 体系得到发展与细化,比如出现 5 层体系,甚至是 6 层体系。

②SWE 体系

2005 年,开放地理空间信息联盟(OGC)提出了访问传感器标准(SWE)体系。该体系主要是通过万维网(Web)访问连入互联网的传感器资源,定位于应用层,结合传感观测服务(SOS)、传感器建模语言(TML)等技术,提供基于 XML 数据标准格式的传感器建模语言,使得传感器能够实现自我感知的功能。SWE 体系常用于构建传感信息模型,重点在于对设备的发现与数据资源的共享,并对顶层服务提供大量的统一接口,但缺乏对底层硬件设备服务的统一规范,使得企业大规模应用受到一定限制。

③RFID 体系

RFID 是物联网核心技术之一,能够通过非接触式方式,对选定目标进行识别、跟踪和管理,是物联网实现智能化的重要方法之一。目前,RFID 包括 3 大标准体系,分别是国际标准化组织(ISO)/国际电工委员会(IEC)体系、美国 EPCglobal 体系和日本的 UID 体系。当前,EPC 在全世界应用范围较为广泛。ISO/IEC 体系主要基于 ISO IEC14443、ISO IEC10536、

ISO IEC15693,作为实现 RFID 的主要标准。UID 则限于兼容日本本土已有的编码体系,有限支持 ISO 标准,应用范围较为局限。

USN 体系、SWE 体系和 RFID 体系比较见表 1-3。

表 1-3　USN 体系、SWE 体系和 RFID 体系比较

体系	应用领域	普及程度	支持对象	复杂性
USN 体系	涵盖 SWE、RFID 体系标准,侧重物联网体系架构	相对较广	所有物联网体系设计均可应用	相对简单,分层明确
SWE 体系	侧重设备发现与数据共享	相对有限	Web 传感器	相对简单,缺乏底层服务
RFID 体系	侧重物品设备的编码与解析	相对较广	目标物体设备电子标签	相对简单

(2)物联网网络架构方案

根据前文对物联网架构体系与标准的介绍,设计船舶制造车间整体立体分层架构,基于物联网 USN 体系架构,结合 RFID 技术、GPS 技术、条码技术、统一接口技术、套接字(socket)服务等关键技术,通过验证车间现场实际情况,采用 4 层架构设计方案,分为数据感知层、网络配置层、网络处理层和实际应用层。数据以统一传输标准格式,保证管理者随时随地掌握车间生产加工动态,满足工厂智能化、数字化生产要求。立体分层的物联网网络架构方案如图 1-14 所示。

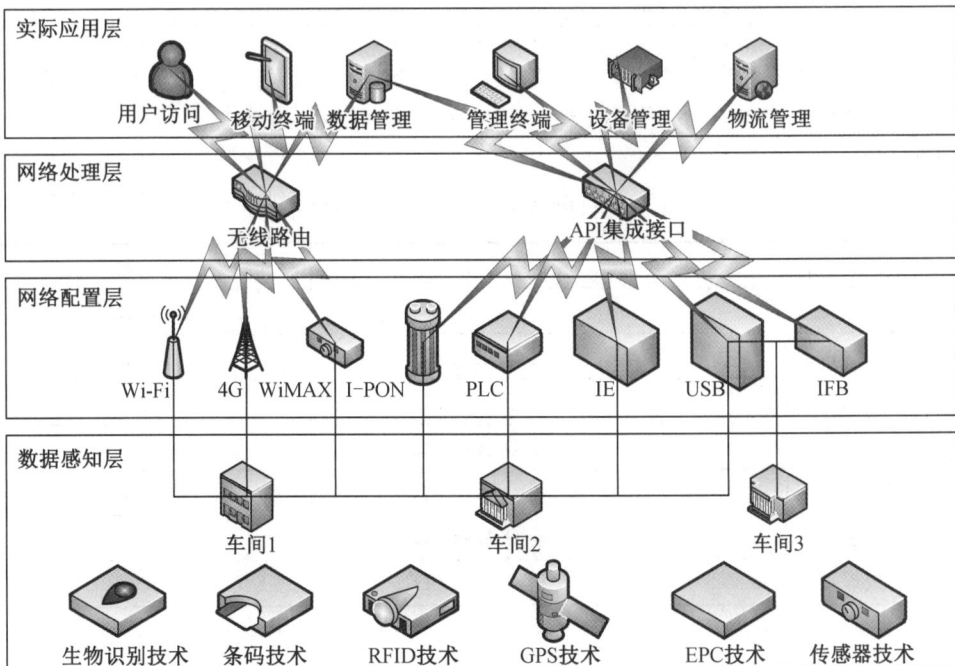

图 1-14　立体分层的物联网网络架构方案

图 1-14 是基于 USN 体系拓展而来的 4 层架构方案。最低层——数据感知层,用于 RFID 技术、GPS 技术、EPC 技术、条码技术、生物识别技术、传感器技术等先进技术,实现对人员分布、设备生产状态等数据的及时获取。其接入大量物联网设备,连入支持自身设备的网络配置层,实现数据可以通过互联网方式进行上传与接收,再通过网络处理层,对虚拟的数据信息进行处理、分类,最后传到实际应用层的各个终端、ERP 里,即实现物联网技术在整个车间网络架构系统中的应用。

1.3.3 在船舶制造过程中物联网不同协议的转换

针对上文设计的物联网架构方案,我们深入船厂车间,研究分析车间现有网络构成情况,对各设备所支持的网络协议进行研究,结合生产设备,整合网络接口等硬件接口、软件接口实际设施情况,进行硬件协议转换、软件协议转换的研究,同时集成车间现有 Profibus、Profinet、Modbus、Device-net 等不同网络,设计网关的选择与配置,并给出集成接口规范,实现多源、分散数据的汇聚与整合。

1.3.3.1 硬件协议转换

船舶制造车间有多个设备,设备间由于网络异构无法进行信息共享和数据交换。船舶制造车间生产工位硬件接口分布见表 1-4。

由表 1-4 可以看出,门切工位是基于工业 PC 控制的使用 USB 和以太网切割钢板的生产设备;FCB 焊接工位是基于三菱 Q 系列 PLC 控制的使用串口网络进行通信的钢板焊接生产设备;FCB 修补工位是基于三菱 Q 系列 PLC 控制的使用串口网络进行通信的对钢板焊接状况未达到良好的组件进行修补的生产设备;纵骨装配工位和纵骨焊接工位都是基于三菱 Q 系列 PLC 控制的使用串口网络进行通信的生产设备;肋板装配工位和肋板焊接工位是基于三菱 Q 系列 PLC 控制的使用串口网络进行通信的肋板生产设备。

表 1-4　船舶制造车间生产工位硬件接口分布表

工位名称	控制器	硬件接口
门切工位	工业 PC	USB 和以太网
FCB 焊接工位	三菱 Q 系列 PLC	串口
FCB 修补工位	三菱 Q 系列 PLC	串口
纵骨装配工位	三菱 Q 系列 PLC	串口
纵骨焊接工位	三菱 Q 系列 PLC	串口
肋板装配工位	三菱 Q 系列 PLC	串口
肋板焊接工位	三菱 Q 系列 PLC	串口

船舶制造车间的生产设备大多以 USB、以太网和串口通信的方式进行数据的传输,其中以串口为传输数据接口的设备尤为多。下面介绍串口,这对研究车间控制设备的硬件协

议转换有着重要意义。

串口的全称为串行接口(serial interface),也称串行通信接口(COM 接口),是采用串行通信方式的扩展接口。串口是指数据一位一位地顺序传送。其特点是通信线路简单,只要一对传输线就可以实现双向通信(可以直接利用电话线作为传输线),从而大大降低成本,特别适用于远距离通信,但传送速度较慢,数据传输速率是 115~230 kbit/s。较为常用的串口有 9 针串口(DB9)和 25 针串口(DB25),通信距离较近时(<12 m),可以用电缆线直接连接标准 RS-232 端口(RS-422、RS-485 端口较远),若通信距离较远,需附加调制解调器或其他相关设备。最为简单且常用的是三线制接法,即地、接收数据和发送数据三脚相连。下面介绍两种硬件协议转换的方法。

(1)E1/以太网协议转换器

现有的基于 E1 和以太网的协议转换器主要分为 E1/以太网系列与 E1/V.35 系列。利用 E1 链路来传输以太网数据在现实中有着广泛的应用,由于 E1 与以太网的数据传输协议标准不一样,它们之间需要使用协议转换器来完成数据的转换。已经存在的 E1/以太网协议转换器在转换数据时都是以整条 E1 的传输能力为基础的。

它将以太网信号或 V.35 信号转换为 E1 信号,以 E1 信号形式在同步/准同步数字网上进行长距离传输。其主要目的是延长以太网信号和 V.35 信号的传输距离,是一种网络接入设备。

(2)RS-232/485/CAN(控制器局域网络)转换器

基于集中串口和不同协议的联合,主要有 RS-232 串口到 2M 转换器、RS-485/422 串口到 2MG.703 转换器、RS-232 串口到 2ME1 转换器、CAN 到 RS-232/485 转换器、USB 到 RS-232/485/422 转换器等。

具有串行通信能力的设备仍然在控制领域、通信领域大面积使用,随着接入设备的增多、应用功能复杂程度的提高,传统的串行通信网络的缺点越来越明显。而采用 RS-232/CAN 转换器,升级、改造或重新构建既有通信或控制网络,能够很方便地实现 RS-232 设备多点组网、远程通信,特别是在不需要更改原有 RS-232 通信软件的情况下,用户可直接嵌入原有的应用领域,使系统设计达到更先进的水平,在系统功能和性能大幅度提高的情况下,减少了重复投资和系统更新换代造成的浪费。

USB 到 RS-232 接口转换器首要的功能是实现两种总线的协议转换。主机端可以使用新的 USB 总线协议,向外发送数据,转换器内部将数据格式转变为 RS-232 串行信号,再发送到设备。设备回送主机的数据,则经转换器转变为 USB 协议数据。

USB 到 RS-232 接口转换器在对所流经的数据进行协议转换时,可以增加特别的功能。

①由于 USB 总线的速度比 RS-232 接口快很多,可以在接口转换器上设计数据缓冲区,以协调两总线的速度差。

②RS-232 接口有一些变种,如 RS-485、RS-422 接口,接口转换器中可以设计 RS-232 到 RS-485 或是 RS-232 到 RS-422 接口转换器,简化整个系统的通信接口转换。

③接口转换器在进行数据格式转换时,可以设计加密、解密算法,对流经的数据进行处理,提高系统的数据保密性。

因此,基于车间硬件接口 USB、以太网接口较少,串口较多的情况,综合上述两种方法,我们在车间采用以太网协议转换器。实现方法：将以太网协议转换器作为串口协议 RS-232/485/CAN 与以太网间的中间交换媒介，通过连接路由系统、网线，一端连入 RS-232/485/CAN/IE，另一端连入 PC 系统，同时在 PC 系统设置参数，使得使用串口通信的设备与使用 USB/以太网通信的设备间的异构数据传输问题得到解决。

1.3.3.2 软件协议转换

在船舶制造车间，门切工位、拼板工位、FCB 焊接/修补工位、纵骨装配/焊接工位等的软件接口主要以用于过程控制的对象连接与嵌入（OPC）作为软件接口的标准，见表1-5。

表1-5 船舶生产工位制造车间的软件接口分布表

工位名称	控制器	软件接口
门切工位	工业 PC	以太网通信接口（RJ45）
FCB 焊接工位	三菱 Q 系列 PLC	无
FCB 修补工位	三菱 Q 系列 PLC	OPC
纵骨装配工位	三菱 Q 系列 PLC	OPC
纵骨焊接工位	三菱 Q 系列 PLC	OPC
肋板装配工位	三菱 Q 系列 PLC	OPC
肋板焊接工位	三菱 Q 系列 PLC	OPC

软件协议，主要是对软件设计过程的程序开发进行协议转换，因此软件协议又称为开源协议。目前常用的通过软件来实现协议转换的方法有 7 种，它们之间的联系与区别详见表1-6 及图1-15。

表1-6 实现软件协议转换的 7 种方法

方法	简介	主要应用方面
MPL（mozilla public license）	MPL 是为开源软件项目设计的软件许可证。其出现的最重要原因是 GPL 许可证没有很好地平衡开发者对源代码的需求和利用源代码获得的利益。同著名的 GPL 许可证和 BSD 许可证相比，MPL 在许多权利和义务的约定方面与它们相同（都符合 OSIA 认定的开源软件许可证）	①开源软件许可证；②同 GPL 和 BSD 在权利、义务方面相同；③符合 OSIA 认证
BSD（berkly software distribution）	BSD 许可证原先是用在加州大学伯克利分校发表的各个 4.4BSD/4.4BSD-Lite 版本上的，后来逐渐被沿用下来。1979 年发布的 BSD Unix，被称为开放源代码的先驱，BSD 许可证就是随着 BSD Unix 发展起来的。BSD 许可证被 Apache 和 BSD 操作系统等开源软件所采纳。相较于 GPL 许可证和 MPL 许可证的严格性，BSD 许可证宽松许多，但需要开发者附上版权资料	①一款软件操作系统；②符合 Apache 认证；③许可证较为宽松

表 1-6(续)

方法	简介	主要应用方面
QPL (qt public license)	QPL 许可证的基本要求是获取源代码、修改源代码,并可将修改从原始代码中分离出来;二进制代码可以和原始代码同名,这一点对于动态链接库来说尤其重要;任何人都可以修正错误,这对于系统的发布者来说很关键;修改过的软件可以按照满足 QPL 许可证基本要求的任何开源软件许可证进行发布	①具有获取源代码、修改源代码的权利; ②可分离代码; ③方便链接动态链接库; ④无版权限制; ⑤许可认证方便
QNCL (qt non commercial license)	QNCL 是 QPL 许可证的"兄弟版",但 QNCL 许可证比 QPL 许可证更严格一些。二者的差异在于软件的范围方面,或者说在连接方面。QNCL 许可证比 QPL 许可证更严格之处在于,QNCL 许可证与 GPL 许可证一样,完全禁止根据本许可证得到的开放源代码软件与其他非系统库函数链接的软件以其他许可方式一起发布	①与 GPL 相近; ②只有获得 QNCL 许可才可进行修改; ③严禁在其他框架下发布 QNCL 软件
Jabber (jabber open source license)	Jabber 是著名的 Linux 即时通信服务器,它是一个自由开源软件,能让用户自己架设即时通信服务器,可以在 Internet 上应用,也可以在局域网中应用。Jabber 许可证在源代码的复制、发行规定方面基本上和其他许可证相比没有特殊之处,最有优势的就是其通信协议,可以和多种即时通信对接	①一款 Linux 架构操作系统; ②协议自由,应用广泛; ③没有协议限制; ④可连接多种通信
COM (component object model)	COM 是为了计算机工业软件生产更加符合人类行为方式开发的一种新的软件技术。在 COM 构架下,可以开发各种各样的功能单一的组件,然后将它们按照需要组合起来,构成复杂的应用系统。开发自定义的 COM 组件就如同开发动态的、面向对象的 API。多个 COM 对象可以链接起来形成应用程序或组件系统。并且组件可以在运行时刻,在不被重新链接或编译应用程序的情况下被卸下或替换	①一种软件开发技术; ②面向工业软件; ③可以将单一软件组合成复杂应用系统; ④可随时更替组件; ⑤可拓展网络环境; ⑥支持多应用和 API
IBM (IBM public license)	IBM 明确专利授权,一般的开源软件都明确源代码的版权人的修改权、复制权等版权权利,但保留署名权。而 IBM 许可证在此基础上还明确,假如源代码中含有专利权,源代码专利权人将复制、使用的专有权利向公众许可。细化许可证终止的情形,包括不按该许可证的要求发布和使用源代码、发生专利侵权诉讼等,同时明确独立承担责任原则	①满足 OSIA 开源软件许可认证; ②保护专利; ③明确许可终止情形; ④同 COM 许可; ⑤许可规定限制较多

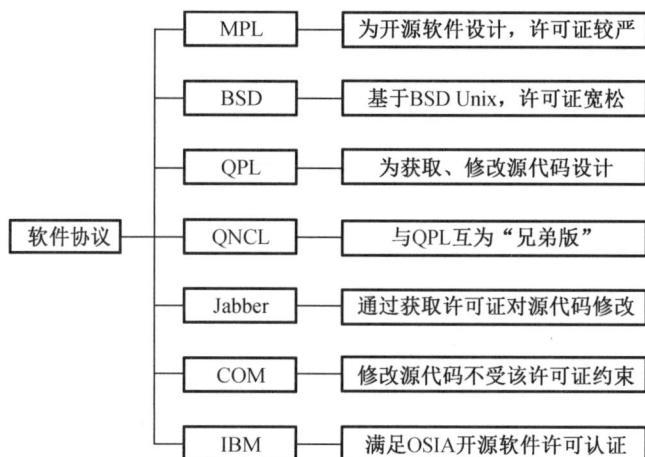

图 1-15　软件协议转换方法对比

对上述 7 种软件协议转换方法对比分析后发现,QPL 是一种针对软件协议(主要是对软件设计过程的程序开发进行协议转换,因此软件协议又称为开源协议),为获取、修改源代码而设计的一种转换方式。Jabber 转换方式支持协议自由且应用广泛,没有协议限制,最有优势的就是其通信协议,可以和多种即时通信对接,可以实现更兼容的、更可靠的、更稳定的传输连接。COM 转换方式主要是面向工业软件,不仅可以将单一软件组合成复杂的应用系统,并支持随时更替组件、更替源代码,进行实时操控,还可以拓展网络环境,支持各种应用和 API,同 Jabber 转换方式一样,兼容性较好,稳定性也较好。

由于在船舶制造车间中,以 OPC 协议的软件开发较多,而且 OPC 本身也是一种工业网络协议,因此可以选择兼顾兼容性、稳定性、可拓展性的 QPL、Jabber 和 COM 3 种方法进行不同工位的相同软件接口的集成协议转换。若细分 QPL、Jabber 和 COM 3 种方法哪个更有利于抗干扰性、可靠性方面的应用,首选 Jabber 和 COM 这两种方法。

1.3.3.3　网关选择与配置

网关又称网间连接器、协议转换器。网关在网络层以上实现网络互连,是复杂的网络互连设备,仅用于两个高层协议不同的网络互连。网关既可以用于广域网互连,也可以用于局域网互连。网关是一种充当转换重任的计算机系统或设备。在使用不同的通信协议、数据格式或语言,甚至体系结构完全不同的两种系统之间,网关是一个翻译器,与网桥只是简单地传达信息不同,网关对收到的信息要重新打包,以适应目的系统的需求。同时,网关也可以提供过滤和安全功能。大多数网关运行在 OSI 7 层协议的顶层——应用层。

网关包括多种类型,具体如下。

(1)传输网关

传输网关用于在两个网络间建立传输连接。利用传输网关,不同网络上的主机间可以建立跨越多个网络的、级联的、点对点的传输连接。例如,通常使用的路由器就是传输网关。网关的作用体现在连接两个不同的网段,或者是两个不同的路由协议之间的连接,如路由信息协议(RIP)、增强内部网关路由线路协议(EIGRP)、OSPF、边界网关协

议（BGP）等。

（2）应用网关

应用网关在应用层上进行协议转换。应用网关是在使用的不同数据格式间进行翻译数据的系统。典型的应用网关接收一种格式的输入,将之翻译,然后以新的格式发送。输入和输出接口可以是分立的也可以使用同一网络连接。应用网关也可以用于将局域网客户机与外部数据源相连,这种网关为本地主机提供了与远程交互式应用的连接。将应用的逻辑和执行代码置于局域网中,客户端避免了广域网低带宽、高延迟的缺点,这就使得客户端的响应时间更短。应用网关将请求发送给相应的计算机获取数据,如果需要就把数据格式转换成客户机所要求的格式。例如,一个主机执行的是 ISO 电子邮件标准,另一个主机执行的是 Internet 电子邮件标准,如果这两个主机需要交换电子邮件,那么必须经过一个电子邮件网关进行协议转换,这个电子邮件网关是一个应用网关。网络核心协议（NCP）是工作在 OSI 参考模型第 7 层的协议,用以控制客户站和服务器间的交互作用,主要完成不同方式下文件的打开、关闭、读取功能。

（3）中继网关

中继网关又叫 IP 网关,是同时满足电信运营商和企业需求的 V 网络电话（VoIP）设备。中继网关由中继板和媒体网关板建构,单板最多可以提供 128 路媒体转换,有两个以太网口,机框采用业界领先的紧凑型外设部件互连（CPCI）标准,扩容方便,具有高稳定性、高可靠性、高密度、大容量等特点。

（4）接入网关

接入网关是基于 IP 的语音/传真业务的媒体接入网关,能够提供高效、高质量的话音服务,为运营商、企业、小区、住宅用户等提供 VoIP 解决方案。

（5）协议网关

协议网关通常在使用不同协议的网络区域间做协议转换。这一转换过程可以发生在 OSI 参考模型的第 2 层、第 3 层或第 2 层和第 3 层之间。

（6）安全网关

安全网关具有重要且独特的保护作用,其应用范围日益扩大。

对于船舶制造车间而言,网关的选择与配置主要是基于实时工业以太网（Profinet）、过程现场总线（Profibus）、串行通信协议（Modbus）和通信总线协议（Device-net）这 4 种协议的设计。网关选择与配置原理图如图 1-16 所示。

目前,对不同现场总线（Profinet/Profibus 与 Modbus）的集成化研究主要有以下几种方案。

①采用 OPC 技术和以太网技术集成多种总线,这种方法主要应用于过程控制级的现场总线协议转换。

②采用从节点模块化实现多种总线集成,这种方法主要是将多种总站的从站功能集中在一个模块上。

③采用转换模块实现多种总线集成,这种方法主要是对不同总线协议转换问题的研究,适用于现场设备级的现场总线协议转换。本书采用第三种方法实现协议转换。

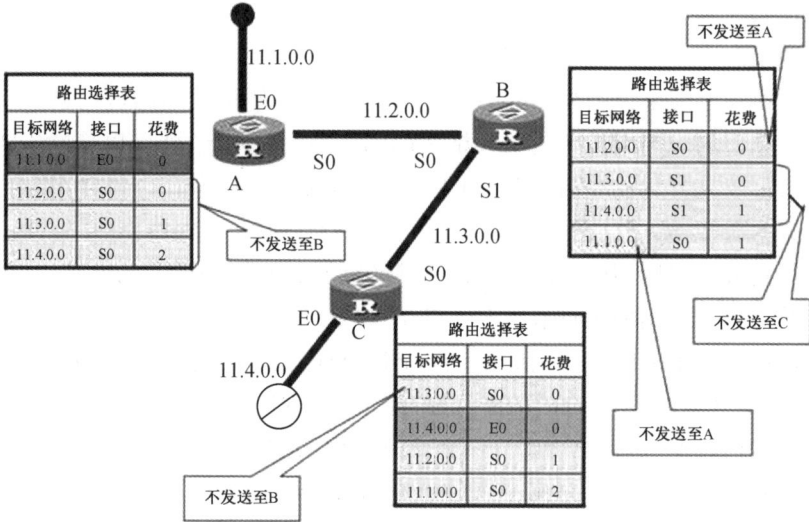

图 1-16　网关选择与配置原理图

　　首先,Profibus/Profinet 与 Modbus 协议转换模块的功能是实现网络和网络的无障碍通信,其整个信息的传递过程相当于从一个网络的高层信息层逐渐向下传输,到达底层后,再逐渐上升到另一个网络的高层信息层。由于通信方式都是采用主从方式通信,因此协议转换模块通常是由一个主站和一个从站组成的,这样便可以实现主站与从站间的数据交换。

　　由于 Profibus/Profinet 与 Modbus 通信均采用主从方式,因此协议转换应同时具备 Profibus/Profinet 与 Modbus 主从站的功能,这样方能实现 Profibus/Profinet 主站与 Modbus 从站和 Modbus 主站与 Profibus/Profinet 从站间的通信。本书使用赫优讯的 NT-1000 实现网关的选择。协议转换模块总体配置如图 1-17 所示(PRO-B/F 是 Profibus 协议和 Profinet 协议的简写)。

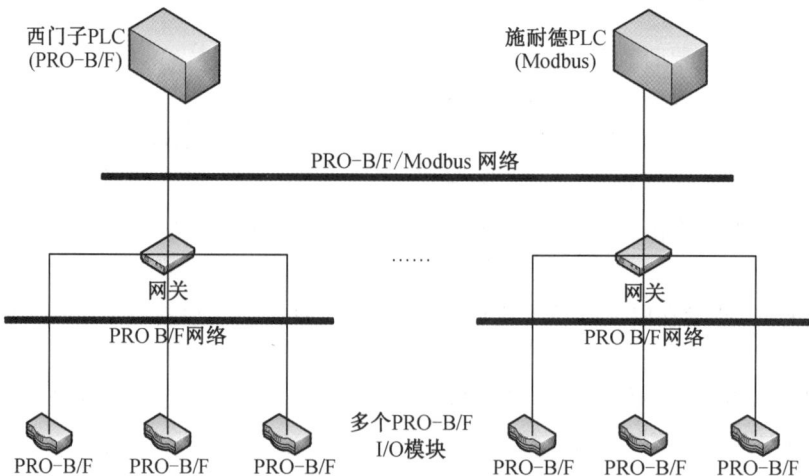

图 1-17　协议转换模块总体配置示意图

　　本书使用赫优讯的 NT-1000 实现 Profibus/Profinet 与 Modbus 两种不同协议转换的网

关选择，接着根据网关的选择，进行网关的主从站配置，以实现 Profibus/Profinet 与 Modbus 的顺利转换。Profibus/Profinet 与 Modbus 网关配置如图 1-18 所示。

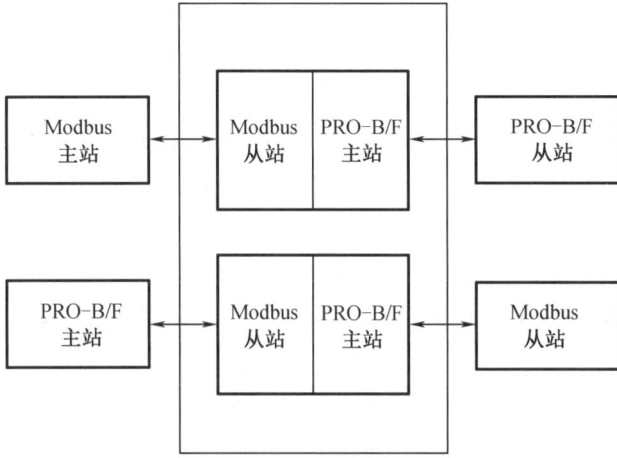

图 1-18　Profibus/Profinet 与 Modbus 网关配置示意图

　　根据 Profibus/Profinet 与 Modbus 协议转换的网关选择，在研究过程中知道了西门子 PLC 支持 PRO-BF 协议，施耐德 PLC 支持 Modbus 协议，因此结合两种协议特点，我们选择主从站的网关配置模型。

　　同理，对于 Modbus 与 Device-net 间的网关选择，我们采用 TJNR 6000 芯片来实现 Modbus 协议与 Device-net 协议的转换。Modbus 与 Device-net 网关选择及配置如图 1-19 所示。

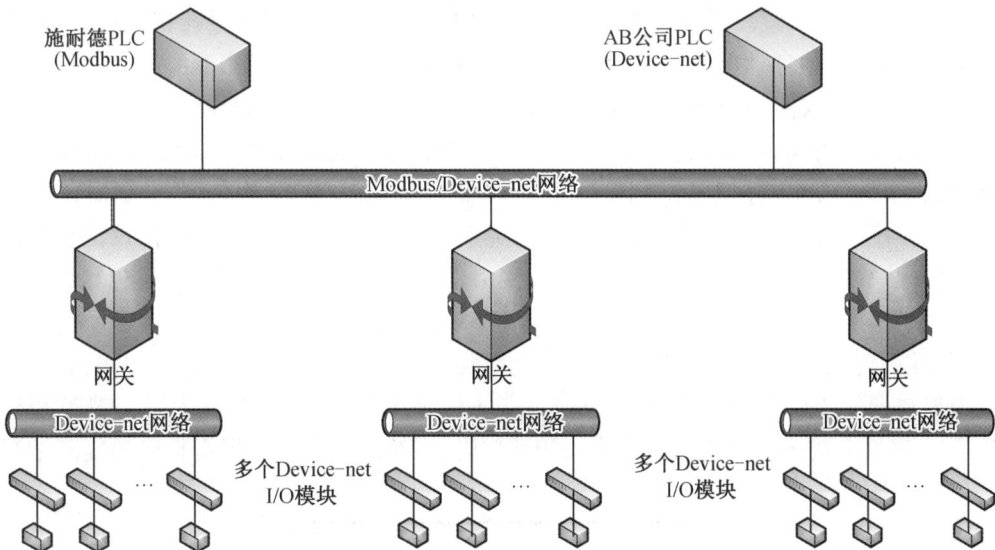

图 1-19　Modbus 与 Device-net 网关选择及配置示意图

因此,Profibus、Profinet、Modbus 和 Device-net4 种协议的整体网关转换与配置如图 1-20 所示。

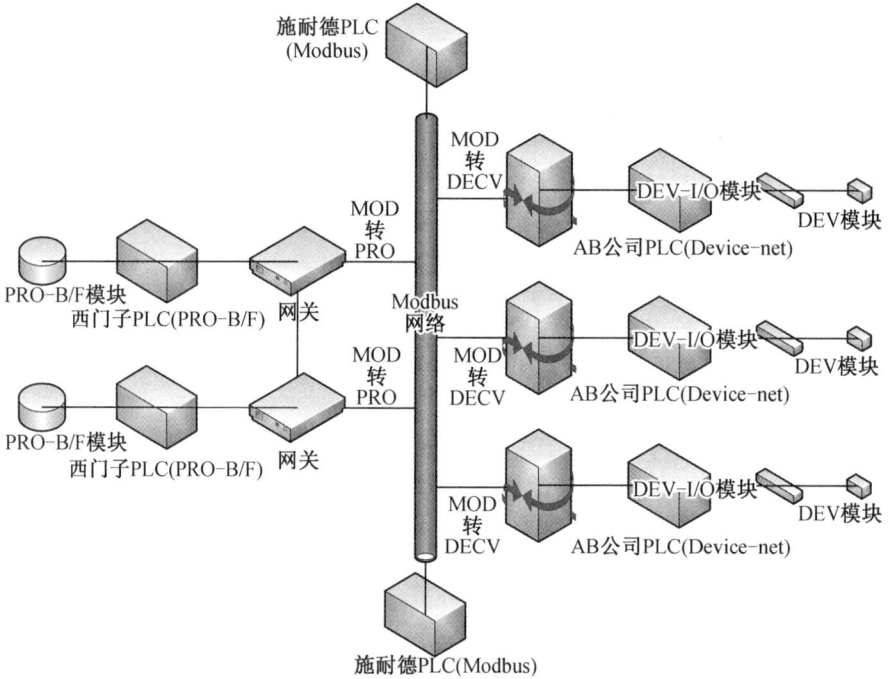

图 1-20　4 种协议的整体网关转换与配置

由图 1-20 可以看出,多协议转换器相当于 Modbus 协议从站,同时又作为其他协议设备的主站。多协议转换器可以利用 Modbus 协议地址进行标识,同一个多协议转换器下所连接的多个不同协议设备采用一个 Modbus 从站地址,无法在网络中进行识别和标识,为此提出采用 Modbus 地址加上协议类型码的方法对同一个多协议转换器下的设备进行标识和区分,即要在多协议网络中识别和定位 Modbus 协议以外的设备,需要使用其他协议设备连接多协议转换器的 Modbus 地址和该设备的协议类型码对该设备进行标识。另外在多协议网络中,为了统一设备标识及辨别多协议转换器和 Modbus 从站设备,对于多协议网络中 Modbus 从站设备也利用协议类型码和从站地址标识。Modbus 地址占 1 B,协议类型码也占 1 B,设备标识格式如图 1-21 所示。多协议网络设备 Modbus 地址取值为 0~127,协议类型码用以区别多协议网络的协议类型,并且可以帮助标识同一个多协议转换器下所连接的其他不同协议设备,如可以规定 Modbus 协议类型码为 00H、PRO-B/F 协议类型码为 01H、多功能电能表通信协议类型码为 02H、Device-net 协议类型码为 03H、以太网协议类型码为 04H,用户根据需要还可以定义其他协议的类型码,当然用户也可以根据自己的实际情况规定协议码的数值。

Modbus	协议类型码

图 1-21　设备标识格式

1.3.3.4　集成接口设计

数据集成是把不同来源、格式、特点性质的数据在逻辑上或物理上有机地集中,从而为企业提供全面的数据共享。在企业数据集成领域,已经有了很多成熟的框架可以利用。目前通常采用联邦式、基于中间件模型和数据仓库等方法来构造集成的系统。

在企业中,由于开发时间或开发部门的不同,往往有多个异构的、运行在不同的软硬件平台上的信息系统同时运行,这些系统的数据源彼此独立、相互封闭,使得数据难以在系统之间交流、共享和融合,从而形成了"信息孤岛"。随着信息化应用的不断深入,企业内部、企业与外部信息交互的需求日益强烈,急切需要对已有的信息进行整合,以联通"信息孤岛",共享信息。

数据集成主要解决数据的分布性和异构性的问题。

对数据集成体系结构来说,关键是拥有一个包含有目标计划、源–目标映射、数据获得、分级抽取、错误恢复和安全性转换的数据高速缓存器。

高速缓存器作为企业和电子商务数据的一个单一集成点,最大限度地减少了对直接访问后端系统和进行复杂实时集成的需求。这个高速缓存器从后端系统中卸载众多不必要的数据请求,因此使电子商务公司可以增加更多的用户,同时让后端系统从事其指定的工作。

数据集成软件与企业应用集成厂商和程序集成商进行联合,而不是取代它们。的确,由于数据集成软件越来越普遍地被用来作为 B2B(企业与企业之间通过专用网络或 Internet,进行数据信息的交换、传递)集成的一个工具,因此它会引人注目地改造 B2B 集成商一起合作的方式及企业向 Internet 迁移的方式。

因此针对 Profinet、Profibus、Modbus 和 Device–net 4 种协议设计的集成接口,就是为了保证数据传输快速、准确,实现数据共享。Profibus 是以通用站点描述文件(GSD)形式进行数据传输的,Modbus–RTU(RTU 为远程测控终端)是比美国标准信息交换代码(ASCII)方式传送更多数据的类型,Device–net 是基于 CAN 的数据传输网络,Profinet 是基于工业以太网技术生成的新一代自动化总线标准。

1.3.3.5　物联网系统集成接口规范

通过上述的研究,将应用 OPC UA 协议作为实现物联网系统的集成接口规范。OPC UA 是新一代基于工业以太网的协议。在 OPC UA 协议中,变量具有可读性、可写性。在变量显示中,数据类型代表着相同数据类型间的数据信息可以方便传输、转换与储存。在 OPC UA 中,数据具有订阅功能,即不用每次询问某特定变量的数值,就可以由服务端主动地把数据发过来,改变问答式的数据获取,获得更高的处理数据效率,减少网络请求压力。物联网系统集成接口能够支持多种协议自由转换、切换 OPC UA,使得车间网络能够得到更广泛的应用。

1.3.4　在船舶制造过程中物联网的可靠性及抗干扰性

前文提到的物联网架构、网关的选择与配置等,都会影响到物联网数据传输的可靠性及抗干扰性。本节针对船厂实际情况,通过分析主要干扰源,针对干扰源提出针对性抗干扰技术,基于无线、光纤、双绞线、电力线等不同介质网络的稳定性及抗干扰性进行了对比分析,对网络组成设计了冗余配置,最后研究高可用性在提高传输可靠性及抗干扰性等方面的作用,并给出物联网优化技术方案。

1.3.4.1 干扰源分析

干扰是指对系统的正常工作产生不良影响的内部或外部因素。从广义上讲,机电一体化系统的干扰因素包括电磁干扰、温度干扰、湿度干扰、声波干扰和振动干扰等。在众多干扰中,电磁干扰最为普遍,且对控制系统影响最大,而其他干扰因素往往可以通过一些物理的方法较容易地得到解决。本节重点介绍电磁干扰的相关内容。

电磁干扰是指在工作过程中受环境因素的影响,出现的一些与有用信号无关的,并且对系统性能或信号传输有害的电气变化现象。这些有害的电气变化现象使得信号的数据发生瞬态变化,增大误差,出现假象,甚至使整个系统出现异常信号而引起故障。例如,传感器的导线受空中磁场影响产生的感应电势会大于测量的传感器输出信号,使系统判断失灵。

干扰的形成包括3个要素,即干扰源、传播途径和接受载体。3个要素中缺少任何1个,干扰都不会产生。

(1)干扰源

产生干扰信号的设备被称作干扰源,如变压器、继电器、微波设备、电机、无绳电话和高压电线等都可以产生空中电磁信号。当然,雷电、太阳和宇宙射线也属于干扰源。

(2)传播途径

传播途径是指干扰信号的传播路径。电磁信号在空中直线传播,并具有穿透性的传播叫作辐射方式传播;电磁信号借助导线传入设备的传播叫作传导方式传播。传播途径是干扰扩散的主要原因。

(3)接受载体

接受载体是指受影响的设备的某个环节吸收了干扰信号,并转化为对系统造成影响的电器参数。接受载体不能感应干扰信号或弱化干扰信号,使其不被干扰影响就提高了抗干扰的能力。接受载体的接受过程称为耦合。耦合分为两类,即传导耦合和辐射耦合。传导耦合是指电磁能量以电压或电流的形式通过金属导线或集总元件(如电容器、变压器等)耦合至接受载体。辐射耦合是指电磁干扰能量通过空间,以电磁场形式耦合至接受载体。

根据干扰的定义可以看出,信号之所以称为干扰是因为它对系统造成了不良影响,反之,不能称其为干扰。从形成干扰的要素可知,消除3个要素中的任何1个,都会避免干扰。抗干扰技术就是针对这3个要素的研究和处理。

电磁干扰按干扰的耦合模式分为以下几类。

①静电干扰

大量物体表面都有静电电荷的存在,特别是含电气控制的设备,静电电荷会在系统中形成静电电场。静电电场会使电路的电位发生变化,通过电容耦合产生干扰。静电干扰还包括电路周围物件上积聚的电荷对电路的泄放,大载流导体(输电线路)产生的电场通过寄

生电容对机电一体化装置传输的耦合干扰等。

②磁场耦合干扰

磁场耦合干扰是指大电流周围磁场对机电一体化设备回路耦合形成的干扰。电力线、电动机、发电机、电源变压器和继电器等都会产生这种磁场。产生磁场干扰的设备往往同时伴随着电场的干扰,因此又统一称为电磁干扰。

③漏电耦合干扰

漏电耦合干扰是指绝缘电阻降低而由漏电流引起的干扰。其多发生于工作条件比较恶劣的环境或器件性能退化、器件本身老化的情况下。

④共阻抗干扰

共阻抗干扰是指电路各部分公共导线阻抗、地阻抗和电源内阻压降相互耦合形成的干扰。这是机电一体化系统普遍存在的一种干扰。

⑤电磁辐射干扰

由各种大功率高频、中频发生装置,各种电火花及电台、电视台等产生的高频电磁波,向周围空间辐射,形成了电磁辐射干扰。雷电和宇宙空间也会有电磁波干扰信号。

1.3.4.2　抗干扰技术

干扰问题是机电一体化系统设计和使用过程中必须考虑的重要问题。在机电一体化系统的工作环境中,存在大量的电磁信号,如电网的波动、强电设备的启停、高压设备和开关的电磁辐射等,当它们在系统中产生电磁感应和干扰冲击时,往往就会扰乱系统的正常运行,轻者造成系统的不稳定,降低系统精度;重者会引起控制系统死机或误动作,造成设备损坏或人身伤亡。

(1)抑制干扰的方法

提高抗干扰的措施中最理想的方法是抑制干扰源,使其不向外产生干扰或将其干扰影响限制在允许的范围之内。由于车间现场干扰源的复杂性,要想对所有的干扰源都做到使其不向外产生干扰,几乎是不可能的,也是不现实的。另外,来自电网和外界环境的干扰,以及机电一体化产品用户环境的干扰也是无法避免的。因此,在产品开发和应用中,除了对一些重要的干扰源,主要是对被直接控制的对象的一些干扰源进行抑制外,更多的则是在产品内设法抑制来自外界的干扰,以保证系统可靠地工作。

抑制干扰的措施有很多,主要包括屏蔽、隔离、滤波、接地和软件处理等方法。

①屏蔽

屏蔽是利用导电或导磁材料制成的盒状或壳状屏蔽体,将干扰源或干扰对象包围起来,从而割断或削弱干扰场的空间耦合通道,阻止其电磁能量的传输。按需屏蔽的干扰场的性质不同,屏蔽可分为电场屏蔽、磁场屏蔽和电磁场屏蔽。

a.电场屏蔽是为了消除或抑制由于电场耦合引起的干扰。通常用铜和铝等导电性能良好的金属材料作为屏蔽体。屏蔽体结构应尽量完整严密并保持良好的接地。

b.磁场屏蔽是为了消除或抑制由于磁场耦合引起的干扰。对静磁场及低频交变磁场,可用高磁导率的材料作为屏蔽体,并保证磁路畅通。对高频交变磁场,由于主要靠屏蔽体壳体上感生的涡流所产生的反磁场起排斥原磁场的作用,故选用的材料也是良导体,如铜、铝等。

c.电磁场屏蔽是利用屏蔽体阻止电磁场在空间传播的一种措施。

②隔离

隔离是指把干扰源与接收系统隔离开来,使有用信号正常传输,而干扰耦合通道被切断,达到抑制干扰的目的。常见的隔离方法有光电隔离、变压器隔离和继电器隔离等。

a.光电隔离

光电隔离是以光作为媒介在隔离的两端间进行信号传输,所用的器件是光电耦合器。由于光电耦合器在传输信息时,不是将其输入和输出的电信号进行直接耦合,而是借助于光作为媒介物进行耦合,因而具有较强的隔离和抗干扰的能力。

b.变压器隔离

对于交流信号的传输一般使用变压器隔离干扰信号的办法。隔离变压器也是常用的隔离部件,用来降低阻断交流信号中的直流干扰和抑制低频干扰信号的强度。

c.继电器隔离

继电器线圈和触点仅在机械上形成联系,而没有直接的电的联系,因此可利用继电器线圈接收电信号,而利用其触点控制和传输电信号,可实现强电和弱电的隔离。同时,继电器触点较多,且触点能承受较大的负载电流,因此应用非常广泛。

实际使用中,继电器隔离指适合于开关量信号的传输。系统控制中,常用弱电开关信号控制继电器线圈,使继电器触电闭合和断开。而对应于线圈的触点,则用于传递强电回路的某些信号。隔离用的继电器,主要是一般小型电磁继电器或干簧继电器。

③滤波

滤波是抑制干扰传导的一种重要方法。由于干扰源发出的电磁干扰的频谱往往比要接收信号的频谱宽得多,因此,当接收器接收有用信号时,也会接收到那些不希望有的干扰。这时,可以采用滤波的方法,只让所需要的频率成分通过,而对干扰频率成分加以抑制。

常用滤波器根据其频率特性又可分为低通、高通、带通、带阻等滤波器。低通滤波器只让低频成分通过,而高于截止频率的成分则受抑制、衰减,禁止通过。高通滤波器只让高频成分通过,而低于截止频率的成分则受抑制、衰减,禁止通过。带通滤波器只让某一频带范围内的频率成分通过,而低于下截止和高于上截止频率的成分均受抑制,禁止通过。带阻滤波器只抑制某一频率范围内的频率成分,禁止其通过,而低于下截止和高于上截止频率的成分则允许通过。

④接地

将电路、设备机壳等与作为零电位的一个公共参考点(大地)实现低阻抗的连接,称为接地。接地的目的有两个:一是为了安全,例如,把电子设备的机壳、机座等与大地相接,当设备中存在漏电时,不致影响人身安全;二是为了给系统提供一个基准电位,例如,脉冲数字电路的零电位点等,或为了抑制干扰,如屏蔽接地等。工作接地包括一点接地和多点接地两种方式。多点接地所需地线较多,一般适用于低频信号。若电路工作频率较高,电感分量大,则各地线间的互感耦合会增加干扰。机电一体化系统设计时要综合考虑各种地线的布局和接地方法。

⑤软件处理

a.软件滤波

用软件来识别有用信号和干扰信号,并滤除干扰信号的方法,称为软件滤波。识别信号的原则有以下 3 种。

(a)时间原则

如果掌握了有用信号和干扰信号在时间上出现的规律性,在程序设计上就可以在接收有用信号的时区打开输入口,而在可能出现干扰信号的时区封闭输入口,从而滤掉干扰信号。

(b)空间原则

在程序设计上为保证接收到的信号正确无误,可将从不同位置、用不同检测方法、经不同路线或不同输入口接收到的同一信号进行比较,根据既定逻辑关系来判断真伪,从而滤掉干扰信号。

(c)属性原则

有用信号往往是在一定幅值或频率范围的信号,当接收的信号远离该信号区时,软件可通过识别予以剔除。

b.软件"看门狗"

"看门狗"(watchdog)是用硬件(或软件)的办法要求使用监控定时器定时检查某段程序或接口,当超过一定时间,系统没有检查这段程序或接口时,可以认定系统运行出错(干扰发生),可通过软件进行系统复位或按事先预定方式运行。"看门狗"是工业控制机普遍采用的一种软件抗干扰措施。当侵入的尖锋电磁干扰使计算机"飞程序"时,"看门狗"能够帮助系统自动恢复正常运行。

(2)提高系统抗干扰能力的措施

从整体和逻辑线路设计上提高机电一体化产品的抗干扰能力是整体设计的指导思想,对提高系统的可靠性和抗干扰性能具有重要作用。对于一个新设计的系统,如果把抗干扰性能作为一个重要的问题来考虑,则系统投入运行后,抗干扰能力就强。因此,在总体设计阶段,以下几个方面必须引起特别重视。

①逻辑设计力求简单可靠

对于一个具体的机电一体化产品,在满足生产工艺控制要求的前提下,逻辑设计应尽量简单,以便节省元件、方便操作。因为在元器件质量已定的前提下,整体中所用到的元器件数量愈少,系统在工作过程中出现故障的概率就愈小,即系统的稳定性愈高。但值得注意的是,对于一个具体的线路,必须扩大线路的稳定储备量,留有一定的负载容度。因为线路的工作状态是随电源电压、温度、负载等因素而变的。当这些因素由额定情况向恶化线路性能方向变化,最后导致线路不能正常工作时,这个范围称为稳定储备量。此外,工作在边缘状态的线路或元件,最容易受到外界干扰而导致故障。因此,为了提高线路的带负载能力,应考虑留有负载容度。比如,一个双极型(TTL)集成门电路的负载能力是可以带 8 个左右同类型的逻辑门,但在设计时,一般最多只考虑带 5~6 个门,以便留有一定裕度。

②硬件自检测和软件自恢复的设计

由于干扰引起的误动作多是偶发性的,因此应采取某种措施,使这种偶发的误动作不致直接影响系统的运行。所以,在总体设计上必须设法使干扰造成的这种故障能够尽快地恢复正常。通常的方式是,在硬件上设置某些自动监测电路。这主要是为了对一些薄弱环节加强监控,以便缩小故障范围,增强整体的可靠性。在硬件上常用的监控和误动作检出方法通常有数据传输的奇偶校验(如输入电路有关代码的奇偶校验)、存储器的奇偶校验,以及运算电路、译码电路和时序电路的有关校验等。

从软件的运行来看,瞬时电磁干扰会影响堆栈指针(SP)、数据区或程序计数器的内容,使中央处理器(CPU)偏离预定的程序指针,进入未使用的随机存取存储器(RAM)区和只读存储器(ROM)区,引起一些如死机、死循环和程序"飞掉"等现象。因此,要合理设置软件"陷阱"和"看门狗",并在检测环节进行数字滤波(如粗大误差处理)等。

③从安装和工艺等方面采取措施以消除干扰

a. 合理选择接地

许多机电一体化产品,从设计思想到具体电路原理都是比较完美的。但在工作现场却经常无法正常工作,暴露出许多由于工艺安装不合理带来的问题,从而使系统容易受到干扰,对此,必须引起足够的重视。如在选择正确的接地方式时要考虑交流接地点与直流接地点分离;保证逻辑地浮空(是指控制装置的逻辑地和大地之间不用导体连接);保证机身、机柜的安全地的接地质量;分离模拟电路的接地和数字电路的接地等。

b. 合理选择电源

合理选择电源对系统的抗干扰也是至关重要的。电源是引进外部干扰的重要来源。实践证明,通过电源引入的干扰噪声是多途径的,如控制装置中各类开关的频繁闭合或断开,各类电感线圈(包括电机、继电器、接触器及电磁阀等)的瞬时通断,晶闸管电源及高频、中频电源等系统中开关器件的导通和截止等都会引起干扰,这些干扰幅值瞬时可达千伏级,而且占有很宽的频率。显而易见,要想完全抑制如此宽频带范围的干扰,必须对交流电源和直流电源同时采取措施。

大量实践表明,采用压敏电阻和低通滤波器可使频率为 20~100 MHz 的干扰大大衰减,采用隔离变压器和电源变压器的屏蔽层可以消除 20 kHz 以下的干扰。而为了消除交流电网电压缓慢变化对控制系统造成的影响,可采取交流稳压等措施。

对于直流电源通常要考虑尽量加大电源功率容限和电压调整范围。为了使装备能适应负载在较大范围变化和防止通过电源造成内部噪声干扰,整机电源必须留有较大的储备量,并有较好的动态特性。习惯上一般选取 0.5~1 倍的余量。另外,尽量采用直流稳压电源。直流稳压电源不仅可以进一步抑制来自交流电网的干扰,而且还可以抑制由于负载变化所造成的电路直流工作电压的波动。

c. 合理布局

对机电一体化设备及系统的各个部分进行合理的布局,能有效地防止电磁干扰的危害。合理布局的基本原则是使干扰源与干扰对象尽可能远离,输入和输出端口妥善分离,高电平电缆及脉冲引线与低电平电缆分别敷设等。

对企业环境的各设备之间也存在合理布局问题。不同设备对环境的干扰类型、干扰强度不同,抗干扰能力和精度也不同,因此,在设备位置布置上要考虑设备分类和环境处理,如精密检测仪器应放置在恒温环境,并远离有机械冲击的场所,弱电仪器应考虑工作环境的电磁干扰强度等。

一般来说,除了上述方案以外,还应在安装、布线等方面采取严格的工艺措施,如布线上注意整个系统导线的分类布置、接插件的可靠安装与良好接触、焊接质量等。实践表明,对于一个具体的系统,如果工艺措施得当,不仅可以大大提高系统的可靠性和抗干扰能力,而且还可以弥补某些设计上的不足。

1.3.4.3　冗余配置

在船舶制造车间复杂的网络环境下,现有无线、光纤、双绞线、电力线4种主要介质网络,它们的稳定性及抗干扰性对比如图1-22所示(UTP为非屏蔽双绞线,STP为屏蔽双绞线)。

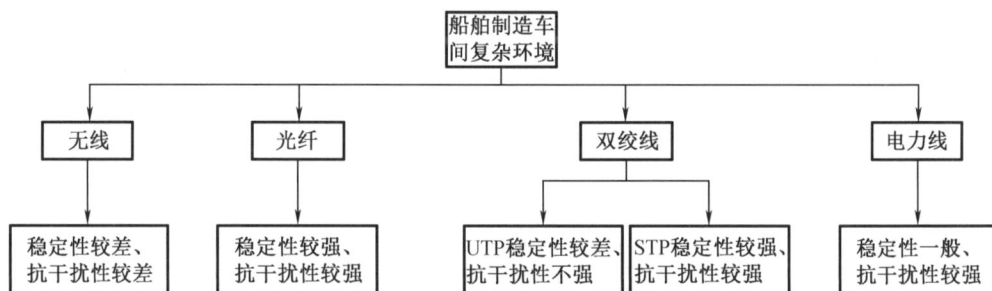

图1-22　车间4种介质的网络稳定性及抗干扰性对比

网络冗余:我们希望网络内提供趋于100%的数据传输能力,尽量保证在路由器出现故障的情况下,继续发往该路由器的数据包不会丢失,能够自动通过其他路由发送出去。

网络冗余配置:如图1-23所示,配置网络间不同相关信息,在路由器发生故障的情况下,网络内部能够实现自动选择合适的路由继续进行数据的传输目的。

通过图1-22可以得出结论:光纤网络的稳定性与抗干扰能力表现最优,因此网络冗余配置主要是针对光纤网络进行设计与配置的。

1.3.4.4　高可用技术

高可用性(high availability)通常用来描述一个系统经过专门的设计,从而减少停工时间,而保持其服务的高度可用性。

设计系统的可用性,最重要的是满足用户的需求。用户的敏感性决定系统提供的应用。系统的高可用性设计决定用户的应用。所以涉及高可用性系统需要考虑决定业务中断的持续时间。

统计表明,造成非计划的宕机因素并非都是硬件问题。其中硬件问题占40%,软件问题占30%,人为因素占20%,环境因素占10%。高可用性系统应该尽可能地考虑到上述所有因素。

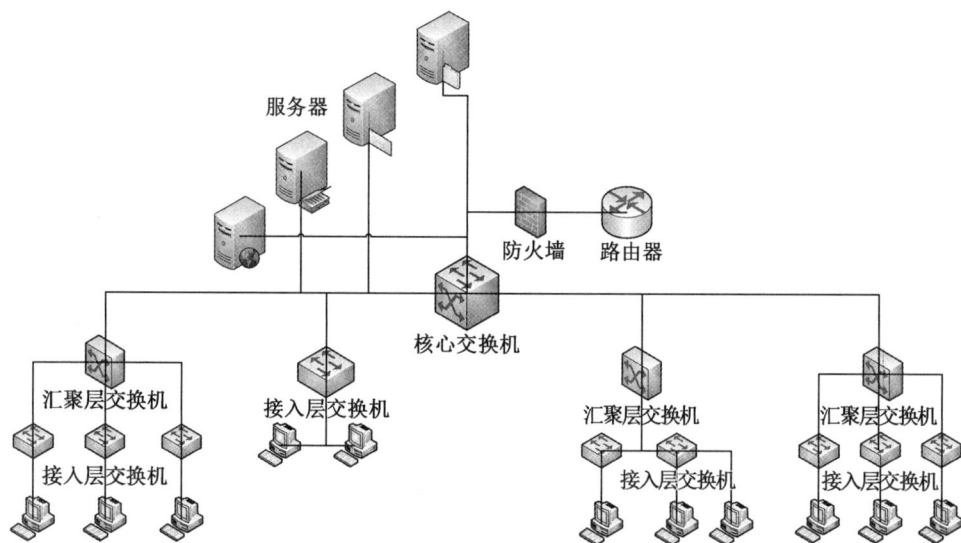

图 1-23　网络冗余配置

1.3.4.5　物联网优化方案

通过分析船舶制造车间大型生产设备具有的钢结构对网络传输具有屏蔽作用、作业区域产生的较强的电磁干扰等主要干扰源,我们提出将设备机壳与作为零电位的一个公共参考点(大地)进行低阻抗连接,即以接地的方式将设备产生的电磁干扰导入地下,从而减少电磁干扰作用。同时考虑经济性,不能在整个设备车间的生产设备上加装盒装物体,即把整个生产设备套装起来,这显然是不现实的。同屏蔽干扰一样,将设备接地是最为合适的抗干扰手段。经过综合比较无线、光纤、双绞线、电力线4种不同介质的传输网络,光纤网络的稳定性好、抗干扰性又强,因此对光纤网络进行冗余配置,不仅可以提高网络稳定性、抗干扰性,而且也能提高生产工作效率。生产设备要进行周期性检查,检查的主要目的是如果不能在生产过程中及时发现问题,那么不至于让它在隐形条件下继续存在,以免造成后续设备的瘫痪等严重影响生产的问题;还要定期对生产设备进行维护、保养,使生产设备能够一直处于高效率的工作状态。在设备管理中提高了对设备维护的需求,养成维护设备的良好习惯,不仅能够提高生产效率,减少设备维修次数,节约成本,同时也能够达到高可用性的目的。

1.4　关键技术突破

为提高网络冗余配置在船舶制造过程中的物联网的应用,及其提高传输可靠性及抗干扰性等方面的作用,为冗余配置有效实现对数据传输、数据稳定性的直观改变与性能的提升,对网络割集法、故障树分析模型(FTA)、二元决策图法、布尔代数法、蒙特卡洛模型

（Monte-Carlo）、马尔可夫过程（Markov process）、半马尔可夫过程（semi-Markov process）、Petri 网络模型等可靠性分析模型进行对比分析研究后，本章节采用马尔可夫过程结合动态贝叶斯过程（DBN）对冗余系统进行可靠性性能分析。其中最主要的技术依旧是马尔可夫过程，突破在于结合 DBN 分析，使得模型能够摆脱定量、定性的局部分析，能够方便地得到系统处于各状态的瞬时概率与稳态概率，可以观察各时刻系统因素与瞬时可用度的关系，最后达到高可用性的目的。

马尔可夫过程理论对分析计算系统的可靠性是一个非常有效的工具。对于一个可修复系统，如果组成系统的每个单元的寿命和维修时间都服从指数分布，其可靠性、有效性分析方法可采用马尔可夫模型。工程中常采用单元可用度彼此相互独立假设条件下的近似计算方法。

马尔可夫模型分析步骤如下。

（1）定义系统状态，要保证所定义的状态足以区分系统的各种不同状况。令 $E = (0, 1, 2, \cdots, N)$ 为系统状态集，$W = \{0, 1, 2, \cdots, K\}$ 和 $F = \{K+1, \cdots, N\}$ 分别为系统正常状态集和故障状态集。

（2）定义随机过程 $\{X(t), t \geq 0\}$。令 $X(t) = j$，若时刻 t 系统处于状态 $j, j \in E$。在（1）的基本条件满足的情况下，可以证明 $\{X(t), t \geq 0\}$ 是一个状态空间 E 上的马尔可夫过程。

（3）求转移率矩阵。对已定义的过程，求出

$$P_{ij}(\Delta t) = a_{ij}\Delta t + o(\Delta t), i \neq j, i, j \in E$$

进一步写出转移率矩阵

$$A = (a_{ij})$$

其中

$$a_{ij} = -\sum_{j \neq i} a_{ij}$$

（4）求 $P_j(t) = P\{X(t) = j\}, j \in E$。解微分方程组

$$\begin{cases} (P_0'(t), P_1'(t), P_2'(t), \cdots, P_N'(t)) = (P_0(t), P_1(t), P_2(t), \cdots, P_N(t))A \\ (P_0(0), P_1(0), P_2(0), \cdots, P_N(0)) = (0, 0, 0, \cdots, 0) \end{cases}$$

系统的瞬时可用度为

$$A(t) = \sum_{j \notin W} P_j(t)$$

（5）求 $\pi_j, j \in E$。解线性方程组

$$\begin{cases} (\pi_0, \pi_1, \pi_2, \cdots, \pi_N)A = (0, 0, 0, \cdots, 0) \\ \pi_0 + \pi_1 + \pi_2 + \cdots + \pi_N = 1 \end{cases}$$

系统的稳态可用度为

$$A = \sum_{j \in W} \pi_j$$

（6）求系统可靠度。解微分方程组

$$\begin{cases} (Q_0'(t), Q_1'(t), Q_2'(t), \cdots, Q_K'(t)) = (Q_0(t), Q_1(t), Q_2(t), \cdots, Q_K(t))B \\ (Q_0(0), Q_1(0), Q_2(0), \cdots, Q_K(0)) = (0, 0, 0, \cdots, 0) \end{cases}$$

其中 B 是 A 的左上角 $K+1$ 行、$K+1$ 列子矩阵，系统可靠度为

$$R(t) = \sum_{j \in W} Q_j(t)$$

可靠性分析主要是对规定时间、规定条件和规定功能下的可靠度 $R(t)$、失效概率 $F(t)$、失效密度函数 $f(t)$ 等数值,与《质量管理体系基础和术语》(GB/T 1990—2008)所规定的数据进行比对,得出在船舶制造过程中网络在可靠性及抗干扰性技术设计下的结论。

为了保证车间工作系统的高可靠性,通常需对关键网络建立冗余配置。一般为了权衡经济性和可靠性,双机冗余是常见的冗余方案,而双机热备冗余亦是工程中常用的另外一种冗余方式。双机热备系统由两个完全相同且独立的单元组成,各单元都能独立完成规定的功能,正常工作时,两个单元都加电工作,但只有主单元的输出能控制被控对象,备用单元的输出无效主单元与备用单元的故障率相同。每个单元都具有故障检测和诊断功能,当主单元检测到自身出现故障后,维修人员对其进行维修,同时系统将切换到备用单元继续工作,直至备用单元故障导致系统失效;当备用单元检测到自身出现故障后,维修人员对备用单元进行维修,同时系统将之隔离,由主单元继续工作,直至主单元故障导致系统失效。本节将选定的光纤网络进行双机冗余配置,进行冗余方案下的可靠性分析。

针对单元的故障检测功能,将单元的失效模式分为可测失效与不可测失效两种情况。失效率分别记为 λ_d、λ_μ,设元件失效率为 λ、故障检测率为 c,有 $\lambda_d = c\lambda$、$\lambda_\mu = (1-c)\lambda$;进一步考虑共因失效影响,设共因失效因子 β,根据 β 模型将单元失效率划分为如下 4 类。

(1)可测常规失效率为

$$\lambda_{dn} = (1-\beta)\lambda_d = c(1-\beta)\lambda$$

(2)可测共因失效率为

$$\lambda_{dc} = \beta\lambda_d = c\beta\lambda$$

(3)不可测常规失效率为

$$\lambda_{\mu n} = (1-\beta)\lambda_\mu = (1-c)(1-\beta)\lambda$$

(4)不可测共因失效率为

$$\lambda_{\mu c} = \beta\lambda_\mu = (1-c)\lambda$$

为了应用马尔可夫过程,建立可维修双机热备系统可靠性分析模型及讨论方便,做如下假设。

(1)系统和元件只能取正常或者故障两种状态,切换开关完全可靠。当系统或元件发生故障时,只有一组维修人员进行维修。

(2)元件的失效率 λ 和修复率 μ 均为常数,即状态转移服从指数分布;在 Δt 的时间内,发生故障的概率为 $\lambda\Delta t$。维修成功率为 $\mu\Delta t$,且假设状态转移在相当小的区间内,不会发生两个及以上的状态转移。

(3)元件的故障检测率为 c,共因失效因子为 β。

根据主单元与备用单元为正常或失效状态,定义双机热备系统的 4 种状态如下。

(1)状态 0:主单元与备用单元都正常工作,系统正常工作。

(2)状态 1:主单元或备用单元发生可测常规失效,系统降级工作。

(3)状态 2:备用单元发生不可测常规失效,系统降级工作(此状态与状态 1 都为降级工作状态,但由于备用单元发生不可测失效时,维修人员不能对其进行维修,因此把它设为一种单独的状态)。

(4)状态3:主单元、备用单元两个单元都失效,系统失效。

当双机热备系统发生不同种类的失效或需要维修时,系统在状态0至状态3之间进行转移,得到系统马尔可夫状态转移过程,如图1-24所示。

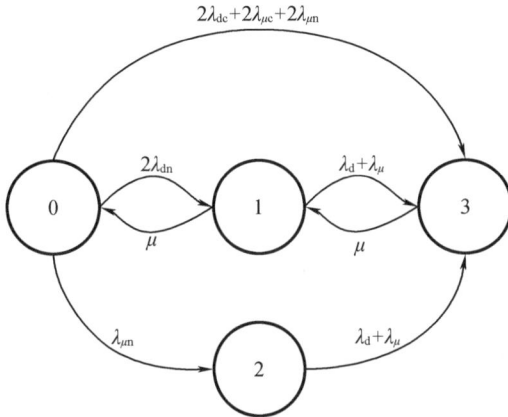

图1-24 双机热备系统状态转移图

同时应用动态贝叶斯网络,结合马尔可夫过程,综合分析可靠度 $R(t)$、失效概率 $F(t)$、共因失效因子 β、失效率 λ 和修复率 μ 等指标对系统可靠性的影响。

同样,在分析可靠性过程中,每个节点的状态只有两种:成功(s)工作状态和失败(f)工作状态。我们建立了两种状态的马尔可夫链,如图1-25所示,给出了两种状态之间的跃迁速率。

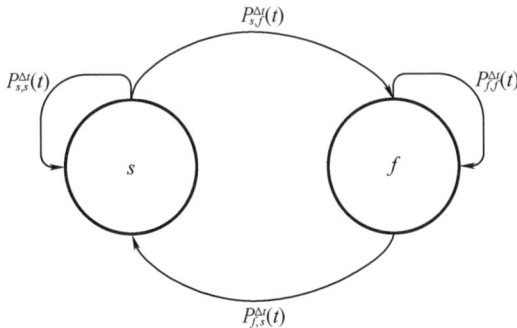

图1-25 节点两种状态间跃迁关系图

节点变量的过渡过程可以数学描述为

$$\boldsymbol{X}_{i,t+\Delta t}=\boldsymbol{X}_{i,t}\boldsymbol{A}_i$$

$$\begin{cases} \boldsymbol{X}_{i,t+\Delta t}=\begin{bmatrix} P(\boldsymbol{X}_{i,t+\Delta t}=s) & P(\boldsymbol{X}_{i,t+\Delta t}=f) \end{bmatrix} \\ \boldsymbol{X}_{i,t}=\begin{bmatrix} P(\boldsymbol{X}_{i,t}=s) & P(\boldsymbol{X}_{i,t}=f) \end{bmatrix} \end{cases}$$

$$A_i = \begin{bmatrix} P_{s,s}^{\Delta t}(t) & P_{s,f}^{\Delta t}(t) \\ P_{f,s}^{\Delta t}(t) & P_{f,f}^{\Delta t}(t) \end{bmatrix}$$

$$\begin{cases} P_{s,s}^{\Delta t}(t) = P(\boldsymbol{X}_{t+\Delta t,i}=s \mid \boldsymbol{X}_{t,i}=s) = \mathrm{e}^{-\lambda \Delta t} \\ P_{s,f}^{\Delta t}(t) = P(\boldsymbol{X}_{t+\Delta t,i}=f \mid \boldsymbol{X}_{t,i}=s) = 1-\mathrm{e}^{-\lambda \Delta t} \end{cases}$$

$$\begin{cases} P_{f,f}^{\Delta t}(t) = P(\boldsymbol{X}_{t+\Delta t,i}=f \mid \boldsymbol{X}_{t,i}=f) = \mathrm{e}^{-\mu \Delta t} \\ P_{f,s}^{\Delta t}(t) = P(\boldsymbol{X}_{t+\Delta t,i}=s \mid \boldsymbol{X}_{t,i}=f) = 1-\mathrm{e}^{-\mu \Delta t} \end{cases}$$

式中　$\boldsymbol{X}_{i,t+\Delta t}$——节点变量 X_i 在 $t+\Delta t$ 时的状态矩阵；

$\boldsymbol{X}_{i,t}$——节点变量 X_i 在 t 时的状态矩阵；

$\boldsymbol{A}_i$——t 到 $t+\Delta t$ 时两种状态间节点变量 X_i 的转移矩阵；

$P(\boldsymbol{X}_{i,t+\Delta t}=s)$——节点变量 X_i 在 $t+\Delta t$ 时处于 s 状态的概率；

$P_{s,f}^{\Delta t}(t)$——时间从 t 到 $t+\Delta t$ 时，节点从状态 s 到 f 的一步转移率；

λ、μ——分别指传感器的失效率和修复率，单位均为 $1/\mathrm{h}$。

冗余可靠性配置模型如图 1-26 所示。

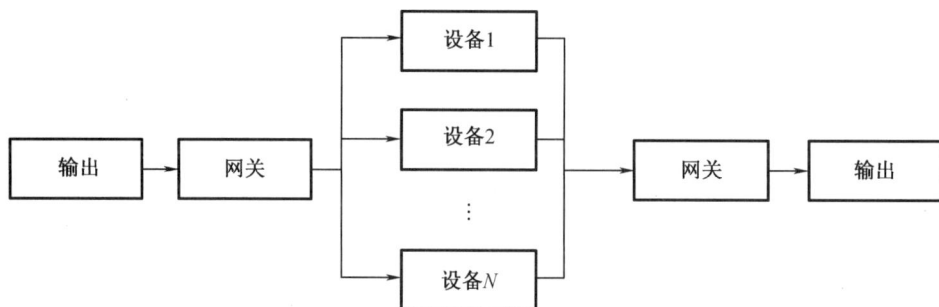

图 1-26　冗余可靠性配置模型

1.5　应用效果

从物联网接入需求开始，每个研究环节均结合船舶制造车间的实际环境，给出了数据需求分析及用何设备进行数据的采集和传输，根据数据类型（格式），分配不同的采集与传输方式，进而完成物联网接入需求的研究。良好的架构（方案），对整个物联网实施、布局具有良好的规范作用。基于 USN 体系设计的 4 层物联网架构方案——数据感知层、网络配置层、网络处理层、实际应用层，分别针对数据采集、WSN/MHN/CNC-EN 3 种网络、不同协议转换与集成接口，到最后设计实现高可用性的目的，很好地满足了兼容性、开放性、灵活性、可靠性、先进性和经济性的特点，而且方便设计。针对 Profibus、Profinet、Modbus、Device-net 4 种不同协议进行转换研究，提出以 Modbus 为中间协议转换媒介，利用赫优讯通信模块，实现了 Profibus、Profinet、Modbus、Device-net 间的相互转换。以 OPC UA 为标准的集成接口规范，能够很好地支持满足工业网络的数据传输需求，使得车间网络构成一个整体，并有效地实现综合利用，消除设备间异构不兼容的窘境。

1.6　本　章　小　结

　　本章通过对在船舶制造过程中的物联网的接入需求、物联网的网络构架、物联网的不同通信转换、物联网的可靠性及抗干扰性等部分进行四分题的系统研究,很好地解决了提出的所有问题。其中,在船舶制造过程中物联网的网络构架研究是贯穿整个物联网的主线。本章基于数据量、数据种类和基础数据,利用现行可用的二维码、RFID 等数据采集、汇总、传输的方式,针对不同数据格式,进行了设备的选择与接入设备的连接方式的选择,在这里实际是引出了网络的概念,为之后的网络架构、网络层的设计做了铺垫。网络架构设计部分,分层组网技术很好地引出了架构是立体分层的设计理念,最后给出 4 层网络架构。随后在网络架构基础上,进行了网络传输与处理层的研究,设计了 Profibus、Profinet、Modbus、Device-net 4 种车间现有网络,进行了集成设计,给出了以 Modbus 协议为中间媒介的不同协议间转换的方案。最后,对网络进行了冗余设计与冗余模型的可靠性分析,并给出了优化的物联网方案。

第2章 船舶制造车间多业务高带宽组网技术

2.1 概 述

从目前世界各国造船业开发和应用信息技术的状况来看,船舶工业信息化中的网络化管控发展可分成三个阶段:第一阶段是企业办公管理的网络化建设,即通过现代化网络通信手段,大幅度改善企业内各个部门和各个人员之间的沟通与信息共享,全面提升企业办公管理效率;第二阶段是企业生产现场的网络化管控建设,即通过引进物联网技术,建立支持多协议、多设备的生产管控网络,实现生产现场人、机、物互联互通;第三阶段是在完成前两个阶段的基础上,建立面向企业经营、物资、设计、计划、成本、制造、质量和安全的全过程、全方位工业化网络平台,并逐步打通企业上下游之间的信息网络,建立行业级的工业互联网平台。

我国船舶企业经历了一段时间的快速发展,目前第一阶段即企业办公管理的网络化建设已经较为完善,但企业生产现场的网络化建设才刚刚起步,部分企业在生产现场预留了网络接口,并以此为节点扩展无线网络。

船舶制造数字化、网络化和智能化是船舶行业未来发展的趋势。在车间制造信息化环境下,数据流交汇于制造车间内,其流量大、种类多、范围广泛,因此船舶制造车间信息数据采集和监测系统管理优劣是影响船舶制造企业高效优化运行的关键因素。

目前,船舶制造车间在信息实时采集和状态实时感知方面存在很多问题,主要包括以下几项。

(1)信息数据采集费时滞后。船舶制造车间底层的实时状态、人员定位等信息不能有效及时反馈,因此无法根据车间实时情况进行数据处理。

(2)制造过程产品质量跟踪追溯不足。对于出现质量问题的中间产品,应该追溯物料来源、生产人员、生产产线和工位、工序流程等重要过程信息,并且根据各种过程信息查询质量问题来源,但是当前船舶制造过程缺乏实现成品质量跟踪和产品制造过程质量追溯的手段。

(3)制造车间实时数据的采集效率低下。船舶制造车间在传统的生产过程中对车间信息数据的采集主要依靠人工记录的方式。人工记录数据后,生产管理人员再对数据批量录入和批量管理。这样导致管理层得到的数据实时性太差,无法及时反映加工现场的情况,会造成制造车间物料供应不足、工人工作效率低、工序流转不畅、库存积压严重等问题,从而使人力资本投资高、数据错误率大、可靠性低。

(4)采用现场布线方式对各类生产资源进行监测是不切实际的,需要花费大量的人力、

物力、财力,不适合现代化与科学化的生产需要。

为实现船舶制造数字化、网络化、智能化,需要建立"互联互通的船舶智能制造车间基础平台",形成广泛集成的各类应用系统。建立基础平台,亟须研究适合船舶制造的多业务高带宽组网技术。

进行信息网络建设,构建可控、可管、可扩展和可信的工业通信网络,将船舶制造相关独立控制单元、系统、生产要素连接起来,为(设计)数字流、(人员)工时流、物流、资金流、能耗、设备和人员等船舶制造过程的海量多源异构数据信息的实时采集与传输奠定基础,实现船舶设计、制造、管理和服务等各类系统的互联互通,已成为船舶企业实现升级转型的重要任务之一。

2.2　船舶制造车间多业务高带宽组网技术分析

以船舶制造车间为载体,进行组网需求收集及组网技术分析,形成多业务高带宽组网方案,具体目标如下。

(1)通过进行多业务承载的高带宽组网技术应用需求及场景研究,明确船舶制造车间信息化传递的网络需求,为船厂分段制造车间组网提供需求输入。

(2)通过对多业务高带宽无线、有线组网技术进行讨论,分析不同组网技术对船厂信息化网络建设的适用性,为船厂组网的技术选择提供依据。

(3)基于船厂组网需求及各组网技术适用性分析结果,通过立体分层组网方式,制定满足互联互通的船舶智能制造车间基础平台开发要求的组网方案。

针对船舶制造车间的特点,船舶制造车间多业务高带宽组网技术主要包括以下内容。

2.2.1　船舶制造车间多业务高带宽组网技术的实现

2.2.1.1　船舶制造车间多业务高带宽组网总体技术方案

本小节以国内某船厂分段先行数字化车间为例,明确船舶制造车间对多业务高带宽组网的典型需求场景,包括切割机和焊机等设备联网、作业区工作站联网、手持移动设备终端联网,针对从型钢切割、打磨、肋骨冷弯等船体分段加工制造过程,以及车间计划、派工、领工、完工、质检、工位协同等管理要素,MES、焊机管控、切割机管控等系统的数据采集与传输要求,深入分析船舶制造过程的各种业务应用需求,深入了解业务承载的数据类型,并分析不同类型业务数据承载对于网络类型、网络带宽、网关设置、网络拓扑设计、传输可靠性、传输实时性等的要求,提出满足船舶制造车间管控实际需要和全面提升船舶智能制造水平的新型多业务承载的高带宽组网技术应用场景,为后续技术升级奠定实践基础。

船舶制造车间多业务高带宽组网技术路线如图2-1所示。下面针对实际业务需求场景,特别是船舶制造车间环境复杂,由于大型钢板构件众多导致无线网络信号被遮挡和屏蔽等问题,分析现有各种高带宽无线/有线组网技术的特点及优势,分析在不同场景下适用的多业务高带宽无线/有线组网技术,提出船舶制造车间多业务高带宽无线/有线组网技术方案。

图示内容：

船舶制造车间多业务高带宽组网技术研究

- 多业务承载的高带宽组网技术应用需求及场景研究
  - 制造工艺需求
  - 协同管理要求
  - 业务承载数据
  - 数据传输要求
  - 新型多业务承载的高带宽组网技术应用需求及场景方案

- 多业务高带宽无线组网技术研究
  - 现有无线高带宽组网技术
  - 实际业务需求场景及环境条件
  - 在不同场景下适用的多业务高带宽无线组网技术
  - 多业务高带宽无线组网技术方案

- 多业务高带宽有线组网技术研究
  - 现有有线高带宽组网技术
  - 实际业务需求场景及环境条件
  - 在不同场景下适用的多业务高带宽有线组网技术
  - 多业务高带宽有线组网技术方案

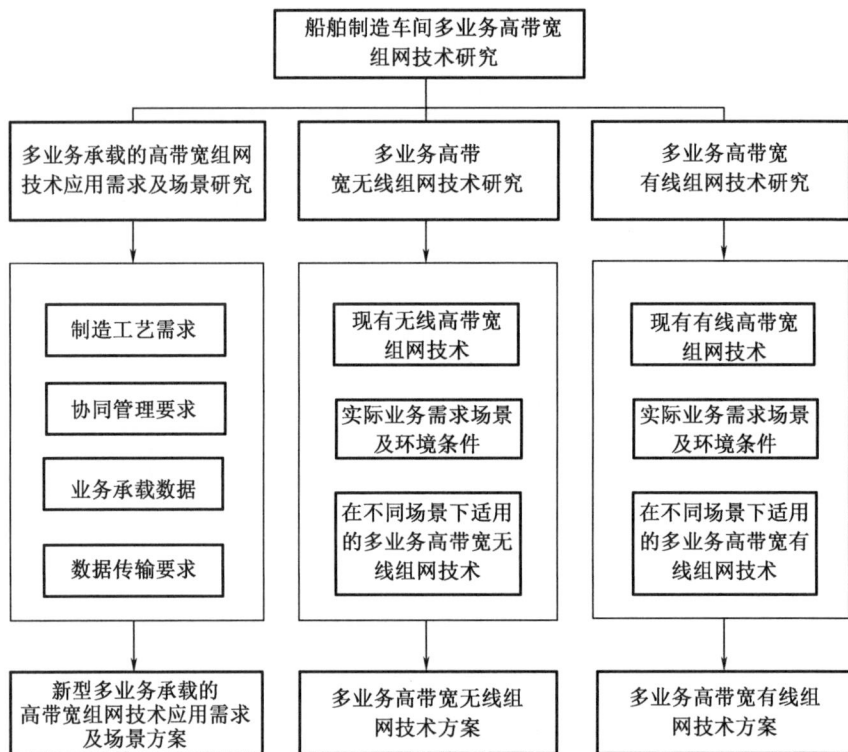

图 2-1　船舶制造车间多业务高带宽组网技术路线

（1）多业务承载的高带宽组网技术应用需求及场景

本章节以为后续研究提供应用方向指导为目的,从船舶制造车间现状出发,深入分析船舶制造车间的各种实际应用需求,深入了解业务承载的类型,并分析不同类型业务承载对于网络的要求,提出满足船舶制造车间智能管控实际应用需要,以及全面提升船舶智能制造水平的新型多业务承载的高带宽组网技术应用需求及场景方案。

（2）多业务高带宽无线组网技术

本章节将对现有多业务高带宽无线组网技术进行研究,包括 Wi-Fi、通用移动通信技术的长期演进(LTE)/4G、WiMAX 等技术,分析各种高带宽无线组网技术的特点及优势,结合船舶制造车间现场的业务承载类型和高带宽无线组网技术的应用需求及场景,研究在不同场景下适用的多业务高带宽无线组网技术,并进一步提出船舶制造车间多业务高带宽无线组网技术方案。

（3）多业务高带宽有线组网技术

本章节将对现有多业务高带宽有线组网技术进行研究,包括工业 PON、工业以太网、PLC 等技术,分析各种高带宽有线组网技术的特点及优势,结合船舶制造业的业务承载类型和高带宽有线组网技术的应用需求及场景,研究在不同场景下适用的多业务高带宽有线组网技术,并进一步提出船舶制造车间现场多业务高带宽有线组网技术方案。

（4）多业务高带宽有线与无线组网技术

所有无线传输信号最终都需要落地进行有线传输,因此本章节还将对有线与无线的组网技术进行研究,如通过 Wi-Fi 与 PLC 组合实现"通电力线的地方即可无线高速上网"。

在船厂的分段制造车间进行组网验证,通过无线与有线组网技术,达到现场网络覆盖率为90%以上的指标要求。

2.2.1.2　船舶制造车间多业务高带宽组网技术总体实施过程

(1)船舶制造车间多业务承载的高带宽组网技术应用需求和场景

船舶制造需要在复杂多变的船舶制造现场环境下,将对监控数据或交互数据进行可靠、实时的采集与传输。主要包括切割机、焊机、划线机、喷码机等设备的组网信息采集;工业制造现场的语音、视频、派工等信息的传输。这就要求船舶制造网络具备多业务承载的高带宽传输特性。

船舶制造车间设计多种业务需求,如预处理、切割和焊接等制造过程的数据、语音及视频的传输,车间计划、派工、领工、完工、质检、工位协同之间的命令的上传与下达,以及MES、ERP等系统的数据采集与交互需求等。因此船舶制造车间多业务承载的高带宽组网技术应用需求主要包括制造工艺需求、协同管理要素需求、业务承载数据需求及数据传输需求等。

①制造工艺需求

船舶制造一般分为三个阶段,即钢材预处理阶段、切割阶段、零部件装配阶段。船舶制造工艺流程如图2-2所示。

钢材经过预处理后需要根据切割指令等进行切割操作,切割完成后将零件装盘,运输到指定位置进行部件装配、部件焊接及检验等操作,使得钢材可以根据指令完成一系列操作。其中包括车间数据管理,即对车间业务、管理数据进行采集统计(主要包括领料时间、作业物量与时间、作业完工时间、车间物流相关数据等);通过看板系统显示相关派工信息,指导管理、生产等活动,依托平板电脑(iPad)完成日常生产的派工、领工、完工等工作,实现船舶制造车间无纸化办公。

a. 钢材预处理

钢材预处理是由钢材(板材、型材等)的矫正、除锈、喷漆、烘干等工序形成的自动作业系统。钢材预处理主要包括型材预处理和板材预处理。钢材从原材料堆场运输至流水线,经过预处理以后,再运输至存储区以备零件加工使用,如图2-3所示。

钢材预处理主要的运输设备有电磁吊、自动装卸运输车、高速辊道等。一般预处理后的钢材直接进入制造车间进行处理。

钢材堆场对钢材进行基本分类处理,将钢材的基本信息以二维码或RFID标签的形式进行储存,预处理线分配有二维码和RFID阅读器,通过设备对标签进行感知,将钢材预处理生产信息,包含船号、分段号、炉批号、切割版图号等重要信息进行扫描收集,通过车间组网技术直接把数据传输到车间管控系统进行处理,平台将收集的信息反馈给应用层中的智能看板、智能iPad,现场工人通过接收到的信息,现场登记物流数据/桩位调整等信息,一方面将信息继续反馈给车间管控系统平台,另一方面将整合的信息通过网络传输给预处理堆场,管理钢材的入库、库位调整、配送等。

经过预处理的钢材信息以二维码或RFID标签的形式张贴到钢材上,通过平板车运送至临时堆场并进行原材料理配。为了实现对钢材的实时跟踪定位,在平板车上运用RFID和远距离无线电(LoRa)技术实现对运输车辆的实时定位。

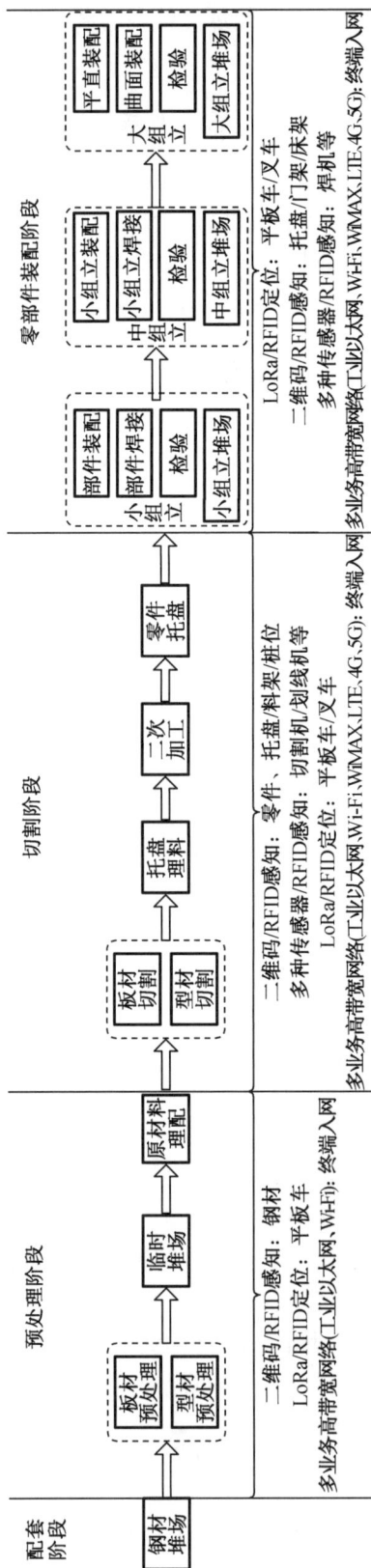

图2-2 船舶制造工艺流程

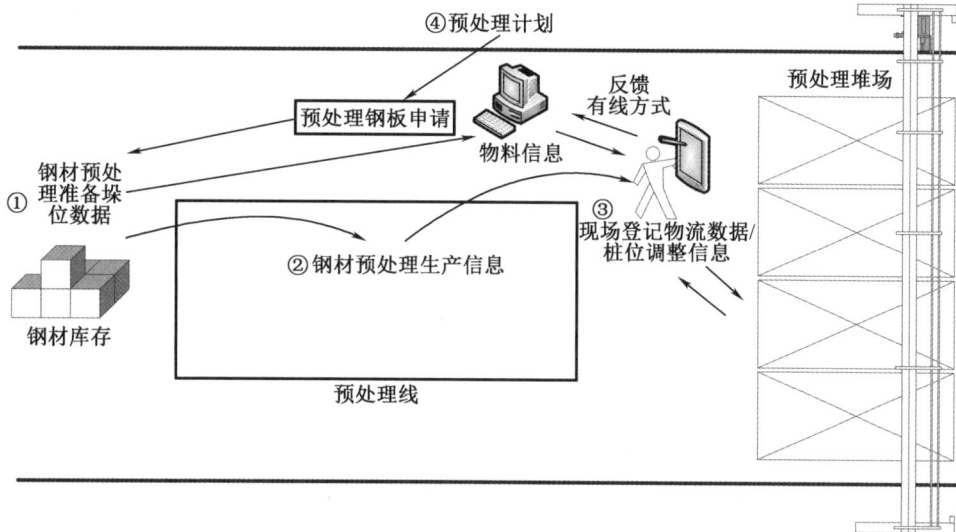

图 2-3　钢材预处理流程

　　预处理作业主要是与前道钢板库信息进行充分对接,制定当前预处理作业技术方案,通过移动终端使得管理延伸到现场,实现计划连实物、实物连现场、现场实物连配送的过程。在预处理流水线钢板入口处安装有摄像机拍摄并识别炉批号,通过传递到数据库的信息查询底漆类型和喷涂工艺,喷漆设备根据系统指令选择底漆并开始喷涂作业;在预处理流水线出口安装有4部高分辨率摄像机(正反面各2部),通过软件进行表面分析,识别和统计凹坑数量,自动确定是否为缺陷钢板,同时将信息传递到车间管控系统。

　　b. 切割作业

　　切割作业主要是将预处理后的钢材根据需求进行切割(图2-4)。

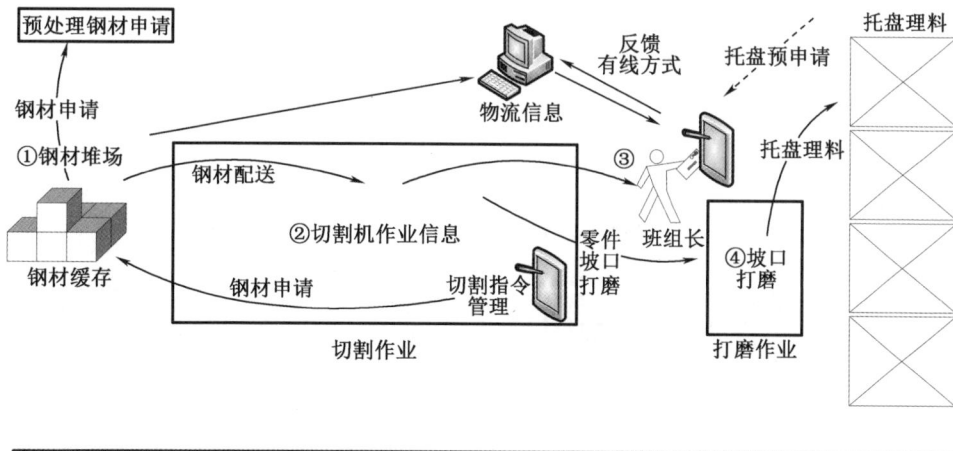

图 2-4　切割作业流程

终端控制机通过车间无线传感器网络对预处理后的钢材进行申请,随后通过二维码/RFID 感知技术获取相应的钢材信息并且进行钢材配送,通过 LoRa/RFID 技术对钢材跟踪定位并及时将配送情况等信息发送到车间管控系统,然后将当日切割指令版图存入终端控制机中,终端控制机通过网络对切割机下达指令,同时将相关信息进行反馈,切割作业人员通过工控机面板实时点击作业状态:划线、切割、维修等。同时管理人员(作业长等)通过应用层中的 PC/iPad 等设备可以实时监控跟踪切割进度、相应的钢材状态、图纸是否到位等信息,并且将监控的信息通过有线方式反馈给车间终端系统,车间终端系统再对反馈信息进行分析并编制相应的计划方案。

下道作业区通过车间管理系统对托盘进行预申请,同时切割作业区根据下道作业区的申请信息,合理调配切割作业。

通过车间管控系统平台,实现切割信息、切割版图数字化网络传输。车间切割作业设备配备激光定位装置、高精度高速划线喷码系统、等离子开坡口装置等,实现零件高精度数控划线、零件号喷印、二维码的喷印、高精度数字化切割及坡口加工,零件一次切割成形,实现 V 形、Y 形、X 形、K 形坡口的数控切割,减少手工半自动坡口切割,同时有效保证零件的加工精度,满足后续生产需求,高效、高质地完成切割生产任务。

通过车间管控系统的切割计划的编排,物料的管理,大量数据的收集、分析,进度跟踪、监控切割作业,以及切割设备管理等自动化功能,利用车间网络将收集的数据、语音及切割完成后的图片等信息快速传输,提高零件加工精度、加工生产效率。

c. 零件加工作业

零件加工主要是制造船体的各种零件,如曲形大件、平面板件、内部折边件、型材件等。零件加工的生产物流始于预处理线流水线的缓冲区,把处理过的板材或型材运送至零件成组分道加工流水线,加工生产各种零件。零件生成以后,根据下一道工序的需要统一配送至下一个工作现场(如部件装配车间、组件装配车间、分段制造平台等)进行装配,或者堆放在零件存储缓冲区,等到需要时再进行运输(图 2-5)。

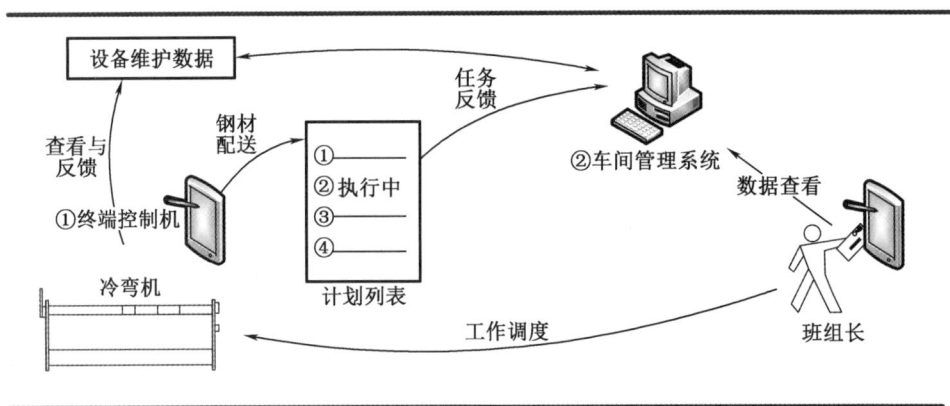

图 2-5　零件加工作业流程

零件加工作业的主要工作包括如下内容。

(a)终端控制机通过车间有线网络接入车间管理系统。

(b)人工管理设备维护操作。

(c)终端控制机布置设备工作计划列表,人工反馈当前正在执行的任务,相关信息实时反馈到车间管理系统中。

(d)班组长、作业长等管理人员可以通过服务器调整设备工作计划,对任务优先级做出调配,优化车间生产。

(e)通过设备数据采集(加工效率、维护数据等),合理制订设备利用计划,达到最大化利用率。

(f)将加工好的钢材零件张贴不同的二维码、RFID 标签,通过托盘放入零件库,等待后续工作。

通过终端设备实现对加工设备的远程监控,连接设备状态,及时完成零件的加工作业及进度管理,实现与上下作业区的协同。同时,在进行弯板过程中需要对曲面的角度等信息进行监控,通过查看弯板的三维模型进行精准弯曲。最后进行质检,查看是否有不合格的曲面加工零件。

d. 零部件装配作业

零部件装配是指将两个或者两个以上的船体零部件装焊成组合件的过程。零部件装配是按分道加工的,一般包括组合型材部件装配分道、曲型桁材构件装配分道、加强腹板和肘板装配分道等,如图 2-6 所示。

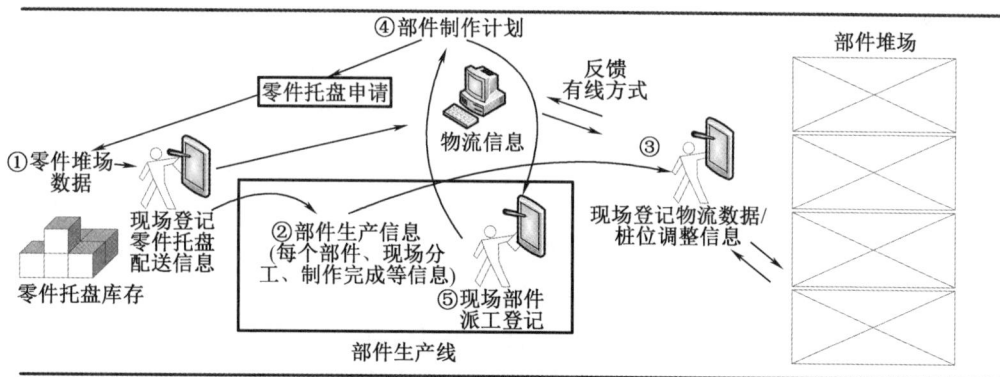

图 2-6　零部件装配作业流程

零部件装配作业的主要工作包括如下内容。

(a)制订部件 BOM 级别的车间班组工作计划。

(b)以移动端车间管理系统管理部件作业区部件堆场、零件堆场等。

(c)通过对焊机焊接电流、工作时间等参数的采集,加强焊机管控,并辅助工时统计、绩效考核。

(d)与设计、工作计划、PDM 等系统集成,通过 iPad 实现三维作业指导现场。

(e)通过 iPad 零部件全过程配套系统,完成上、下道作业区的零件、部件物流。

零部件装配作业的主要流程如下。

(a)零部件运送至装配现场。

(b)在各装配平台,组装成各类组件。

(c)完工的组件直接运送至下一个工作现场或暂存于缓冲区内。

先制订部件制作计划,通过中心管理系统进行分析,确定需要的零件种类,提出零件托盘申请;通过二维码、RFID感知技术对所需零件进行识别分类,并且将零件托盘配送信息通过 iPad 等进行现场登记,实时将信息反馈给中心管理器;将零件托盘运送至部件生产线,通过 LoRa、RFID 技术定位平板车、叉车以实现零件的物流追踪;通过多种传感器、RFID 感知焊机等设备汇总部件生产信息,随后将部件生产信息(每个部件、现场分工、制作完成等信息)及物流数据、桩位调整等信息进行现场登记,通过 iPad 实时反馈给中心管理系统,中心管理系统对数据进行分析;对新生产的部件张贴标签,使用托盘运送至部件堆场,通过对托盘、桩位的定位及标签扫描,实时传输位置信息,不断反馈给中心管理系统进行收集,为后续工作提供支持。

零部件装配作业与前道切割、加工零件信息进行充分对接,合理安排生产班组工作计划,采集焊机等设备的终端数据,实现监控设备的运行情况,进而监测工作完成情况。焊接过程中焊接系统需要与工控机、工控系统、机器人单元进行信息共享,同时通过分析船体设计的三维模型数据,来获取焊缝位置,实现自动避让、自动定位功能,达到焊接要求等。

②协同管理要素需求

船舶制造协同管理就是将工作任务分解为工作包、工作指令及派工单,分别对应到作业区、班组及员工。建立以加工物量数据为基础的工时数据库,通过作业区、班组的负荷平衡,每天由班组长将派工单事先派发到员工,并且由班组长每天反馈员工的生产实绩,从而实现派工到个人、评价到个人、考核到个人,以提高员工的生产积极性。在此基础上,通过对派工单反馈的生产实绩的统计分析,进一步优化作业标准,减少无效作业时间,并通过对异常数据的实时监控和分析,不断改善过程管理的质量,以强化各级管理者对生产现场的掌控。

根据船舶制造过程计划,计划当天或者当月生产任务,将计划导入生产管理系统中,根据工位、员工等信息进行派工,员工领工并根据船舶三维模型、相应的大量的号料图、明细表、套料册及数控代码等要求完成工作,在车间看板终端进行完工确认,与生产管理系统进行交互完成,并在完工后进行质检,将完工的零部件进行拍照或录制视频并与要求的工件文件进行对照,查看是否有不合格产品。

利用车间多业务高带宽组网实现派工、领工、质检、完工等各个环节的数据、图片、语音或者视频的快速传输,通过数据分析(员工、工位之间的协同作业),及时发现生产过程瓶颈,从而做到及时发现问题、及时解决问题。

③业务承载数据需求

船舶制造过程中存在多源信息,需要提供面向智能化现场管控的监控与协同,实现各类生产设备的工作状态信息及控制信息、零部件信息、生产状态信息和反馈信息等多源数据的实时、精确与可靠获取,并集成船厂现有的信息系统,实现信息透明和实时信息获取过程。

针对船舶制造特殊环境下的信息感知和组网需求,基于分布安装在物料、工装、设备人员上的智能标签,构建多业务高带宽组网,使船舶制造现场中的多种实体对象间具备相互感知、相互查询、相互监控的能力,实现在船舶制造过程中的大量生产信息的实时获取与状态的自动感知、生产现场的远程监控及对移动对象的识别与定位,为船舶制造管控提供数据基础和决策支持。

由于在船舶制造过程中环境较复杂且数据不确定,因此需要保证数据的可信,以及正确、可靠、安全的结果。

数据隐私保护技术是制造生产系统提供可信服务需要解决的重要问题之一。因此,针对当前需要解决的重点核心科学问题,即在如何保护用户隐私机密性的同时又不降低数据分析处理的效率,是制造生产安全面临的一个必须解决的问题。

④数据传输需求

以具有动态快速自行组网特性的大尺度无线多跳网络作为主要数据传输网络,并和工业现场总线与工业以太网等现有网络实现互联融合,支持繁杂动态制造资源的随时随地泛在接入,同时满足大规模异构混杂网络范围内不同类型业务数据特定的服务质量(QoS)传输需求,为异构传输网络环境下各类感知信息及上层系统控制命令提供实时的可靠传输服务。

数据传输网络需要具有以下特点。

a.高度异构

数据传输网络由工业现场总线、工业以太网、工业无线网等组成,需实现异构网络的互联互通。

b.大尺度多跳

各类传输网络需要覆盖大面积车间,同时无线网络需利用多跳传输策略保证网络的灵活、高效、低成本部署。

c.动态变化拓扑

无线网络中多源干扰导致信道可靠性动态变化,而信道条件不稳定、节点移动性导致网络的拓扑动态变化。

针对传输网络的拓扑特征,为了实现多业务动态大数据流传输的多维度吞吐量、延时、服务区分、拥塞、可靠性需求,需要构建新型的具有多业务支撑、高带宽、低延迟、低能耗、高覆盖、高处理能力的高性能制造物联传输网络,其中重点是实现具有灵活性、可扩展性与稳定性的制造物联异构网络融合组网,并设计保障数据传输多维度要求的网络协议机制。

(2)船舶制造车间多业务高带宽无线组网技术

①现有高带宽无线网络技术

a.Wi-Fi

Wi-Fi,传统上人们将 IEEE 802.11b 标为 Wi-Fi,实际上 Wi-Fi 是无线局域网联盟的一个商标,该商标保障使用该商标的商品互相之间可以合作,与标准本身实际上没有关系。但是后来人们逐渐习惯用 Wi-Fi 来称呼 IEEE 802.11b 协议。

目前 Wi-Fi 按照其速度与技术的新旧可分为 IEEE 802.11a、IEEE 802.11b、IEEE 802.

11g,常用的标准有两个,分别是 IEEE 802.11a 和 IEEE 802.11b。IEEE 802.11b 是最老的,也是目前应用最广泛的 Wi-Fi 标准。用户在选择这类产品的时候会发现它要比支持 IEEE 802.11a 和 IEEE 802.11g 的产品价格便宜很多。另外,IEEE 802.11b 是 Wi-Fi 标准中带宽最低、传输距离最短的一个标准。IEEE 802.11a 比 IEEE 802.11b 具有更大的吞吐量,但是它并不能和 IEEE 802.11b、IEEE 802.11g 兼容。虽然厂商在生产 Wi-Fi 产品时都会在支持 IEEE 802.11b 和 IEEE 802.11g 的同时也提供对 IEEE 802.11a 的支持,但是它仍然是目前使用量较少的一个 Wi-Fi 标准。

IEEE 802.11g 的传输速度要高于 IEEE 802.11b,可以与 IEEE 802.11b 兼容。但是它比 IEEE 802.11a 更容易受到外界环境的干扰,如一些运行在 2.4 GHz 频段上的设备。该技术由于有着自身的优点,因此受到用户的青睐。

Wi-Fi 是由 AP 和无线网卡组成的无线网络。AP 一般称为网络桥接器或无线接入点,它是传统的有线局域网与无线局域网之间的桥梁,因此任何一台装有无线网卡的 PC 均可通过 AP 去分享有线局域网络甚至广域网的资源,其工作原理相当于一个内置无线发射器的集线器(hub)或者路由,而无线网卡则是负责接收由 AP 所发射信号的客户端设备。

Wi-Fi 作为宽带接入的一种有效方式,与有线接入相比,其特点和优势主要体现在以下几方面。

(a)传输距离远。无线电波的覆盖范围大,基于蓝牙技术的电波覆盖范围非常小,半径大约只有 50 ft(1 ft=0.305 m),而 Wi-Fi 的半径则可达 300 ft。最近,Vivato 公司推出了一款新型交换机,据悉,该款产品能够把目前 Wi-Fi 无线网络 300 ft 的通信距离扩大到 4 mile(1 mile=1 609.344 m)。

(b)传输速度快。虽然由 Wi-Fi 技术传输的无线通信质量不是很好,数据安全性能比蓝牙技术差一些,传输质量也有待改进,但传输速度非常快,可以达到 11 Mbit/s。

(c)业务集成性。Wi-Fi 技术在第二层以上与以太网完全一致,所以能够将 WLAN 集成到已有的宽带网络中,也能将已有的宽带业务应用到 WLAN 中。这样,就可以利用已有的宽带有线接入资源,迅速地部署网络,形成无缝覆盖。

(d)建设便捷性。Wi-Fi 最主要的优势在于不需要布线,可以不受布线条件的限制,因此非常适合移动办公用户的需要,具有广阔的市场前景。

(e)使用安全性。IEEE 802.11 规定的发射功率不可超过 100 mW,实际发射功率为 60~70 mW,对人体是绝对安全的。

IEEE 802.11b 无线网络标准是 IEEE 802.11 网络标准的变种,最高带宽为 11 Mbit/s,在信号较弱或有干扰的情况下,带宽可调整为 5.5 Mbit/s、2 Mbit/s 和 1 Mbit/s。带宽的自动调整,有效地保障了网络的稳定性和可靠性。其主要特性为速度快、可靠性高,在开放性区域,有效通信距离可达 300 m;在封闭性区域,有效通信距离为 100 m 左右,方便与现有的有线以太网整合,组网的成本更低。

b. LTE

LTE 项目是 3G 的演进,它改进并增强了 3G 的空中接入技术,采用正交频分复用技术(OFDM)和多输入多输出(MIMO)作为其无线网络演进的唯一标准。LTE 系统引入了

OFDM 和 MIMO 等关键传输技术,显著增加了频谱效率和数据传输速率(20 M 带宽 2X2 MIMO 在正交幅度调制(64QAM)情况下,理论下行最大传输速率为 201 Mbit/s,除去信令开销后大概为 140 Mbit/s,但根据实际组网及终端能力限制,一般认为下行峰值速率为 100 Mbit/s,上行为 50 Mbit/s),并支持多种带宽分配:1.4 MHz、3 MHz、5 MHz、10 MHz、15 MHz 和 20 MHz 等,且支持全球主流 2G/3G 频段和一些新增频段,因而频谱分配更加灵活,系统容量显著提升,覆盖范围也明显扩大。

LTE 的主要特点是:在 20 MHz 频谱带宽下能够提供下行 100 Mbit/s 与上行 50 Mbit/s 的峰值速率,相对于 3G 网络大大地提高了容量,同时将网络延迟大大降低;内部单向传输时延小于 5 ms,控制平面从睡眠状态到激活状态迁移时间低于 50 ms,从驻留状态到激活状态的迁移时间小于 100 ms。

LTE 是根据其具体实现细节、采用技术手段和研发组织的差别形成了许多分支,其中主要的两大分支是 LTE-TDD(TDD 为时分双工)与 LTE-FDD(FDD 为频分双工)版本。而中国移动通信集团有限公司采用的 TD-LTE 就是 LTE-TDD 版本,同时它也是由我国主导研制推广的版本,而 LTE-FDD 则是由美国主导研制推广的版本。

LTE 无线网络的技术特点主要如下。

(a)LTE 系统引入了 OFDM 和 MIMO 等关键传输技术,显著增加了频谱效率和数据传输速率,并支持多种带宽分配、全球主流 2G/3G 频段和一些新增频段,使得频谱分配更加灵活,系统容量与频谱利用效率显著提升。

(b)LTE 系统网络架构采用更加扁平化的结构,减少了网络节点和降低了系统复杂度,最大限度地降低了网络部署和维护成本,也减小了系统的接入时延。

(c)由于 LTE 系统是从通用移动通信系统(UMTS)技术标准演进而来,支持与其他第三代合作伙伴计划(3GPP)系统互操作,因此可充分利用现有 2G/3G 网络并发挥各网络优势,满足各目标用户群的差异化需求。

FDD 与 TDD 相比,优缺点如下。

(a)FDD 必须使用成对的收发频率。在支持以语音为代表的对称业务时能充分利用上、下行的频谱,但在进行以 IP 为代表的非对称的数据交换业务时,频谱的利用率则大为降低,约为对称业务时的 60%。而 TDD 则不需要成对的频率,通信网络可根据实际情况灵活地变换信道上、下行的切换点,能有效地提高系统传输不对称业务时的频谱利用率。

(b)根据 ITU 对 3G 的要求,采用 FDD 模式的系统的最高移动速度可达 500 km/h,而采用 TDD 模式的系统的最高移动速度只有 12 km/h。这是因为,目前 TDD 系统在芯片处理速度和算法上还达不到更高的标准。

(c)采用 TDD 模式工作的系统,上、下行工作于同一频率,其电波传输的一致性使之适用智能天线技术,可有效减少多径干扰,提高设备的可靠性。而收、发采用一定频段间隔的 FDD 系统则难以采用。据测算,TDD 系统的基站(BS)设备成本比 FDD 系统的基站设备成本低 20%~50%。

(d)在抗干扰方面,使用 FDD 可消除邻近蜂窝区基站和本区基站之间的干扰,FDD 系统的抗干扰性能在一定程度上优于 TDD 系统。

LTE 在船厂的应用如下。

2011 年 10 月,韩国现代重工集团与大宇造船和海洋工程公司(现韩华海洋工程有限公司)共同构筑完成应用于造船厂的全球最早的下一代超高速 LTE 通信网络,把常规的船厂改造成为智能造船厂。大宇造船和海洋工程公司在 Geoje、Okpo 造船厂构筑了 LTE 网络,营造实时企业(Real-Time Enterprise,RTE)环境。

2011 年 12 月,SK 电讯为大宇造船和海洋工程公司的造船厂打造韩国首家基于 LTE 网络的"智能船厂",使其成为通信环境的企业,实现了基于 LTE 的生产、物流等各种系统管理、品质管理、实时业绩管理等。同时,通过智能手机还可以收发超容量图片文件或视频附件邮件、支持高清视频会议等。LTE 网络使得造船企业的特殊业务流程也变得简便,由 iPad 可以完成现场拍摄、文件签名,文件和照片存储等,大大缩短了时间,简化了程序,提升了产业生产效率,不断提供多种解决方案,大幅提高了大宇造船和海洋工程公司的竞争力,确保其智能造船的最高品质。

c. 4G

4G 技术是第 4 代移动通信及其技术的简称,它将多媒体所包含的数据、语音及大量信息通过宽频信道的方式传送出去,是基于 3G 技术和 WLAN 技术等发展起来的一种高新技术。4G 技术具有超过 2 Mbit/s 的非对称数据传输能力,能够为全速移动用户提供优质的影像服务,并于无线领域第一次实现了三维图像的高质量传输。

4G 与 2G、3G 技术相比,具有通信速度更快、通信方式多样化、智能化程度高、兼容性好、增值服务多等特点。

(a)通信速度更快。4G 技术有着令人难以置信的通信速度,其数据传输速率可达到 20 Mbit/s,最高甚至可达到 100 Mbit/s。和 3G 技术相比,4G 技术的数据传输速率相当于 3G 的 3 倍甚至更多。不管是数据下载还是视频服务,4G 技术都能给用户带来更方便、快捷的服务和体验。

(b)通信方式多样化。4G 技术能综合集成各种不同模式的无线通信网络,蓝牙、无线局域网、卫星网络、蜂窝信号及广播电视,不管何时何地用户都能够连接到互联网,实现平台与平台、标准与标准之间的漫游,用户还能够把自己的终端设备连接到 4G 系统中。在未来,4G 终端不单单是手机,终端的形式也会更加多样化,形成多系统、多部门、多行业之间的沟通渠道。

(c)智能化程度高。4G 技术采用的是广域接入和分布网络形式,能够实现非对称的不同速率之间的自动切换,能够自适应地完成资源分配,根据不同业务的实际需求对资源做出最大化的合理配置。

(d)兼容性好。4G 技术采用的是全球统一的标准,让移动通信运营商的用户都可以享受共同的 4G 服务。4G 技术能够把广播电视、手机、卫星网络及无线局域网等不同形式的通信方式及终端集成在同一体系内。

(e)增值服务多。虽说 4G 技术是在 3G 技术的基础之上研发的新一代通信技术,但并非只是在原来的架构上进行简单的升级。在技术构成方面,能够容纳各种通信方式的正交分频技术是整个 4G 技术的核心,利用这种技术可以实现如无线区域环路(WLL)、数字视频广播(DAB)、数字音讯广播(DAB)等无线通信的增值服务。

（ⅰ）关键技术

● OFDM 技术。为更好地开展高速数据业务,应解决码间干扰问题。假若数据传输速率极高,那么通过单载波进行数据传输,有些情况下甚至需要设计数以百计的均衡器,不仅要解决码间干扰,而且要削弱复杂度,同时还要保证数据的高效传输,于是 OFDM 技术得到了良好应用。

● 智能天线技术。该技术借鉴了空时多址技术(SDMA),根据信号传输方向的不同,对同频率信号等进行有效区分,调整信号覆盖范围,将主波束对准用户,同时将旁瓣对准干扰信号,从而为所有用户提供理想的通信信号。

● 多用户检测技术。将同一时段占用某个信号的全部用户均默认为有用信号,借助多个用户所对应的信息(如码元等)以实现对单个用户信号的高质量联合检测,即综合利用一系列信息处理措施对接收到的数据予以处理,最终实现对多用户信号的最理想联合检测。

● MIMO 技术。所谓 MIMO 技术指的是在移动终端设置若干个天线,从而为这些空间提供复用增益及分集增益。MIMO 技术的引入和应用将会在很大程度上增大无线系统的容量,并拓展其覆盖范围。与此同时,MIMO 技术能够有效利用空间分集以实现对无线信道性能的大幅改善,最终进一步提高频谱的利用率。

（ⅱ）4G 在远程监控中的应用

传统的视频监控系统存在建设和维护成本高的缺点,3G 受网络带宽限制无法满足无线视频传输要求,而 4G 网络在传输的稳定性和网络的覆盖率方面都具有很大的优势。此外,由于移动终端便于携带和部署,利用 4G 网络承载的高质量信号传输,可以在视频监控和应急调度系统等应用的基础上加载更多的功能,建设和维护成本较小。4G 远程视频监控将移动通信、安全防范和互联网融为一体,通过各种移动终端能实现查看远程实时动态画面的功能,为客户提供了更便捷、更及时的监控解决方案。

d. WiMAX

WiMAX 系统主要有两个技术标准,一个是满足固定宽带无线接入技术的 WiMAX 802.16d 标准,另一个是满足固定和移动的宽带无线接入技术的 WiMAX 802.16e 标准。WiMAX 是一项新兴的宽带无线接入技术,能提供面向互联网的高速连接,数据传输距离最远可达 50 km。WiMAX 具有移动性强、带宽高等通信特点,同时还兼具 QoS 保障、传输速率高、业务丰富多样等优点。WiMAX 的优势主要体现在这一技术集成了 Wi-Fi 的移动性、灵活性以及数字用户线路(XDSL)等基于线缆的传统宽带接入技术的高带宽特性,其技术优势可以概括如下。

● 传输距离远、接入速度快。

● 系统容量大。

● 提供广泛的多媒体通信服务,具有完善 QoS 保障的电信服务。

● 提供安全保证。

● 互操作性好、应用范围广。

（a）WiMAX 的网络特性

（ⅰ）保证基于 WiMAX 网络的系统设计易于扩容。

（ⅱ）能够使用多种网络拓扑结构。

（ⅲ）能够满足多种形式回程连接要求，例如，有线、无线不同时延的回程连接。

（ⅳ）能够支持设备的平滑扩容，同时随着用户的增长和每个用户的 IP 业务的增加，分阶段地引入 IP 业务。

（ⅴ）能够同时适用具有不同覆盖能力和容量的基站设计。由于 WiMAX 无线网络的抗干扰性将对船厂无线运用效果起到重要影响作用，所以在使用过程中需避免以下 3 种干扰。

● 系统内部干扰。发射机的非线性会产生带外干扰、互调干扰和阻塞干扰；如果相邻扇区使用相邻的频率，会出现邻频干扰。通过设备自身滤波器就可抑制带外干扰；WiMAX系统本身频点较少不会产生互调干扰；通过设备的自动功率控制功能及滤波器可抑制阻塞干扰；通过频率和极化隔离手段可抑制邻频干扰。

● 相邻系统间的干扰。由于中心站的频率复用会造成同频干扰。同频干扰主要取决于系统的载干比指标，对使用相同频率的站点可以使用距离隔离和方向隔离等手段，并通过调整扇区天线的方位角、俯仰角及利用控制扇区的覆盖范围等措施来抑制同频干扰。

● 系统外部的干扰。主要来自其他频谱的相邻频点的干扰。这类干扰需要进行有效的协调，尽量在重叠的区域采用相隔较远的频段，优先使用非相邻的频点，相邻载频采用不同极化方式，中心站和客户端严格控制其发射功率等措施抑制干扰。

（b）WiMAX 的关键技术

WiMAX 的技术起点较高，采用了代表未来通信技术发展方向的 OFDM、MIMO 等先进技术。

（ⅰ）OFDM

由于高速率环境下的单载波技术的均衡器太过复杂，所以 WiMAX 技术的物理层采用多载波的 OFDM 技术。OFDM 是一种多载波数字调制技术，它具有较高的频谱利用率，且在抵抗多径效应、频率选择衰落或者窄带干扰上具有明显的优势。其主要特点是采用并行正交窄带信道来有效抵抗频率选择性衰落，并且采用正交的子载波来解决以往的多载波系统中频谱利用率不高的问题。此外，窄带子载波能够带来相对较低的码间干扰。从实现方式上来说，主要通过快速傅里叶变换（FFT）来实现，一定程度上简化了整个系统的结构。实现的难度主要在于控制各子载波频率精准性。

（ⅱ）MIMO

MIMO 技术是一种多天线技术，它将无线通信中的多径原理作为有利因素加以利用。当发射机接收天线间的通道相应独立，即可创造出多个并行的空间信道，和以往的单天线系统比较，成倍地增加了系统的容量，当接收天线数量大于发射天线数时，MIMO 系统的容量将随着发射天线数量的增长呈线性增长。MIMO 的核心技术是空间复用和空时编码，这两种形式在 WiMAX 协议中都得到了应用。

（c）WiMAX 的组网方式

（ⅰ）PMP 组网方式

点对多点结构（PMP）应用模式以基站为核心，采用点到多点的连接方式构建星形结构的 WiMAX 网络，基站扮演业务接入点的角色连接核心网，用户站（SS）通过和基站（BS）的连接来实现接入核心网的需求。任意的用户站之间的通信都必须通过基站来进行调度和处理,这是一种常用的接入网应用形式,结构比较简单。其缺点是网络性能没有发挥到最大,吞吐量比较有限(图2-7)。

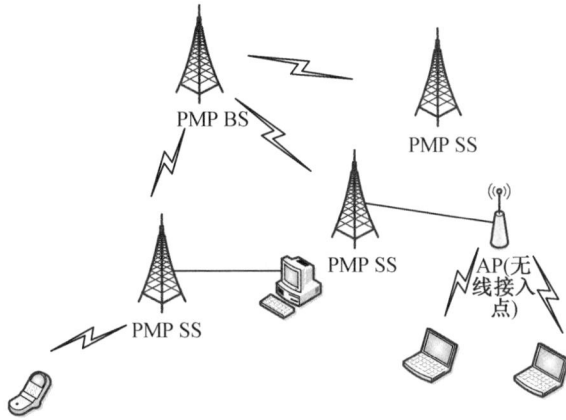

图 2-7　WiMAX PMP 网络的拓扑结构

(ⅱ)网格(Mesh)组网方式

Mesh 应用模式采用多个基站以自组织网络方式连接。其中有一个基站作为业务接入点与核心网相连,其他的基站动态地组织和配置网络。所有的节点间通过一跳或者多跳可相互通信,而不需要通过业务接入点的基站。其优点在于能够根据实际情况灵活部署,实现网络的弹性延伸。在远离骨干网的地区及传统有线接入网方式有困难的地区,可以采取该模式来扩大网络的覆盖范围,组网方式更加灵活,网络的维护性也更强(图2-8)。

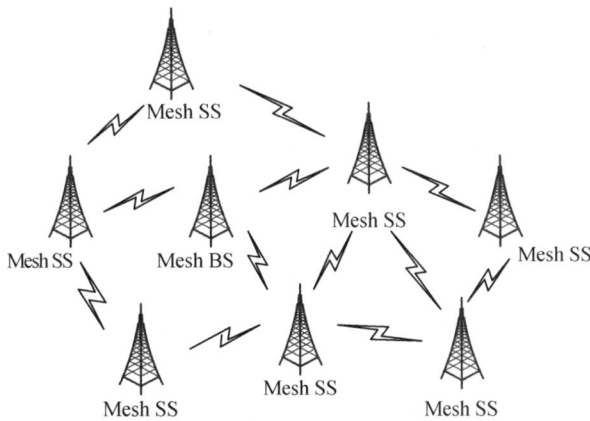

图 2-8　WiMAX Mesh 网络的拓扑结构

(d)WiMAX 在船舶制造过程中的应用

船体内部是一个较为封闭的空间,由于光缆无法铺设到位,所以过去很难在船内外进行数据通信,国内某骨干船厂针对这一问题,构建了运用 WiMAX 技术的无线宽带网络平台提供可靠的实时通信。图 2-9 为船内无线通信示意图。

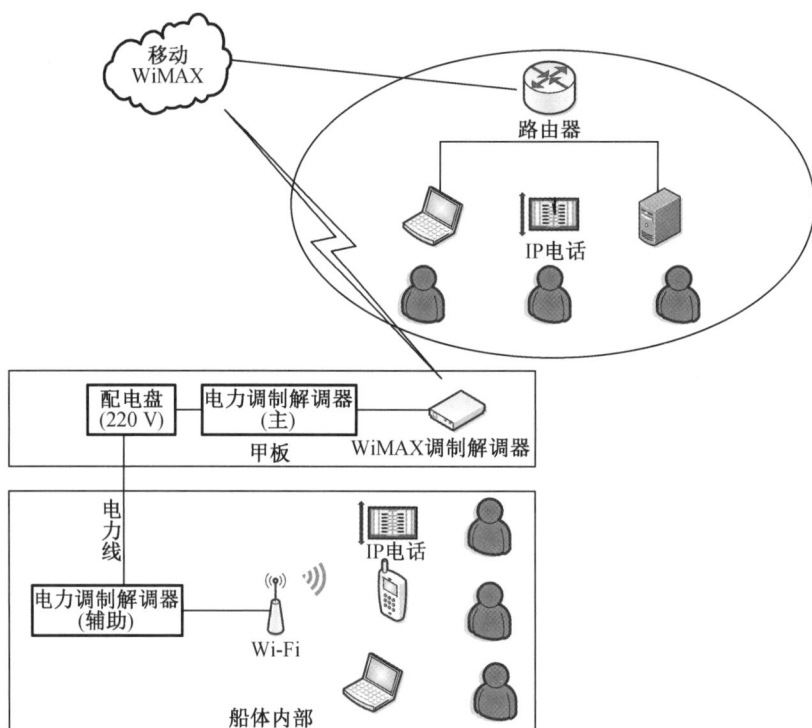

图 2-9　船内无线通信示意图

运用移动 WiMAX 技术和设备构建一个高速无线网络来覆盖厂区,以保障各区域都能安全稳定地接收到数据信息。在船甲板区域部署一部移动 WiMAX 调制解调器来获取无线信号。由于船体是由封闭的钢板构成的,静电屏蔽造成无线信号无法直接传递到船体内部,所以必须在船甲板区域接收信号后通过电力线缆传递到船体内部。通过电力线缆将信号传送到船体内部的 Wi-Fi 发射设备后,由 Wi-Fi 发射设备在船体内部进行无线数据传送。

e. 5G

智能移动设备的广泛应用、各类移动服务的优化、大数据量的传输及群智感知的应用等,如图像传输、视频和云服务的应用,未来都需要更高的带宽、更低的误码率及高可靠性的 5G 通信技术的支持。新技术的提出必定需要更为完善的技术积累及标准制定。当前国际上对于 5G 标准的制定机构如 3GPP、WiMAX 等已形成相关的模块标准。

无线连接正在迅速取代很多不同形式的电缆连接。无线是宽带访问的主要方式。很多便携式设备不再提供 USB 或显示接口,而是将所有通信都交给了无线通信电路。越来越多的设备通过无线实现了彼此间的通信,同时无须过多的人为干预。因此,在推动 5G 标准这项突破性技术的进程中,有两个主要因素:一是优化和增强现有无线用例,以便将网络容量提升百倍以上;二是将延迟降低 10%,以支持诸如机器型、车辆通信和其他任务关键型低延迟应用等全新服务。5G 主要有以下 4 个主要属性。

● 容量提升和频谱效率

5G 标准将使用现有的已许可和免护照频段,以及蜂窝频段中低于 6 GHz 的全新频谱和毫米波频率。此外,还将部署频谱共享、大量天线、小基站技术和多频段聚合等众多先进技术,以高效地在全新服务中利用价格相对高昂的频谱。

● 发展、灵活和异构

全新的5G将需要具有一定的灵活性,以跟上不断发展的生态系统和全新应用。便携式设备、工业互联网和其他设备上的全新移动应用及服务对于延迟与带宽的需求也在发展。5G将从现有蜂窝标准的演变中受益。此外,它将在已许可与免护照的频段中协调和优化现有的无线电线路,其中包括Wi-Fi及针对那些超密集区域,在毫米波频率内的全新无线电技术。

● 服务质量

未来的无线系统有望解决通话中断、覆盖范围差、下载速度慢等长期困扰用户的问题。针对不同应用的服务质量措施会有很大的差异。高可靠度车辆或机器型通信中的低延迟、视频中的高数据带宽及用户所需的良好覆盖范围对于无线服务的广泛采用至关重要。

● 能效

便携式设备拥有更长的电池使用寿命和"绿色"访问点的能效十分关键。很多M2M网络具有相对较低的工作周期和数量巨大的节点,而需要更高峰值数据速率的视频反之拥有更少的节点。因此,一个自适应无线资源分配可以优化配置,从而提高能效。

5G技术在主要应用的技术分布上,包括高效的网络传输技术和高密度的无线网络技术两部分。多天线技术能够显著提升网络通信的频率、强化数据传输的安全性。滤波器组技术是5G网络体系中的关键技术,5G网络发射端的多载波调制工作由合成滤波器实现,并通过滤波器来进行接收端的多载波解调工作,进一步完成传输。而OFDM是用单独滤波器对各子载波进行解调处理,各子载波之间不会相互干扰。

在无线网络技术处理过程中,5G网络技术体系的各个关键架构节点分为具有"云"特征的无线接入网技术、软件定义网络、虚拟化技术、超密集网络技术、自组织网络、设备到设备(D2D)技术。而通过功能抽象、软硬件解耦实现的虚拟化技术,则使得网络设备对专用硬件不再过于依赖,促进了网络资源的进一步共享,进而使得网络自适应性及弹性得到大幅增强。而网络功能虚拟化(NFV)技术作为5G网络的关键技术内容,为5G网络提供灵活的可扩展机制,该技术使得原本面向分布用的自定义网络切片,能够为5G物联网技术创设可进行编程的架构式网络环境。采用NFV技术,可在一个物理实体网络上构建多个虚拟网络,可依照需求重新配置设备,对多个网络进行构建。以短程通信实现设备间连接已经成为进行5G物联网数据传输的新型方式,通过这一方式,能够有效降低5G物联网技术的所需能耗,促进实现负载平衡,并可为边缘用户提供更为高效的QoS服务。D2D技术正在作为一类行业领先技术而得到大规模应用。D2D技术可对窄带物联网(NB-IoT)上行链路进行扩展,并可基于NB-IoT技术构建路由蜂窝网络。在物联网技术广泛应用的背景下,D2D技术与移动NB-IoT用户设备配合使用已成为常态。在5G网络的未来发展过程中,NB-IoT、软件定义网络、移动边缘计算、毫米波、机器类型通信(MTC)等相关技术,都将发挥重要作用。

(a)5G的创新

未来,5G架构将继续在网络、无线访问和物理层不断发展。覆盖多种创新型产品组合的广泛研发项目,将推动5G无线网络持续发展。

（ⅰ）高速数据采集。5G 宽广的带宽及多无线电的特性需要一系列的宽带超高速模拟数字转换器（ADC）和数字模拟转换器（DAC），以提供最大的灵活性和一个支持多个频段与标准的稳健前端。

（ⅱ）具有大量的 MIMO 的先进射频（RF）域处理。5G 中功率放大器、天线、滤波器和匹配电路的数量可以高达 64 个或更多。这些组件在效率和集成方面的提升对于无线电的总体能效与性能十分关键。

（ⅲ）时钟和定时。高速数据采集和高性能、多频段无线电需要超低抖动的定时与频率基准。5G 无线电的频谱捷变特性进一步提升了对于快速锁定基准的需求。

（ⅳ）毫米波技术。具有大量天线、频率在 27 GHz 以上的高集成度 MIMO 无线电是 5G 系统的关键。

（ⅴ）电源管理。针对下一代无线电的智能电源管理为分布式电源管理提供了远程监控和通信，以及针对可变负载和流量的由自适应重配置优化供电。

（b）5G 技术的优势

5G 技术相比 4G 技术的应用具有如下优势。

（ⅰ）以支持大容量和大连通性为主要服务功能。

（ⅱ）数据带宽高于 1 Gbit/s。

（ⅲ）光谱的灵活和有效利用。

（ⅳ）低于 1 ms 的延迟。

（ⅴ）实现单元覆盖内的高数据率的通信。

（ⅵ）通过多服务提供商用于收集、管理和存储客户的账户信息。

（ⅶ）智能化的 QoS。

（ⅷ）低功耗通信。

（ⅸ）技术融合。

（ⅹ）移动终端存储 QoS 参数和使用智能算法来提供最佳连接：路由信息和 QoS 使用智能算法运行在移动终端，将历史数据存储在数据库智能目标。

（ⅺ）采用基于 Master Core 的可重构核心网络。

（c）5G 的关键技术

5G 无线技术的研究涌现出多项新的技术概念，如无线万维网技术（WWWW）、IPv6 技术、移动云计算技术、认知无线电技术等。

（ⅰ）无线万维网技术

5G 研究的主要目标之一是，2020—2030 年支持各类应用程序和服务通过无线网络实现全世界互联，这样基于当前的 Web 技术将无法支持无线世界的应用，需要制定新的用于支持完整的多媒体、图形的无线 Web 技术。

传统的点对点（Ad-Hoc）网络无法支持移动终端感知技术的应用，因此移动 Ad-Hoc 网络技术解决了当前网络的网络建模局限性问题，且其协议和开发的一般理论复杂性是基于移动自组网（MANET）协议，并且支持不同协议的相互兼容。

基于移动 Ad-Hoc 网络的无线 Web 技术为终端感知技术的研究提供了支持动态网络

建立、动态数据处理等技术,为终端感知技术应用提供了高效的路由支持。

(ⅱ)IPv6 技术

5G 系统的目标是建立单一的全球网络,IPv6 的流动性特点支持 5G 为每个节点与家庭网、IP 子网建立差异的链路,并且支持智能终端单元簇间的智能化通信,为终端感知技术的信息采集提供了可靠的通信链路。IPv6 相比 IPv4 具有如下优势。

- 地址自动配置。
- 原生多播支持。
- 网络层安全通过整合 IP 层的安全性(IPSec)协议规范。
- 原生流动性支持。

总之,5G 系统使用 IPv6 为终端感知技术提供了可伸缩的、安全的和高性能的流动性管理。

(ⅲ)移动云计算技术

在 5G 移动网络中,对资源管理的需求、大数据量的存储及移动应用的广泛推广,使得云计算成为 5G 技术发展的核心基础。

移动云计算是通过互联网与远程服务器来维护数据服务和应用程序的。在 5G 系统中,远程服务器为内存提供者。所有的应用程序和服务都存储在服务器上,按照各自应用的业务流程完成最终的解算过程,但由于智能终端的容量的局限性,所有的过程数据都无法存储到终端设备中,这就需要 5G 网络提供高速的带宽通信,完成最终的云服务。

(ⅳ)认知无线电技术

近年来,随着无线频谱的用户需求数量的增加,无线环境已几乎无法满足所有的用户的通信需求。然而,为了实现对各种无线应用程序和服务的支持,学者提出了固定频谱访问(FSA)策略,即采用频谱监管机制,设计只有授权用户采用权利使用相应频谱,而其他用户无权使用。然而,后续研究发现,授权频谱是无法正常使用的(实际应用)。为了解决这类问题,Saurabh 等提供最佳使用认知无线电频谱的计算机 X 射线摄影(CR)技术创新。CR 被认为是 5G 移动系统较有前途的技术之一,其主要理念是寻找未使用的频谱以适应目前的技术传输方案要求共享频谱。

②需求及环境条件分析

船厂是典型的大型离散制造业,占地范围大,不可能完全通过敷设光缆等有线网络来收集重要的生产信息。船舶制造车间存在大量部署无线网络的需求,如车间内有很多移动终端(如叉车、托盘、iPad、智能腕表)、物料、员工等移动作业。同时,生产过程中需要将生产信息,包括数据(工艺文件、加工信息)、语音(员工请求信息、工位之间信息等)、图片(装配图等)、视频(生产过程视频)等通过路由器或者基站传输到作业区交换机,进而传输到生产管理系统,进行生产作业的派工等信息下达。

船舶制造车间的生产环境不具备布置有线网络条件,具体分析如下。

a. 船舶制造车间存在遮蔽环境及难以部署有线网络的区域,不具备布置有线网络的条件。

b. 船舶制造车间内部大型生产设备分散排列,地面硬化使其部分位置不具备布置有线网络的条件。

c. 船舶制造车间存在电磁噪声,包括电机、电焊、变压器、雷达、无线电等产生的电磁干扰/射频干扰等。

通过对船舶制造车间生产过程对无线网络的需求及环境条件分析可知,可以通过部署路由器或者基站等实现移动作业相关信息的快速传输,同时完成车间网络组网,尽量避免网络干扰等,实现命令的上传和下达。

(3)船舶制造车间多业务高带宽有线组网技术

①现有高带宽有线网络技术

a. 工业 PON

PON 是指(光配线网中)不含有任何电子器件及电子电源,光纤分配网络(ODN)全部由光纤分路器(Splitter)等无源器件组成,不需要贵重的有源电子设备。一个 PON 包括一个安装于中心控制站的光纤路终端(OLT),以及一批配套的安装于用户场所的光纤网络单元(ONU)。在 OLT 与 ONU 之间的 ODN 包含了光纤及无源分光器或者耦合器。

PON 的复杂性在于信号处理技术。在下行方向上,交换机发出的信号是广播式地发给所有的用户。在上行方向上,各 ONU 必须采用某种多址接入协议,如时分多路访问(TDMA)协议才能完成共享传输通道信息访问。目前用于宽带接入的 PON 技术主要有:以太网无源光纤网络(EPON)和无源光纤接入系统(GPON)。

PON 系统结构主要由中心局的 OLT、包含无源光器件的 ODN、用户端的 ONU/光纤网络终端(ONT)(其区别为 ONT 直接位于用户端,而 ONU 与用户之间还有其他网络,如以太网)及网元管理系统(EMS)组成,通常采用点到多点的树形拓扑结构。

工业 PON 的主要特点如下。

(a)相对成本低,维护简单,容易扩展,易于升级。工业 PON 容易铺设,运营成本和管理成本都很低。

(b)纯介质网络。工业 PON 是纯介质网络,彻底避免了来自电磁干扰和雷电的影响,极适合在自然条件恶劣的地区使用。

(c)资源占用很少。工业 PON 提供非常高的带宽,带宽高达 2.5 Gbit/s。

(d)服务范围大。工业 PON 作为一种点到多点网络,以一种扇形的结构来节省资源,服务大量工业接入点。

(e)带宽分配灵活,QoS 有保证。工业 PON 系统对带宽的分配和保证都有一套完整的体系,应用接口丰富。

工业 PON 网络的突出优点是消除了户外的有源设备,所有的信号处理功能均在交换机和用户室内的设备完成。而且这种接入方式的前期投资小,大部分资金要推迟到用户真正接入时才投入。它的传输距离比有源光纤接入系统的短,覆盖的范围较小,但造价低,无须另设机房,易于维护。

b. 工业以太网

工业以太网就是在以太网技术基础上开发出来的一种工业网络。它是指技术上与商用以太网(IEEE 802.3 标准)兼容,但在产品设计时,在材质的选用、产品的强度、适用性及实时性等方面能满足工业现场的需要,即满足以下要求。

- 环境适应性。包括机械环境适应性(如耐震动、耐冲击)、气候环境适应性(工作温度要求为-40~85 ℃,至少为-20~70 ℃,并要耐腐蚀、防尘、防水)、电磁环境适应性或电磁兼容性(EMC),应符合 EN50081-2、EN50082-2 标准。
- 可靠性。由于工业控制现场环境恶劣,对工业以太网产品的可靠性也提出了更高的要求。
- 安全性。在易爆或可燃的场合,工业以太网产品还具有防爆要求,包括隔爆、本质安全两种方式。
- 安装方便,适应工业环境的安装要求。

工业以太网的具体特点如下。

- 具有相当高的数据传输速率(目前已达到 100 Mbit/s),能提供足够的带宽。
- 由于具有相同的通信协议,以太网和 TCP/IP 易集成到互联网技术(IT)。
- 能在同一总线上运行不同的传输协议。
- 运用交互式和开放的数据存取技术。
- 允许使用不同的物理介质和构成不同的拓扑结构。

简言之,工业以太网是将以太网应用于工业控制和管理的局域网技术。

(a)工业以太网的技术特点

(ⅰ)实时性与确定性

工业以太网采用全双工交换式,即交换机根据收到的数据帧中的 MAC 地址决定数据帧应发向交换机的哪个端口,由于端口间彼此屏蔽,所以发送的帧不会产生冲突,不受带冲突检测的载波侦听多路访问(CSMA/CD)机制的约束,并且支持全双工通信,同时接收和发送数据,从而提高了通信速率,满足确定性网络的要求。同时以太网的通信速率可达到 1 Gbit/s、10 Gbit/s,减少了通信信号占用传输介质的时间,从而减少了碰撞冲突。

另外,工业以太网技术还支持虚拟局域网技术 VLAN(IEEE 802.1Q)、通过对数据帧进行优先级划分来满足 QoS 的要求(IEEE 802.1p)。

(ⅱ)可靠性

工业应用现场的电气(包括电源和电磁干扰)、环境因素(包括温度、湿度、尘埃)、机械振动等条件非常恶劣,因此工业以太网设备的可靠性比商用以太网设备具有更高的要求。工业以太网针对可靠性的设计来自两个层面:一是以太网技术冗余技术;二是工业级设备的工业设计。

(ⅲ)开放性与兼容性

工业以太网 IEEE 802.3 协议栈相对 OSI 7 层协议模型而言实际只制定了物理层和数据链路层协议,而没有制定网络层及以上的协议。OSI 参考模型与以太网-TCP/IP 分层模型的对照见表 2-1。作为一个完整的网络通信系统,以太网需要高层协议的支持,TCP/IP 协议栈逐渐成为以太网之上应用最广泛的高层协议。为了解决基于以太网的工业现场设备之间的互操作性问题,在以太网-TCP/IP 协议的基础上,制定了统一并适用于工业现场控制的应用层技术规范,同时参考 IEC 有关标准,在应用层上添加用户层,将工业控制中的功能块进行标准化,通过规定它们各自的输入、输出、算法、事件、参数,将它们组成为可在某个现场设备中执行的应用程序,便于实现不同厂商设备的混合组态与调用。表 2-1 体现了以太网协议栈与 TCP/IP 协议栈的完美结合。

表 2-1　OSI 参考模型与以太网-TCP/IP 分层模型的对照

OSI 参考模型	以太网-TCP/IP 分层模型		
应用层	应用层		
表示层			
会话层			
传输层	TCP/UDP		
网络层	IP		
数据链路层	以太网数据链路层		LLC
			MAC
物理层	以太网物理层		

（ⅳ）网络安全

开放性和兼容性同时为工业以太网带来了一个缺点,就是网络安全性。相对封闭的系统,开放的网络系统更容易暴露自身技术缺陷而遭到人为的攻击。

网络安全包含内部安全和外部安全两个方面。工业以太网必须采取适当的安全策略防止本地用户对设备控制域系统的非法访问。当前以太网-TCP/IP 协议主要在端口——数据链路层、网络层、传输层和应用层这 4 个层面进行访问安全控制。

●基于端口的安全机制:以太网通过 IEEE 802.1x 标准定义了基于端口的网络访问控制,可用于为以太网络提供经过身份验证的网络访问。

●基于网络层、传输层的安全访问机制:通过在网络层、传输层利用访问控制列表对数据包实施有选择地通过,即所谓的包过滤技术。

●扩展的应用层的安全访问控制:引进应用层防火墙,进一步实现对内部控制网络的访问进行限制、防止非授权用户得到网络的访问权、强制信息流量只能从特定的安全点流向外界、防止服务拒绝攻击,以及监控及规范内、外部用户的网络行为等。

（b）工业以太网的优点

工业以太网是应用最广泛的通信技术,具有价格低、多种传输介质可选、高速度、易于组网应用等诸多优点,是一种理想的工业通信网络。

（ⅰ）基于 TCP/IP 的工业以太网是一种开放式通信网络,不同厂商的设备很容易互联。这种特性非常适合于解决控制系统中不同厂商设备的兼容和互操作等问题。

（ⅱ）低成本、易于组网。工业以太网网卡价格低廉,与计算机、服务器等接入十分方便。

（ⅲ）工业以太网具有相当高的数据传输速率,可以提供足够的带宽,而且其资源共享能力强,可作为现场的总线,很容易将 I/O 数据连接到信息系统中,数据很容易以实时方式与信息系统上的资源、应用软件和数据库共享。

（ⅳ）工业以太网易与 Internet 连接。在任何地方都可以利用电话线通过 Internet 对企业生产进行监视控制。

（v）工业以太网作为目前应用最广泛的计算机网络技术,得到了广泛的技术支持。几乎所有的编程语言都支持工业以太网的应用开发,有多种开发工具可供选择。

作为船舶智能车间的基础设施建设,南通中远海运川崎船舶工程有限公司建立了覆盖全厂的计算机网络系统,通过光纤连接到各生产车间,并借助计算机网络,实现物理制造空间与信息空间的无缝对接和映射,为精细化和智能化管控奠定了基础。

c. PLC

PLC 是指利用电力线,通过载波方式将模拟信号或者数字信号进行高速传输的技术。该技术是依托电网进行应用的,考虑到电网本身的安全性,使用起来方便可靠,且不需要特殊布线,大幅度降低了成本。PLC 相较于其他通信方式,载波原理上大致相同,只是电力线载波是应用在 50 Hz 的工频电流上,这是 PLC 最大的特色。

PLC 技术可以不受地形、地貌的影响,不需要特别的布线和安装,就可以和其他设备实现网络共联。常用的 PLC 技术大都为低压载波,以低压 220 V 配电线作为通信载体,是目前最为成熟的电力线载波方式。通信距离是衡量 PLC 的一个重要指标。一般来说,在不添加中继设备的情况下,通信距离为 200~500 m,完全能够满足一般室内传输需求。特殊情况下,也可以通过中继设备扩大通信距离,最长可达 2 000 m 以上。

PLC 最大的特点就是依赖供电线路传输信号,在这个电网覆盖的年代,给整个网络带来了便捷。可想而知,如果将电力线接入到互联网中,有电的地方就有网络,生产设备、电脑、终端设备等都将时刻接入网络中,形成了真正的万物互联。随着通信技术的发展,各种通信手段和通信载体层出不穷,如光纤、微波通信等应用广泛,相较于这些通信手段,PLC 的优点如下。

（a）利用电力线路实现信息传输,而电力线覆盖广泛,依赖电力线作为传输途径,可以在有电的地方就能传输信息。

（b）应用在地域较广的场合,不需要大规模安装和布线就可以实现全面覆盖,大幅度降低了安装和维护的成本,经济可靠。

（c）相对于其他无线技术,传输速率和带宽能够满足大部分场合的应用需求。

（d）可以减免布线,在供电的同时传输信号,并且通信时不受地形影响,施工维护都很方便。

（e）依托电网实现信号传输,相较于其他通信手段,稳定可靠。

PLC 给人们带来了很多便利,但同时也要看到它的不足。PLC 传输技术以电源线为载体,不需要额外布线,但长距离传输时信号稳定性易受干扰,因此适用于解决特殊环境的"穿墙"问题。

②需求及环境条件分析

船舶制造车间环境复杂,有线网络成本相比无线网络铺设成本较低,安全性高,保密性强,因此船舶制造车间需要布置有线网络,具体需求如下。

a. 船舶制造车间内有很多固定设备,包括小型生产设备、终端设备（货架）等需要进行入网通信,同时,综合考虑成本因素,可以布置有线网络。

b. 船舶制造车间环境复杂,存在大量干扰信号传输因素,而有线网络基本不受外界因素及环境干扰,网络信号稳定,数据传输可靠性好,因此可以布置有线网络。

c. 车间内很多设备之间需要传输信息,包括数据(工艺文件、加工信息)、语音(工位之间信息的传输)、图片(切割、焊接等所需的三维模型等)、视频(视频会议)等,将相关信息通过有线传输到各作业区的交换机,进而传输到生产管理系统,进行派工、生产过程监控、质检等作业。

船舶制造车间的生产环境不具备布置无线网络条件,具体分析如下。

a. 船舶制造车间是机械环境,包括碰撞、震动、抗拉强度、弯曲、韧性、挤压、冲击等生产环境,要求系统具备侵入的防护等级、保护等级等。

b. 船舶制造车间是极端严酷的环境,包括安装和运行的环境温度,热冲击,抗紫外线、污染和包含腐蚀性空气或危险液体的化学环境等。

通过对船舶制造车间生产过程对无线网络的需求及环境条件分析可知,通过部署光纤、双绞线及电力线等可实现有线网络信息稳定、快速的传递,实现命令的上传和下达。

(4)无线组网技术适用性

①无线组网技术性能对比

移动通信技术研究范围包括 LTE、WiMAX、4G 及 5G。LTE 和 WiMAX 技术介于 3G 和 4G 之间,速度较 4G 低。5G 速度最快,延迟最低,5G 试点示范工作已展开,暂未大规模商业化应用。

WiMAX 与 LTE 同为 4G 主流技术长期演变,都使用了先进的方法,如正交频分多址(OFDMA)和 MIMO,而且它们也都是完全基于 IP,具有高速数据功能,可实行快速互联网访问和视频传输等高级应用。ITU 把 LTE 和 WiMAX 定义为 3G。一些专家认为,这两种标准接近 4G,更像是 3.9G。

4G 集 3G 与 WLAN 于一体,并且能够快速传输数据、高质量音频、视频和图像。4G 可以在数字用户线路(DSL)和有线电视调制解调器没有覆盖的地方部署,然后再扩展到整个地区。4G 关键技术包括多天线技术、IPv6 技术、智能天线技术、OFDM 等。

5G 是最新一代蜂窝移动通信技术,也是 4G(LTE-A、WiMAX)、3G(UMTS、LTE)和 2G(全球移动通信系统(GSM))系统之后的延伸。5G 的性能目标是提高数据传输速率、减少延迟、节省能源、降低成本、提高系统容量和大规模设备连接。5G 移动网络与 3G 和 4G 等移动网络一样是数字蜂窝网络。5G 网络的主要优势在于,数据传输速率远远高于以前的蜂窝网络。

LTE、WiMAX、4G 及 5G 都属于移动通信技术,它们之间最大的不同点就是网络传输速度。5G 最快,LTE 和 WiMAX 最慢(远快于 3G 技术),具体对比情况见表 2-2。

表2-2　移动通信技术对比

分类	标准	传输距离	使用速度	理论极限速度	关键技术	频谱
LTE	—	3 000 m（与基站发射功率有关）	远比3G快	下行100 Mbit/s 上行50 Mbit/s	OFDMA；MIMO；基于IP	授权频谱
WiMAX	IEEE 802.16		24 Mbit/s	560 Mbit/s		10~66 GHz（授权频谱）
4G	TD-LTE 和 FDD-LTE		80 Mbit/s	1.4 Gbit/s	多天线技术；IPv6技术；智能天线技术；OFDM	授权频谱
5G	—	300 m		20 Gbit/s	超密集异构网络；自组织网络；内容分发网络	授权频谱

②无线组网技术适用性分析

移动通信技术在不断升级,行动热点Wi-Fi同样在不断升级,从最开始的IEEE 802.11b到现在的IEEE 802.11ac甚至IEEE 802.11ax,行动热点的传输速度不断增加,频谱范围不断扩展。IEEE 802.11b的传输速度一般为6.5 Mbit/s,频谱为2.4~2.5 GHz。第六代行动热点IEEE 802.11ax的理论传输速度可达10 Gbit/s,且已有Wi-Fi支持60 GHz频谱。但与移动通信技术不同的是,最新的移动通信技术一旦普及,前一代技术会渐渐退出历史舞台,而最初的行动热点标准IEEE 802.11b依然被广泛应用。不同标准的行动热点性能参数对比情况见表2-3。

表2-3　不同标准的行动热点性能参数对比情况

分类	标准	传输距离	使用速度	理论极限速度	频谱
Wi-Fi	IEEE 802.11b、IEEE 802.11a 和 IEEE 802.11g 等	100 m	300 Mbit/s（IEEE 802.11n）	800 Mbit/s（IEEE 802.11n）	2.4/5 GHz
Wi-Fi（5代）	IEEE 802.11ac	100 m	867 Mbit/s	1.73 Gbit/s	5 GHz
Wi-Fi（6代）	IEEE 802.11ad	100 m	4 020 Mbit/s	7 Gbit/s	2.4/5/60 GHz
	IEEE 802.11ax	100 m(实际传输距离小于其他标准)	—	10.53 Gbit/s	2.4/5 GHz

移动通信网络和行动热点都可用于无线组网,都具备多业务高带宽网络传输能力。移动通信技术传输距离远,适用于远距离网络传输,行动热点部署灵活,适用于网络局部覆盖。

船厂生产环境复杂,船舶车间内部地面情况给有线网络部署造成额外难度;各船厂占地面积大小不等,各生产车间之间的距离远近不一。

船厂组网需求多样,车间之间距离、车间与核心机房距离远,厂级生产计划制订、物资采购、质量监控、各车间生产协同等业务数据互联互通需求长距离组网;车间内部生产要素(人员、物料、物流设备)定位、仓储自动盘点、制造执行系统等业务系统的移动终端信息传输需求车间内部无线网络覆盖。

由于移动通信技术和行动热点两大类无线组网技术在传输速度上均能选择适当通信标准适应不同级别数据量传输要求,所以传输速度不是船舶制造车间多业务高带宽组网技术选择的决定性指标。行动热点技术广泛用于解决"最后 100 m"的网络接入问题,合理地部署 Wi-Fi,能够解决船厂车间内部不方便铺设有线网络的物理空间网络覆盖问题。中小船厂通过部署移动网络基站,通过移动运营商网络,可满足船厂各车间、核心机房、船厂各办公楼间远距离网络互联互通需求,搭建无线基站的方式的工作量及维护成本小于船厂内部铺设光纤。

国内大型骨干造船企业十分重视网络安全问题,不能像中小船厂那样将生产网络与移动运营商网络互联,所以骨干造船厂只能利用移动通信技术建立船厂内部局域网络,但移动通信网络所用频谱为授权频谱,骨干造船企业申请授权频谱存在困难。移动通信网络与行动热点在船厂的适用性对比分析见表 2-4。

表 2-4 移动通信网络与行动热点在船厂的适用性对比分析

分类		优点	缺点	适用性
移动通信技术	LTE	速度较 3G 网络快	建立局域网,申请无线频段困难; 公网组网涉及商业秘密问题,存在安全隐患	适用于对安全要求不高的中小造船厂的场内网络建设,实现各车间、办公楼中央机房网络互联互通
	WiMAX			
	4G	4G 集 3G 与 WLAN 于一体,并且能够快速传输数据、高质量音频、视频和图像等		
	5G	速度更快,超低延迟		
行动热点	Wi-Fi	上、下链路数据业务的对称性; Wi-Fi 功耗更低; 主要用于解决"最后 100 m"的网络接入问题; 组网灵活	传输距离最长 100 m	适用于船厂车间内部不方便铺设有线网络的地方的网络建设,与以太网交换机配合组网
	Wi-Fi(5 代)			
	Wi-Fi(6 代)			

(5)有线组网技术适用性

有线组网技术研究范围包括工业 PON、PLC 及工业以太网。

①有线组网技术性能对比

a. PLC

PLC 网络铺设成本最低,但带宽小。工业 PON 与工业以太网联系紧密,工业 PON 的组网方式为以太,只是网络传输介质是纯光。工业以太网广泛应用于工厂局域网组网,也可应用于造船厂车间组网。

PLC 最大的特点是依靠已经布好的高压电力线网络进行信号传输,在网络带宽需求不大的年代,其作为电力行业远程监控系统的网络传输解决方案。PLC 技术优缺点明显,优点:只需要两端加上阻波器等少量设备即可实现通信、远传等功能,投资小;缺点:信号质量差,受外界信号干扰和噪声的影响很大(电力线中负载变化很大并且很复杂,谐波干扰很重),带宽窄,通信传输速率相对光纤慢很多,线路停运检修时(有地线时)不能传送数据。目前,PLC 的应用点是在网络带宽要求不高的远程业务网络中,作为 PON 网络的一种补充的通信方式,在光纤网络无法到达的物理位置,通过 PON 与载波结合的综合通信解决方案,结合两种通信技术的特点,提供高效、可靠、全覆盖的通信解决方式。

b. 工业 PON

工业 PON 架设成本比 PLC 高,但网络传输速度远高于 PLC 网络,且相对于有源光纤网络,工业 PON 技术的主要特点在于维护简单、成本较低(节省光纤和光接口)、传输带宽较高和高性能价格比。工业 PON 最适合的应用是:接入网络的客户不强调必须要冗余或迂回保护,OLT 可以设立在生存性能好的节点处(如有迂回保护的节点)或用户地理位置相对集中的地方。EPON 可以通过分光器形成点到多点网络模式,非常适合船厂的实际分布情况。对于新增节点的扩容,通过更换分光器即可,非常方便。

c. 工业以太网

工业以太网技术具有价格低廉、稳定可靠、通信速率高、软硬件产品丰富、应用广泛及支持技术成熟等优点,已成为较受欢迎的通信网络之一,其具备以下特点。

(a)以太网是全开放、全数字化的网络,遵照网络协议,不同厂商的设备可以很容易实现互联。

(b)以太网能实现工业控制网络与企业信息网络的无缝连接,形成企业级管控一体化的全开放网络。

(c)软硬件成本低廉。由于以太网技术已经非常成熟,支持以太网的软硬件受到厂商的高度重视和广泛支持,有多种软件开发环境和硬件设备供用户选择。

(d)通信速率高。随着企业信息系统规模的扩大和复杂程度的提高,对信息量的需求也越来越大,有时甚至需要音频、视频数据的传输。当前以太网的通信速率为 10 Mbit/s、100 Mbit/s、1 000 Mbit/s,比现场总线快很多。

工业 PON、工业以太网及 PLC 都属于有线组网技术,其性能参数对比情况见表 2-5。

表 2-5　有线组网技术性能参数对比情况

分类	标准	传输距离	使用速度	理论极限速度	频谱
工业 PON	ITU-T G. 983、IEEE 802. 3ah、ITU-T G. 984、IEEE P802. 3av、SCTE IPS910 等	20 km	EPON 1. 25 Gbit/s，GPON 支持非对称比特率，下游带宽 2. 5 Gbit/s	10 Gbit/s	—
PLC	—	大于 100 km	较慢	较慢	40~500 kHz
工业以太网	IEEE 802. 3、IEEE 802. 3u	100 m （传输介质为"猫"）	10/100/1 000/10 000 Mbit/s	10/100/1 000/10 000 Mbit/s	—

②有线组网技术适用性分析

工业 PON、工业以太网及 PLC 均可用于有线组网，且有各自的组网适用范围。工业 PON 技术传输距离远，适用于远距离且不要求冗余性的网络传输；工业以太网应用广泛，适合与光纤、无线网络结合组网；PLC 适用于超长距离，且对于网络带宽要求不高的情况。

针对各有线组网技术特点，分析其在船厂的适用性。由于船厂数据产生量增长快，且各业务系统不断采用新技术，导致数据交互量不断增长，PLC 因为带宽相对较低，为确保船厂网络的先进性及满足网络建设长期规划，暂不考虑将 PLC 技术应用于船厂组网。

工业以太网速度快、冗余、易扩展、应用广泛，合理地设计工业以太网网络拓扑，与行动热点结合，实现船舶车间无线网络与有线网络联通，合理选用光口交换机，采用光纤介质传输网络，解决船厂车间、核心机房、办公楼间的长距离网络传输问题。另外，对于冗余要求不高的船厂，还可通过工业 PON 网络代替光口交换机汇聚层网络，PON 可以替代二层交换机和光纤收发器，将 LAN 的接入网引至 IP 分光器网络，形成以太网与工业 PON 结合的船厂网络建设方案。PON 网络通过广播的方式向与分光器相连的 ONU 发送数据，所有的 ONU 共享带宽，可能出现网络传输速度短时不满足船厂使用要求的情况。有线组网技术在船厂的适用性对比分析见表 2-6。

表 2-6　有线组网技术在船厂的适用性对比分析

分类	优点	缺点	适用性
工业 PON	成本相对低（较有源光纤网络）；部署便捷且兼顾以太网性能，分光器扩展能力较强，没有大量汇聚设备	OLT 向 ONU 广播，组网共享平均带宽，不能灵活调整；无源设备，远程故障监测和定位比较困难；冗余实现成本高	适用于船厂内网络建设，实现各车间、办公楼及中央机房网络互联互通

表 2-6(续)

分类	优点	缺点	适用性
PLC	依靠高压电力线网络进行信号传输,不需要另外架设通道,配备阻波器等少量设备即可实现通信,投资最小,传输距离长	信号质量差,带宽窄,线路停运检修时传输中断;传输速率比光纤慢很多,外界信号干扰和噪声的影响很大(电力线中负载变化很大并且很复杂,谐波干扰很重)	主要用于传输语音及监控数据,仅适用于远程监控船舶制造数控设备数据传输
工业以太网	网络中的用户相互独立,独占带宽,动态下发规则,对用户分配不同的带宽及权限;组网设备易通过网管系统实现统一管理;冗余、可扩展	设备数量多,网络铺设工作量相对较大	光纤以太网、快速以太网、Wi-Fi 配合使用,实现船厂网络互联互通。光纤以太网负责网络核心层和汇聚层组网,快速以太网适合接入层组网,Wi-Fi 作为快速以太网的补充,实现无线设备组网

2.2.2 船舶制造车间多业务高带宽组网关键技术

船舶制造车间通过立体分层组网及混合组网等方式,实现多组网技术网络互联互通,形成船厂生产制造统一信息化网络。

2.2.2.1 船舶制造车间立体分层组网技术

考虑到船舶制造车间网络的简洁性、可扩展性和易维护性,通信网络结构应当具有层次结构且层次不宜过多。将船厂网络设计为层次化架构的三层网络。三层网络架构设计的网络有 3 个层次:核心层、汇聚层、接入层。船舶制造车间环境复杂且地域广,需要构建全覆盖网络,实现车间内的信息传递及厂内不同车间之间的信息传递,使得车间的相关数据可以快速、准确传输。因此需构建船舶制造车间立体分层组网方案,如图 2-10 所示。

(1)核心层

核心层是网络的高速交换主干,对整个网络的连通起到至关重要的作用。核心层一直被认为是所有流量的最终承受者和汇聚者,主要作用是提供交换区块间的连接、提供到外部网络的访问与尽可能快地交换数据帧或数据包等,可能会容纳网络 40%~60% 的信息流,是网络的大动脉。因此连接汇聚层交换机的主干网一般以光纤作为传输介质。

船舶制造各车间生产相关信息首先通过工业以太网将信息接入车间的交换机;其次通过工业 PON 传输到汇聚层的交换机进行信息的汇聚;再次传输到核心层的核心交换机进行信息整合、分析与处理,从而合理地安排车辆、人员、物料等;最后将信息再传输到车间交换机。

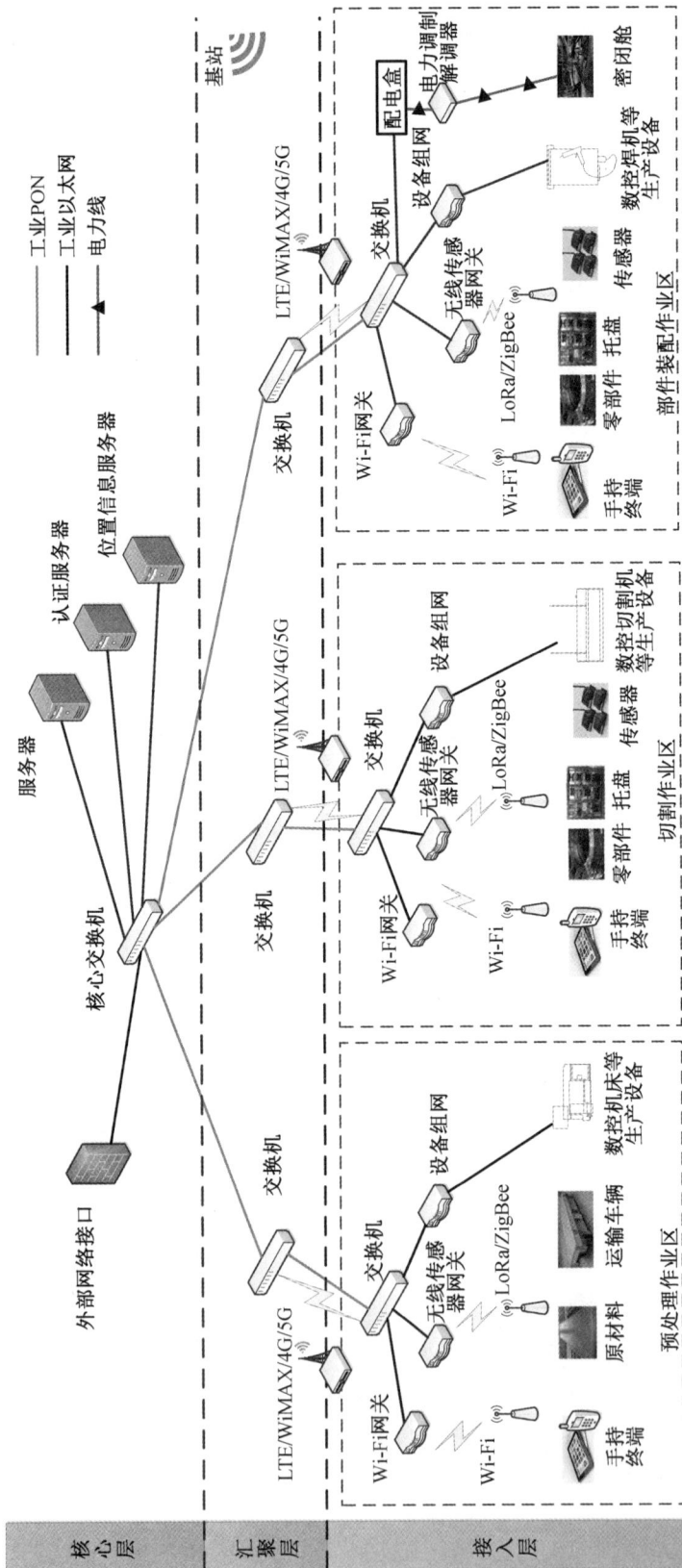

图2-10 船舶制造车间立体分层组网方案示意图

（2）汇聚层

汇聚层是接入层和核心层的"中介"。汇聚层承担了接入层的信息汇聚功能，以减轻核心层设备的负荷，并提供到核心层的上行链路。汇聚层交换机适用于具有组播和初级 QoS 管理能力的场合，适合处理一些突发的重负载（如视频点播），一般采用双绞线作为传输介质。

汇聚层与核心层及接入层均采用工业 PON 连接，可实现快速的信息传递。考虑到船舶制造车间作业区域散布在较大的地理空间，出于无线信号发射功率和网络安全的考虑，各个作业区域实现就地信息汇聚。

（3）接入层

接入层涵盖船舶制造车间的生产物料、生产设备（如划线机、切割机）、移动终端、运输设备、零部件托盘、中间产品等。船舶制造车间作业区域分散、业务分工复杂。因此船舶制造车间的接入层有大量的设备需要布置网络。然而，船厂具有特殊的工业环境，一方面船厂设备体积大、位置固定，因此这些大型设备适宜布置有线网络；另一方面车间内的硬化路面造成了布置大量有线网络的困难，而且船舶制造车间的突出特点是物料、零部件、中间产品及人员的流动性强，对于这些相关信息采集显然不能够用有线网络布置。而无线网络通信具有覆盖面大、布置灵活便利、能够实时响应等船厂所需的特点。因此在车间采用布置无线网络来实现这些流动性强的接入点的网络接入。

2.2.2.2 船舶制造车间混合组网技术

（1）混合组网分析

车间有线网络可以通过制造部管控中心冗余的工业以太网、工业 PON 及 PLC 构成。现场工业以太网按照车间地理位置分布，形成一个或多个光纤网；冗余和核心交换机用于管理整个网络系统中 VLAN 与相关路由等。

工业以太网除负责整个网络的管理之外，还负责连接综控平台的外部网络接口、服务器、认证服务器、位置信息服务器等。

工业 PON 用于连接 PLC、RTU、网关等设备进行车间数据的数据采集、规约转换、网络隔离、数据计算、通信处理等工作。

PLC 仅依赖于电源，因此可以应用于不方便布线及信号遮蔽区域，使得该区域可以依靠电源线及电力调制解调器进行网络部署。

工业 PON 主要适用于信息汇集处，大量信息需要快速传递的场合。由于工业以太网及工业 PON 具有应用广泛、通信速率较高、资源共享能力强等优势，使得核心交换机与服务器之间进行通信，以及车间内与生产设备、传感器等进行通信均可以采用工业以太网。同时，场区之间需要进行数据传输过程时，也可以运用工业以太网实现车间内的网络连接。但因其成本较高，铺设线路难度较大，同时设备易损坏等缺点，因此通常使用无线网络进行通信。

车间通信系统中，配置有以太网通信接口的数控机床可以直接接入系统中；只配置有串行通信接口的数控机床，不能够直接接入系统中，这时只需在数控机床前端配置一个串口服务器即可。这种串口服务器同时具有以太网接口和串行通信接口,串口服务器的实际作用是充当以太网和串行通信接口的网关,它能够实现 TCP/IP 协议和 RS-232 串行通信协议的相互转换。从以太网传送过来的数据,在串口服务器内进行通信协议转换,然后将数据通过串行通信接口输入数控机床中。类似的数控机床向以太网发送数据时,也需要先经过串口服务器进行通信协议转换。对于距离较远、布线困难的设备联网,可以采用无线方式。该方法可以实现工位之间的数据传输,实现工位之间的协同。

Wi-Fi 的传输速度较快,传输半径为 100 m 左右,具有部署方便、成本较低、高带宽等通信特点,因此适用于船舶制造车间内生产设备、终端、人员、运输车辆等的网络接入,可实现工序、工位、人员之间的数据、语音、视频等多业务信息传递。LTE、WiMAX、4G、5G 等具有传输距离远、高带宽等通信特点,因此,适用于厂区内车间之间的信息传递,可实现不同车间的中远距离信息传递。

因此,Wi-Fi 主要用于车间无线网络的覆盖,可实现车间内的网络通信。为了实现厂区内(不同车间)的信息通信,可以运用 LTE、WiMAX、4G、5G 及 Wi-Fi 进行组网,实现网络覆盖。但 LTE、WiMAX、4G、5G 等需要定期缴费,使用成本较高,同时需要建立基站,使得布置成本也较高,还容易因为遮挡等原因造成信号传输效果差等,存在一定的安全问题。

在中距传输(车间之间)时,采用 LTE/WiMAX/4G/5G 与 Wi-Fi,以及工业 PON/工业以太网/PLC 进行组网传输,实现场内数据、语音及视频等业务的传输。在近距传输(车间内)时,采用 Wi-Fi 与工业 PON/工业以太网/PLC 进行组网传输,实现车间内数据、语音及视频等业务的传输。通过车间立体分层组网的部署,可以使得车间网络覆盖范围扩大,实现船舶制造车间网络覆盖率高于 90%。

将船舶制造车间网络设计为立体分层组网,其中层次化架构的三层网络能够有效地提高船舶制造车间网络的可靠性、可维护性、安全性,立体化的网络架构能够提高船舶制造车间的网络覆盖率。

①通过冗余实现可靠性

分层网络通过冗余实现网络可靠性的提高。接入层交换机连接到两个不同的汇聚层交换机,确保链路冗余,如果某个汇聚层交换机出现故障,接入层交换机可以转到另一个汇聚层交换机。此外,汇聚层路由器也可连接到两个核心层交换机,在核心路由器出现故障时,确保链路始终可用。接入层也尽量保证每个接入设备以不同的方式接入网络。

②可维护性

因为分层拓扑为模块化设计,所以相比其他拓扑形式,分层设计的可管理性不会随网络的增长变得越来越复杂。模块化设计允许在网络扩大时直接复制设计元素,因为模块的每一个实例都是一致的,网络扩展更易于规划、实施和维护。

③安全性

在分层网络设计中,安全得到了改善,接入层交换机可以配置多种端口安全选项,控制哪些设备可以连接到网络,在汇聚层可以灵活地应用访问控制策略定义哪些通信协议可以在网络上使用。

④网络覆盖率

在立体网络设计中,车间网络的范围部署涉及车间生产设备、物料、人员、终端设备等,将所有终端通过有线及无线组网接入网络,使得车间网络覆盖面扩大,实现船舶车间网络覆盖率高于90%。

(2)混合组网组合方式

①Wi-Fi

目前船厂一般使用耐用型 iPad 和带有 2G/3G 功能的调制解调器来进行数据传送。该类设备有带宽小、网络易延迟和中断、费用较高等缺点,所以造成应用范围有限且利用率较低,很难达到实时数据传送的要求。为应对这些问题,必须扩大无线网络的覆盖范围,提高通信的效率和质量,支持大规模数据通信。使用支持 Wi-Fi 技术的 PC、Pda、智能手机等智能终端,可以在办公室、控制间、定盘、车间等厂区的任何区域进行实时的工作流管理、造船图面信息查询及传送。

该技术的运用将带来以下便利。

a. 现场人员能实时录入现场的具体工作进度和问题。现场工作的细微变化能及时传递到生产管理系统中,以便于相关管理人员及时跟踪并有针对性地进行优化和调整。

b. 实时获取最新的设计图面并按图施工,可以大量减少现场使用的图纸和作业量,逐步全方位实现数字化、无纸化造船。图面及作业信息的及时更新,能最大限度地避免错误施工。

c. 提供便利的平台来查询参考图面或信息。现场施工时往往需要经常参考核实设计图面,使用无线网络进行远程操作可以轻松解决这一问题。

d. 将现场的具体问题及时反馈给相关人员。

②WiMAX+Wi-Fi

考虑到成本因素和某些特殊需求,可以在把 WiMAX 作为主干无线网络的基础上,将 Wi-Fi 部署到局部分支区域,这样并不影响整个无线网络的使用。WiMAX 无线接入系统主要由中心站和客户端两部分组成。WiMAX 中心站设备为二层设备,可以通过标准的 IEEE 802.3 以太网 10/100Base-T 接口与交换机相连,客户端通过无线信号与中心站相连,客户端下连数据设备提供数据业务。根据厂区的范围和实际需求,将在企业完成 WiMAX 的部署。在船厂主办公楼楼顶安装一台中心站设备,并在厂区各个地点安装客户前置设备(CPE)远端站。根据基站的总接入速率情况,选定 3 种类型(1D、4D2V 和 NG-4D1W)CPE 远端站应用于该系统。

③WiMAX/LTE/4G/5G+Wi-Fi+PLC

以前现场和办公室沟通往往使用电话交流,办公室人员很难直观了解现场的实际情况;现在可通过无线网络把视频信息传给相关系统,在办公室里就可以清楚观察现场情况并及时解决问题。零部件装配车间是较封闭的空间,由于光缆无法铺设到位,所以过去很难在船内外进行数据通信。通过采取以下措施,就可以在办公室里轻松地获得船内的一系列数据信息并进行便利的视频交流。

a. 运用移动 WiMAX/LTE/4G/5G 技术和设备构建一个高速无线网络来覆盖厂区,以保障各区域都能安全稳定地接收到数据信息。

b.由于船体由封闭的钢板构成,静电屏蔽造成无线信号无法直接传递到船体内部,所以必须在 Wi-Fi 接收信号后,再通过电力线缆传递到船体内部。

c.通过电源线将信号传送到船体内部的 Wi-Fi 发射设备后,由 Wi-Fi 发射设备在船体内部进行无线数据传送。考虑到 Wi-Fi 设备较便宜,并且船体内部空间大小可以满足 Wi-Fi 运用的要求,所以在此处使用 Wi-Fi 设备更为合理。

d.工程技术人员可以使用网络电话和具有网络摄像头的计算机来完成远程协作任务与进行双边视频会话。网络摄像头和视频电话的使用可以使得远程技术人员能清楚了解船舱内部的具体情况,并在此基础上做出正确的判断。同时根据需要收集相关设备的数据信息并传送回远程主机,以便分析处理。

④地理信息系统(GIS)+Wi-Fi

船舶产品具有结构复杂、技术含量高、周期长、配套内容多的特点。在不断的装配组合过程中,整个船厂往往同时有数以百万计的零部件处于移动处理状态中,经过组合而成的分段也有数千个之多。以上因素直接导致分段的定位安排和零部件的实时跟踪监控都异常困难,完全依靠现场人员凭经验调度必然会降低场地的利用率,也很难对零部件的使用进行精确管理。为此,通过使用 GIS 和 Wi-Fi 无线网络可以构建一个分段运输定位管理系统,从而实时把握厂区、车间的场地和运输车的使用状况,采取最优的方法来运输和安排分段。

a.在办公楼里根据生产进度检查相应的分段运送计划并按优先级将分段标记出来;通过分段运输定位系统的 GIS 功能观察厂区、车间的分段堆放情况,结合用途找出便于放置和使用的场所;根据运输车的空闲状况及距离安排合适车辆来负责运输。

b.运输车内的移动计算机通过 Wi-Fi 无线网络获得分段运输定位系统中本次运输计划的信息;检查本次分段运输计划的内容;根据计划选择最优的运输路径(最短的合理距离);完成运送任务后将开始/完成时间和分段最后位置等信息录入系统并传送回服务器。

⑤Wi-Fi+条形码+RFID+GIS

船舶制造的主要原材料是钢板、型材等,实时跟踪管理造船原材料对企业的生产管理作用巨大。运用 Wi-Fi、条形码、RFID、GIS 等技术可以对各种原材料进行实时跟踪管理。钢板到货后,按照统一规则进行编码并贴上条形码标签;将钢板运送到仓库堆场并通过 RFID 扫描设备获得钢板信息,连同堆放位置信息通过 Wi-Fi 录入生产管理系统中;按照设计系统指示从仓库堆场或者剩余材堆场调用合适的钢材输送到加工现场,经过条形码扫描确认后进行加工并将完成情况反馈给设计系统;剩余材料返回剩余材堆场并进行扫描录入。所有流程和位置信息都通过 Wi-Fi 网络传送回生产管理系统。

2.3 船舶制造车间现场的无线传感器网络设计与实现

2.3.1 船舶制造车间中对无线传感器网络的典型需求场景分析

船舶制造车间需对人员、物料、设备状态、零件加工跟踪、工位状态等信息进行实时监测定位,以便车间管理者整体把握工人、设备维修、物料跟进、零件加工等情况,及时进行调度,并可利用 RFID 将工人对应加工工序进行跟踪,方便质量审查和责任制实行、提高车间工作效率等。基于此设计了船舶制造车间无线传感器网络系统模型,如图 2-11 所示。

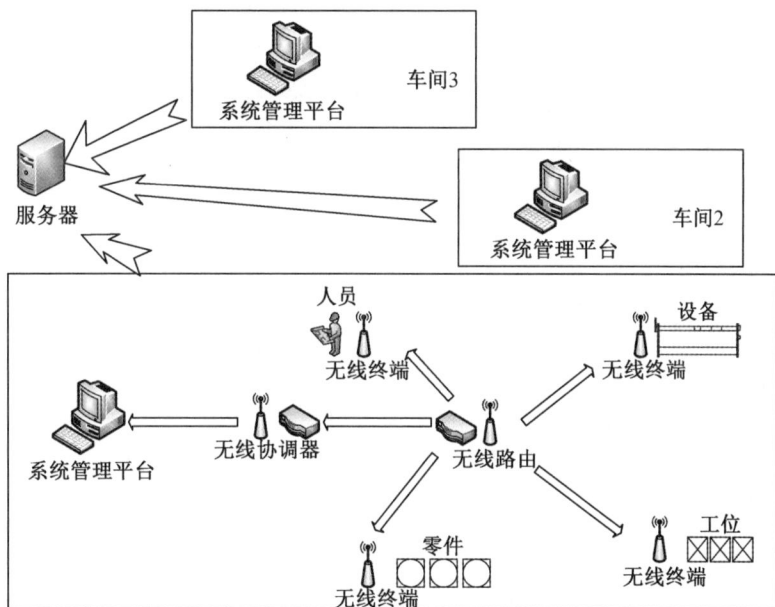

图 2-11　船舶制造车间中无线传感器网络系统模型

2.3.1.1 船舶制造车间的应用需求

船舶分段制造过程如图 2-12 所示,大致为原材料、外购件、燃料等辅助材料从船厂的"门口"或船厂仓库开始,进入生产线的初始端,再随生产加工过程一个个环节进一步流动。在流动的过程中,本身被加工同时产生一些余料、废料,直到生产加工结束,形成最终的船舶产品。

钢材预处理阶段、钢板切割作业阶段、零件加工阶段、部件装配阶段在前文已有叙述,在此不再赘述。

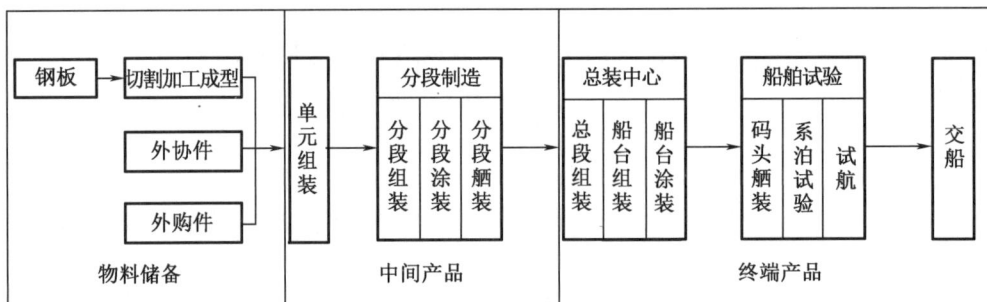

图 2-12 船舶分段制造过程示意图

（1）管子加工阶段

现代造船模式下，一般大型造船企业都会建立专门的管子加工流水线。造船生产设计以后，管子分厂一般按照工艺室分解完毕的管子分箱表，把对应不同生产线的分箱统一分配到各生产线上进行加工。待加工管子以设计托盘形式进入管子分厂后，管子分厂的工艺室按照一定的规则将其分解为生产管子分箱。管子分箱根据管子的直径大小和规格不同，分别被安排在大、中、小 3 条生产线上进行加工。

经过标识之后的原材料将以托盘形式进入管子分厂。运用二维码/RFID 感知技术对托盘进行感知识别，获取相应的托盘信息，包括蓝本、工艺通知单中有关管子托盘表的信息、取消的托盘信息。按照分配的分箱表，把管子托盘送往各生产现场，通过 LoRa/RFID 技术对管子托盘跟踪定位并及时将配送情况等信息发送到云处理器。进入流水线以后，终端控制机通过终端无线传感器网络对切割机下达指令，按照尺寸要求通过切割机完成切割，并运用多种传感器/RFID 技术及 PC/iPad 显示功能对切割机实时监控、跟踪切割进度，并且将监控的信息通过有线方式反馈给云处理器。完工的零件进行托盘还原，通过平板车送往集配中心统一调配或者直接送往装配现场进行安装，平板车上运用 RFID、LoRa 技术实现运输车辆的实时定位，便于掌握运输车辆是否按照计划时间到达指定的位置（集配中心、装配现场等）。

（2）单元舾装阶段

把在同一舾装区域的元件按要求预先组装成一个整体的工艺流程称为单元舾装。由于单元独立于船体结构，故可以将单元舾装安排在车间内进行，作业条件比较好，便于组织和管理。此外，单元舾装不受船体作业的干扰，工期比较容易得到保证。常见的单元包括设备单元、管件单元、阀件单元及配电单元等。

通过制造车间的智能制造网络和无线传感器网络技术，实现设备单元、管件单元、阀件单元、配电单元、作业现场、部件配送物流信息等的合理集成衔接。通过多种传感器等设备汇总部件生产信息，将部件生产信息（每个部件、现场分工、制作完成等信息）及物流数据等信息通过 iPad 实时反馈给中心管理系统。单元舾装所需要的设备、管件、阀件、配单等零部件由集配中心通过托盘集配到舾装现场，并运用二维码、RFID 标签技术对舾装作业区进行管理，按要求对零部件进行组装。通过对托盘、零部件的定位及标签扫描，实时传输位置信息，不断反馈给中心管理系统进行收集，为后续工作提供支持。舾装完毕的单元模块直接运送至分段平台或船台(坞)进行装配,并采用 RFID 和 LoRa 技术实现对运输车辆实时定位。

(3)船体装配阶段

船体装配分为分段装配和船体总装两个阶段。其中分段装配俗称大合龙(或大组立),是继部件小合龙(或小组立)、组件中合龙(或中组立)之后的、船体建造过程中最复杂的工艺阶段。分段的结构特点是确定分段建造方式的重要因素。典型的船体分段包括平面分段、曲面分段、立体分段和上层建筑分段等。船体总装也称总合龙,是船体建筑过程中陆上作业的最后阶段。船体结构零件经过从部件到分段的预装配,形成若干数量的船体分段。经过同步舾装和涂装以后,吊运到具有坚实地基的总装场所,最后组装成完整的船体。船台和船坞是将各个零件、部件、分段或总段组装成整体船体的场所,一般都配备有大型吊车、焊接设备和各种能源供应与辅助设施,并具有将船舶送入水中的下水装置。

终端控制机通过车间无线传感器网络对零部件和板材构件进行配送的申请,随后通过二维码/RFID 感知技术获取相应的零部件和板材构件的信息,发送指令将零部件和板材构件从缓冲区或集配中心运送至装配现场,通过 LoRa/RFID 技术对零部件进行跟踪定位并及时将配送情况等信息发送到云处理器。零部件和板材构件将进入流水线与安装平台,根据设计要求进行装配,装配完毕后的分段直接送往船台(坞)或者暂存于缓冲区,并将相关信息进行反馈。监控终端通过车间智能制造网络收到船体总装请求后,发送缓冲区或集配中心的各分段、舾装托盘、涂装托盘等运送至船台(坞)的指令。各分段、舾装托盘、涂装托盘通过二维码或 RFID 技术进行识别、定位、跟踪,确保正确到达指定船台(坞)完成各分段焊装,同步进行各级舾装件的装配。同时利用 GPS/北斗卫星导航系统等技术实现外场大型起重机位置和姿态的实时监测。船体焊装完毕后,进行船台涂装,最后下水。现场流动作业人员可使用手持式移动终端,通过无线网络获取数据信息或与现场交互。

2.3.1.2 物流配送的应用需求

由于车间生产流水线的生产节拍固定,如果物料配送不准时或种类不准确,将导致缺料停线或库存积压,造成巨大的经济损失,因此实现精益物流管理是生产过程追求的重要目标。

智能船厂生产物流集中配送系统基本分为数据库服务器、应用服务器、客户端三层。客户端主要功能是管理用户接口、处理应用逻辑、产生数据库请求,通过预先组好的网络向服务器发送,并从服务器接收结果。服务器则是通过数据库管理系统来集中管理应用程序的各种数据。这种结构具有强大的数据操纵和事务处理能力,保证了数据的安全性和约束完整性。

服务端分为应用服务器和数据库服务器。应用服务器以 Web 服务的方式提供业务应用服务,而客户端只向应用服务器提出请求,应用服务器在获得用户的请求后处理相应的业务逻辑,并访问数据库服务器对数据进行处理。

(1)数据库服务器

数据库服务器即数据层,在数据层中包含有系统的数据处理逻辑,位于数据库服务器端,接收应用服务器对数据库操作的请求,执行对数据的查询、修改、更新等操作,并把操作结果返回给应用服务器。

（2）应用服务器

应用服务器即业务层，安装物流集中配送管理系统应用服务器和互联网信息服务（IIS）服务器。在业务层中包含物流集中配送管理系统中的业务处理逻辑，并将其部署在 IIS 服务器中，用于接收客户机发出的请求，执行业务逻辑处理，并在访问数据库服务器且获得相应的业务数据后，把处理结果返回给客户端。

（3）客户端

客户端即表示层，安装物流集中配送管理系统客户端。在表示层中包含系统的显示逻辑。它接收用户发出的请求，根据请求去访问指定的一个应用服务器上的业务应用服务，业务应用服务进行相应的逻辑处理并通过结构化查询语言（SQL）等方式访问数据库服务器，获得业务处理所需要的数据。业务数据处理完成后把处理结果返回给客户端，再由客户端将处理结果提交给客户。

2.3.1.3　质量控制的应用需求

复杂装配过程中产品的生产周期长、所经历的环节多、质量数据数量庞大，而基于质检本的人工质检模式存在流程烦琐、数据采集效率低下、错漏频发、数据保存困难等弊端，难以进行质量数据的分析和故障及时追溯。装配过程中的关键质量特性信息是进行质量控制的主体组成部分，是进行生产质量管理的数据基础。对于生产现场的复杂质量信息，需要通过数字化的手段实时地将信息传输到质量信息中心。质量信息中心是制造过程质量信息的数据库，它实现质量特性定义、质量数据管理、质量流程管理和产品质量档案生成等功能。而精确的产品质量档案是实现产品追溯的基础，装配过程物料匹配检查与防错、预警等是实现装配过程质量控制的关键技术。为此，在构立和健全车间物联网的基础之上，对质量过程控制流程进行整体的规划改造，实现质检流程电子化、数据采集自动化，从而提高装配生产线的产品质量，改善因响应速度低下造成的产品质量问题积压。

2.3.1.4　无线传感器网络的适用性分析

船厂是典型的大型离散制造业，场地范围广、本身建筑结构遮挡较多、工况复杂、环境复杂、设备数量多、移动场景多、干扰较多，不可能完全通过铺设光缆等有线网络来收集重要的生产信息。针对船舶制造车间复杂作业现场环境下的信息感知需求，通过分布安装在车间现场的传感器，设计和构建无线传感器网络，使车间现场中的人员、设备、物料、中间产品、环境等多种实体对象间具备相互感知、相互查询、相互监控的能力。目前已经有部分造船企业在局部区域运用了无线传感器网络技术，但仍然有很多重要区域有信息盲点，因此，单一形式的组网无法满足现场信号覆盖需要。信号传输易受干扰，可靠性较差，同时船厂信息安全要求较高。其中船厂组网的需求有如下几点。

（1）大量不同生产设备信息采集及与其他部门的数据流通

船厂的不同生产设备、物料、人员、中间产品、运输车辆，都需要以不同方式接入网络，从而采集其相关数据。

船厂要求能实现管理层网络和控制层网络融合,促进船厂车间整体信息化的集成,决策者、生产管理者、设备维护者都可以经过权限认证以后了解现场生产状态信息并对其进行全程的管理。控制层的各种信息也可以向管理层及时反馈,以支持决策者和管理者产生指导性意见。

（2）更高的抗干扰性和稳定性

船厂生产设备、物料、人员、中间产品、运输车辆等比较多,不同设备间可能会产生一定的干扰,因此,无线传感器网络传输需要具有一定的抗干扰性;船厂所用的生产物料或零部件多会在相对宽广的区域内流动,这对数据传输的稳定性也提出了更高的要求。

（3）集成的数据获取、处理和发布方法

船厂大量不同类型的数据采集点产生的数据类型各不相同,数据到达的时间间隔也不同,因此船厂的数据采集点产生的数据流需要进行处理,才能成为有效的数据流。所有数据采集点的数据发布方式需要尽量简单明了,使用户能够方便快捷地观察、使用和共享这些数据。

（4）灵活的设备管理方法

船厂有大量数据采集点需要随时接入或离开网络,任何节点都可以在系统运行状况下自由接入和离开网络,不影响其他节点和整个系统的正常运行,并且使节点离开网络时,自动释放其原来占用的资源,将之分配给其他节点。

针对船厂不同的网络接入环境,为了实现全船厂无线传感器网络覆盖,尤其是遮蔽环境及难以部署有线网络的区域等,仅靠扩展有限的频带宽度是远远不够的,必须采用立体分层混合组网技术,对船厂现场网络进行多层次化混合自组网部署。

2.3.2　面向船舶车间的无线传感器网络总体框架

2.3.2.1　无线传感器网络模型构建

船舶制造车间的无线传感器网络(WSN)是一种由大量随机分布的、具有实时感知和自组织能力的传感器节点组成的网状网络,综合了传感器技术、嵌入式计算技术、现代网络及无线通信技术、分布式信息处理技术等,具有低耗自组、泛在协同、异构互连的特点。

（1）传统的无线传感器网络特点

①大规模

为了能够较为准确地获取信息,通常人们会在监测区域内部署大量传感器节点。通过分布式地大量数据采集的方式,能够提高监测的准确度,降低对单个节点传感器数据采集的精度要求,同时增强系统的容错性。但是大规模网络所带来的多跳的传播形式会导致网络的监测实时性不佳。

②自组织

无线传感器网络的自组织性特点包含两方面:网络的自组织形成和网络的自修复管理。在传统无线传感器网络应用中,通常情况下传感节点的位置及其相互邻居关系无法预先设定,这样就要求节点具有自组织形成网络的能力。无线传感节点能够通过网络协议和拓扑控制机制自动形成多跳无线网络,进行传感数据的转发。在无线传感器网络运行过程中,部分传感节点由于能量耗尽或环境因素造成失效,网络中剩余的传感节点为了保证监测任务的完成,能够自发地改变相互间的父子、邻居关系,甚至是网络拓扑结构,从而使网络具有了自修复的特性。

③电源有限

无线传感器网络通过节点自组织、自发和协作完成监测任务。无线传感节点通常价格低廉且功能单一,节点的单独计算能力和存储能力一般比较弱,自身携带的电源也很有限,但是无线传感器网络整体具有很强的数据采集和数据存储的能力。在实际应用中,如何尽可能地协调单个节点的处理任务,减少其功耗,从而提高网络效率,是一个重要问题。

(2)无线传感器网络结构和框架

传感器网络实现了数据的采集、处理和传输 3 种功能。典型的无线传感器网络结构如图 2-13 所示。

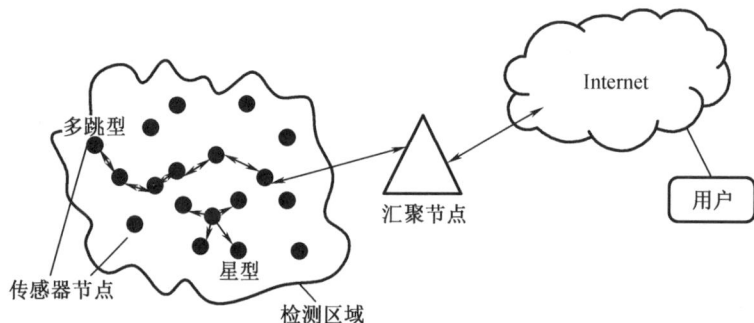

图 2-13　典型的无线传感器网络结构

船舶制造车间无线传感器网络总体技术框架如图 2-14 所示,包括信息采集、数据传输、数据管理、安全、同步等技术。本节所探讨的范围主要涉及数据链路层、网络层和传输层的结构设计、路由传输等关键技术。车间无线传感器网络基本功能即实现生产过程现场数据的自动采集,所以传感器节点的合理部署和稳健的网络结构是必不可少的,因此传感器网络的结构设计是本节的研究基础。现场采集的数据通过无线传感器网络可靠、实时地传输到数据中心,则需要设计符合制造车间环境的路由算法,这也是本节研究的重点。具体的技术路线在后面章节中将详细描述。

①物理层

物理层负责信号的调制和数据的收发,所采用的传输介质主要有无线电、红外线、光波等。WSN 推荐使用 ISM。物理层的设计既有不利因素,如传播损耗因子较大;也有有利的方面,如高密度部署的无线传感器网络具有分集特性(分集是指分散传输和集中接收。所谓分散传输是使接收端能获得多个统计独立的、携带同一信息的衰落信号。集中接收是接收机把接收到的多个统计独立的衰落信号进行合并以降低受衰落的影响),可以用来克服阴影效应和路径损耗。

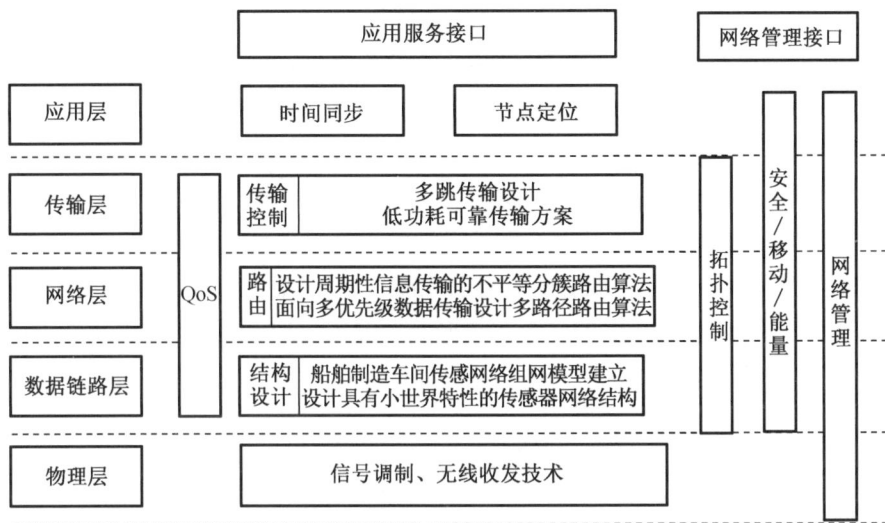

图 2-14　船舶制造车间无线传感器网络总体技术框架

②数据链路层

数据链路层负责数据成帧、帧监测、媒体接入协议和差错控制。其中,媒体接入协议保证可靠的点对点和点对多点通信;差错控制则保证源节点发出的信息可以完整无误地到达目标节点。

③网络层

网络层负责路由的发现和维护,由于大多数节点无法直接与网关通信,因此需要通过中间节点以多跳路由的方式将数据传送至汇聚节点。而这就需要在 WSN 节点与接收器节点之间多跳的无线路由协议。

④传输层

传输层负责数据流的传输控制,主要通过汇聚节点采集传感器网络内的数据,并使用卫星、移动通信网络、Internet 或者其他的链路与外部网络通信,是保证通信服务质量的重要部分。

⑤应用层

应用层由各种面向应用的软件系统构成。主要研究的是各种传感器网络应用的具体系统的开发,例如,作战环境侦察与监控系统、情报获取系统、灾难预防系统等。

(3)无线传感器节点

传感器节点任意地分布在某一监测区域内,节点以自组织的形式构成网络,通过多跳中继的方式将监测数据传送到管理节点。同样,用户可以通过管理节点进行命令的分布,告知传感器节点收集监测信息。而传感网络是将所有的节点信息通过固定的渠道进行收集,然后对这些节点信息进行一定的分析计算,将分析后的结果汇总到一个基站,最后通过卫星通信传输到指定的用户端,从而实现无线传感的要求。

无线传感器网络节点主要由传感器(数据采集)单元、无线通信(数据传输)单元、数据处理单元、能量供应单元组成,如图 2-15 所示。其中传感节点是大量随意分布的,这些节点具有感知能力,通过传感器单元并以无线发送给路由节点或者协调节点;无线通信单元则主要以无线通信和交流信息及发送接收那些采集进来的数据信息为主;数据处理单元通常处理的是全部节点的路由协议、管理任务及定位装置等;能量供应单元为缩减传感器节点占据的面积,会选择微型电池的构成形式。

(4)无线传感器网络拓扑结构

无线传感器网络内的网络拓扑结构通常分为单跳星型、多跳网状和簇树型。单跳星型拓扑具有结构简单的优势,但是通常不具备很好的网络覆盖能力;多跳网状拓扑是一种通过洪泛、广播和多播路由机制实现通信的网络结构,兼具网络覆盖能力和网络健壮等特点;簇树型拓扑的分层结构具有天然的分布式数据处理的优势,其中的簇头在某些应用中一定程度上完成了节点的功能。

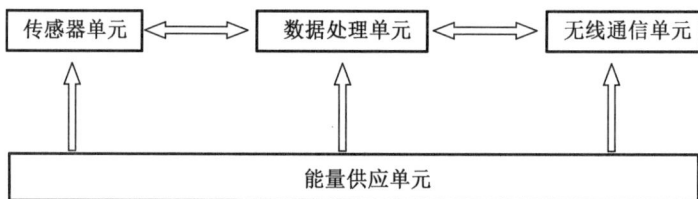

图 2-15 无线传感器网络节点

2.3.2.2 现有无线传感组网技术及特点综述

(1)基于扁平结构组网技术

扁平组网结构中所有节点的角色相同,既采集数据又进行数据转发,传感数据通过多跳方式传递到接收发送器(Sink)节点(汇聚节点)。此结构适合随机部署的网络,通过相互协作完成数据的交流和汇聚。平面结构网络比较简单,无须任何的结构维护过程,节点根据预定的路由协议自组织成无线网络。由于随机分布、高密度等特性,源节点和目的节点之间可能存在多条传输路径,既可以使用多条路径实现负荷分担,也可以为不同的数据传输需求选择适当的路径。

扁平结构网络中所有的传感器节点理论上是对等的,不存在瓶颈和单点故障,所以比较健壮,但是网络规模受限,动态扩展性差,难以维护。在扁平结构中,源节点为了获得目的节点信息通常需要传输大量的查询消息,而且由于网络的动态性,如节点失效、增加等,维护这些动态变化的路由信息需要发送大量的控制消息。网络规模越大路由维护的开销就越大,当网络的规模增加到某个程度时,网络的所有带宽可能被路由协议消耗掉,所以扁平结构可扩充性较差。扁平结构组网传输流程如图 2-16 所示。

(2)基于分簇的层次型组网技术

分簇结构中,网络的节点被划分为若干个称为簇的节点集合,每个簇通常由一个簇头节点和多个成员节点组成,簇头负责管理和控制簇成员节点的工作。簇内节点将信息发给簇头,簇头节点之间构成上一层网络,再将信息发给更高一层的网络节点,如图 2-17 所示。

图 2-16　扁平结构组网传输流程

这种分层组织结构可以支持大规模网络(图 2-18)。簇头节点通常是根据节点的能量有限的特点从传感器节点之间选举出来的。为了有效利用能源和延长网络的生命周期,簇头节点通常依据能量概率分布由簇内节点轮流充当,这样可以使中心节点的高能量消耗平均到簇中各个节点上,同时也避免了固定簇头引起的网络的脆弱性和不稳定性,而且可以通过簇拆分来增加簇的个数,或者通过簇聚合形成更高一级网络来提高整个网络的容量。簇内节点通信有单跳和多跳两种方式。单跳方式中所有簇群成员节点直接与簇头进行通信,但离簇头较远的节点将消耗较多的能量;多跳方式中成员节点与簇头通信时可利用其他节点作为中继节点和簇头通信。节点在传送自身的数据之外,还负责其他节点数据的转发,也需要消耗一部分能量。与扁平结构相比,采用分簇结构的 WSN 具有能量效率高、可扩展性好等优点,但缺点是为了维护层次化结构需要仔细设计簇头选择算法。而且簇间节点为了完成数据通信需要经过簇头转发,因此不一定能使用最佳路由,如图 2-18 中的 A、B节点,物理距离很接近,在平面结构中可以直接通信,但分簇后需要通过两个簇的簇头转交。

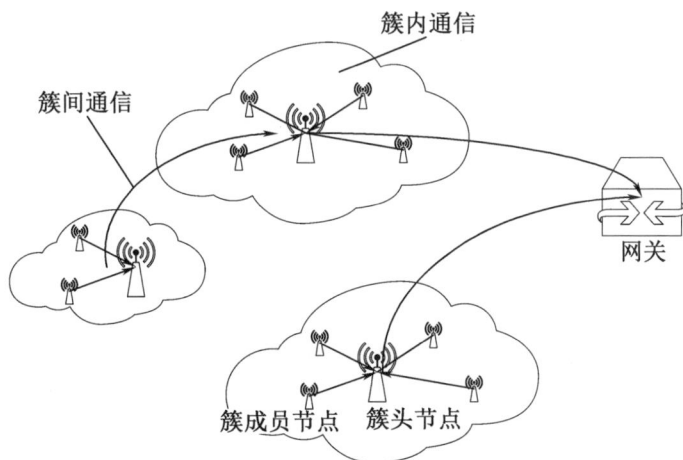

图 2-17　分簇结构组网

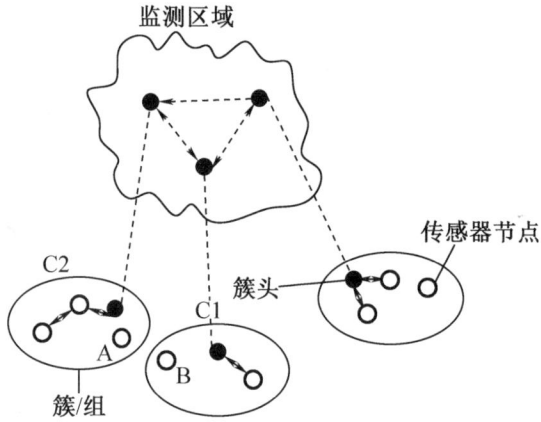

图 2-18　分簇的层次型组网

（3）基于 Mesh 的组网技术

Mesh 模式在传感器节点形成的网络上增加一层固定无线网络,用来收集传感节点数据,实现节点之间的信息通信,以及网内融合处理。如图 2-19 所示,网状拓扑结构是一种多跳的网络系统,网络中所有无线传感器节点都相同,可以直接互相通信,每一次网络都会选择一条或者多条路径进行多跳传输,将所要传输的数据信息传给协调器。Mesh 组网需综合考虑信道干扰、跳数选择、频率选取等因素。Mesh 的每个传感器节点都有多条路径到达协调器节点,因此它的容故障能力较强,而且这种多跳系统以多跳代替了单跳,减小了源设备的发送功率。但由于传感器网络节点数量大、中继节点数目众多,且分布随机分散,因此在 Mesh 中查找多跳路由和进行路由维护修复(自愈)非常困难。

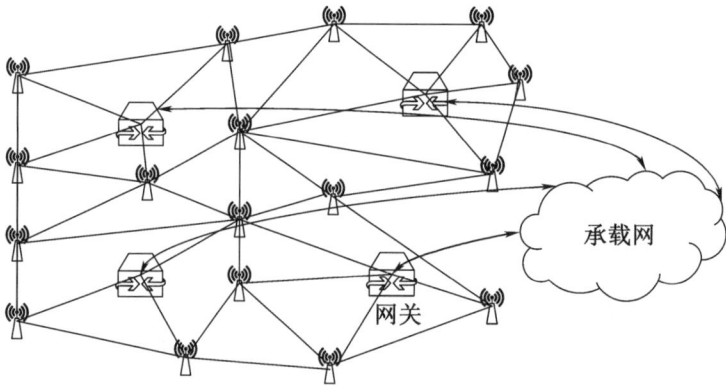

图 2-19　Mesh 组网

①单频 Mesh 组网

单频组网方案主要用于设备及频率资源受限的地区,分为单频单跳及单频多跳。单频组网时,所有的无线接入点 MeshAP 和有线接入点 RootAP(Root 为超级用户权限)的接入与回传均工作于同一频段,可采用 2.4 GHz 上的信道 IEEE 802.11b/g 进行接入与回传。按照产品实现方式及组网时信道干扰环境的不同,各跳之间采用的信道可能是完全独立的无干扰信道,也可能是存在一定干扰的信道(实际环境中多为后者)。此时由于相邻节点之间存在干扰,所有节点不能同时接收或发送,需要在多跳范围内用 CSMA/CA 的 MAC 机制进行协商。随着跳数的增加,每个 MeshAP 分配到的带宽将急剧下降,实际单频组网性能也将受到很大限制。

②双频 Mesh 组网

双频组网中每个节点的接入和回传均使用两个不同的频段,如本地接入服务采用2.4 GHz IEEE 802.1lb/g 信道,骨干 Mesh 回传网络使用 5.8 GHz IEEE 802.11a 信道,互不存在干扰。这样每个 MeshAP 就可以在服务本地接入用户的同时,执行回传转发功能。双频组网相比单频组网,解决了接入和回传的信道干扰问题,大大提高了网络性能。但在实际环境和大规模组网中,回传链路之间由于采用同样的频段,仍无法完全保证信道之间不受干扰,因此随着跳数的增加,每个 MeshAP 分配到的带宽仍存在下降的趋势,离 RootAP 远的 MeshAP 将处于信道接入劣势,故双频组网的跳数也应该谨慎设置。

(4)基于移动汇聚模式的组网技术

移动汇聚模式是指使用移动终端收集目标区域的传感数据,并转发到后端服务器。移动汇聚可以提高网络的容量,但数据的传递延迟与移动汇聚节点的轨迹相关。如何控制移动终端轨迹和速率是该模式研究的重要目标。通过移动汇聚节点,使汇聚节点主动去收集各个传感器节点采集的数据。这样,在网络节点分布不均匀的情况下,可以避免各传感器节点负载不均衡,防止孤立节点无法传送数据。采用移动汇聚的方案见图 2-20,让汇聚节点按照一定的移动模型进行运动(直线运动或 Waypoint 移动模型等),这样可以让孤立节点4、节点5找到汇聚节点,把采集的信息传送给汇聚节点。另外,节点1也无须转发其他节点的数据包,可以实现各个节点的负载均衡,整个 WSN 网络的吞吐量将会得到提高。

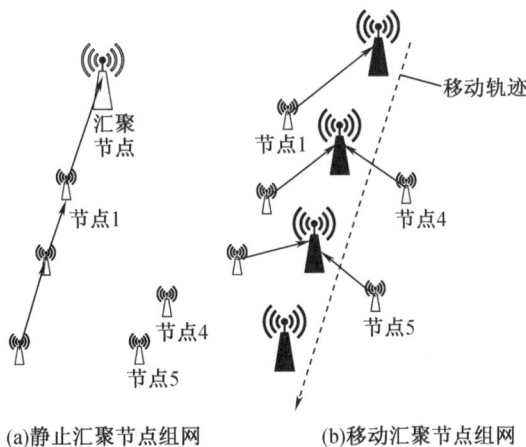

图 2-20 移动汇聚模式组网

(5)基于立体分层异构结构的组网技术

立体分层组网(HetNet)模式克服了单一同构网型面临的困难和挑战,它主要利用网络拓扑结构的异构化,通过在宏蜂窝网络层中布放大量低功率的微蜂窝(micro cell)、微微蜂窝(pico cell)、毫微微蜂窝(femto cell)等非标准六边形蜂窝接入点,形成低功率节点层,大量重用系统已有频谱资源(如 20 MHz 频谱经过 6 次重用后就相当于 120 MHz),增强总的等效功率资源,并可有针对性地按需部署、就近接入,从而大幅度提升网络频谱效率和网络容量(图 2-21)。

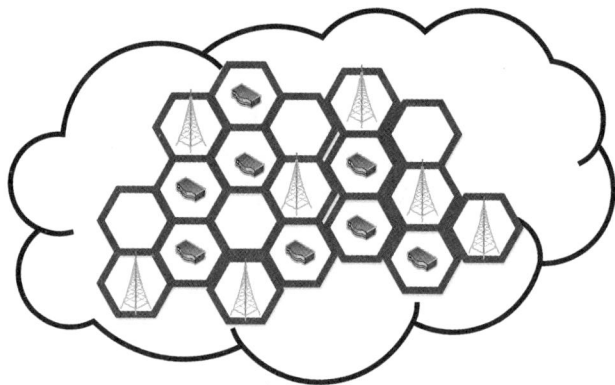

图 2-21 立体分层异构结构组网

HetNet 场景最大的特点就是引入大量的小蜂窝(small cell),用于增强网络覆盖及热点区域的容量。一般来说 HetNet 组网,城域蜂窝(macro cell)覆盖较大区域,解决移动通信连续性覆盖所面临的问题,femto、pico、micro 等 small cell 设备所覆盖区域,吸收热点地区的数据量。有统计表明,未来 80%~90% 的系统流量将发生在室内和热点场景,这就意味着,单位区域内,用户的分布是非均匀的。由于用户分布、系统容量的不均匀性,macro cell 与 small cell 之间的有效协同(即宏微协同)成为 HetNet 网络的一项关键技术。因此有必要对 HetNet 网络下的宏微协同技术进行深入探讨,通过 HetNet 网络下的区域容量统计信息,来调整 macro cell 和 small cell 之间的用户分布及资源配置,从而提升 HetNet 网络的整体性能。

宏微协同技术中的关键点在于区域容量的优化及宏微干扰抑制,在 HetNet 同频组网的场景下,为解决同频组网的容量和干扰问题,引入了几乎空子帧(ABS)和蜂窝范围扩展(CRE)机制。ABS 机制,通过在时域上协调 macro cell 和 small cell 之间的数据发送时机,解决 macro cell 和 small cell 之间的同频干扰问题,提升系统的容量。而 CRE 机制,通过扩大偏置参数的方法,扩大 small cell 的覆盖范围,进一步提升系统的容量。总体上可分成两个方面:区域容量联合检测、区域容量实现机制。区域容量联合检测主要包括区域及区域"温度"的描述,区域容量检测信息的统计、汇聚、上报。区域容量实现机制主要包括 CRE 机制、ABS 机制等。

2.3.2.3 船舶制造车间无线传感器网络组网建议

船舶制造车间无线传感器网络的功能是实现船舶生产过程中制造资源的感知及生产执行状态监控,通过终端传感器采集生产现场的状态数据。在传感网络部署的过程中,如何进行网络架构设计、合理实现网络节点的交互协作行为是至关重要的。由于船舶制造车间应用中的传感器节点种类众多,而且某些节点可能会承担诸如网内数据处理、路由或解析抽象应用服务等额外计算任务,需要更强的计算能力。因此车间中的无线传感器网络是自组织的,并且基于典型的分簇异构拓扑结构(由初始能量不同、采集数据类型不同、处理能力不同、功能不同、通信半径不同的传感器节点组成的网络为异构拓扑结构)。图2-22为面向车间现场的无线传感器网络分层分簇异构组网。

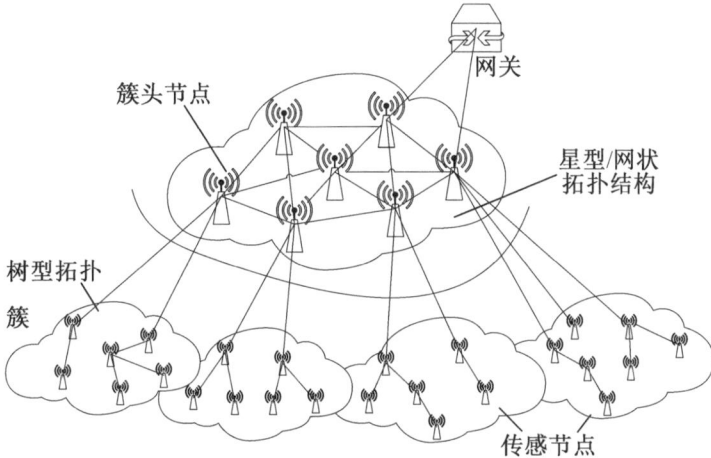

图2-22 面向车间现场的无线传感器网络分层分簇异构组网

针对船舶车间现场中对象间查询交互的应用背景,建议选用双层次结构的簇树型分层分簇异构拓扑结构来实现船舶制造车间无线传感器网络组网。整个传感网络组网结构包含两层:上层主干网络和下层的簇。上层主干网络由网关和簇头节点组成,下层由簇头节点和传感节点各自组成的簇形成,簇头节点作为中间节点存在。采用分层拓扑结构,利用中间节点进行分簇管理,主要基于以下原因。

(1)层次网络结构设计使中间节点能够运行更为抽象的应用,使其作为抽象应用和具体数据采集之间的转换接口,更好地迎合了对象间交互通信的应用需求,在增加网络应用能力的同时简化了网络软件的设计。

(2)利用中间节点收集数据能够对不同对象的传感数据有比较好的隔离。传统WSN主要针对大范围相同类型传感数据采集应用设计,其任意组网的方式导致很难指定网内某几个传感器进行设置和数据采集,因而也无法对对象进行有针对性的数据收集。

(3)增加了两个层次中各自网络设计和维护的灵活性。网络维护人员能够根据具体车间应用的不同,在主干网和底层簇内选用不同的拓扑结构与路由方式。

(4)网络中硬件分类的设计能够降低网络硬件成本。

分簇网络结构可以使网络规模不受限制,可扩充性好,路由和控制开支少,抗毁性强,容易实现移动管理和网络的局部同步,实现整个网络快速部署及拓扑变化后的动态重建。在分簇结构下,一般数据转发路径从簇内节点到簇头再到网关,簇头在向网关转发数据之前,对簇内的原始数据进行聚合处理,能够降低实际需要传输到汇聚节点的数据量。结合采用异构单元。能量受限或者低能耗的单元负责执行简单的任务,比如检测标准物理量;

而资源丰富的高能量设备(如网关)执行更加负责的任务。在层次方法中,分簇常被用来降低传感器节点的能耗。一般对制造车间无线传感器网络来说,需要支持不同需求下异构且独立的应用,因此,有必要开发灵活分层的架构来适应应用的需求,所以采用分簇异构结构来部署和配置节点。

在分层结构的基础上,此组网结构在主干网和底层簇内分别采用星型/网状拓扑和树型拓扑。上层采用星型拓扑是为了尽可能减少监测和服务的响应时间,因为路由一定会增加时间,并且频繁地通信会消耗大量能量。但星型拓扑通常会遇到网络覆盖面积不够的问题。因此对于面积较大、设备等实体对象之间通信距离较远的车间环境(如具有较长流水线的车间),网状拓扑也应作为一种选择被主干网络支持(但一定会带来延时上的代价)。选择树型拓扑作为簇内网络的拓扑,主要是由于树型拓扑路径固定、拓扑结构相对稳定,方便簇头节点协调管理。

2.3.3 基于复杂网络的船舶制造车间无线传感器网络结构优化设计

船舶制造车间中的无线传感器网络集成了监测、控制及无线通信的网络系统,节点种类众多,数目庞大,分布密集,且节点之间彼此交互,环境影响和节点故障都会造成网络拓扑的变化,整个系统呈现多种的复杂网络特征。所以,无线传感器网络以其结构的复杂性和行为上的动态性构造出一个属于复杂网络的范畴,主要具有如下的复杂特征。

(1)网络结构复杂性

随着时间的推移,网络中节点的失效会引起连接的消失,从而导致网络结构不断地发生动态变化,主要表现在以下几个方面。

①人为或自然环境因素或者传感器节点能量的耗尽造成的传感器节点出现故障或者失效。

②由于衰落、噪声、环境干扰等因素,车间恶劣的环境条件会影响无线链路的稳定通信,造成时断时续的状态。

③无线传感器网络中的传感器节点一般是静止的,但在某些情况下也存在少数移动的节点,而节点的移动会带来网络拓扑的实时变化。

④在无线传感器网络运行的过程中经常加入新节点。网络中的节点状态不断变迁,引起网络的拓扑结构不断变化。

(2)网络的复杂演化能力

无线传感器网络是一种自组织开放的系统。在异构传感器网络的组网过程中,普通节点倾向于与网络中连接度更高的超级节点或能量更充足的骨干节点建立连接,这一特性符合无标度网络中的择优连接特性。依据这种"择优依附"的网络生成原则,网络最终演化为具有无标度特性的拓扑结构。

(3)自组织、自适应复杂性

在无线传感器网络的应用中,通常情况下传感器节点被部署在没有设备控制和无人值守的地方。网络工作在没有人为干预的情况下,能够自行进行配置和管理,所有节点通过分布式算法来彼此交互和协作。传感器节点能量有限,要求传感器节点具有自组织、自适

应能力,使得节点的状态随时间发生复杂变化。

以上复杂网络特征为如何构造一个稳定、可靠的传感器网络带来挑战。因此,针对多种制造资源,根据感知或传输功能需求合理配置传感器节点,从而构成基础传感器网络,为数据的自动感知和实时传输提供支撑。

船舶制造车间背景下的复杂网络中的传感器节点种类众多,无线传感器网络节点按功能分类如下。

(1)传感/终端节点

传感器节点指仅具有传感数据采集和感知功能的节点,通常安装在设备、产品上和车间环境中,或者被现场人员携带,也称为终端节点。不同的对象配备了不同种类的传感器,提供包括温度、湿度、光照、烟雾、振动、压力和位置在内的多种感知数据。

(2)路由节点

路由节点作为中间节点,负责转发数据,并具有一定数据处理能力;通过路由节点间的交互协作将终端节点采集的数据发送至网关节点。

(3)协调器节点

协调器节点指网络的组织协调者,是执行网络中所有节点的地址分配、新节点的加入和退出、网络拓扑维护等功能,初始化、中止、发送整个网络中的信息。

(4)网关节点

网关作为整个车间无线传感器网络的中心,用于连接车间内的主干网络(可能是有线网络或 WLAN)和无线传感器网络。所有车间无线传感器网络网内处理后的结果及环境、设备、人员和产品等相关的传感信息都将传送至后台监控服务器显示、处理或保存。

船舶制造车间的无线传感器网络以车间中部署的传感器节点为基本单位,通过节点间的交互协作行为将传感器采集的数据发送至服务器。如何部署传感网络以满足稳定可靠的信息传输,是设计车间无线传感器网络需考虑的首要问题。无线传感器网络的拓扑结构描述了传感器节点之间的无线通信关系,是各种网络通信协议的设计基础,对网络性能如网络生命周期、能量消耗、可靠性、数据延迟等都起着至关重要的作用。因此,基于复杂网络研究实用、有效的无线传感器网络结构设计技术及优化,对于建造稳定、高性能的无线传感器网络系统具有十分重要的意义。

2.3.3.1 无线自组织网络

(1)无线自组织网络的结构

无线自组织网络按照节点的移动性可分为静止和移动两大类型,然而正是由于节点移动性的区别,使得静止无线自组织网络和移动自组织网络有着截然不同的特点。

①静止无线自组织网络

对静止无线自组织网络来说,无线传感器网络是静止无线自组织网络的典型代表之一。无线传感器网络通常在网络内没有任何基础设施,网络中的每个节点既是主机又是路由器,共同实现数据的收集与传递。传感器网络的部署往往通过飞机播撒等方式实现,因此传感器节点的部署位置不能预先精确设定,节点之间的邻居关系也不能预先知道。这就

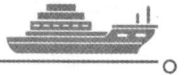

需要传感器节点具有自组织的能力,能够自动进行配置和管理,通过自组织的方式自动形成采集并转发监测数据的多跳无线网络系统。

但静止无线自组织网络并不等同于无线传感器网络,两种网络有相似之处,但又有很大的差别。无线自组织网络的应用目的往往是提供具有一定服务质量的端到端的数据传输,是以地址为中心的网络;而无线传感器网络则是为了完成对监测目标的监测或数据采集任务,是以数据为中心的网络。无线自组织网络的节点通常具有持续的能量供给;而无线传感节点则一般采用电池供电,能量极度受限。无线自组织网络通常包括几十到上百个节点;而无线传感器网络则可能包括成千上万个节点。上述特点决定了两种网络具有不同的设计目标,静止无线自组织网络的首要设计目标是在满足服务质量要求的情况下最大化网络带宽利用效率,而无线传感器网络的首要设计目标是高效利用有限的能源以最大化网络的生命周期。

②移动自组织网络

对移动自组织网络来说,网络节点是移动的,手持设备交互网络(Pocket Switch Network)就是其典型代表。移动自组织网络是一种移动通信和计算机网络相结合的网络,是移动计算机网络的一种,用户终端可以在网内随意移动而保持通信。一方面,网络信息交换采用了计算机网络中的分组交换机制,而不是电路交换机制;另一方面,用户终端是可以移动的便携式终端,如笔记本、iPad 等,用户可以随时处于移动或者静止状态。与无线传感器网络相同,移动自组织网络中的每个用户终端都兼有路由器和主机两种功能。作为主机,终端可以运行各种面向用户的应用程序;作为路由器,终端需要运行相应的路由协议。

移动自组织网络中的节点移动可以带来更大的感知范围、更多的信息交互机会、更灵活的网络服务和应用,但是节点移动性也带来了很多问题,如网络拓扑结构变化快,难以管理;传统网络路由协议难以适应等。当前的 Internet 体系结构和其中许多协议无法很好地适用存在高延迟路径和间断连通的网络。当端节点具有严格的能量和存储空间限制时,问题将更加恶化。由于缺乏"常常连接"的基础结构,网络节点必须具有自组织的能力,能够自动进行配置和管理,通过自组织的方式实现节点之间通信。移动自组织网络能够利用移动终端的路由转发功能,在无基础设施的情况下进行通信,从而弥补了无网络通信基础设施可使用的缺陷。这种分布式控制和无中心的网络结构能够在部分通信网络遭到破坏后维持剩余的通信能力,具有很强的鲁棒性和抗毁性。

作为一种分布式网络,移动自组织网络是一种自治、多跳网络,整个网络没有固定的基础设施,能够在不能利用或者不便利用现有网络基础设施的情况下,提供终端之间的相互通信。由于终端的发射功率和无线覆盖范围有限,因此距离较远的两个终端如果要进行通信就必须借助于其他节点进行分组转发,这样节点之间构成了一种无线多跳网络。网络中的移动终端具有路由和分组转发功能,可以通过无线连接构成任意的网络拓扑。移动自组织网络既可以作为单独的网络独立工作,也可以以末端子网的形式接入现有网络,如 Internet 网络、卫星网络和手机网络等。

(2)无线自组织网络的特点

无线自组织网络技术为计算机支持的协同工作系统提供了一种解决途径,主要特点

如下。

①网络拓扑结构动态变化

无线自组织网络中,移动终端能够以任意速度和任意方式在网中移动,并可以随时关闭电台。受无线发送装置的天线类型多种多样、发送功率的变化、无线信道间的互相干扰、地形和天气等综合因素的影响,移动终端间通过无线信道形成的网络拓扑随时可能发生变化,而且变化的方式和速度都难以预测。在大多数情况下,无线自组织网络可以被视为一种临时性的自治系统。

②自组织无中心

无线自组织网络中没有绝对的控制中心,所有节点的地位平等,网络中的节点通过分布式算法来协调彼此的行为,无须人为干预和任何其他预置的网络设施,可以在任何时刻、任何地方快速展开并自动组网。由于网络的分布式特征、节点的冗余性和不存在单点故障点,使得网络的健壮性和抗毁性很好。由于移动终端的发射功率和覆盖范围有限,当终端要与覆盖范围之外的终端进行通信时,需要利用中间节点进行转发。值得注意的是,与一般网络中的多跳不同,无线自组织网络中的多跳路由是由普通节点共同协作完成的,而不是由专门的路由设备完成的。

③无线传输的局限性

无线传输的局限性主要包括有限带宽和单向信道。无线信道本身的物理特性决定了移动自组织网络的带宽比有线信道要低很多,而竞争共享无线信道产生的碰撞、信号衰减、噪声干扰及信道干扰等因素使得移动终端的实际带宽远远小于理论值。在自组织网络环境中,由于发射功率或地理位置等因素的影响,可能存在单向信道。单向信道为常规路由协议带来3个严重的影响:认知的单向性、路由单向性和汇点不可达。

④节点的多样性和局限性

无线自组织网络中的部分移动终端(如笔记本电脑、PDA等)具有灵巧、轻便、移动性好等优点,但也具有电源有限、内存小、CPU性能低等限制。网络也可能存在传感器节点,其硬件环境比较苛刻,对能量消耗非常敏感。同时,网络中也可能包括车辆等运动速度较快、硬件设备较好、能量充足的节点。在开发网络协议和应用时,需要考虑节点的多样性和局限性。

在无线传感器网络中,传感器节点能量是一种非常宝贵的资源。为了节省节点通信能耗,节点往往不以最大发射功率工作,通常采用多跳的通信模式发送数据。

(3)无线自组织网络中的关键问题

①节点自定位问题

节点自定位是指确定每个节点在网络中的相对位置或绝对地理坐标。只有通过节点自定位,才能确定得到事件发生的位置,这是无线自组织网络最基本的功能之一。此外,根据节点位置,无线自组织网络可以智能地选择一些特定的节点来完成任务,这种工作模式可以大大降低整个系统的能量消耗,提高系统的生存时间。目前,GPS定位是一种普遍使用的定位方法,但由于体积、成本和功耗等方面的原因,为每个节点安装GPS来实现其自定位是不现实的。因此,需要在大部分节点不具备GPS定位功能的前提下设计新型的节点定位机制。一般来说,节点自定位需要借助被定位节点与位置已知的信标节点之间某种形式的通信,并采用相关的算法来计算获取节点的位置信息。

②数据融合问题

在无线自组织网络中,由于节点非常多,信息具有很大的冗余度,节点的冗余性保证了在个别节点失效或个别通信链路失效的情况下,不至于引起网络分立或监测数据不完整。但如果直接把这些原始数据传输给用户节点集中计算,会造成网络通信量巨大,消耗过多的网络能量。因此在自组织无线传感器网络中嵌入"在网计算",实现传感器数据融合,可降低数据冗余,减少网络的通信量,提高带宽效率和能量效率。

③网络安全问题

无线自组织网络处于真实的物理世界,缺乏专门的服务与维护,因此网络的安全受到严峻的挑战,可能会遇到窃听、消息修改、消息注入、路由欺骗、拒绝服务、恶意代码等安全威胁。另外,在无线自组织网络中,安全的概念也发生了变化,通信安全是其中重要的一部分,隐私保护日渐重要,而授权重要性则降低。目前无线自组织网络的安全研究仅处于起步阶段,需依据网络的特点,针对其安全威胁,研究新型的安全协议和安全策略。

④MAC 协议问题

无线自组织网络的 MAC 协议必须达到两个目标:第一个目标,创建网络基础设施,即为数据传输建立通信链路;第二个目标,在节点间公平有效地共享通信资源。传统的无线 MAC 协议或者没有考虑能源有效性,或者需要全局协调,因此,需要根据无线自组织网络的特点设计简单高效的 MAC 层协议。无线自组织网络的 MAC 协议着重考虑节约能量、可扩展性和网络效率(包括公平性、实时性、网络吞吐量和带宽利用率)。其中,节约能量是首要考虑的因素。

⑤路由问题

无线自组织网络的路由要考虑能源有效性需求。以数据为中心,或者利用位置信息进行路由,在路由过程中同时需要考虑数据融合等操作。因此,无线自组织网络的路由协议既要有效维持数据传输通路,又要减少网络中的通信量,讲究能量效率,还要具有一定的鲁棒性。

⑥自组织形式问题

节点被布设在监测区域内后,需要高效的自行邻居发现和路由发现,借此构成网络拓扑。无线自组织网络的自组织可以通过两种方式实现:或者以层次结构的方式进行管理,或者采用对等管理方案。层次结构管理方案涉及簇的自动生成,可以按照固定大小生成簇,或者按照环境和应用的相关属性生成簇。在对等方式管理中,每个节点地位相同,需要研究如何通过局部对等的交互完成全局目标。

⑦其他

除了上述的一些关键性问题外,在无线自组织网络的设计与研究中还需要考虑以下一些问题。其一是低天线情况下的无线电电波传播模型的研究,因为在某些应用中节点都是被放置在某环境中的地面上,通信天线几乎没有高度,而其电波传播特性与有天线高度的电波传播特性不同。其二是节点软硬件技术的研究,主要包括新型传感器材料和微机电系

统(MEMS)技术的研究、恶劣环境下可操作的传感器技术的研究、适应于传感器节点的嵌入式操作系统的研究等。此外还有应用模型的研究,因为不同的应用目的会对无线自组织网络提出不同的要求,并将影响到网络拓扑、路由算法、组网算法等多方面。

2.3.3.2 多跳传输设计

为了提高通信效率,近年来将多跳传输机制应用到无线传感器网络成为新的研究热点,如 TFC、EVC 等机制。多跳传输,即节点不是将数据直接发送给基站,而是通过中间的某些节点进行一次或多次转发,直至发送到基站的方式。这种传输方式有效弥补了一些节点与基站之间存在障碍物阻隔或者超过了自身射频范围的情况。这种方式降低了每个节点的发射功率,使得节点耗能更加均衡,从而达到了节能的效果。由于能耗的大小和距离存在着一定的关系,距离较小时,能耗与距离的平方成正比,而当距离超过一定值时,能耗与距离的四次方成正比。因此将单跳情况下的一段长距离划分成多跳情况下的多段较短的距离,能耗减少,也可以起到很好的节能效果。

多跳传输的重点是如何建立高可靠的多跳传输路径。简单来说,多跳传输机制的主要特点就是最大限度地避免路由器内部的缓冲寄存器(buffer)读写过程,进而缩短数据在路由器内部的传输延迟。

虽然多跳传输带来的性能提升较明显,但这是建立在多跳路径无故障的前提下,一旦发生故障,多跳传输的性能将会大打折扣。路由器作为多跳传输的关键通信部件,其功能完整性是保证网络中数据正常传输的关键。在当前常见的多跳传输机制中,任何节点均可能成为当前多跳传输路径上的终端节点,在该节点处必须保证其输入 buffer 无故障,否则数据将无法缓存,造成丢失。从上述分析可看出,如果多跳路径中出现故障,则会造成资源的浪费和数据的丢失,导致多跳传输所带来的延迟大大降低。

在无线传感器网络中,Sink 节点的工作角色类似于移动无线通信中的基站,其可以广播与收集信息。在多跳网络形成阶段,Sink 广播路由信息包。由于广播半径有限,整个传感器网络可以直接接收到该广播包的节点被设为第一跳节点。这些节点保存路由信息后,进行转发,重新在无线信道中广播路由信息。同样的,下一级节点继续保存路由信息并转发。已经成为多跳网络中节点的传感器不参与路由信息覆盖与转发。由此,整个多跳传输网络通过这种逐跳形成的方法建立完毕。

设定该网络的最大跳数为 M_n,该值可以根据下一节的低功耗可靠传输方案进行确定与优化,以降低整个网络的传输功耗。在 M_n 跳以外,每两个传感器节点根据协作距离最短的原则形成协作簇。考虑同一个虚拟协作簇内的两个节点相距很近,则默认两个点的通信距离相等。每一跳的距离为 r。如图 2-23 所示,图中的两个虚拟 MIMO 簇节点位于距离 Sink 的第 k 跳处,两点的协作通信距离为 d,则协作簇与 Sink 的距离为 kr。仍有少量节点周围没有合适的节点组成协作簇,且不包含在多跳网络中,那么该节点与 Sink 通过单输入单输出系统(SISO)方式进行通信。在每一个传感器节点都明确了自己的传输方式以后,Sink 为整个网络确定时分复用机制(为每个无线传感器网络节点分配独立的用于数据收发的时隙,而节点在其他空闲时隙内转入睡眠节能状态),引入睡眠机制,即节点在不属于自己发出数据或接收数据的时隙内,自动关闭收发模块,节约能量。

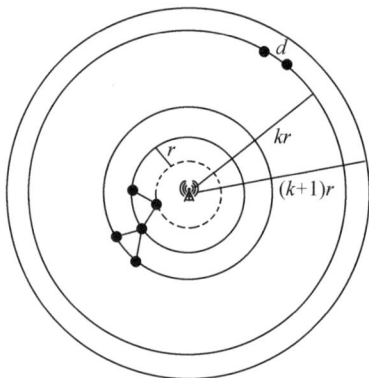

图 2-23　多跳传输网络模型

2.3.3.3　低功耗可靠传输方案

传统无线传感器网络的低功耗研究主要有两点:由感知与放大引起的电子电路的能量消耗和路由协议转发的消耗。

从单个传感器角度而言,电子硬件的每一个单元都要消耗能量,其中无线射频单元消耗的能量最大。在设计低功耗协议时,需要考虑如何尽量减少无线收发信机的工作时间。有三个研究方向:减少空闲侦听时间;减少收发信息的数据量;引入唤醒机制,延长节点休眠时间。

从网络协议角度讲,功耗优化遍及系统的各个层次。其中路由层协议是降低整个网络功耗的关键。由于传感器节点在实际应用场景中受到能量限制,特别是在发送与处理数据过程中,能量的消耗要远大于感知数据的消耗。因此,低功耗的路由协议可以有效地降低节点功耗,延长网络寿命。尽管有很多成熟的路由协议,但是在无线传感器网络中这些协议并不适用。路由协议考虑的重点是节点在移动过程中的连接性,而不是降低网络功耗。在设计无线传感器网络协议时,多路径传播比单路径传播更有效。多路径传播可以在源节点和目的节点之间建立多跳可达链路,这样可以起到节点负载平衡的作用;同时数据在多条路径上传递,可以显著提高系统的可靠性和可传递性。

能耗问题是传感器网络发展的一个重要制约,过早地消耗节点能量会导致节点关闭,减少整个网络的生存周期。当某一监测区域内由于流量过大、消耗能量过多会导致大面积节点关闭,传感器网络覆盖区域受到影响,进而影响数据的准确性及全面性。在设计传感器网络时,应该从协议栈各层出发,尽量减少各层设计带来的传感器节点能量消耗。其中传感器网络协议栈体系结构中,能量管理平台控制着节点如何消耗能量,在设计中要始终考虑耗能问题。

(1)MIHOP 系统模型与方案设计

本章提出了一种低功耗可靠传输方案——MIHOP 的传输模型,利用多跳传输策略和虚拟 MIMO(虚拟 MIMO 是基于协作通信技术,基站装有多根天线,而多个相邻的单天线节点通过共享天线的方式形成一个虚拟天线阵列)传输方式的优点,在一定距离以内采用多跳传输策略,范围内的节点消耗少量的转发能量和通信能量即可将数据传输,而在该距离以外的节点采用虚拟 MIMO 传输方式,既节约了传输能耗,也省去了转发能耗。下面详细阐述 MIHOP 传输方案。

在无线传感器网络场景下,部署 N 个传感器节点。Sink 配备有 2 根天线,每一个传感器节点有 1 根天线用来发送数据。每个数据包长为 L bit。收集数据前,先设定移动 Sink 的行进路径,假设采用十字路线。在第一轮 Sink 移动时,目的是建立多跳网络与协作簇网络结构。Sink 以 5 m/s 的速度运行,每运行 15 s 在预先设定好的位置停止,并广播灯塔(beacon)数据包。利用路由算法建立 Sink 到网络中每一个节点的多跳路由。每一个传感器节点内保存一个 N_p 值,表示移动 Sink 到该节点的最小跳数。令节点中 N_p 值初始化为无穷大,移动 Sink 上的 N_p 值为零。

第一轮构建网络时期内,移动 Sink 在既定位置停止后广播 beacon 包,该数据包内包含 M_n 值与 K 值,K 初始化为零。每一个传感器节点接收到 beacon 包后,将 K 值加 1,并刷新节点内部的 N_p 值为 $N_p = \min\{N_p, K\}$。然后将修改完 K 值的 beacon 包转发出去。上述过程随着 beacon 包的转发而在整个网络内部进行。Sink 移动到下一个位置停止时,继续广播新的 beacon 包,建立多跳路由网络。在第一轮构建网络结束以后,凡是网络中传感器节点的 N_p 值大于 M_n 值的点,自动形成协作簇,并调用虚拟 MIMO 传输机制,将监测数据发送到移动 Sink。其余 N_p 值小于等于 M_n 值的传感器节点采用已经建立好的多跳网络传输数据。

(2)MIHOP 传输功耗模型方案

①MIHOP 内部多跳网络跳数算法

由于 MIHOP 传输方案是多跳传输策略与虚拟 MIMO 传输方式的结合,所以存在一种两个传输方式的最佳匹配策略。经过分析,在多跳传输策略的网络中,节点既需要发送自身监测的数据,也需要转发其他节点传来的数据。这样一来,当多跳网络足够大,转发跳数足够多的时候,转发能耗将占据整个能耗的大部分。而虚拟 MIMO 协作传输方式中,簇内节点除了使用空时分组码方式将数据发送到移动 Sink 以外,还需要在簇内进行协作通信,完成空时分组码的运行机制。在一个特定距离以外采用虚拟 MIMO 传输策略将比点对点直接发送或多跳传输策略功耗要低。而且随着距离的变远,虚拟 MIMO 的优势更能显现出来。综上所述,我们需要找到一个特定的距离,在这个距离以内采用多跳传输策略,距离以外采用虚拟 MIMO 传输方式,这样可以使整个网络的功耗最低。接下来设计算法,确定多跳网络最大跳数 M_h,即 MIHOP 中的特定距离。

```
1.Initialize M_h=1;r is a fixed value.
2.while TRUE
3.if E_MU(Mh,r)<E_MIMO(Mh*r)
4.Mh++;
5.else
6.break;
```

7.end while

算法第三行,比较单个节点处于多跳网络和使用虚拟 MIMO 传输机制所获得的能耗。随着比较的进行,M_h 值一直累加,直到满足算法中的条件跳出循环,得到最优的 M_h 值。最终的 M_h 值表示在传输方案中多跳网络部分最优跳数。

②传输方案功耗模型

令传输方案中的全部功耗为 E,其包括三个部分:多跳网络功耗、虚拟 MIMO 协作传输方案能耗及 SISO 传输能耗。设 N_1、N_2、N_3 分别为 MIHOP 传输方案中的多跳网络部分、MIMO 虚拟协作传输部分及 SISO 传输部分的节点数目。N 表示整个传输方案中的节点数目。则 $N=N_1+N_2+N_3$。如果使 N_i 表示不同传输方式的第 i 个节点,并且其能耗为 E_i。由此可以计算传输方案中整个网络的功耗,即 3 种传输方案中所有传感器节点的功耗。从理论上,已经推出了 MIHOP 的低功耗特性。

2.3.3.4 网络结构优化与设计

(1)复杂网络基本概念

一个具体的复杂网络可以利用一个拥有大量点集 A 与边集 E 的图进行抽象的表示,也就是 $G=(A,E)$。其中 E 中的每一个元素都有 A 中的一对节点与之对应,节点数记为 $N=|A|$,边数记为 $S=|E|$,如果一对点 (a,b) 和 (b,a) 对应的是同一条边,那么我们就称其为无向网络,否则成为有向网络;若是我们给每一条边都配上一个相对应的数值,那么我们就称其为加权网络,否则就称为无权网络。图 2-24 为复杂网络模型图。

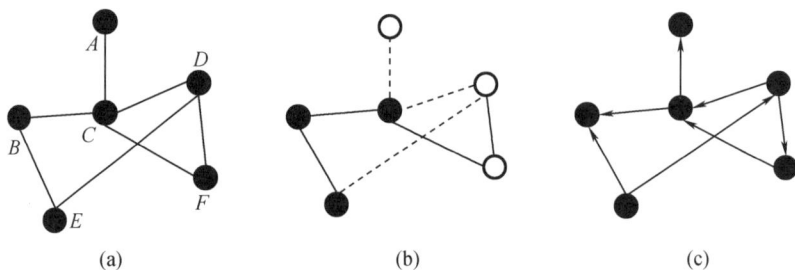

图 2-24 复杂网络模型图

①平均路径长度

网络中,网络直径是指连接任意两个节点的边的最大值;平均路径长度则定义为网络所有节点中,任何一对节点距离之和的平均值,记为

$$L = \frac{2}{n(n+1)} \sum_{i \geqslant j} d_{ij}$$

式中 n——整个网络中节点的数目;

d_{ij}——连接任意两个节点之间通过最短路径上的数。

平均路径长度也称为特征路径长度。平均路径长度描述了网络中节点之间的距离,也叫作网络的大小。近些年的研究发现,现实中所存在着许许多多的复杂网络,虽然这些网络含有数量非常巨大的网络节点数目,但是它们平均路径长度却很小,我们称其具有小世界效应。

②度与度分布

节点 a 的度 k_a 定义为与节点 a 相连接的所有节点的数目,在有向网络中,我们又将节点的度细分为入度和出度两种;在一个网络中,一个节点的度的值越大,则表明这个节点相对其他节点而言更重要。网络中,节点的平均度是指网络中所有节点度之和的平均值,我们把它记作 $<k>$,则

$$<k> = \frac{\sum_{a=1}^{n} k_a}{n}$$

网络中的度分布表示网络中节点的度数是 k 的节点占网络中所有节点数的百分比,我们用分布函数 $P(k)$ 表示。

③介数

介数通常分为节点介数和边介数两种。节点介数表示网络中所有经过该节点的最短路径的数目占网络中所有最短路径总数的比值;边介数定义为网络中所有经过该边的最短路径的数目占网络中所有最短路径的比值。介数反映了这个节点或是这条边在整个网路中的作用和重要程度。

④聚类系数

在现实生活中,和我们认识的两个人相互之间可能是朋友,这种特性称之为聚类特性,它可以反映一个区域内协作性。若是网络中的任意一个节点 a,有 k_a 个节点通过边和其相连,则称这 k_a 个节点是这个节点 a 的邻居节点。并且,在这 k_a 个节点之间最多存在 $k_a(k_a-1)/2$ 条边使它们相互相连,并且它和这 k_a 个节点之间实际边数的比值的倒数就称为节点 a 的聚类系数 C,用公式表示如下:

$$C_a = \frac{E_a}{\frac{1}{2}k_a(k_a-1)}$$

从几何的意义上而言,上式可以定义为

$$C_a = \frac{\text{与节点 } a \text{ 相连接的三角形的数量}}{\text{与节点 } a \text{ 相连接的三元组的数量}}$$

其中,整个网络的聚类系数 C 就是网络中所有节点的聚类系数和的平均值,即

$$C = \frac{1}{n}\sum_{a=1}^{n} C_a$$

网络聚类系数的值是处于 0 和 1 之间。当且仅当 $C=0$ 的时候,网络中任意一个节点都是孤立存在的,即每一个节点和其他任何节点没有任何联系;当 $C=1$ 时,则这个网络是完全耦合的。由此可知,一个网络的聚类系数越高,说明这个网络的内部协作性越好。经过不断地研究发现,小世界网络具有较大的聚类系数。

（2）复杂网络模型

如果需要对实际的网络进行改善,就必须对网络的网络结构和网络的行为之间的关系有很好的了解。在此基础上,研究学者提出了各种类型的网络拓扑结构模型,包括规则网络、小世界网络等。下面将对它们进行简要阐述。

①规则网络

任何一个规则网络中,每一个节点的度都是相同的,并且规则网络的平均路径长度也较长。比较常见的规则网络有全局耦合网络、星型耦合网络、最近邻耦合网络等,如图 2-25所示。

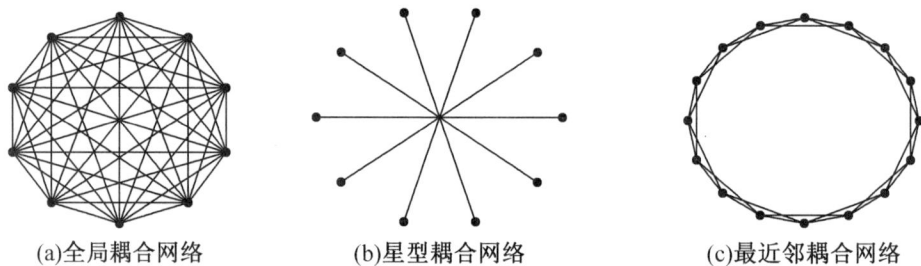

(a)全局耦合网络　　　　　(b)星型耦合网络　　　　　(c)最近邻耦合网络

图 2-25　常见的规则网络

②小世界网络

小世界网络具有低平均路径长度的特征,称之为 WS 小世界模型,通常将其作为从完全规则网络向随机网络过渡的模型。它的构造算法如下。

a. 首先从一个规则的网络开始。这个网络中的 n 个节点排成环形,每个节点都与离它最近的 $2k$ 相连($k \ll n$)。

b. 选择网络中的一个节点,从它开始(标记为1)将所有节点顺时针编号,再将每个节点的连接也按照顺时针排序。然后,1 号节点的第一条连接会有 $0<p<1$ 的概率被重连。重连方式:保持 1 号节点这一端不变,将连接的另一端随机换成网络里的另一个节点,但不能使得两个节点之间有多余的连接。

c. 重连之后,对 2 号、3 号节点也进行同样的工作,直到绕完一圈为止。

d. 再次从 1 号节点的第二条连接开始,重复第 2 个和第 3 个步骤,直到最后一个节点结束。

e. 再次从 1 号节点开始,重复第 4 个步骤,直到所有连接都被执行过第 2 个步骤。

经过上面步骤可以形成 WS 小世界模型,如图 2-26 所示。

但是,因为上述算法在构造小世界模型的过程中可能会破坏原网络的连通性,所以随后又提出了 NW 小世界模型。在 WS 小世界网络模型基础上进行改进,用随机化加边代替随机化重连,取代 WS 小世界模型,从而有效避免了孤立节点产生的可能。在 NW 小世界模型中,当 $p=0$ 时,对应的是最近邻耦合网络;当 $p=1$ 时,则对应的是全局耦合网络。图 2-27为 NW 小世界模型。

(a)规则网络　　(b)WS小世界网络　　(c)随机网络
　$P=0$　　　　　$0<P<1$　　　　　$P=1$

图 2-26　WS 小世界模型

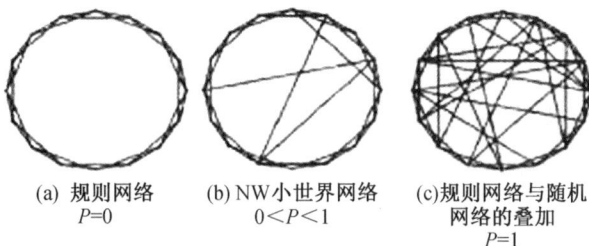

(a) 规则网络　　(b) NW 小世界网络　　(c)规则网络与随机
　$P=0$　　　　　$0<P<1$　　　　　　网络的叠加
　　　　　　　　　　　　　　　　　　　$P=1$

图 2-27　NW 小世界模型

由于小世界网络任意两个节点大多会以至少一条短路径连接,这是要求有小的最短路径长度平均值的结果。此外,小世界网络常具有一些其他性质,最典型的是,这类网络常常会出现"枢纽"(与很多节点都相连的节点)。

(3)基于小世界特性的无线传感器网络结构优化

复杂网络理论的大规模性、相似性和自组织特性可以应用到具有相似特征的无线传感器网络中,可以优化 WSN 拓扑结构。例如,通过构造小世界网络结构,使网络具有较小平均路径长度和较大聚类系数,平均路径长度小使得源节点的数据只需经过较少中继节点就能传输到汇聚节点,降低了节点的能量消耗和通信开销,延长网络工作时间;较大的聚类系数使得网络中局部信息能迅速传播,同时网络中相邻节点采集的数据存在一定的冗余,加强网络的容错性。

构建合理的具有小世界网络性质的无线传感器网络是降低整个网络的通信能量开销的有效方法,对于减少各个节点的能量消耗、提高数据传输效率、提高对随机故障的鲁棒性及最终延长网络运行时间都具有非常重要的意义。

①基于小世界无线传感器网络的组成

基于小世界的无线传感器网络是一个异构传感器网络,由超级节点、普通节点、短链接和长链接组成。超级节点链接成超级节点环,每个超级节点和普通节点形成一个簇。

基于小世界的无线传感器网络拓扑机构的相关定义如下。

【定义 1】簇中超级节点以外的节点是普通节点;普通节点亦可以与任一节点建立链接;普通节点保持与超级节点的链接。

【定义 2】每一个簇仅有一个超级节点,使用固定能源提供能量,具有存储和数据处理能力。超级节点可以与簇内任一普通节点建立链接;超级节点以概率 p 随机链接到其他簇的超级节点。采用恒定能源且位置相对固定。每个超级节点和普通节点形成一个簇。

【定义 3】超级节点环是由相邻超级节点按照一定顺序链接成的环,引入超级节点环的目的是,它是建立超级节点间长链接的基础,便于路由算法进行统一标识。

【定义4】同一簇内节点之间的链接称为短链接。

【定义5】超级节点之间随机以概率 p 的链接称为长链接。

【定义6】节点之间综合权值参数:

$$w_{ij} = d(i,j)^a \Big/ \left(\frac{e_i e_j}{\sqrt{e_i^2 + e_j^2}} \right)^b$$

式中　$d(i,j)$——节点间的距离;

　　　e_i 和 e_j——节点的剩余能量;

　　　a 和 b——预设指数。

由上式可知,w_{ij} 反映了节点间的链接和能耗大小的健壮情况。两节点剩余能量较高或者节点能量平衡时,链接的健壮程度较好。

超级节点在每个簇中相当于簇头节点,它存储、处理和转发大量的数据,并且具有数据融合的功能。由超级节点组成的长链接使用次数较多,因此,超级节点一般使用稳定的电源,位置相对固定。每个超级节点标记相应的序号,如作 X 标记,它们链接成超级节点环,如图2-28所示。根据参数 N、k、p 确定平均长链接的数量 M。在超级节点环中,随机选取 M 个超级节点,以概率 p 链接到其他超级节点,每条长链接标记为<X,Y>。

上述拓扑控制结构的应用环境如下。

a. 在网络中,超级节点位置固定且均匀地分布在区域中,普通节点被随机分布在监测区域中。

b. 普通节点具有相同的数据处理和通信能力,主要负责数据的检测;超级节点具有较强的数据处理和数据融合及数据通信的能力,主要负责数据融合和转发,在网络中处于关键节点地位。

c. 普通节点的通信能力是有限的。

d. 普通节点不可充电,当初始能量耗尽后,节点即死亡;超级节点提供恒定的能量。

e. 每个节点都能够通过 GPRS 或者定位算法获知其位置。

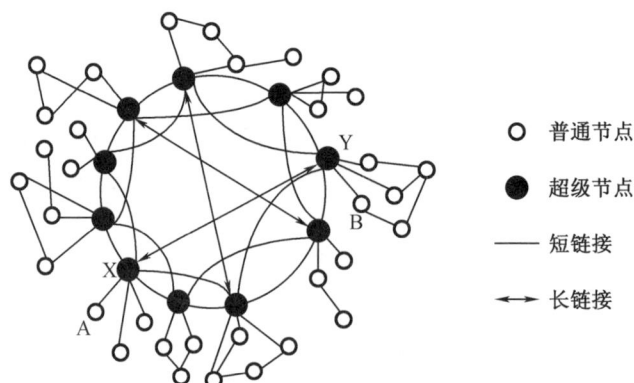

图2-28　基于小世界的无线传感器网络拓扑图

②基于小世界无线传感器网络结构的构建与维护

基于小世界的无线传感器网络拓扑结构首先使用 NW 小世界网络模型构建由超级节点组成的超级节点环,形成具有小世界特性的无线传感器网络。超级节点的数量根据监测区域的大小来确定,保证最大限度地利用小世界特性以达到最优效果。超级节点的数量较普通节点少,相当于簇头节点。超级节点环是基于小世界传感器网络拓扑结构的核心,其主要任务是在数据传输的过程中,利用网络具有小世界的较短平均路径和较大聚集系数的特性,选择最短路径传输数据,达到优化传输路径,提高传输效率的目的,进而延长网络的寿命。形成超级节点环的方法分为以下几步。

步骤 1:随机选择若干个路由节点替换成超级节点。根据监测区域的大小和精度的实际需要,确定超级节点的个数 N。标记每一个超级节点为 X(X 为自然数)。这里之所以替换而不是增加新的超级节点,是因为超级节点和路由节点所承担的任务是相同的,加入新节点会增加网络的冗余性。

步骤 2:连接成超级节点环。将超级节点按照序号链接成一个环,然后每个超级节点 X 与左右相邻的节点 $k/2$(在无线传感器网络中取 $4<k<6$)个节点相连,即与节点 $X+k/2-n\cdots X+k/2-1,X+k/2,X-(k/2-n)\cdots X-(k/2-1),X-k/2(1<=n<=k/2)$ 进行链接。

步骤 3:确定长链接条数,添加长链接。根据超级节点个数 N、节点度数 k、无线传感器网络需求的聚集系数 C 公式或平均路径长度 L 公式,计算长链接概率 p。则长链接条数 $M_n=CN2P$,在超级节点环中随机选取 M 对超级节点,添加长链接。

若超级节点离 Sink 节点距离小于其通信范围,则与 Sink 节点直接连接。未与 Sink 节点相连的超级节点,在搜索区域内寻找处于通信范围内的邻居超级节点,若存在两个以上邻居,则选择离 Sink 更近的邻居节点进行连接。对每个超级节点重复上述操作,直至所有超级节点连接起来,形成与 Sink 节点的可连通树型结构。

普通节点加入网络,构建网络的普通节点层,它由普通的传感器监测节点组成,分布在区域内的普通节点选择较近的超级节点加入簇,由本簇的超级节点统一管理。普通节点的功能是负责区域内的数据监测,与其他拓扑结构中的传感器节点不同,基于小世界的无线传感器网络拓扑结构中的普通节点只与本簇内普通节点和超级节点之间进行通信,而不与簇外节点通信。普通节点加入簇的具体过程分为以下几步。

步骤 1:计算与邻近超级节点 $X,Y,Z,\cdots$ 之间的距离 $d_x,d_y,d_z,\cdots$,比较 d_x,d_y,d_z 的大小,选择距离最短的 d_x,决定加入哪个簇 X,并通知超级节点。

步骤 2:当超级节点接收到一定时间的加入信息后,就产生一个 TDMA 定时信息,并通知该簇所有节点,同时将超级节点序号 X 的发送给簇内每个普通节点。

步骤 3:普通节点将本簇超级节点序号为 X 的保存在自己的缓存中。

步骤 4:普通节点与簇内其他普通节点建立链接。

超级节点环虽然位置和能量都相对稳定,但是由于超级节点是整个网络数据传输的关键节点,超级节点环是实现网络具有小世界特性的核心,所以超级节点环的稳定性至关重要。当超级节点即将失效时,为保证超级节点环的连通性,将其长链接信息和所属普通节点信息传递给其临近超级节点,重新建立长链接,形成具有小世界特性的自组织无线传感器网络。超级节点和超级节点环的维护,步骤如下。

步骤 1:超级节点能量 E 低于设定能量值 E_0 时,判定超级节点即为失效。

步骤 2:比较失效超级节点的前序节点 $X-1$ 所在簇的普通节点个数 $SX-1$ 和后继节点 $X+1$ 所在簇的普通节点个数 $SX+1$ 的大小,如果 $SX-1>SX+1$,该失效超级节点将其在超级节点环中的前序超级节点 $X-1$ 信息和 X 的长链接信息发送给其后继超级节点 $X+1$,后继超级节点 $X+1$ 收到消息后,发送携带本簇序号 $X+1$ 的消息给失效超级节点的前序超级节点 $X-1$ 和 X 的长链接超级节点。环中这些超级节点收到此信息后进行回复,与其后继超级节点 $X+1$ 建立新的链接。

否则,将其在超级节点环中的后继超级节点 $X+1$ 的信息和 X 的长链接信息发送给其前序超级节点 $X-1$,前序超级节点 $X-1$ 收到消息后,发送携带本簇序号 $X-1$ 的消息给失效超级节点的后继超级节点 $X+1$ 和 X 的长链接超级节点。当环中这些节点收到此信息后进行回复,与其前序超级节点 $X-1$ 建立新的链接。

步骤 3:接收失效超级节点信息的前序超级节点 $X-1$ 或后继超级节点 $X+1$ 向超级节点环中的每个超级节点发送广播消息,通知簇序号为 X 超级节点失效,将 X 簇中所有普通节点归属它所有。

步骤 4:发送广播消息通知所接收的普通节点其簇序号为 $X+1$ 或 $X-1$。

步骤 5:调整长链接,使得无线传感器网络具备小世界特性。重新计算达到小世界效应的长链接条数,比较 M_n 和 M_n-1 的大小,如果相等,不调整长链接。如果不等,在超级节点环中随机选取 $M_n-(M_n-1)$ 对超级节点,添加长链接,使得无线传感器网络呈现自组织小世界效应。

普通节点的稳定性主要是通过向其本簇内的邻居普通节点定时发送验证消息来确保其连通性,并通过节点之间的综合权值参数来控制局部能量的均衡,延长网络的寿命。普通节点的维护分为如下几步。

步骤 1:普通节点定时向其邻居节点发送验证消息,等待其邻居节点确认它的存在。

步骤 2:若其邻居节点没有回复该消息,则关闭此链接并通知本簇超级节点更新记录。

步骤 3:计算普通节点 i 与其邻居节点之间的 w_{ij},将 w_{ij} 排序,保留 w_{ij} 最大的链接,将其他与 i 节点相连的节点链接到保留的链接中的 j 节点,使得网络局部能量平衡延长网络寿命。

③基于小世界无线传感器网络结构的优化

一般情况下假设网络的节点是均匀分布的。而在很多实际情况下,由于障碍、噪声等其他环境因素,使得 WSN 的节点无法均匀分布,如果组织不当,可能导致大量冲突和网络拥塞,从而增加延迟、降低能量效率、造成数据过度采集。针对此类情况,利用小世界网络具有大的聚类系数这一现象,通过对聚类系数的分析,有选择性地删除多余链路,使网络平均聚类系数大幅度增加,网络分簇结构明显,在此基础上再通过增加逻辑链路构造改进小世界无线传感器网络。

小世界无线传感器网络优化构造方法如下。

a. 当无线传感器网络中,两个传感器节点之间只通过一条边才能相互联系,则这条边不能删除,如图 2-29 中连接 n_1 和 n_3 这两个节点的边,否则就不能保证网络的连通性,甚至会在网络中产生一个孤立的节点(如 n_1)。

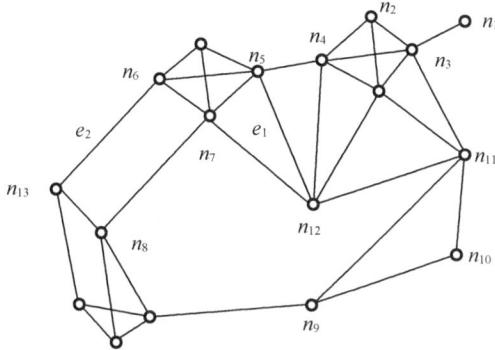

图 2-29　原始网络拓扑结构

b. 如果需要判断的这条边是在 3 个节点所围成的三角形中,那么就要通过比较这个三角形删除这条边前后的聚类系数的大小来判定是否需要删除这条边。选取图 2-29 中 n_4、n_5、n_{12} 这 3 个节点和边 e_1 作为参考。根据聚类系数的定义,若是在删除边 e_1 前,与 n_4、n_5、n_{12} 这 3 个节点相连的节点的数量分别为 k_4、k_5、k_{12},它们之间实际存在的边数分别为 E_4、E_5、E_{12},而它们之间最多可能存在的边数分别为 $k_4(k_4-1)/2$、$k_5(k_5-1)/2$、$k_{12}(k_{12}-1)/2$。那么这 3 个节点的聚类系数就分别为 $C_4=2E_4/k_4(k_4-1)$、$C_5=2E_5/k_5(k_5-1)$、$C_{12}=2E_{12}/k_{12}(k_{12}-1)$,那么这个三角形的原有的平均聚类系数为 $C=(C_4+C_5+C_{12})/3$。删除边 e_1 之后,n_5、n_{12} 的邻居节点数分别变为 k_5-1、$k_{12}-1$,那么 n_4,n_5,n_{12} 这 3 个点的聚类系数分别变为 $C'_4=2(E_4-1)/(k_4-1)(k_4-2)$、$C'_5=2(E_5-1)/(k_5-1)(k_5-2)$,$C'_{12}=2(E_{12}-1)/(k_{12}-1)(k_{12}-2)$。则除边 e_1 后,三角形的平均聚类系数为 $C'=(C'_4+C'_5+C'_{12})/3$。若是 $C'<C$,则边 e_1 不删除。否则,就通过复杂网络理论中的介数概念来判定是否删除边。若是边 e_1 的边介数很大,说明通过这条边的最短路径的数目较多,删除边可能会导致平均路径长度变大;若是边 e_1 的边介数较小,则可以删除该边。此时,引入阈值 q,当边 e_1 的边介数的值 $a<q$ 时,则删除边 e_1。

c. 如果需要判断的这条边是在一个多边形中,如图 2-29 中的 n_6、n_7、n_8、n_{13} 这 4 个节点和边 e_2。重复步骤 b 中的方法判断是否可以删除边 e_2。

通过上述方法,选取适当的局部介数,在拓扑图中删除符合条件的边后,可使得无线传感器网络的聚类系数大大增加,传感器节点的簇结构更加明显,网络的拓扑结构更加简化。这种拓扑结构的网络可以减少节点间的干扰冲突,提高整个网络的通信效率,减少网络能量的消耗,并且使逻辑链路的添加变得更加容易。

④基于小世界无线传感器网络结构性能评估指标

根据无线传感器网络所具有的技术特点,研究设计船舶制造车间的无线传感器网络时,分别从数据传输时间延迟、能量有效性和容错性等方面评价小世界无线传感器网络中的性能。

a. 数据传输延迟

无线传感器网络延迟时间指当观察者发出请求到其接收到响应信息所需要的时间。通常可以用网络中传感器节点与节点的平均路径长度来衡量。通过分析网络与节点的平均路径长度探讨小世界无线传感器网络模型下的数据传输时延。这对满足车间信息的实时传输需求具有重大意义,也是设计相应的路由算法时重点要考虑的因素。

b. 能量有效性

无线传感器网络能量有效性是指该网络在有限的能量条件下能够处理的请求数量。能量有效性是无线传感器网络的一个重要性能指标,并且和无线传感器网络的生存周期性能指标密切相关。根据无线传感器网络的能耗模型,分析数据传输过程中网络中节点的平均能量消耗和均衡性。

c. 容错性

无线传感器网络中的部分传感器节点经常会由于电源耗尽或被破坏等原因而随机失效。而在制造车间中,恶劣环境(包括射频干扰、高腐蚀性、高湿度、振动、灰尘等)常常会影响传感器的性能。因此,无线传感器网络的软硬件必须具有很强的容错性,以保证系统在部分节点失效的环境下正常运行。当网络的节点出现某一故障时,要求系统的拓扑结构能够通过自动调整或自动重构来保证网络正常数据转发工作。

2.3.4 面向船舶制造车间多类型数据采集与传输的无线传感器网络路由技术

无线自组织网络由一组自治节点组成,彼此之间通过无线信道通信,没有中心控制,每个节点在无线自组织网络中可作为一个终端(如源节点和目的节点)、存储和转发的中继。源节点在中间中继节点的帮助下通过共享信道发送数据至目的节点。与有线网络和蜂窝网络中每个单元都有一个中心基站,所有单元数据都可以通过中心基站进行传输不同,无线自组织网络没有基础设施,动态和广播的特性使得路由协议的设计增加了很大的难度。随着移动自组织网络的广泛应用,在大量用户的不同需求下,新的网络策略亟须研究开发以提供高效的端到端通信。而其中一个主要的研究领域就是无线自组织网络的路由技术研究。

在无线传感器网络中,路由算法负责将数据包从源节点通过网络转发到目的节点,包括两方面的功能:寻找源节点和目的节点之间的优化路径及将数据包沿着优化路径进行转发。由于传感器网络具有很强的应用相关性,不同应用场景对路由算法的要求不同。

2.3.4.1 信息传输模式分析

无线传感器网络中,网络传输业务的最大特点是具有明显的方向性,大都发生在 Sink 节点到传感器节点的下行业务(如查询指令下达)和传感器节点到 Sink 节点的上行业务(如采集信息的回传);传感器节点之间的横向业务所占比例较小,主要是网络的控制信息和网内信息处理所需要的信息。制造车间的 WSN 业务具有形式多样的信息报告模式。无线传感器网络的信息报告模式分成 3 种:事件触发的、周期的和基于查询的。事件触发的报告模式中,节点采集到信息后进行判断,如果超过了一定阈值,则认为发生了某种事件,需要立即上报。用于预警的无线传感器网络采用的就是这种信息报告模式。周期上报模式是指节点定期把采集到的信息报告给 Sink,通常用在环境监测等场合。基于查询的模式中传感器节点并不主动向 Sink 报告采集到的信息,而是等待用户查询,根据用户需要反馈信息。在制造车间的 WSN 中,同时存在以上 3 种信息报告模式。车间中的业务应用范围从数据感知、测量、记录和诊断,到机器设备操作和紧急状况。这些信息类型可以分为 6 类,见表2-7。

表 2-7　车间业务类型及报告模式

等级 5	周期性监控	采用周期上报的模式
等级 4	短期监控	采用周期上报的模式
等级 3	开环控制	采用查询报告的模式
等级 2	闭环监督控制	采用查询报告的模式
等级 1	闭环日常控制	采用查询报告的模式
等级 0	紧急状况警报	采用事件触发报告模式

船舶车间中不同的业务类型,对于传输可靠性和实时性的需求也不同。按照传输数据的优先级,以上业务类型可分为安全、控制和监控等 3 类。安全类别是指紧急指令传输,这是最重要的传输类型。而闭环管理控制、闭环监督控制和开环控制组成了控制类型。监控类型包括日常日志记录和上传/下载类型。关键的传输需要低延迟和高可靠性。大部分竞争机制在延迟容忍性上有相似的性能,因为采用相同的介质访问 TDMA(它允许多个用户在不同的时间片(时隙)来使用相同的频率)。但是对于不可预测的紧急传输,由于其不确定性,TDMA 无法为具有优先级的传输类型分配专用传输时间,因此不能提供更低的延迟。对这类传输(如紧急安全指令、无法预测的关键控制、关键控制数据的重传,若超过其绑定的延迟时间,则会导致系统的不稳定,产生经济损失,甚至对人身安全造成威胁。因此保证这类关键传输的端到端延迟,以及比常规传输(如周期监控)更高的优先级是设计路由算法必须考虑的问题。为传输类型定义从高到低的优先级,见表 2-8。为了满足关键传输的时延需求,优先发送此类数据。这里利用这些工业标准作为参考,设计提供多种延迟需求的多路径路由算法,从而保证关键数据的及时传输。

表 2-8　车间数据传输类型及时延要求

优先级	传输类型	应用	容许时延
1(最高)	TC1	紧急安全行动	尽可能小
2	TC2	特别关键控制	10~100 ms
3	TC3	关键控制	100~1 000 ms
4	TC4	周期监控	1 s~1 h 或更长

不同的信息报告模式影响路由的触发机制。对于周期报告,以先应式的方法建立路由是一种合理的做法;对于时间触发的模式,从节能的角度,按需建立路由更为恰当;而对于基于查询的模式,查询信息的扩散本身就可以辅助建立路由。不同的信息报告模式对数据传输的实时性和可靠性有不同的要求,因此很难有一种普适路由算法能完全解决制造车间的无线传感器网络的应用需求,设计面向多种类型信息传输的路由算法是本节的重点。

针对造船车间现场的无线传感器网络,以车间中部署的无线传感器网络节点为基本单位,将实时采集的制造过程中设备、物料、人员、环境等信息,根据不同信息的传输需求,通过设计合适的路由算法,快速地、可靠地传输至控制中心,工作人员借助这些信息,可以全面监控制造的全过程,并且针对各种异常情况迅速做出正确决策。

2.3.4.2 传输路由限制

无线传感器网络是一种基于数据的网络,路由的设计必须维持数据通路的连通性,此外还应考虑到节点能量的有效利用。无线传感器网络路由协议的功能是为数据从源节点到目的节点的传输提供一套机制。中型或大型的无线传感器节点间一般采用多跳数据转发机制来交换数据,传感器节点能量有限且大多数传感器节点是固定不动的,但路由算法在设计时应考虑网络拓扑结构可以按照移动周期动态变化,以满足支持节点移动的要求。

设计一个有效的传输路由主要的挑战应包括以下几点。

(1)无线链路的不可靠性

由于无线信道的衰落和噪声干扰,在无线链路上的传输通常是不可靠的。一个特定传输的结果往往是不可预测的,人们通常假设这些链路传输结果的某些统计估计是可以获得的。

(2)网络拓扑的动态变化

由于节点的移动性、信道衰落和无线干扰,网络拓扑的变化比起有线网络更加频繁。一个节点可以随机加入或者离开网络,而链路就可能创建或损坏,所有这些使得传统的有线网络路由算法很难在无线自组织网络中直接拿来应用。

(3)多个数据流竞争有限的网络资源

因为多个数据流共享相同的无线信道并允许同时发送,一个节点的传输会对其邻居节点造成干扰。由于无线信道的广播性质,干扰受限的无线网络中容量在每个节点的吞吐量按照 $\theta(1/\sqrt{n})$ 随节点数目 n 的增加而降低。

(4)缺乏集中控制

通常期望策略可以分布式方式实现,那样发送判决可以本地制定不需要网络的其他信息。

当无线路由规划不合理造成点到点之间的传输距离过大时,会使节点能量损耗速度大大加快。因此在设计无线传感器网络的路由算法时,应尽量采用低功耗、能适应动态变化的拓扑结构,所设计的路由算法需要具有以下特征。

(1)高能效性

路由的路径选择必须充分考虑避免经过能量过低的节点,以免造成该节点过早死亡。随着节点死亡数目的增加,WSN 会出现网络空洞的现象,严重地影响工作效率。因此在路由的设计过程中,必须尽量使各个节点的能量消耗均匀分布,从而提高整个网络的寿命。同时节点在选择路由时,尽量选择发送和接收数据时能量消耗最小的通信路径。此外,路由协议在进行路由维护时,通常需要收发维护报文,这就需要额外的通信开销,因此路由协议应做到使路由维护的通信开销尽量低。

（2）鲁棒性

鲁棒性是指路由算法在遇到不可预料的非正常环境时,依然可以使路由协议正常运行。无线传感器节点被部署后基本上都是工作在无人值守的状态下,因此无线传感器网络的路由协议设计需要具有很高的鲁棒性。一旦出现一些故障和异常情况,不可能进行人工干预,而需要路由具备故障修复等鲁棒性机制,以继续提供数据传输功能。

（3）可扩展性

无线传感器网络由于随机大量布撒,节点的加入、移动及节点的失效等都会使得网络的拓扑发生动态的变化。因此路由协议必须能够及时地响应拓扑的变化,并且适用于多种应用场景。

（4）动态拓扑性

路由协议应该可以适应动态拓扑,无线传感器网络中节点的移动及失效、无线信道的冲突都会引起网络拓扑变化,当网络规模很大时,拓扑变化会很频繁,这就要求路由算法能快速收敛以适应高度的拓扑变化,同时不能引入过高的开销和过长的时间延迟。对于网络中出现的故障,路由算法可迅速排除,为数据传输寻求其他最佳路径。

（5）数据压缩或融合

由于传感器节点分布密集,相邻节点会产生大量冗余数据,探测识别冗余数据并对其进行融合可以有效减少数据传输量。数据压缩或融合方法可以有效地减少网络中传输的报文数量,从而可以有效地延长网络寿命。因此所设计路由算法应该便于数据压缩或融合技术的实现。

2.3.4.3　经典路由算法分析

根据传感网络的应用特点,目前已提出了许多不同类型的无线传感器网络路由算法:

①SPIN(即通过协商获取信息的传感器协议)是为了克服洪泛在分组传输过程中资源使用的盲目和重叠、内爆问题而提出的一组平面路由算法,以元数据对原始数据命名,在发送完整的数据之前用元数据与相邻节点协商,只有当相邻节点需要时才发送,因此也被称为基于协商的路由算法。SPIN 运行过程中充分体现了以数据为中心的设计理念,以数据内容作为判断是否需要转发的依据,也被看作第一个典型的数据为中心的路由算法。

②由于平面路由算法的网络可扩展空间小,不适合大规模的网络,与平面路由算法和地理位置信息路由算法相比,分簇路由算法在能量有效性、网络拓扑控制、数据融合、网络的扩展性等方面要优于其他的路由算法。分簇路由算法更容易克服由于传感器节点移动和失效带来的拓扑变化问题。分簇路由算法的拓扑在一对多、多对一的通信中十分有效,可以更为有效地对 WSN 中的节点进行管理,且对系统变化可做出快速反应,具有较好的可扩展性,适用于中大规模无线传感器网络。

其中一种基于分簇的无线传感器网络路由算法——低功能自适应集簇分层型协议（LEACH）成为最具代表性的分层路由算法。LEACH 路由算法在能量有效性、负载平衡性上有很大优势，同时，其分布式、随机、动态和均匀的分簇方案也是备受重视。

③HEED（即一种混合的、节能的分布式集群方法）是基于 LEACH 改进的一种成簇路由算法，主要在簇首选举中加入了能量因素的考虑。HEED 算法根据剩余能量因素来选举簇首，使能量缺乏的节点被选为簇首的概率减小，避免了能量的不均衡状况出现，该机制下选举出来的节点比 LEACH 更适合担任簇首，进一步均衡了整网的能量消耗。

④TEEN（即一种应用于反应式无线传感器网络的路由算法）算法和 HEED 算法一样，主要框架和 LEACH 保持一致，但是应用场景是对突发事件的检测。LEACH 和 HEED 都是主动型路由算法，用于主动对监测区域的数据进行平稳状态的收集，而 TEEN 是第一种应对时间紧急事件的响应式路由算法。

⑤SAR（即第一个具有 QoS 意识的路由协议）按序分配路由是 WSN 中较早考虑业务服务质量的路由算法之一。该算法采用时延作为路由度量指标，建立以 Sink 节点为根的多根树，数据可能沿多条路径回传到 Sink。SAR 适用于网络中传输的信息具有不同优先级的场合，例如，对于完成安全监控的 WSN，异常信息的优先级就要高于周期性回传的正常信息。它是一个表驱动的多路径 QoS 路由算法，根据网络当前的资源情况，为具有不同优先级的业务提供有质量、有区别的服务。SAR 以多路径方式提高路由可靠性，同时也增加了路由维护的开销。

由于船舶制造业应用中的传输需要满足某些特定需求，诸如高可靠性、严格实时性和节能等，因此在设计此类无线传感器网络的路由算法时需要考虑其传输特点。下面介绍几种面向制造车间环境的无线传感器网络路由算法。

①针对工业应用中实时性和可靠性的 QoS 需求，为工业无线传感器网络（IWSN）设计了能量有效路由算法（EARQ）。在 IWSN 中，需要重点考虑传输业务关于实时和可靠传输的需求。数据的延迟和丢失会引起工业应用中的失效，造成严重的后果。因此，IWSN 中的路由算法设计面临着新的挑战。不仅要考虑传统 IWSN 中节点能量内存有限的问题，还需要引入实时性和可靠性等新的约束。适合于 IWSN 的路由算法，必须提供实时性和可靠性的传输，而且节省能量。EAQR 对每条可行的路径进行评估，根据能量消耗、时间延迟和可靠性等参数评价路径的质量，选择最优的路径进行传输。在满足实时性的要求下，为了平衡节点的能量消耗，也会选择近优的路径。

②实时路由协议（SPEED）过反馈控制和非确定转发保证发送速度，但是并没有考虑节点能量的消耗。因此针对实时数据包提出了能量有效的 QoS 路由算法。设计理念和 SPEED 类似，但是考虑到能效，该算法根据延迟和能量支出计算的优先级，选择邻居列表的优先级最高的节点作为下一跳节点。根据两跳信息提出的梯度路由算法能够满足能量有效和传输实时性。

2.3.4.4　路由算法设计

同传统的传输需求相比，将无线传感器网络应用于制造车间面临以下挑战。

（1）高可靠性

大部分工业控制应用场景都需要高度可靠的传输。但是工业领域中的无线通信通常很难保证传输的可靠性。一方面，大多数无线设备工作在一定频率下，容易造成信号干扰。另一方面，车间环境条件相当恶劣，存在大量的金属设备，导致信号的反射和发散。设备运行产生的电磁噪声也会干扰无线信号的正常接收，因此无线通道容易发生错误。

（2）严格实时性

对于工业控制应用、延迟或者数据包丢失都会引起工业应用的故障。如果延迟数据包超过某一阈值，服务器不能获取网络的有效状态信息。为了保证端到端实时传输，制造车间的传感网络由于其简单的网络架构和较低处理能力，将面临更大的挑战。

（3）低能耗

传统传感器节点一般由电池供电，电量有限且一般难以更换。若节点能量消耗过快，会使节点过早失效，影响网络正常工作，并带来更换和维护成本。因此，需要低功耗网络算法，才能保证网络长时间稳定运行。和传统类似，工业传感网络同样将能效作为提高网络寿命的重要目标。传感器节点的能量消耗包括感知、计算和传输。如何耗费最少的能量实现信息的传输是需要考虑的。

（4）安全性

随着工业控制网络的发展，网络和数据安全问题变得越来越突出。而且车间中无线传感器网络的传输信息种类更多，有着多样化的传输服务质量要求，因此设计适合制造车间环境的网络路由算法显得尤为重要。

当无线传感器网络监测面积较大，节点数量较多的时候，分簇算法便于对节点的管理及对数据的压缩，从而减少了网络的数据传输量，这样可以大大减少网络的能量消耗。同时，在实际的无线传感器网络中节点的通信距离会受到各种因素的限制。因此，在设计无线路由算法时，通信距离这一重要因素应该得到充分的考虑。这一因素可以直接影响到节点的分簇效果，甚至影响到无线网络能量空洞的出现，造成网络分割，使无线传感器网络的工作效率大大下降。

（1）面向周期性数据传输的分簇路由算法

制造车间无线传感器网络的功能之一是实现对生产过程的监控，通过终端传感器采集生产现场的状态数据。需要对多个终端节点的感知数据进行一定合并处理，因此采用分簇结构，为每个簇分配一个簇头，簇头承担簇内终端节点的数据收集、融合和转发，将处理后的数据经过多跳传送到网关。这里的簇头发挥路由节点的功能。然后网关将数据收集整合后传输到服务器上进行数据的存储、分析、显示等动作。这类信息大多是定期生成，周期上报，一般对数据到达的实时性要求不高。因此设计传输机制时，采用先应式方法建立路由，如何减少传输过程中的数据量及节省节点的能量消耗是重点考虑的问题。

分簇网络结构可以使网络规模不受限制，可扩充性好，路由和控制开销少，抗毁性强，容易实现移动管理和网络的局部同步，进而实现整个网络快速部署及拓扑变化后的动态重建。无线传感器网络的分簇结构如图2-30所示。在分簇结构下，一般数据转发路径从簇内节点到簇头再到网关，簇头在向网关转发数据之前，对簇内的原始数据进行聚合处理，能够

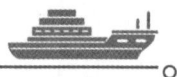

降低实际需要传输到 Sink 的数据量。本节通过改进的簇头选举和分簇机制,设计低功耗的分簇路由算法,提高网络生命周期。

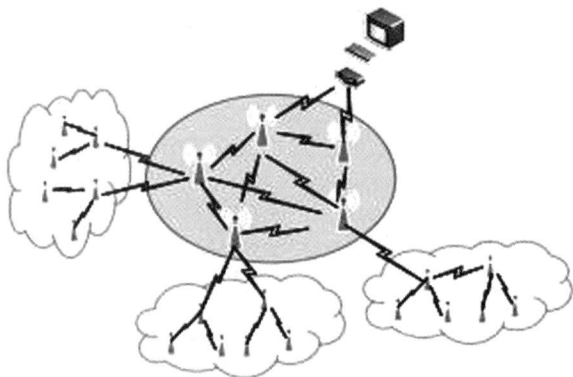

图 2-30　无线传感器网络分簇结构图

先对相关的环境及变量进行定义。

【定义 1】有向图 $G = (V, E)$,表示一个无线传感器网络。其中 $V = \{v_1, v_2, v_3, \cdots, v_n\}$ 表示随机部署的传感网络节点,E 表示节点之间的边,如果两节点之间边存在,则两节点是直接连通的。节点的通信范围为 R_0。

【定义 2】两节点之间 x、y,如果距离 $d(x, y) < R_0$,说明两节点可直接通信,则两点之间的跳数 $DH(x, y) = 1$,若 x、y 节点之间不可能到达,则 $DH(x, y) = \infty$。

【定义 3】网络中每个节点有唯一编号 $ID(v_i) = i$。节点的直接连通的邻居数为 N_{bn},节点的度为 k。

【定义 4】各网络节点的结构定义如下。

$v = (\text{ID}, \text{HD}, \text{Type}, \text{Er}, \text{XYcord}, \text{Nbn}, \text{NbS}[\ ])$,其中 ID 表示节点的 ID,HD 表示节点所在簇的簇头 ID。Type 的取值为 $\{\text{sensor}, \text{NRT}, \text{Route}\}$,分别为成员节点、临时簇头和簇头,初始化时由于节点的功能完全相同,所有的节点的 Type 值均取 sensor,经过初次选择的临时簇头,Type 值为 NRT,在临时簇头集合内,根据簇头选举算法选举出作为簇头的节点,Type 值变为 Route。Er 表示节点的剩余能量,XYcord 表示节点位置,Nbn 为邻居数,NbS[ ]为邻居信息。

定义 5:簇头是一个簇的管理者和簇的中心。在不同的网络应用中,簇头的功能不完全相同。簇头集合用 H 表示,$H = \{H_1, H_2, \cdots\}$。

定义 6:簇集合用 C 来表示,$C = \{C_1, C_2, \cdots\}$,簇 C_i 的簇头为 H_i,其 ID 为 $ID(H_i)$。簇中成员个数即簇规模用 $NC(C_i)$ 表示。

①复杂网络的群落检测算法

无线传感器网络具有明显的局域世界特征,即存在"人以群分、物以类聚"的结构特性,和复杂网络中群落结构(community structure)的概念类似。利用小世界网络具有大的聚类系数这一现象,通过对聚类系数的分析,有选择性地删除无线传感器网络中节点间多余链路,使网络平均聚类系数大幅度增加,网络的簇结构更为明显。本章引入复杂网络中群落检测的算法,将整个网络划分为合理分布的簇,并按照一定评价标准选出合适的簇头。下面先介绍复杂网络存在的群落现象和群落检测算法。

现实世界中的许多网络是由模块结构组成的。模块有两个显著特征:模块内部的节点间高度连接,有着直接的相互作用;模块与模块之间只有少数甚至没有连接,模块与模块或模块和非模块之间有着清晰的边界。在复杂网络研究领域,模块也称作社区或群落(community)。其中有一种针对大规模网络的快速群落检测算法。算法分成两个阶段,假设初始化网络是由 N 个节点组成的有权网络,网络中群落划分的步骤如下。

步骤1:为网络中每个节点分配一个群落,即初始群落数和节点数相同;对每个节点 i,考虑其邻居节点 j,将 i 从所在群落移除,并将其移至 j 的群落中,评价网络的模块性,节点 i 被放置在模块性最大的群落中。如果模块性为负,则 i 不动;该过程一直重复,直到模块性不再增加。

步骤2:对于第一阶段得到的群落结构,将每个群落作为一个新的节点,新节点之间边的权重即相应群落中原节点之间连边的权重之和。同一群落内节点边之和即成为新网络相应节点的自循环。对于第二阶段得到的权重网络,迭代应用第一阶段的算法进行群落重组,直到群落中节点组成不再变化,或者达到最大的网络模块性。

由于无线传感器网络具有复杂网络特征,也存在明显的群落结构,利用复杂网络的群落检测算法将网络分成若干个簇,簇内节点联系紧密,簇间联系稀疏。簇的形成由网络的拓扑结构决定,充分考虑了节点间的连通关系,簇成员的数目更为合理,能够进一步平衡簇内和簇间通信。下文中的分簇路由算法以此分簇方法为基础。

②基于不平等分簇机制的路由算法

大多分簇路由算法都是按照某一评价指标或综合多个评价指标(能量、节点度等)随机选出簇头,没有当选簇头的节点选择距离最近的簇头加入该簇,即完成分簇的过程。这种分簇机制容易造成簇头分布的不均匀,增加通信的消耗能量。

针对簇头选择机制不合理及簇头不均匀分布,在群落检测算法基础上,提出了基于不平等分簇机制的路由算法,算法流程如图2-31所示。它包括簇的形成机制、簇头选举、簇内和簇间通信等步骤,详细说明如下。

a.簇的形成机制

网络划分为若干个簇,数据通信分为两个阶段:簇内和簇间通信。非簇头节点首先将数据发送至簇头,然后簇头将接收的数据发送至 Sink 节点。大部分采用簇内单跳通信的模式,即簇内节点与簇头直接通信;而 Sink 通常距离感知区域很远,多跳簇间通信模式能更好地实现能量有效性。因此,本章采用簇头合作的方式将数据传输至 Sink 节点。但是这样的多对一传输容易造成热点问题,因为靠近 Sink 的簇头承担更多的传输任务,所以 Sink 附近的区域成为热点。热点区域中的节点能量消耗更快,更易失效,造成整个网络与 Sink 联系断开。为了克服以上问题,引进不平等分簇机制,与 Sink 距离越近,节点的通信范围越小,因此靠近 Sink 的簇的规模更小,如图2-32所示,这样可以节省处理簇内数据通信时消耗的能量,保留更多的能量承担转发任务。节点 i 的通信范围 R_i 按照下式设置:

$$R_i = \left(1 - c\,\frac{d_{\max} - d(i,\mathrm{Sink})}{d_{\max} - d_{\min}}\right)R_0$$

式中　$d_{\max}$ 和 $d_{\min}$ ——表示网络中节点离 Sink 的最大距离和最小距离；

$d(i,\mathrm{Sink})$ ——节点 i 与 Sink 的距离；

c ——调整节点范围的系数，例如 c 取 1/3 时，R_i 的范围为 $[2/3R_0, R_0]$。

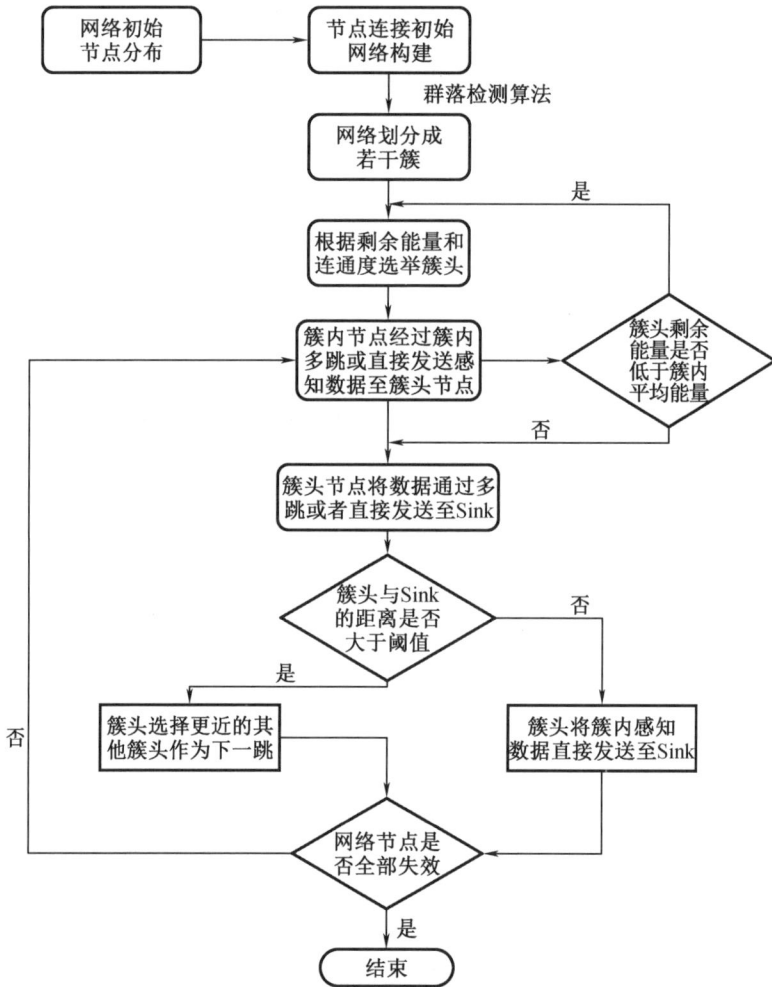

图 2-31　不平等分簇机制的路由算法流程图

　　网络节点通过广播 hello 信息至通信范围内的其他节点，hello 信息包括节点 ID、节点类型、能量及坐标，即 $v=(\mathrm{ID},\mathrm{Type},E_r,\mathrm{XYcord})$，通过节点间的 hello 信息交换，节点存储以下自身信息 $v=(\mathrm{ID},\mathrm{HD},\mathrm{Type},E_r,\mathrm{XYcord},\mathrm{Nbn},\mathrm{NbS}[\ ])$，形成初始网络拓扑结构。根据群落检测算法，节点分别加入邻居节点的群落，达到网络模块化程度最大时，即形成了网络的群落结构。网络的簇一旦形成，在整个数据传输过程中保持不变，簇内节点根据一定概率轮流当选为簇头。

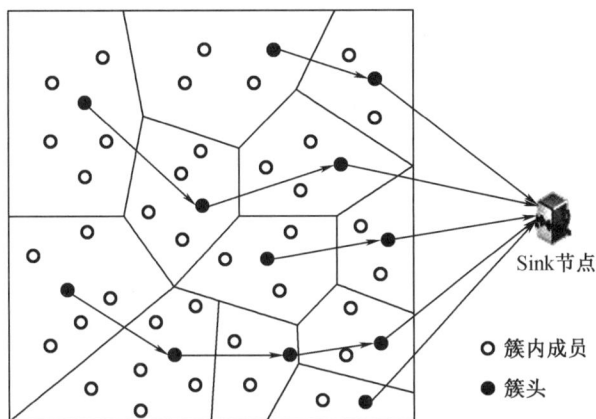

图 2-32　无线传感器网络的不平等分簇结构

b. 簇头选举

网络分成若干簇之后,选择概率与节点度和剩余能量相关,能量更高的节点更容易成为簇头,且度更大的节点说明该节点在簇内所处的位置较为中心,因此当选为簇头的概率也更大。

c. 簇内和簇间通信

初始化过程中,网络中所有节点广播 hello 信息,通过与邻居节点交换数据包获得节点度和连通性等信息,根据上述分簇算法和簇头选举策略将网络划分成若干个簇,簇头节点发送通知至簇内的其他成员节点,宣布其为簇头,并且通过 TDMA 机制管理簇内节点的数据传输,成员节点在所分配的时隙中将传感器数据直接发送至簇头。簇头对成员节点的感知数据进行压缩集成处理,经过其他簇头或者直接发送至 Sink 端。这里簇头之间的路径选择采用贪婪算法,簇头选择离 Sink 端最近的其他簇头作为下一跳节点,注意需要满足几个约束,如簇头 H_i 选择 H_j 作为下一跳节点,满足条件如下:$E_r(H_i) < E_r(H_j)$,即 H_j 剩余能量大于 H_i 的剩余能量。

(2)面向多优先级数据传输的多路径路由算法

分簇路由算法适合于制造车间中大部分周期监控的业务,传感器节点定期将感知信息报告给 Sink,如设备的工作状态信息、生产过程信息、环境监测信息,这种周期上传的信息反映了整个车间中的运行态势,对实时性的要求不高。除了周期上报的业务之外,制造车间中还存在其他业务模式,包括事件触发和基于查询的模式,不同的信息报告模式对数据传输的实时性和可靠性有不同的要求。根据不同类型数据的优先级定义,以复杂网络中小世界传感器网络的构建方法为基础,设计提供多种结构的无线传感器网络;在此网络下提出基于数据优先级的多路径路由算法,根据传输的实时性需求,切换不同的路径进行数据传输。

①基于小世界传感器网络的多路径路由建立

制造车间的无线传感器网络业务有以下特点。

a. 不同的实时需求。根据动态感知环境,不同的感知数据有不同的到达期限(deadline)。例如,比起移动较慢的目标,对快速移动目标的定位信息要求传输延迟更短。

　　b. 不同的可靠性需求。根据监控的场景,感知数据有不同的可靠性要求。如在环境监控中,正常范围内的温度信息可以容忍一定比例的丢失,而更高温度的传感器数据必须保证可靠地发送至控制中心,因为这个信息很可能是火灾的信号。

　　c. 周期和非周期数据。不可预测关键事件的发生会产生非周期性传感数据,而对环境状况的实时监控需要周期性的感知数据。

　　不平等分簇路由算法是为平衡能量消耗、提高网络生命周期而设计的,并没有考虑保证端到端延迟,适合于一般周期性监控,对实时性要求不高的传输。而大部分路由算法只针对一类 QoS(实时性或者可靠性),对于保证不同级别的实时性或可靠性贡献有限。本章提出了一种混合网络框架,该框架可以提供多种不同的拓扑,而每种拓扑保证不同的 QoS(包括能量消耗和通信延迟需求),且对应某一类数据传输,如下。

　　a. 低能量消耗和高延迟——HOMO 均匀拓扑结构。

　　b. 中等能量消耗和延迟——DASM 拓扑结构。

　　c. 高能量消耗和低延迟——TDASM 拓扑结构。

　　在此基础上,本章提出多路径路由算法,根据传输信息的优先级选择不同的路径进行数据发送,在保证数据准时到达的同时,平衡路由过程中的能量消耗。

　　本节路由算法中同时提供 4 种不同的路径选择。为了满足制造车间应用中的传输类型(TC)需求,分成 4 种不同的传输类型,每种对应一种路径选择方法。传输类型根据周期性、更新频率和延迟需求定义。

　　TC1:最高优先级的 TC,支持紧急安全行动,如安全连锁、紧急停机和自动火灾控制。由于其不可预测性,不能通过 TDMA 方法来安排。TC1 是非周期性的,且发生概率非常小,因此是最关键的类型。这类关键信息一般发生在网关和执行器或者传感器之间。对于该类传输需要建立极其可靠且时延最小的路由。

　　TC2:表示发生概率较高的非周期或周期性的关键通信。工业控制中一类典型的应用即闭环管理控制,通常对实时性要求很高。

　　TC3:同 TC2 类似,实时性要求比 TC2 低。这类应用包括闭环监督控制、开环控制等。

　　TC4:主要指在预期时间内产生的周期性传输,例如周期性监控。每个节点在特定时间中发送数据包。

　　为了建立具有小世界特征的无线传感器网络,部署少量超级节点,通过超级节点间的通信作为捷径减少网络节点间的平均路径长度。由于引入的捷径利用无线通信,因此两个超级节点间采用单播通信。每个超级节点配备两种无线接口,一种与普通节点通信(S-接口),另一种与超级节点通信(H-接口)。当超级节点使用捷径 H-接口发送信息时,能避免S-接口的无线信道的干扰。

　　本章节在同一网络基础设施(相同的普通节点和超级节点)之上构造混合网络框架。该框架提供 3 种拓扑结构,每种拓扑对应不同的路由路径选择。

　　a. HOMO 拓扑结构

　　HOMO 拓扑结构仅通过普通节点和超级节点的S-接口连接 Sink 节点与传感器节点形成。该种拓扑在数据通信过程中减少了能量消耗,因为拓扑仅使用普通节点(通信范围较小)路由数据包。多跳数据通信网络中的能量消耗较小,因为能量消耗和通信距离有关。但是该种结构下路由路径经过的跳数较多,会增加通信延迟。为了构建均匀拓扑下的路由表,Sink 节点首先在网络中广播信标信息,收到信标信息的节点更新其父节点 fatherHomo,并转发该信标信息。通过这种方式建立连接所有节点和 Sink 节点的路由表。信标信息包括能量成本、时间延迟和剩余能量。一旦节点建立到 Sink 节点的一条路径,则广播信标信息到邻居节点,通知节点变化的参数值。由于信标节点的参数值不变,因此只在网络建立初始化阶段发送和接收一个空的信标信息。当节点收到来自其他节点的空信息时,则反馈一信标信息。新的节点通过广播空的信标信息来采集路由信息,建立其路由表。节点收到来自邻居的信标信息后,将离 Sink 节点更近的邻居添加到路由表中,如果邻居已经在路由表中,则更新其参数值。

b. DASM 拓扑结构

DASM 拓扑能够减少通信延迟,但是以增加能量消耗为代价,因为通信通过长距离捷径传输。构建算法的主要思路为每个超级节点建立指向 Sink 节点的一条捷径,注意捷径之间是不连通的。因此数据传输通过超级节点的捷径和普通节点之间的连接共同完成。由于添加了捷径,比起均匀拓扑,通信延迟减少,同时由于长距离通信增加了能量消耗;该种拓扑下的路由构造与前一种拓扑相似,从 Sink 节点发起广播信息开始。如果 Sink 节点和一超级节点间存在捷径,则 Sink 节点通过捷径通信发送单播信息。其他节点收到此单播信息后,更新其父节点 fatherDasm id 和父节点的接口。这里需要指出,普通传感器只通过普通接口接收信息,而超级传感器可以通过普通接口和超级接口接收信息。因此,节点通过普通接口广播的信息允许这两类节点接收。由于捷径只存在于超级节点之间,超级节点使用单播通信发送信息至捷径的另一端。经过 DASM 拓扑的路由建立,因此超级节点使用单播通信发送信息至捷径的另一端。经过 DASM 拓扑的路由建立,每个节点都存储了其父节点和与之通信的相应接口。普通节点的父节点可以是另一普通节点或者一超级节点,同样的,超级节点的父节点为另一超级节点或者一普通节点。但是,超级节点间只能通过超级接口通信。

c. TDASM 拓扑结构

TDASM 拓扑结构在超级节点和 Sink 节点间建立连通的树型结构捷径。因此,该种拓扑比起之前的拓扑,通信延迟大大减少。由于数据包到达超级节点后,只通过其他超级节点发送至 Sink,在路由过程中充分利用捷径,即长距离通信,因此 TDASM 拓扑的能量消耗更多。构造 TDASM 拓扑下的路由同样由 Sink 节点发起。最大的区别在于超级节点发送信标信息时的路由结构。因为超级节点可能有多条捷径,算法利用多播信息确认所有的捷径终端。在路由构造之后,每个节点(普通节点或超级节点)都知道其父节点 fatherTdasm id。当信息到达超级节点时,通过其他超级节点发送至 Sink 节点。图 2-33 为 DASM 和 TDASM 两种拓扑结构示意图。

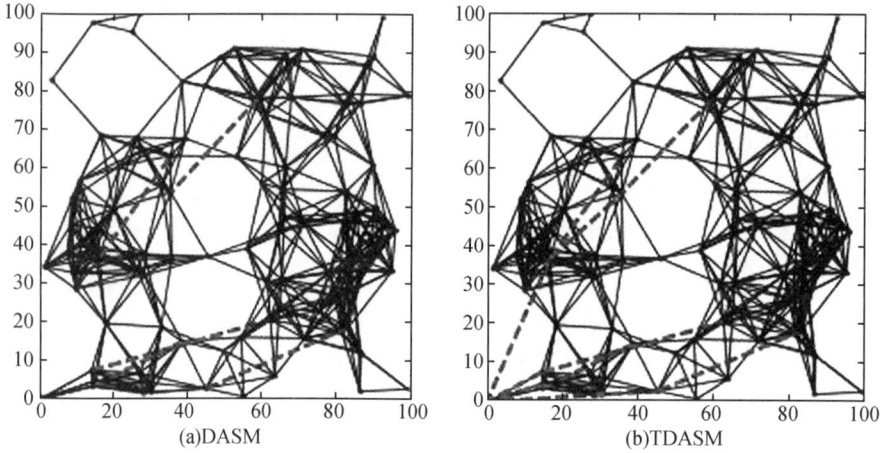

图 2-33　DASM 和 TDASM 的拓扑结构

②多路径路由算法描述

路由表建立后,当传感器有感知数据需要传输至 Sink 时,首先判断传输信息的优先级级别,然后在相应拓扑结构的路由表中选择合适的邻居作为下一跳节点。本节提出了一种能量有效的路由算法(ERP),该路由算法选择邻居节点作为下一跳的概率依赖于节点的剩余能量、到 Sink 的距离和跳数。该算法可以平衡各节点的负载,使得整个网络能耗较为平均。多路径路由算法的具体操作如下。

步骤 1:节点 i 生成感知数据,根据数据包的类型,TC1 使用 TDASM 拓扑,TC2 使用 DASM 拓扑,而 TC3、TC4 使用均匀拓扑,节点选择相应路由表(RT)中的邻居节点进行传输。

$$RT = \begin{cases} fatherHOMO, & data \in TC3, TC4 \\ fatherDASM, & data \in TC2 \\ fatherTDASM, & data \in TC2 \end{cases}$$

步骤 2:选择路由表 RT 中邻居节点 k 作为下一跳节点传输,利用 ERP 算法,选择概率:

$$PK(t) = \frac{1}{3}\left(\frac{\varepsilon_k(t)}{\sum\limits_{m=1}^{RT} \varepsilon_m(t)} + \frac{1/d(k, \text{Sink})}{\sum\limits_{m=1}^{RT} 1/d(m, \text{Sink})} + \frac{1/DH_k}{\sum\limits_{m=1}^{RT} 1/DH_m} \right)$$

式中　$\varepsilon_k(t)$——时刻 t 下节点 k 的剩余能量。

邻居节点 k 满足以下两个条件:

$$\begin{cases} d(i,k) < R \\ d(k, \text{Sink}) < d(i, \text{Sink}) \end{cases}$$

式中　R——节点的通信范围;

　　DH_k——节点 k 到 Sink 经过的最少跳数。

以上式子的分母表示概率归一化,节点 k 被选中的概率分别与剩余能量成正比,与到 Sink 的距离、跳数成反比。

步骤 3:概率 $PK(t)$ 在路由表中随机选择下一跳节点,随机选择可以避免成本最低的最优路径中节点能量的消耗,将负载分配给非最优路径的其他节点,平衡网络中的能量消耗。

　　路由算法的路径选择如图 2-34 所示,节点 i 生成一感知数据包,若传输类型为 TC1,则从路由表中选择超级节点 j 作为下一跳进行传输,超级节点 j 与超级节点 m 之间的捷径、m 与 Sink 的捷径构成 TC1 的传输路径;若传输类型为 TC2,从 i 经过超级节点 j、m,由于时延要求比 TC1 低,因此选择从 m 经过普通节点 n 到达 Sink 端;若传输类型为 TC3 或 TC4,路由算法仅选择普通节点(或者超级节点的普通接口)形成传输路径。如图 2-34 中 $i \rightarrow l \rightarrow h \rightarrow m \rightarrow n \rightarrow$ Sink。

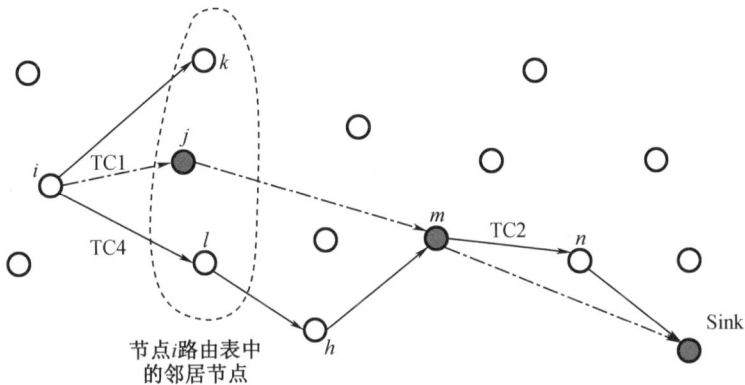

图 2-34　路由算法的路径选择

　　本节提出的路由算法包括两个主要阶段,即准备阶段和稳定阶段。其中准备阶段包括两个子阶段,即初始化、路由更新;稳定阶段分为数据优先级、数据发送至超级节点、超级节点发送数据至 Sink。

　　a. 准备阶段(setup phase)

　　(a)初始化

　　在该阶段,传感器部署以后,每个节点确定其剩余能量和与 Sink 节点的距离,这些参数在路由路径的选择中作为成本计算。

　　(b)路由更新

　　为了找出普通节点到超级节点或者 Sink 的路径,由 Sink 生成路由发现消息,在整个网络进行广播,其中跳数值为 0。网络中所有节点接收到该广播信息,并更新其跳数,保留较小的跳数值。每个节点增加其跳数值,并在其通信范围内广播。通过这样的方式,到达每个节点的信息按照最小成本路径发送。同样地,当超级节点接收该路由发现消息,通过超级接口在网络中广播信息。每个超级节点形成与 Sink 的最小跳数路径。因此,超级节点中保存两组路径,通过超级接口和普通接口发送数据。经过路由更新阶段,每个节点存储到 Sink 的最小跳数路径(只包括普通节点),每个超级节点存储到 Sink 的最小跳数路径(只包括超级节点)。

　　b. 稳定阶段(steady phase)

　　(a)数据优先级分析

　　将感知数据分成三种优先级,即实时流量最高优先级、非实时最低优先级及介于两者之间的中优先级。根据不同传输类型的优先级,选择数据转发的策略满足其 QoS 需求。在该阶段,每个节点不同的优先级分配至不同类型的传输,每个节点维护其优先级队列,数据包按照优先级进行发送。

(b)数据发送至 Sink 节点

当传感器产生感知数据,根据信息类型为数据分配优先级,将优先级最高的数据经过多跳发送至超级节点,通过超级节点的最短路径传输至 Sink;对于中优先级的数据,选择包括超级节点和普通节点的最短路径发送至 Sink;对于优先级最低的数据,选择能量消耗最少的路径进行传输。

2.3.5 面向船舶制造资源定位的无线传感器网络节点设计技术

在制造车间中引入无线传感器网络技术,可以实现物与物的感知与连接,自动获得产品标识、生产状态、资源位置、制造质量等实时数据,从而实现对生产过程的实时监控与调度优化。本节讨论无线传感器网络关键技术在船舶制造业资源定位方面的典型应用实现。

2.3.5.1 设备软硬件设计

车间无线传感器网络设计采用 ZigBee 协议实现,其组网能力强,成本低,而且可支持无线定位的实现。建议该网络在 TI 公司的 CC2530 硬件平台上搭建,参照无线通信基本原理,以裸机程序设计为基础,构建树型点对多点簇状拓扑结构的无线传感器网络。软件部分 ZigBee 协议建议选择为 ZigBee-pro,协议栈版本为 ZSTACK-CC2530-2.3.0-1.4.0,对相关接口进行通信配置。除此之外,还对串口、传感器、液晶显示器(LCD)等进行初始化配置。为保证能够有序地进行通信,需建立有效的通信规则。

(1)硬件设计

无线自组织网络节点能耗决定整个网络的生命周期,从硬件结构看,节点能耗主要在微处理器模块,选择高性能、低功耗微处理器可以降低节点能耗,延长网络生命周期。基于此,建议采用 TI 公司的 CC2530 作为主控芯片,用于 ZigBee 的片上系统,内部集成射频收发器、增强型 8051 内核、8 KB RAM,封装小、功耗低。

①节点硬件设计

a.终端节点和路由节点硬件设计

终端节点是车间信息采集的第一环,是网络中与外界环境和工作场所直接接触的部分,相当于整个网络的触手,与外界设备、人员等产生连接,测量和采集数据,并将获取的数据传送给上层结构中的无线节点。其在采集过程中,将各种感官信号如温度、位置、产量等通过模电数电技术转换为计算机信号。

路由节点允许子设备加入网络,多跳路由并协助终端节点进行通信,完成数据信息的转发,延长数据传输距离。

建议硬件结构如图 2-35 所示。其中,路由节点没有传感器电路,由于实现功能不同,两种节点软件驱动也不同。传感器电路负责采集数据并完成数据转换;片上系统 CC2530 负责对采集信息进行处理及整个节点设备的任务管理(包括无线信号的收发处理及 ZigBee 协议操作);电路射频部分由阻抗匹配电路与天线馈线组成,用一个巴伦优化处理,满足输入输出匹配电阻(50 Ω)要求;液晶电路显示节点状态;Flash ROM 负责存储数据信息;按键电路方便用户对节点设置,如收发数据时通过按键配置;发光二极管(LED)电路指示网络连接状态。

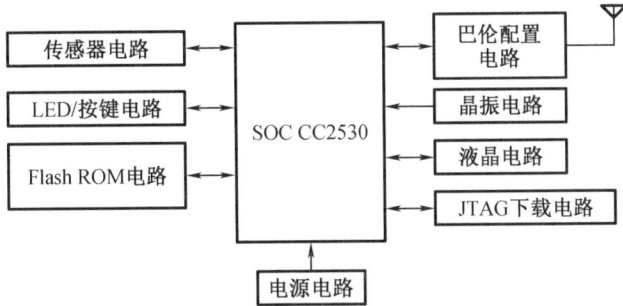

图 2-35　硬件结构

b. 协调器节点设计

协调器节点是直接与 PC 端控制器相连接的模块,需与整个路由通信,是整个网络通信的核心部分,既接收来自路由节点的数据,又主动发送查询模式与路由节点通信。除此之外,它还与 PC 端进行串口通信。其硬件结构设计如图 2-36 所示。

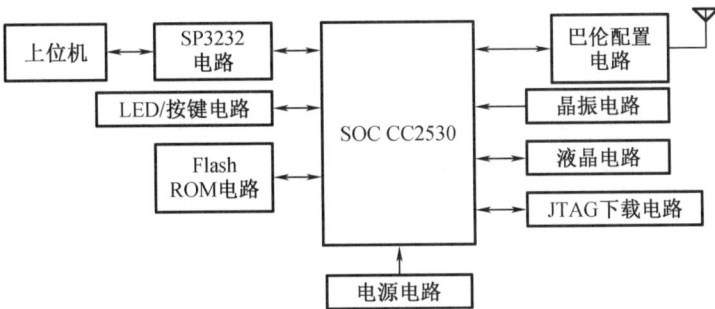

图 2-36　硬件结构设计

节点负责整个网络初始化,确定 ZigBee 网络 ID 号和操作的物理信道,并统筹短地址分配,提供数据路由和安全管理服务。协调器节点、终端节点及路由节点最大的区别如下。

(a)协调器节点通过 SP3232 电路与上位机通信,由于 PC 与单片机之间接口不一致,通过 SP3232 实现 USB 到串口转换。

(b)协调器节点负责与终端节点或者路由节点进行信息通信,不具有信息采集功能。

②硬件模块设计

a. 微处理器模块电路设计

微处理器模块包括 5 个组成部分,即 CC2530 片上系统、其外围晶振电路、电源电路、巴伦匹配网络、天线。CC2530 射频电路图如图 2-37 所示。

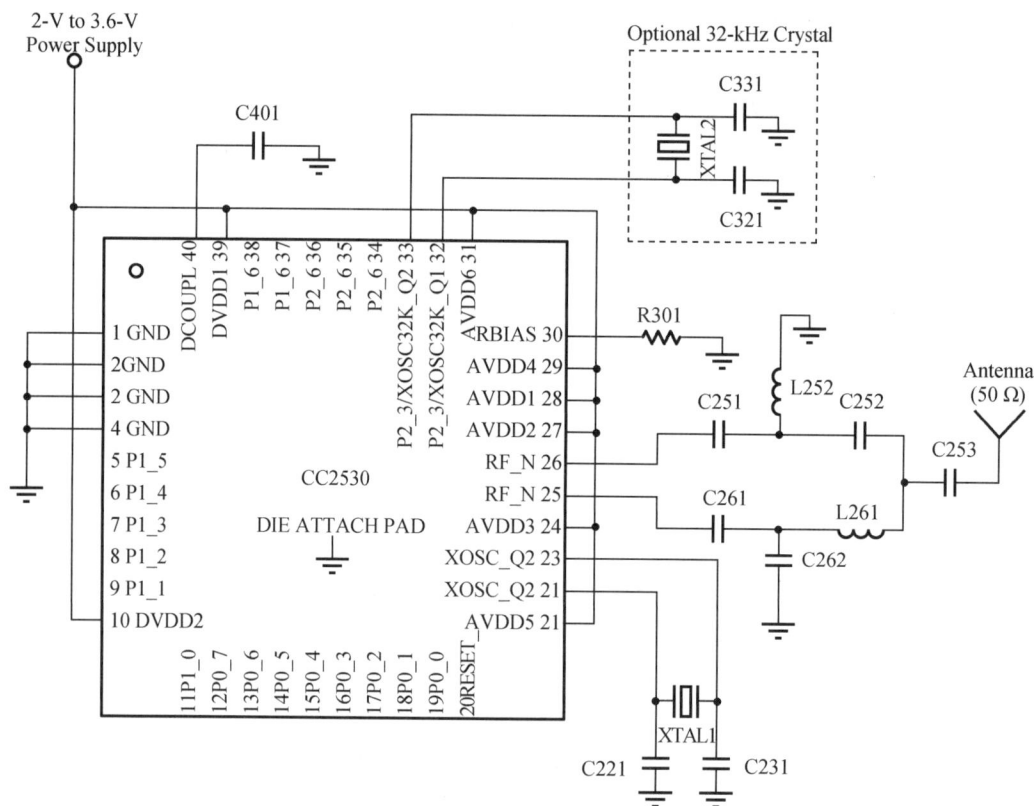

图 2-37　CC2530 射频电路图

射频部分使用不平衡的天线,因此用一个巴伦来优化性能。使用的巴伦是通过低成本的电容和电感实现的,如图 2-37 中的 C262、C252、L252 和 L261,并且射频方面满足输入输出匹配电阻(50 Ω)的要求。电路中,使用了两个负载电容 C221 和 C231,以及 32 MHz 振荡器(XTAL1)构成的 32 MHz 的晶振。而 32.768 kHz 的晶振电路通过 C321、C331 及 32.768 kHz 的振荡器(XTAL2)实现,32.768 kHz 的晶振是可选的。片上 1.8 V 稳压器的稳定运行通过去耦电容 C401 来实现。

b. 电源管理模块电路设计

电源模块的具体电路图如图 2-38 所示,依据 SW1 拨动开关的接通或是断开,对电池输出进行相应的控制,通过升压转换器 AS1337,对电池电压进行升压处理,使电压稳定值为 3.3 V,固定不变。电源的工作指示灯为 D1,滤波电容分别为 C_2、C_3,输出电压值依靠 R_2、R_3 进行适当调节,输出端电压采用 V_0 表示。

(2)软件设计

软件部分 ZigBee 协议建议选择为 ZigBee-pro,协议栈版本为 ZSTACK-CC2530-2.3.0-1.4.0。该程序是一个簇树状网络构成的,包含点对多点的簇网,因此网络设计部分是以点对多点程序设计为基础的。整个系统无线网络由事先被定义为协调器的主节点建立。

①ZigBee 软件开发环境

IAR Embedded Workbench(EW)的 C/C++交叉编译器与调试器是当前世界上最完整的

专业嵌入式系统开发工具。对于不同的微处理器,EW 可以提供同样直观的用户界面。EW含有嵌入式 C/C++的优化编译器、汇编器、编辑器、库管理员、连接定位器、C-SPY 调试器和项目管理器。该软件的编译器生成的代码最紧凑、最优化,可以节省硬件资源,降低产品成本,从而提高产品的竞争力。

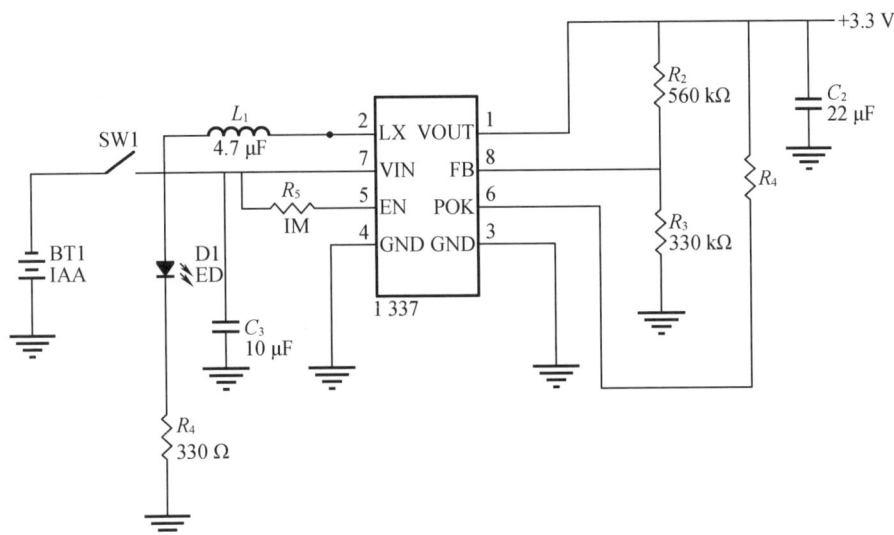

图 2-38　电源模块的具体电路图

IAR EW 集成的编译器还具有以下特征:完全标准 C 兼容、高效的 PROMable 代码、内部建有对应芯片的程序速度与大小优化器、扩展工具与版本控制支持良好、方便的模拟和中断处理、支持高效浮点等。另外编译器也可生成可靠高效的可执行代码,而且应用程序的规模越大,效果就越明显;与别的开发工具相比,系统同时使用了针对具体芯片和全局的优化技术。鉴于此类优势,我们建议采用 IAR EW 开发环境。

②协调器节点软件设计

协调器节点软件设计包括初始化设备、协调器组网、路由节点和传感器节点入网及数据信息处理(包括数据收发功能)等。协调器节点上电后监测到 ZigBee 网络,则协调器节点作为路由节点加入该网络;若监测无网络,则该节点作为协调器节点构建 ZigBee 网络,终端节点和路由节点加入该网络。ZigBee 网络在 2.4 GHz 频带划分 16 个信道,步长值为 5 MHz,编号为 11~26,载波频率 $fc=[2\,405+5(k-11)]$ MHz,k 取值为 11~26。协调器通过调用函数 MAC_MlmeScanReq((macMlmeScanReq_t *)pData)对信道能量扫描,能量水平高标志该信道无线信号活跃,协调器根据能量扫描信息选择一个可以利用的信道建立自己的无线网络。另外,每个协调器设备已经具有唯一固定的 64 bit MAC 地址作为组网标识,同时必须分配给自己一个 16 bit 的网络短地址(PANID),节点设备使用短地址通信可以使网络更轻量级、更加高效。PANID 值可以在 ZDAPP_CONFIG_PAN_ID 中进行修改,协调器默认网络短地址为 0x0000。协调器节点的主要功能是对网络中各子节点进行管理,接收各子节点的状态信息并将信息上报上位机进行数据处理。图 2-39 为协调器通信流程图。当所有的参数配置好以后,一般直接调用 ADO 文件下的 ADObject.c 中的 ZDO_startDevice( ) 函数来启动一个设备。ZDO_startDevice( ) 函数中调用了一些函数用来自动启动设备,协调器、路由节点和终端传感器节点启动之后,这些设备可以根据自身的类型来建立或发现与加入网络。这些工作都会通过 ZSTACK 自动来完成。

常用的通信方式分为直接通信和间接通信。直接通信在通信前,必须知道目的节点的地址、端口号、属性标识符等,而在间接通信中,这些信息会事先存储在绑定表中,每次通信时只需根据绑定表就能实现节点间的正确通信。为保证绑定表在任何时候都可用,一般绑定表被保存在协调器中。本章采用的是间接通信,当节点要入网时就会请求协调器改变绑定表,这样在源节点和目的节点之间就建立了通信链路,这种方法比较简单,源节点不需要知道目标节点的网络地址直接就可以进行通信。如图 2-39 所示。

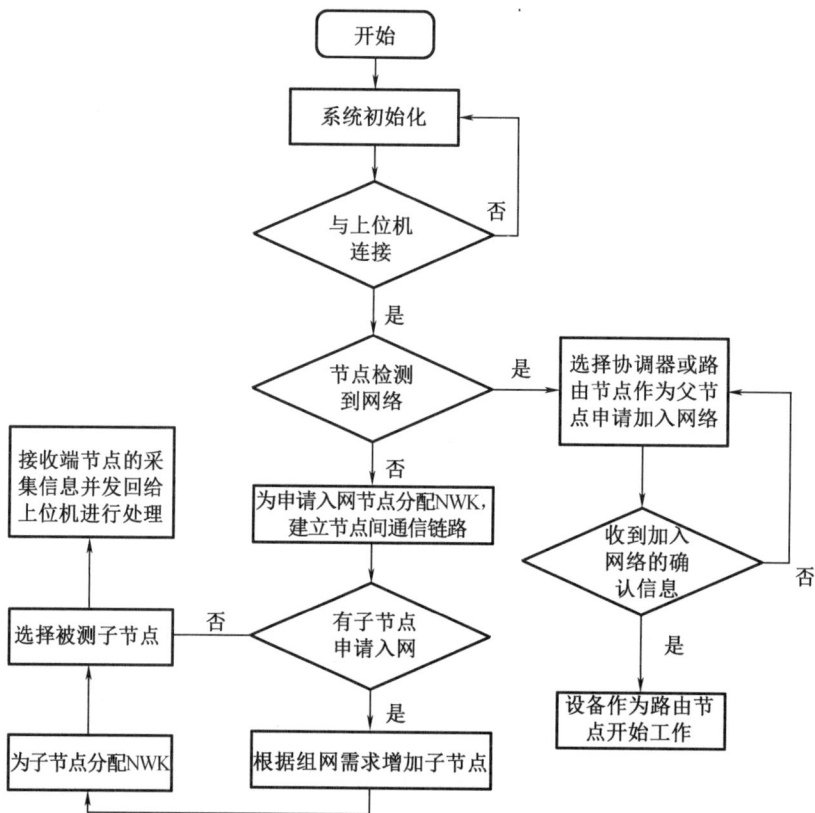

图 2-39 协调器通信流程图

③路由节点软件设计

路由节点一旦监测到网络便会自动绑定到一个相应的协调器节点或者父路由节点,申请加入网络。作为入网申请,无论是路由节点还是终端节点,都需要对设备进行配置,作为路由节点令 logiclType = ZG_DEVICETYPE_ROUTER,通过调用函数 zb_WriteConfiguration (ZCD_NV_LOGICAL_TYPE,sizeof( ),&logicalType)选择路由节点。在路由节点上加载系统引导项,令 startOption = ZCD_STARTOPI_AUTO_START,通过调用函数 zb_WriteConfiguration

（ZCD_NV_STARTUP_OPTION,sizeof( ),&startOption）驱动路由节点启动系统。路由节点申请入网成功后若有其他节点申请加入,需要判断申请节点是路由节点还是终端节点,为节点配置系统加载项,完成节点入网工作。若节点入网成功则该路由节点为申请入网节点分配网络地址,通过多跳数据转发机制进行数据交换,并根据选择的路由节点转发数据,提供网络的连通性,数据的发送和接收通过应用层调用完成数据帧 ACK 应答机制。图 2-40 给出了路由节点通信流程图。

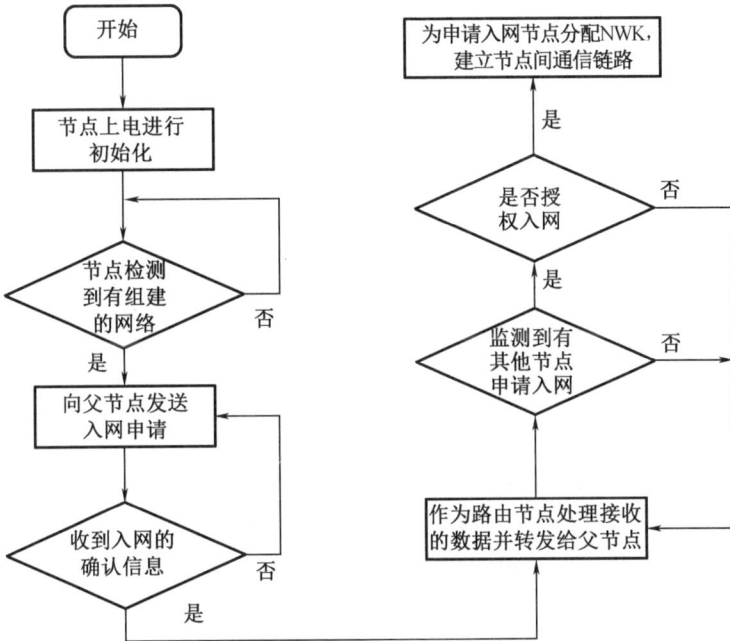

图 2-40　路由节点通信流程图

④终端感知节点软件设计

终端感知节点主要完成信息采集,通过路由节点传送到协调器节点以 RS-232 方式进行传输供上位机对数据进行处理。终端节点上电后,对节点设备进行配置,令 logiclType = ZG_DEVICETYPE_ENDDEVICE,通过调用 ZDO_Start( )申请加入父节点。但是在终端节点入网之前,路由或者协调器节点无法获得终端节点的网络地址,可通过对设备绑定解决该问题。终端节点调用 zb_BindDeviceRequest( )发出绑定请求,并通过 zb_AllowBindRes-ponse( )对配对请求做出响应,同时路由或者协调器节点执行 zb_BindDevice（TRUE,clusterID, NULL）与终端节点发生绑定,如果绑定成功则绑定表建立在路由或者协调器节点上,绑定表中的簇标识符（ClusterID）值相等,且属性相反。通过 clusterID 获得终端节点的网络地址,绑定成功后终端节点执行 zb_SendDataReques( )周期性发送采集的数据信息。图 2-41 为终端节点通信流程图。

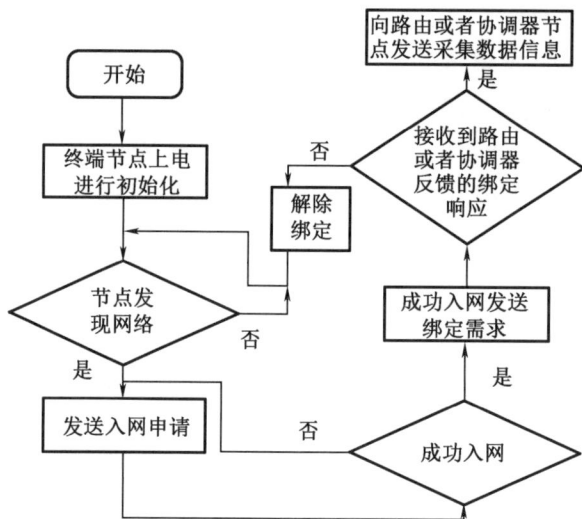

图 2-41　终端节点通信流程图

2.3.5.2　制造车间设备部署方案设计

（1）制造车间节点部署分析

在本节中,设计以 CC2530 为微处理模块的 ZigBee 网络节点,辅助以各种功能电路,实现 ZigBee 网络的建立和维护,以及数据采集、发送和接收。ZigBee 网络中包括 3 种节点:协调器节点、路由节点及终端节点。协调器节点负责无线传感器网络的组建和维护,完成数据汇聚和转发功能;能够与网关进行串行通信;能够进行数据存储功能,能够进行人机交互。路由节点主要实现路由功能,感知设备的数据经过一个或多个路由节点传输至协调器节点。终端节点是无线传感器网络的"触手",为整个系统提供最初的原始数据。

ZigBee 模块在无障碍的情况下,一般数据传输半径为 200～300 m,但在特定的环境和工作场合中因受到外界的干扰或障碍物的影响等,传输半径一般降低 50 m 左右,符合制造车间应用环境。

本节以国内某船厂平直流水线为例进行无线传感器网络节点部署分析。平直分段组立作业区共设置 A、B、C 3 条流水线,占地面积 49 000 m²。主要制作单壳片段和半立体分段,月产单壳片段 280 片左右,半立体分段 120 只左右,最大分段质量可达 200 t。车间内各功能区域示意图如图 2-42 所示,安置有多条流水线,并划有切割、装配、焊接、堆场、办公室等不同区域,并且在地理位置上根据设备布局、功能区划分形成了相对独立的子区域。

车间中采用异构单元的形式部署传感器,并结合分簇结构来部署和配置节点,支持不同需求下异构且独立的应用,并达到降低传感器节点能耗的效果。能量受限或者低能耗的单元负责执行简单的任务,如检测标准物理量;而资源丰富的高能量设备(如网关)执行更加负责的任务,如在资源丰富且不受能量约束的节点进行一些复杂耗能的计算。对于终端节点来说,一般是安装在设备等固定制造资源上,依赖于工厂中加工设备的位置。这里,部署的每个路由节点管理一定范围内的同一组传感器节点。而协调节点常常通过有线连接服务器,和其他网络或者系统进行通信,一般部署在车间的控制室附近。由图 2-42 可知,需对操作员编号、设备编号、物料剩余、产量计数、物流跟踪等信息数据进行采集。

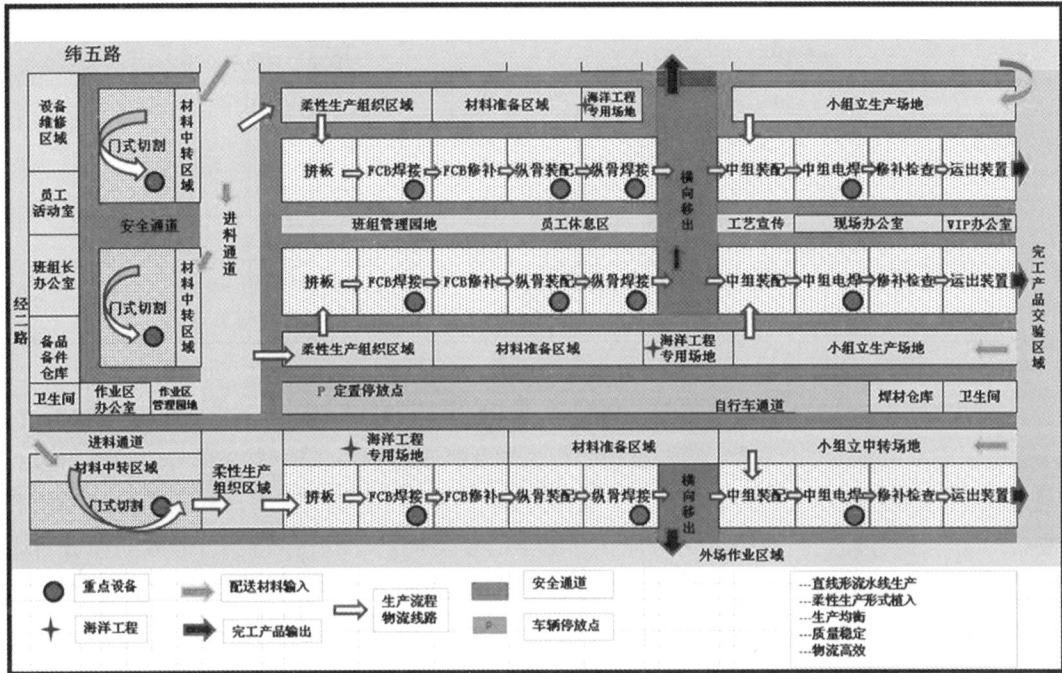

图 2-42 船舶分段加工车间各功能区域示意图

（2）制造车间节点部署方案

将车间区域按照设备的部署划分成若干个 $10×10$ m 的网格，将 4 个相邻网格作为一个簇，在簇的中心位置上部署一个路由节点（即簇头），负责组织簇内节点的通信，并且将采集到的传感器信息经过融合等处理，通过其他路由节点或者直接发送至 Sink 节点。为了避免节点通信冲突或信道堵塞，路由节点的有效通信范围设置为 30 m。在该无线传感器网络下，离 Sink 较远的路由节点需要通过多跳才能到达 Sink 端，会引起数据传输的时间延迟；而且离 Sink 端越近的节点，由于承担的中转任务过重，节点的能量消耗更快，容易造成节点失效而使整个网络不连通。因此，综合考虑添加超级节点构造小世界网络的方法 TDASM，在现有无线传感器网络的基础上，通过部分簇头承担超级节点的任务，形成连接 Sink 节点和超级节点的捷径网络，捷径网络呈现树型结构。由此构建出具有小世界特性的无线传感器网络，可以减少网络中数据传输的时间延迟，平衡网络中节点的能量消耗，并提高网络的鲁棒性、可靠性。以制造车间的传感器基础网络为构建对象，超级节点的个数设置为 8（随机选择概率取 $0.08~0.1$，网络性能达到最大的提升），超级节点的通信范围设置为 100 m（捷径长度取网络半径的一半），超级节点之间为定向连接，而路由节点可以和通信范围内的所有节点通信。对所构建的无线传感器网络小世界特性进行分析，与初始网络的平均路径长度 L、到 Sink 的平均路径长度 L_s 和聚类系数 C 对比。通过替换少量的超级节点，可以大幅减少到 Sink 的平均路径长度，从而降低传感器数据发送至 Sink 节点的时间延迟，提高传输的实时性。而网络的聚类系数和节点平均度变化很小，说明少量的超级节点几乎不改变网络的拓扑结构，见表 2-9。

表 2-9　参数设置与取值

参数	范围
监控区域	$(0,0) \sim (200,200)$
Sink 节点坐标	$(0,0)$
路由节点数目	100
数据包大小	2 000 bits
阈值 d_0	87 m
通信范围	30 m(路由节点) 100 m(超级节点)

制造车间中的人、机、料、车等配备传感器或 RFID 标签,成为自动采集数据的终端节点。然后根据终端节点的部署位置、感知数据的相关性及制造过程信息模型,采用分簇机制将节点划分成簇(形成制造单元),并部署簇头(也作为路由节点),由簇头来管理簇内节点的通信和数据的聚合,而各簇之间通过簇头来连接。由于需要监控的车间区域较大,形成的簇数目很多,经过簇头之间的多跳通信会引起传输延迟。而且发生重要情况时(如紧急安全指令、关键控制数据等),通信的延迟可能会造成严重的后果,因此为了提高网络的传输效率,本方案引入小世界无线传感器网络的结构设计,在分簇结构的基础上,使用超级节点代替部分簇头节点,超级节点间形成可连通的捷径。当发生紧急状况或进行关键控制时,为了保证数据的及时传输,利用多路径路由算法,通过事先定义感知数据的优先级,针对多类数据的不同通信需求,选择合适的路由路径进行传输以满足实时性和能耗平衡等要求。

工作流程如图 2-43 所示。每个制造单元中的终端节点为整个系统提供最初的原始数据,将感知数据发送至组内的路由节点,然后经由其他路由节点或超级节点选择能耗最少的路径传输至车间的协调器节点,最后由协调器节点汇总数据并发送到工业总线。

2.3.5.3　无线传感器网络组网实验测试

由图 2-44 所示,在节点分布定位过程中根据所需采集的信息,节点预先放置在流水线、切割或焊接设备旁,其中操作员工服和被加工零部件已配备对应传感器或 RFID 标签,成为自动采集数据的终端节点。

采用串口调试助手和 TI 公司监控软件 ZigBee_Sensor_Monitor 进行组网测试。串口配置:端口号 COM8,波特率 38 400 bit/s、8 位数据位、1 位停止位。测试过程中,系统通过串口实现协调器与上位机监控端通信。协调器汇聚各个节点采集的信息,串口接收到的数据帧定义见表 2-10。

表 2-10　串口接收到的数据帧定义

协议头/ 帧起始标志	数据包 长度	回馈标志	节点 16 位 短地址	数据包 标志	子节点 数据长度	数据信息	父节点 短地址	CRC 校验
固定值 （1B）	可变 （1B）	固定值 （2B）	可变 （2b）	—	可变 （NB）	—	可变 （2B）	可变 （1B）

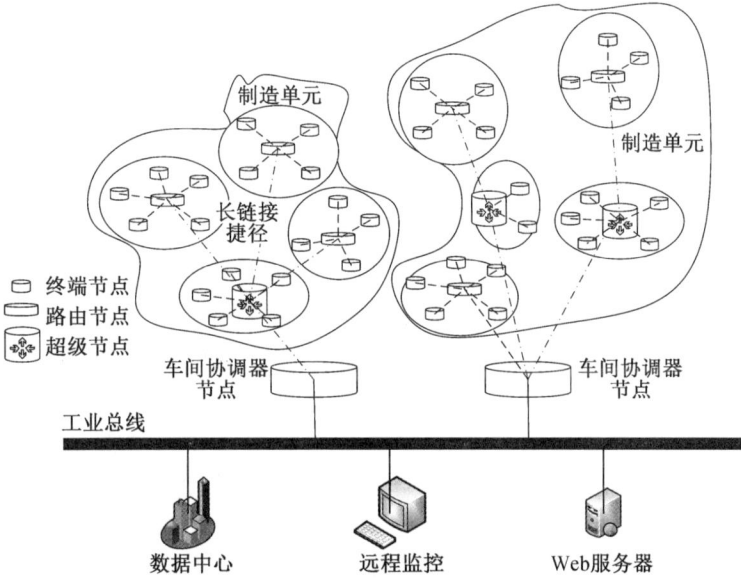

图 2-43　船舶车间无线传感器网络结构部署

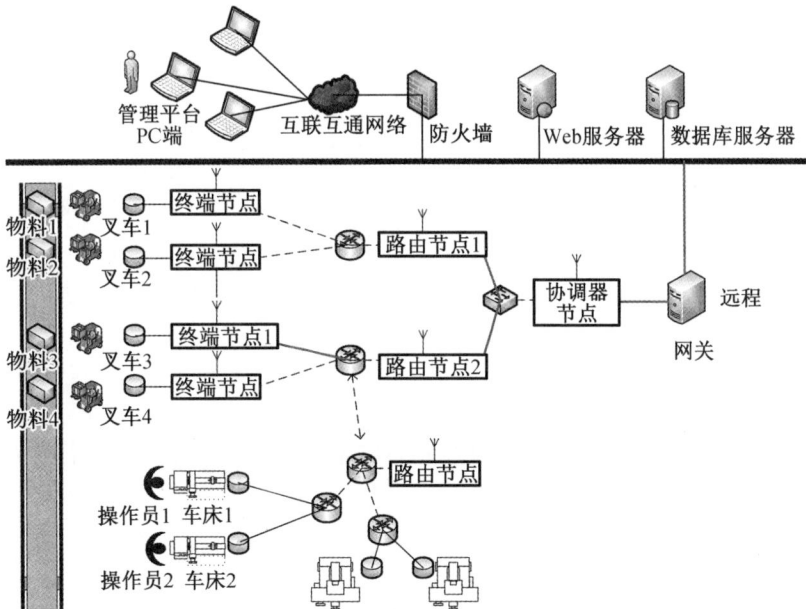

图 2-44　自组网实验图 1

由于每个网络只能拥有网络内唯一一个协调器,协调器通电后,初始化其中 64 位 IEEE 地址为 0x(00124B-0001FA9D87),网络短地址 PANID 为 0x0000,协调器执行 zb_BindDevice( ),接收其他节点绑定请求,组建网络。

路由节点 1 上电后,自动搜索父节点(即协调器节点)加入网络,入网成功则路由节点 1 周期性发送节点信息经协调器上传到 PC 端,串口接收到数据信息为 0x(FE 0A 46 87 01 00 02 00 04 00 FF FF 00 00 CC),根据表中对数据帧定义,其中路由节点 1 短地址 PAN ID 为 0x0001,其父节点为 PAN ID 为 0x0000。继续将路由节点 2 上电加入到网络中,路由节点 2 搜索父节点(即协调器节点),入网成功后路由节点 2 周期性发送数据信息,上位机通过串口接收数据信息为 0x(FE 0A 46 87 3E 14 02 00 04 00 FF FF 00 00 E7),根据表 2-10 中对数据帧的定义,其中路由节点 2 短地址 PANID 为 0x143E,其父节点 PANID 为 0x0000。

继续将终端节点 1 上电加入网络,终端节点自动搜索并绑定到距离其最近的路由节点 2,成功入网后,终端节点周期性地将采集到的信息通过路由节点 2 和协调器节点上传到 PC 端。串口接收数据信息为 0x(FE 0A 46 87 6D 28 02 00 04 00 14 23 3E 14 95),其终端节点短地址 PAN ID 为 0x286D,其父节点 PAN ID 为 0x143E。4 个节点无须人工干预,组网成功,实现了网络拓扑结构的自动组建功能。终端节点入网成功后通过上位机进行组网监控。

设定路由节点 2 故障,中断信号传输,则终端节点会自动搜索网络找到距离其最近的父节点(即路由节点 1),绑定并入网成功,同时周期性地向协调器发送采集数据信息。串口接收到的数据信息为 0x(FE 0A 46 87 30 14 02 00 04 00 13 23 01 00 D8)。其中终端节点短地址 PAN ID 为 0x1430,其父节点 PAN ID 为 0x0001。自组网实验如图 2-45 所示。

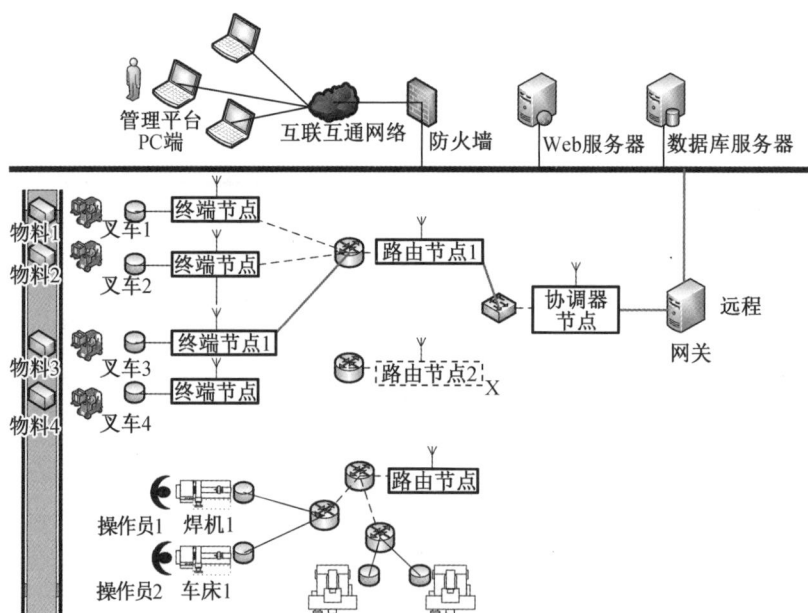

图 2-45　自组网实验图 2

当路由节点 2 发生故障时,网络能够自我修复,并对网络拓扑结构进行相应的调整,无须人工干扰,系统能够正常工作,自组网得以验证。并且节点设备具有通信协议简单可靠、灵敏度高、测量准确、功耗低,节点布置灵活、系统易于扩展等优点。

2.3.5.4　船厂生产物流定位技术方案设计

根据船厂现场生产环境及定位感知对象的特性,在定位网络中定义了参考节点、定位节点和定位系统网关3种定位设备。参考节点,广泛分布在制造车间现场,辅助定位节点进行位置估计,是实现定位功能的基础设备;定位节点,即安装了无线收发器的移动资源,周期性地与周围的参考节点交换信息,从而对自身进行定位;定位系统网关,位于定位系统和服务器之间,承担定位系统与外界的信息交换功能。其中参考节点对应路由器,定位节点用作终端设备,而定位系统网关用作具有串口通信能力的路由器,传输网络的协调器作为一个特殊的定位系统网关存在。

分段定位系统在船厂应用的业务流程进行了梳理,如图2-46所示。

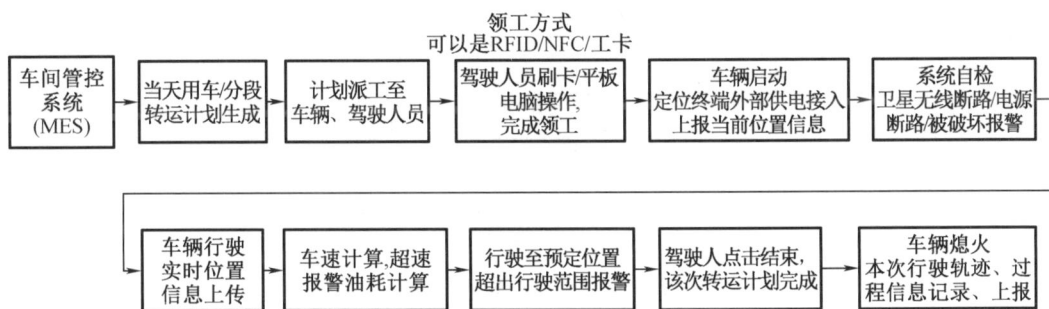

图2-46　分段定位系统在船厂应用的业务流程图

（1）现场环境

船厂车间工位、工种繁多,加工制造的对象庞大,车间是具有大量物料和加工信息流动的场所,同时因为空间相对封闭,容易产生信号遮挡,信号易丢失。

船厂外场是指室外的加工作业车间和场所,还包括船台、码头等。船厂外场建造过程的各个阶段过程,包括分段厂内运输、堆放、存储、装配、预舾装、预涂装等作业流程。船舶制造外场人员、物料、中间产品、车辆位置分散,移动范围大,难以全面监控、精确跟踪的问题,成为外场定位需求的难点。同时塔吊、龙门吊等起重设备因为生产安全的需求,为了防止发生意外碰撞,同样需要进行精确定位。

（2）定位平台体系架构

如图2-47所示,定位平台的无线传感器网络WSN由基础定位网络、数据HUB、实时数据库、系统服务器和数字地图部分组成。

基础定位网络由部署在车间现场的大量传感器节点组成,通过无线多跳通信方式形成一个自组织网络系统,其目的是协作感知、采集和处理网络覆盖区域中被感知对象的信息,并发送给监控者。比如,叉车物流设备上放置的无线节点主要作用为实现运输车辆的实时定位、监控与调配;焊机设备上放置的无线节点主要采集数据为焊机工作状态、焊机设备故障。数据HUB是网络连线的连接点,主要通过有线连接系统服务器和无线连接车间内大量微型传感器节点进行数据传输。通过WSN、RFID、GPS等定位技术对各类制造资源进行定位,实时数据库将各类制造资源的位置信息进行储存。系统服务器主要用来承载数字地图系统及实时数据库的运行。通过读取实时数据库中各类制造资源的位置信息,将这些信息数据在数字地图系统中以图形化方式进行展现,让监控者非常直观地掌握各类制造资源在厂房中的位置信息。

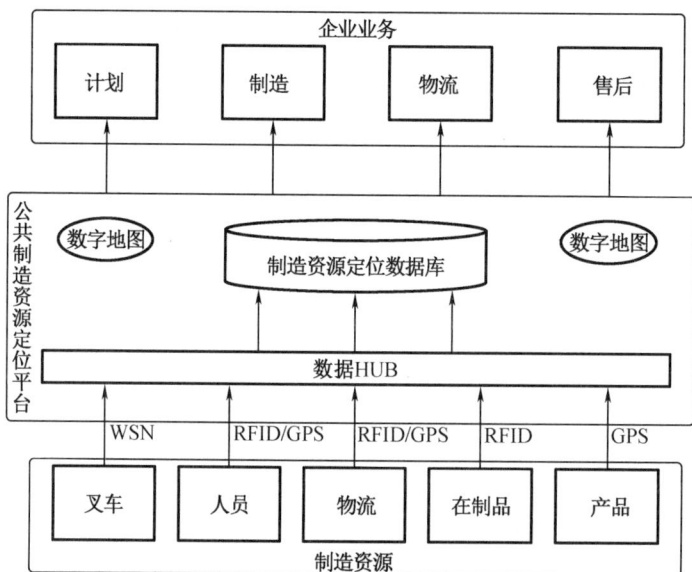

图 2-47　定位平台体系架构

（3）物流设备定位系统功能设计

借助于无线传感器网络对物料运输设备、现场人员等资源进行定位,实现车间资源的配置优化,提高设备的使用率和系统的快速响应能力。以制造车间的物流设备叉车定位为例,无线定位系统主要提供以下功能。

①实时监控叉车的运行情况,包括具体位置、运行状况、是否超速等实时状态信息。让工作人员及时掌握叉车的使用情况,了解其是否在作业状态,当出现超速情况时及时报警。

②实时调度物流设备,通过对工厂各个区域叉车情况的统计,及时掌握区域内叉车的数量和运行情况,方便管理部门协调叉车的使用并提高叉车的利用率。

③反映叉车运行的轨迹,可以查询叉车的历史运行轨迹图。

④提供叉车的作业时间、行程,对每台叉车的使用时间进行统计分析,为管理者的调度优化提供数据参考。

该无线传感器网络由两类节点构成:固定的参考节点(已知坐标)和移动的未知节点(待定位)。参考节点坐标等信息通过参考节点广播的方式传输至未知节点,定位结果经由多跳路由传输至网关,定位信息获取过程如图 2-48 所示。

（4）定位方案设计

物流设备定位具体方案如下。

①叉车的运行区域主要在仓库和车间的物流通道。在仓库和车间的叉车可能到达的区域布置若干参考节点,可以在部署的基础传感器网络下,选择合适的路由节点,事先设定

好坐标信息,即作为参考节点。当检测到通信范围内有叉车时,参考节点开始工作,周期性的广播包括自身坐标的信息,当检测的范围内没有待定位叉车时,参考节点进入休眠。

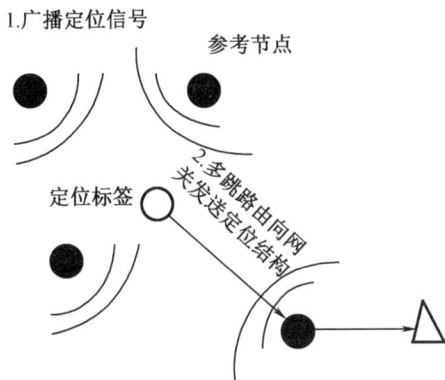

图 2-48 参考节点主动式获取定位信息过程示意图

②为每台叉车配置一个 WSN 定位终端。将节点部署于叉车顶部,以手机电池或干电池供电。待定位节点开始接收参考节点发送的信息,每隔单元时刻,通过接收的多个参考节点坐标和接收信号强度指示(RSSI)信息,计算自身位置信息,若与前一时刻位置的距离小于设定的阈值,则不更新其坐标;若大于阈值,则将估计的坐标通过 WSN 发送至网关。WSN 定位终端除了可以对叉车位置进行定位外,还可通过集成于终端的传感器检测叉车的运行状态,如叉车的速度、叉车是否空载,并将叉车的运行状态实时通过 WSN 发送至服务器。此外,还集成呼叫显示功能,通过 WSN 接收服务器下发的控制指令,提示驾驶员进行相关活动。车间和仓库中的叉车定位示意图如图 2-49 所示。

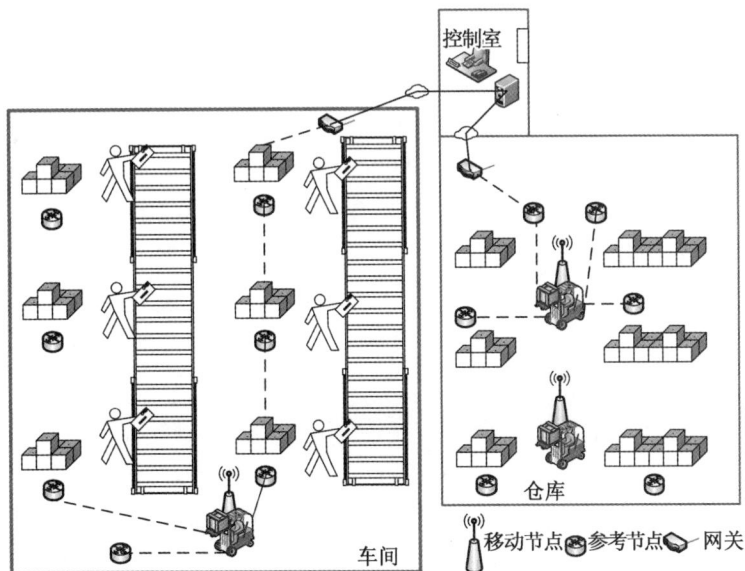

图 2-49 车间和仓库中的叉车定位示意图

（5）效果分析

本章利用无线自组网的相关技术实现了船厂分段制造车间生产物流运输车辆和托盘等工装的实时定位信息采集与相关数据的有效传输。它可以有效支撑车间生产物流调度决策和物流路线优化，具体应用效果主要表现在如下几个方面。

①实现船舶制造车间生产物流状态的全面监测

本章利用无线自组网技术中的传感技术实现船舶制造车间生产物流过程中涉及的运输车辆、托盘、物料等生产资源的位置实时监测，避免了有线监测的局限性。一方面，通过采集现场生产物流资源的实时位置信息，物流管理人员能够科学精准地掌握当前生产物流状态，对车间生产物流计划执行进行优化改进；另一方面，解决了信息的非对称性问题，能够提高现场物料配送的准确性，节省了工作时间，提高了工作效率。

②降低船舶制造车间的信息化建设成本

本章利用无线传输的方式代替了以双绞线、同轴电缆、光纤为主的有线传输，降低了船舶制造车间信息化网络的建设成本。

③提高船舶制造车间监测信息传输的便捷性

本章利用无线节点完成生产信息的传输，提高了船舶制造车间内监测信息传输的便捷性，有效避免了有线监测方式的高复杂度问题，增强了监测网络部署的灵活性，便于随着车间布局的相对变化，及时地调整网络布局。另外，针对无线网络中数据传输受外界影响严重、容易出现传输可靠性低的问题，本章提出的分簇路由协议能够有效保证船舶制造车间无线网络中数据的实时可靠传输。同时，基于分簇的网络拓扑结构具有可扩展性强、可靠性高的优点，可以根据监控区域的范围大小和实际需要任意组网，不易受到应用环境的制约。

2.4　关键技术突破

在制造过程中，需要采集的信息，包括制造资源和生产执行状态两方面。制造车间主要监控的制造资源包括人员资源、移动和固定设备（机器设备、传送带）、工具（工装夹具、切削工具）、物料（成品、在制品或原材料）、物流通道和运输路径等。为了实现生产过程中的信息获取、制造资源的相互感知和监控等需求，在工作人员、生产设备、物料和工装上安装RFID标签或传感器，使其具有感知、识别、通信、决策和执行等一项或多项功能，能够实时地采集和更新设备及其装配件的产品标识、属性、工作状态、加工状态、生产人员、时间等信息，实时显示、更新和记录数据信息。

生产执行状态方面包括以下内容。

（1）生产状态。生产状态包括装配线及工位的故障、工作、停产、等待等工作状态。生产状态信息能够反映生产的执行过程，也是生产管理的重要指标。

（2）生产进度。生产进度是指当前装配线的产量。不仅要关注装配线的整体生产进度，还要对每个工位的生产进度进行感知。

（3）异常状况。人员失误、设备故障等意外状况及紧急生产任务等生产变更都会造成异常状况的发生,这些生产执行过程中的重要突发事件都需要进行相关的信息采集,以便进行异常分析,从而优化生产。

以上生产过程信息,信息类型不同,具体感知环境也各不相同,需要实现对人员、物料、设备等制造资源更精确和及时的监控与主动感知。在船舶制造车间中部署稳定、可靠、灵活、便捷的无线传感器网络,以此为载体,通过特制传感装置进行制造资源实时状态感知、动态定位制造资源,及时获取设备产生的数据信息,达到对生产执行状态进行全方位的跟踪、分析、优化和控制,从而提升过程响应控制能力与对生产现场的动态调度管理能力。

针对船舶分段制造车间现场复杂作业环境下的信息感知需求,设计和构建无线传感器网络,实现制造过程信息的实时获取与状态的自动感知,生产现场的远程监控及对移动对象的识别与定位,为船舶智能制造管控提供数据基础和决策支持。

提出无线传感器网络总体技术框架,包括无线传感器网络模型、现有无线组网技术及其特点、船舶车间无线传感器网络组网建议。

针对船舶分段制造车间传感器网络节点之间彼此交互、复杂环境影响和节点故障易造成传感器网络拓扑的变化等特点,设计符合船舶分段制造车间感知需求的无线传感器网络结构——层次结构的簇树型分层分簇异构组网。

与传统无线传感器网络相比,制造车间无线传感器网络的信息传输模式更多样,而且有不同的实时性要求,因此针对船舶制造车间无线传感器网络中的周期性信息传输特点,分析船舶分段制造车间多种信息传输模式,在经典路由算法的基础上,基于复杂网络小世界特征,引入具有更高能量、存储容量大和数据处理能力强的超级节点,建立具有小世界特性的网络模型。设计符合船舶分段制造车间传感器网络并满足多种实时性要求的路由算法——面向周期性数据传输的分簇路由算法、面向多优先级数据传输的多路径路由算法。针对周期性信息传输,为了提高传感网络的可扩展性和鲁棒性,采用分簇结构来部署和配置网络中的节点。在分簇机制上,基于复杂网络的快速群落检测算法,将传感器网络划分成不均匀的若干簇,节点被选作簇头的概率依赖于剩余能量和节点度。针对车间的多种数据类型,根据不同类型的传输延迟要求,提出了多路径路由算法。对不同传输类型分配优先级,每种优先级数据的传输对应一种拓扑结构,并引入能量有效算法,设计满足制造车间传输需求的多路径路由算法。进一步平衡网络中各节点的能量消耗,从而延长网络生命。

针对船舶分段制造车间中人员、设备、物料、中间产品等制造资源的频繁移动特点和车间智能管控对相关制造资源的实时定位需求,在移动制造资源可能经过的区域布置若干个固定节点,在待定位移动资源上安装传感器。通过参考节点的位置信息及移动节点与参考节点之间的互感信息,实现移动制造资源的动态定位,为船舶制造车间生产调度和物流优化配送等提供数据支持,从而进一步提高生产效率。

2.5 应 用 效 果

(1)以验证船厂为对象,调研分析船舶分段加工车间中生产过程、物流配送及质量控制等业务对物联网技术的应用需求,由此分析无线传感器网络的适用性,提出无线传感器网络总体技术框架,包括无线传感器网络模型、现有无线组网技术及其特点、船舶车间无线传感器网络组网建议。

(2)基于复杂网络的船舶制造车间无线传感器网络结构优化设计研究,针对船舶分段制造车间传感器网络节点之间彼此交互、复杂环境影响和节点故障易造成传感器网络拓扑的变化等特点,设计符合船舶分段制造车间感知需求的无线传感器网络结构,重点突破无线自组网、低功耗传输等技术,并通过后续无线传感节点的应用进行现场验证。

(3)分析船舶分段制造车间多种信息传输模式,在经典路由算法的基础上,研究设计符合船舶分段制造车间传感器网络并满足多种实时性要求的路由算法,平衡制造车间无线传感器网络能量消耗,提高网络生命周期,确保传感采集数据及时可靠地发送和传输。

(4)针对船舶分段制造车间中人员、设备、物料、中间产品等制造资源的频繁移动特点和车间智能管控对相关制造资源的实时定位需求,通过在移动制造资源可能经过的区域布置若干个固定节点,在待定位移动资源上安装传感器,建立移动节点与不同制造资源之间的配置描述,研究设计无线传感器网络的动态定位算法。通过参考节点的位置信息及移动节点与参考节点之间的互感信息,实现移动制造资源的动态定位,为船舶制造车间生产调度和物流优化配送等提供数据支持,从而进一步提高生产效率。

在船舶车间制造过程中引入无线传感器网络的目标是通过更精确的过程状态跟踪和更完整的实时数据采集以获取更丰富的信息,对生产过程进行全方位的监控与优化,并在智能决策支持下对生产现场进行更科学的管理。作为物联网技术之一,无线传感器网络是实现制造过程信息的自动感知及实时传输的关键技术,可广泛应用于生产人员、生产设备、物料、工装的互联管理,生产执行状态感知和控制等。

经过仿真实验测试,路由节点上电后,自动搜索父节点加入网络,终端节点上电后自动搜索并绑定到距离其最近的路由节点,成功入网后终端节点周期性地将采集到的信息通过路由节点和协调器节点上传到 PC 端,实现了网络拓扑结构的自动组建功能。终端节点入网成功后可以通过上位机进行组网监控。

当路由节点发生故障时,中断信号传输,则终端节点会自动搜索网络找到距离其最近的父节点,同时周期性地向协调器发送采集数据信息。即网络能够自我修复,并对网络拓扑结构进行相应的调整,无须人工干扰,系统能够正常工作,自组网得以验证。并且节点设备具有通信协议简单可靠、灵敏度高、测量准确、功耗低、节点布置灵活、系统易于扩展等优点。

2.6 技术创新点

2.6.1 技术发展与船舶行业发展深度分析

本章内容属于技术应用,对现有技术进行深度分析,考虑各技术的当前水平及可持续升级性,创新性地提出船舶制造行业无线传感器网络选型思路,适用于老船厂技术改造及新船厂自组网规划。

2.6.2　开放的组网框架

以簇树型分层分簇异构自组网框架为主体,根据需要兼容其他网络传输技术,适应船厂不同的组网需求。目前,提出的无线传感器网络设计方案能够兼容本章相关的设备组网方案及物联网组网方案。

2.6.3　基于小世界网络特性对船舶制造车间无线传感器网络结构的改进

针对船舶车间现场中对象间查询交互的应用背景,本章建议选用双层次结构的簇树型分层分簇异构拓扑结构来实现船舶制造车间无线传感器网络组网。整个传感器网络组网结构包含两层:上层主干网络和下层的簇。上层主干网络由网关和簇头节点组成,下层由簇头节点和传感节点各自组成的簇形成,簇头节点作为中间节点存在。采用分层拓扑结构,利用中间节点进行分簇管理。一般情况下假设网络的节点是均匀分布的。而在很多实际情况下,由于障碍、噪声等其他环境因素,使得节点无法均匀分布,如果组织不当,可能导致大量冲突和网络拥塞,从而增加延迟,降低能量效率,造成数据过度采集。针对此类情况,利用小世界网络具有大的聚类系数这一现象,通过对聚类系数的分析,有选择性地删除多余链路,使网络平均聚类系数大幅度增加,网络分簇结构明显,在此基础上再通过增加逻辑链路构造改进小世界无线传感器网络。

2.6.4　设计了满足制造车间多类型数据传输需求的多路径路由算法

车间应用中存在 3 类数据传输:安全、控制和监控。数据的报告模式不同,对传输的实时性要求也不同。本章提出了一种提供不同拓扑结构的无线传感器网络,在此网络下,综合采用能量有效策略,设计了多路径路由算法,对具有不同优先级的信息,能够根据不同需求选择合适的路径进行传输。该算法能保证不同类型数据传输的延迟要求,同时避免节点过快耗尽能量,均衡网络中各节点的能量消耗,从而延长网络生命。

2.7　本 章 小 结

本章介绍了船舶制造车间现场的无线传感器网络设计与实现技术、自组网实验的设计等内容,主要结论如下。

2.7.1　制造车间的无线传感器网络组网结构设计

无线传感器网络组网拓扑结构设计的主要思路是通过合理部署网络各传感器节点,在保证网络的连通性和覆盖性的同时,降低节点通信能耗,尽可能地均衡节点间的数据转发任务,以延长网络生存时间、提高网络稳定性、提高网络整体性能为目标。

整个传感网络组网结构包含两层:上层主干网络和下层的簇。上层主干网络由网关和簇头节点组成,下层由簇头节点和传感节点各自组成的簇形成,簇头节点作为中间节点存在。分簇网络结构可以使网络规模不受限制,可扩充性好,路由和控制太少,抗毁性强,容易实现移动管理和网络的局部同步。在分层结构的基础上,此组网结构在主干网和底层簇内分别采用星型/网状拓扑和树型拓扑,尽可能减少监测和服务的响应时间。

2.7.2 基于复杂网络的船舶制造车间无线传感器网络结构优化

基于复杂网络小世界特征,在无线传感器网络结构中引入具有更高能量、存储容量大和数据处理能力强的超级节点,超级节点组成的长连接是和 Sink 节点直接通信的捷径,建立了具有小世界特性的网络模型。在初始无线传感器网络上部署少量超级节点,该模型可以大大减少数据传输时间延迟,降低节点通信能耗,均衡节点负载,还改善了网络对节点随机失效的容错性。根据超级节点的部署位置和捷径的方向,构成了不同结构的无线传感器网络。通过评价其传输延迟、能量消耗等指标,高级节点之间连成树型结构的捷径,能够提高传感网络的性能。

2.7.3 支持多类型数据传输的无线传感器网络路由算法

首先针对周期性数据的传输,在经典分簇路由算法的基础上,借鉴复杂网络中的群落检测算法,将网络分成若干个不同规模的簇,簇的形成由网络的拓扑结构决定;然后根据能量和节点度选择簇头,改进的不平等分簇路由算法能够进一步平衡网络能量消耗,提高网络生命周期。通过分析制造车间的多种数据类型及传输需求,将数据传输分成安全、控制和监控等不同类型,设计了面向多优先级数据传输的多路径路由算法。该算法基于多种拓扑结构的混合网络,不同拓扑结构的网络在数据传输延迟、能量消耗等方面有着不同目标,与车间现场多优先级数据的传输对应,在保证不同信息传输延迟要求的情况下,进一步平衡网络中各节点的能量消耗,从而延长网络生命。

2.7.4 无线传感器网络基于车间定位方案设计

针对船舶制造车间开展了无线传感器网络关键技术的应用工作,包括应用于船厂分段定位系统中的人员、物料与叉车定位。在定位网络中定义了参考节点、定位节点和定位系统网关 3 种定位设备。参考节点,广泛分布在制造车间现场,辅助定位节点进行位置估计,是实现定位功能的基础设备;定位节点,即安装了无线收发器的移动资源,周期性地与周围的参考节点交换信息,从而对自身进行定位;定位系统网关,位于定位系统和服务器之间,承担定位系统与外界的信息交换功能。其中参考节点对应路由器,定位节点用作终端设备,而定位系统网关用作具有串口通信能力的路由器,传输网络的协调器作为一个特殊的定位系统网关存在。在实际生产过程中,数字化管控实现了车间资源的配置优化与监控,提高了设备的使用率和系统的快速响应能力,提高了工作效率,减少了人工失误,保障了安全生产,缩短了造船周期。

第3章 船舶制造车间数控设备组网技术

3.1 概 述

针对船舶制造车间数控设备种类众多、尚未集中控制导致生产效率低下等问题,开展船舶制造车间数控设备组网技术研究,实现数控加工设备、检测设备等的联网,对设备运行状态、报警信息等数控设备状态信息进行采集管理,提升船舶车间制造设备利用率和船舶分段制造生产效率。

本章节通过对各种自动化加工设备和检测设备等的不同通信接口、数据通信协议、设备管理协议进行调研、分析、综合,提出适合船舶制造车间并适应未来发展的数控设备通信方案。同时针对调研到的设备通信接口、通信协议,探讨不同通信协议之间的转换方式,设计转换网关布置,形成数控设备组网方案。在上述基础上,以中间件的形式开发船舶制造车间数控设备组网系统软件,向上层应用提供统一的设备通信接口、数据采集接口、数据分析与展现等功能。

3.2 船舶制造车间数控设备组网技术分析

3.2.1 船舶制造车间数控设备调研情况分析

3.2.1.1 小组立车间内的各种设备

经国内某船厂现场调研,小组立车间内已有的各种设备情况见表3-1。首先根据数控设备控制系统的存在与否,将小组立车间中门切工位等8个工位设备划分为须改造设备及无须改造设备。

表3-1 小组立车间内已有的各种设备情况

序号	工位名称	功能	已有设备	控制系统	硬件接口	软件接口
1	门切工位	按照工艺完成钢板的切割	门式切割机	基于工业PC	USB、以太网	法利:新系统RJ45
2	拼板工位	完成板材的拼接	天车	无	无	无
3	FCB焊接工位	对人工拼接好的工件进行焊接	FCB自动焊接装置	三菱Q系列PLC	串口	OPC

表 3-1(续)

序号	工位名称	功能	已有设备	控制系统	硬件接口	软件接口
4	FCB 修补工位	对于完成自动焊接工件进行补焊	天车	三菱 A 系列 PLC	串口	OPC
5	纵骨装配工位	辅助工人完成纵骨的装配	纵骨装配机	三菱 A 系列 PLC	串口	OPC
6	纵骨焊接工位	自动完成装配好纵骨的工件焊接	16 极纵骨焊接设备	三菱 A 系列 PLC	串口	OPC
7	肋板装配/焊接工位	人工完成肋板纵桁件的装配与焊接	焊接门架	三菱 A 系列 PLC	串口	OPC
8	运出工位	完成工件的顶升上门架运出	顶升装置	三菱 FX 系列 PLC	串口	OPC

(1)门切工位

门切工位主要功能为按照工艺要求完成钢材的切割,使用设备为门式切割机,由操作人员完成工艺信息录入后,由工业 PC 控制进行自动化切割。控制器为基于 Linux 系统的工业 PC,硬件接口为 USB2.0 接口及工业以太网 RJ45 接口,软件接口为法利:新系统 RJ45。根据调研情况,该设备为小组立车间的首个工位,当负责该工位的操作人员在完成工艺录入工作后,需要去工作室查看并进行下次切割工作安排,往往发生机器执行完毕或发生错误终止运行无法得到反馈信息的情况,所以门切工位需要进行设备数据信息实时监控,以提升工作效率。因此将门切工位列为须改造设备,后续软件系统可自动地获取设备的实时数据信息。

(2)拼版工位

拼版工位主要功能为完成板材的拼接,使用设备为天车,由人工手动操作,不存在控制系统、硬件接口及软件接口。根据调研情况,该设备处于门切工位与 FCB 焊接工位之间,使用时间一般为门切工位完成工作之后的一段时间,按照工作流程与企业实际要求,不需要进行设备数据信息实时监控;若后续工作需要,可以通过人工录入的方式完成。所以拼版工位的设备天车列为无须改造设备。

(3)FCB 焊接工位

FCB 焊接工位主要功能是对人工拼接好的工件进行焊接,使用设备为 FCB 自动焊接装置,由操作人员完成工艺信息录入后,由三菱 Q 系列 PLC 控制进行自动化焊接。控制器为三菱 Q 系 PLC,硬件接口为 RS-422 串行通信接口,软件接口为标准 OPC 接口。众所周知,钢板焊接的品质决定了船舶整体的质量,船厂以往发生过操作人员的误操作导致焊接后的工件无法满足验收要求的情况,所以焊接工作时的电流电压等变量必须进行实时监测,遵守焊接工艺要求,以保证工件的品质。目前 FCB 焊接工位未存在监测与报警功能,所以将其列为须改造设备,后续软件系统可以自动地获取设备的实时数据信息。

（4）FCB 修补工位

FCB 修补工位用于对自动焊接的工件进行补焊,使用设备为天车,由操作人员操控,由三菱 A 系列 PLC 控制进行自动化补焊。控制器为三菱 A 系 PLC,硬件接口为 RS-232 串行通信接口,软件接口为标准 OPC 接口。由于补焊工序是对自动化焊接的一个补偿操作,对焊接工作时的电压电流等变量需要进行监测,以保证工件的品质。目前 FCB 修补工位未存在监测与报警功能,所以将其列为须改造设备,后续软件系统可以自动地获取设备的实时数据信息。

（5）纵骨装配工位

纵骨装配工位用于辅助操作人员进行纵骨的装配工作,使用设备为纵骨装配机,由操作人员操控,由三菱 A 系列 PLC 控制进行辅助装配工作。控制器为三菱 A 系 PLC,硬件接口为 RS-232 串行通信接口,软件接口为标准 OPC 接口。根据调研得知,该装配工位需要得到工作结束时间以进行工作安排,需要得到工作时的位移数据、电压电流等变量完成设备的监测与报警功能。目前纵骨装配工位未存在监测与报警功能,所以将其列为须改造设备,后续软件系统可以自动地获取设备的实时数据信息。

（6）纵骨焊接工位、肋板装配/焊接工位

纵骨焊接工位、肋板装配/焊接工位与 FCB 焊接工位功能相似,均为将人工拼好的工位进行焊接。纵骨焊接工位使用设备为 16 级纵骨焊接设备,肋板装配/焊接工位使用设备为焊接门架,两种设备由操作人员完成工艺信息的设置后,由三菱 A 系列 PLC 控制进行纵骨工件的焊接工作。控制器为三菱 A 系 PLC,硬件接口为 RS-232 串行通信接口,软件接口为标准 OPC 接口。为达到一次性验收目标,焊接工作时的电流电压等变量必须进行实时监测,遵守焊接工艺要求,以保证工件的品质。目前纵骨焊接工位、肋板装配/焊接工位未存在监测与报警功能,所以将其列为须改造设备,后续软件系统可以自动地获取设备的实时数据信息。

（7）运出工位

最后的运出工位用于完成工件的顶升上门架运出,,使用设备为顶升装置,由操作人员操控,由三菱 FX 系列 PLC 控制进行自动化运出。控制器为三菱 FX 系列 PLC,硬件接口为 RS-422 串行通信接口,软件接口为标准 OPC 接口。根据调研得知,该运出工位需要得到工作时的位移数据、电压电流等变量完成设备的监测与报警功能,所以将其列为须改造设备,后续软件系统可以自动地获取设备的实时数据信息。

3.2.1.2　分段先行数字化车间内的各种设备

以国内某船厂现场为例,分段先行数字化车间内已有的各种设备情况见表 3-2。首先根据数控设备控制系统的存在与否,将分段先行数字化车间中型钢切割生产线等 5 个工位或生产线设备划分为须改造设备及无须改造设备。

表3-2 分段先行数字化车间已有的各种设备情况

序号	生产线名称	功能	已有设备	控制系统	硬件接口	软件接口
1	型钢切割生产线	按照工艺完成型钢的切割	型钢等离子切割机	Fanuc 160i	SC光纤接口	RJ45
2	HGG型钢流水线	完成型钢的自动上下料、画线、印字、等离子切割	自动画线、印字工作站;机器人自动切割工作站	基于工业PC	以太网	RJ45
3	肋骨冷弯区	完成肋骨的板材冷弯	400T肋骨冷弯机	斯伯克DNC880数控系统	无法获取	无法获取
4	通用件焊接机器人	完成各种通用件的自动焊接	自动焊接机器人	基于工业PC	以太网	RJ45
5	型钢打磨区	无	无	无	无	无

（1）型钢切割生产线

型钢切割生产线主要功能为按照工艺要求完成型钢的切割,使用设备为型钢等离子切割机,由操作人员操控,由Fanuc 160i数控系统控制进行自动化切割。Fanuc 160i数控系统自带的硬件接口为SC光纤接口,软件接口为RJ45接口。根据调研情况,该生产线在切割的过程中,存在机器执行完毕或发生错误终止运行无法得到反馈信息的情况,因此需要对该生产线的数据信息进行实时监测,减少怠工时间,以提高工作效率,所以将型钢切割生产线列为须改造设备,后续软件系统可自动获取生产线的实时数据信息。

（2）HGG型钢流水线

HGG型钢流水线主要功能为完成型钢的自动上下料、画线、印字及等离子切割等功能,使用的设备为自动画线、印字工作站及机器人自动切割工作站,由操作人员操控,由基于Linux系统的工业PC控制进行自动化上下料、画线、印字及等离子切割。控制系统为Linux系统的工业PC,硬件接口为工业以太网接口,软件接口为RJ45接口。根据调研情况与企业要求,需要对该生产线的自动上下料情况、画线情况、印字情况及切割情况进行实时监测,以了解实时进度,供管理层进行工作安排。所以将HGG型钢流水线列为须改造设备,后续软件系统可自动获取生产线的实时数据信息。

（3）肋骨冷弯区

肋骨冷弯区的主要功能是完成肋骨的板材冷弯,使用的设备为400T肋骨冷弯机,由操作人员操控,由斯伯克DNC880数控系统控制进行自动化肋骨冷弯。控制系统为斯伯克DNC880数控系统,无硬件接口,无软件接口。根据调研情况与企业要求,需要对该肋骨冷弯区的数控设备在工作时的电压电流、冷弯角度等情况进行实时监测功能,对出现的问题进行及时报警功能,但因为没有任何硬件与软件接口的存在,难以通过协议转换的方式读取设备数据信息,只能通过人工录入的形式或图像识别的方法来完成。所以将肋骨冷弯区列为须改造设备,后续软件系统可自动或由人工录入的方式获取该工作区的实时数据信息。

（4）通用件焊接机器人

通用件焊接机器人的主要功能为完成各种通用件的焊接工作,使用的设备为自动焊接机器人,由操作人员设置完成后,由基于 Linux 系统的工业 PC 控制完成自动化焊接。控制系统为 Linux 系统的工业 PC,硬件接口为工业以太网接口,软件接口为 RJ45 接口。据调研情况与企业要求,需要对该焊接机器人焊接工作时的电流电压等变量进行实时监测,遵守焊接工艺要求,以保证工件的品质。所以将通用件焊接机器人列为须改造设备,后续软件系统可自动获取生产线的实时数据信息。

（5）型钢打磨区

型钢打磨区的主要功能为打磨完成的工件,去除多余的焊点,保证工位的平滑。该工作为人工进行,因此将型钢打磨区列为无须改造设备。

3.2.2 船舶制造车间数控设备通信方式

深入验证船厂船舶分段加工车间,对数控切割机、数控焊机、机器人等自动化加工设备和检测设备等的不同通信接口方式进行调研、分析,综合分析 DNC 网络中 DNC 主机与上层计算机之间的通信需求,以及 DNC 主机与数控自动化设备的通信需求,研究对比串行、工业现场总线、工业以太网等通信方式,确定适合船舶制造车间并适应未来发展的数控设备通信方案。船舶制造车间数控设备通信方式从三个方面进行分析:设备硬件通信接口、设备底层通信协议、设备管理协议。

3.2.2.1 船舶制造车间数控设备硬件通信接口分析

数控设备与设备之间的通信接口随着机械工程和电气工程技术的发展也在不断发展。从数控设备采用的硬件通信接口方式来看,主要有以 RS-485 为代表的串行通信接口、USB2.0 为代表的通用串行总线接口、以 RJ45 为代表的以太网通信接口等。

（1）串行通信接口分析

下面针对国内某船厂船舶制造车间数控设备使用较多的 RS-232、RS-422、RS-485 3 个总线接口进行详细分析。RS-232 接口也称标准串口,是最常用的一种串行通信接口,是"数据终端设备和数据通信设备之间串行二进制数据交换接口技术标准"。传统的 RS-232-C 接口标准有 22 根线,采用标准 25 芯 D 型插头座(DB25),后来使用简化为 9 芯 D 型插座(DB9),现在 25 芯插头座已很少采用。RS-232 采取不平衡传输方式,即单端通信。由于其发送电平与接收电平的差仅为 2~3 V,所以其共模抑制能力差,再加上双绞线上的分布电容,其传送距离最大约 15 m,最高速率为 20 kbit/s。RS-232 是为点对点(即只用一对收、发设备)通信而设计的,其驱动器负载为 3~7 kΩ。所以 RS-232 适合本地设备之间的通信。

RS-422 接口标准全称是"平衡电压数字接口电路的电气特性",它定义了接口电路的特性。典型的 RS-422 是四线接口。实际上还有 1 根信号地线,共 5 根线。其 DB9 连接器引脚定义。由于接收器采用高输入阻抗和发送驱动器比 RS-232 更强的驱动能力,故允许在相同传输线上连接多个接收节点,最多可接 10 个节点。即一个主设备(master),其余为从设备(slave),从设备之间不能通信,所以 RS-422 支持点对多的双向通信。接收器输入阻抗为 4 k,故发端最大负载能力是 10×4 k+100 Ω(终接电阻)。RS-422 四线接口由于采用单独的发送和接收通道,因此不必控制数据方向,各装置之间任何必需的信号交换均可以按软件方式(XON/XOFF 握手)或硬件方式(一对单独的双绞线)实现。

RS-485 接口从 RS-422 基础上发展而来,所以 RS-485 许多电气规定与 RS-422 相仿。如都采用平衡传输方式、都需要在传输线上接终接电阻等。RS-485 可以采用二线与四线方式,二线制可实现真正的多点双向通信,而采用四线连接时,与 RS-422 一样只能实现点对多的通信,即只能有一个主设备,其余为从设备,但它比 RS-422 有改进,无论四线还是二线连接方式总线上可多接到 32 个设备。多台设备的 RS-485 总线连接示意图如图 3-1 所示。

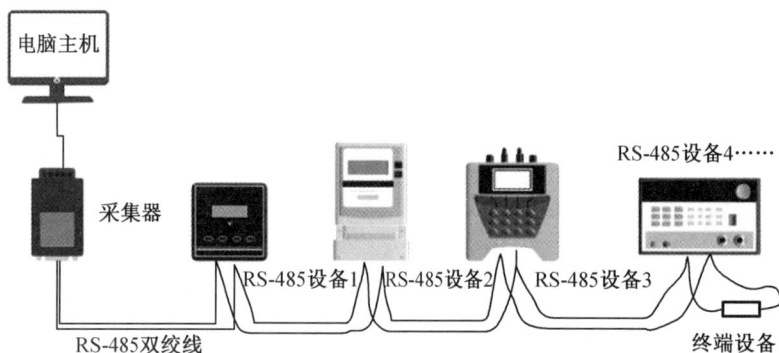

图 3-1 多台设备的 RS-485 总线连接示意图

RS-485 与 RS-422 的不同还在于其共模输出电压是不同的,RS-485 为-7~12 V,而 RS-422 为-7~7 V;RS-485 接收器最小输入阻抗为 12 kΩ,RS-422 是 4 kΩ。由于 RS-485 满足所有 RS-422 的规范,所以 RS-485 的驱动器可以在 RS-422 网络中应用。

RS-485 与 RS-422 相同之处在于其最大传输距离约为 1 219 m,最大传输速率为 10 Mbit/s。平衡双绞线的长度与传输速率成反比,在 100 kbit/s 速率以下,才可能使用规定最长的电缆长度;只有在很短的距离下才能获得最高速率传输。一般 100 m 长的双绞线最大传输速率仅为 1 Mbit/s。

(2)USB 接口分析

USB 自推出以来,已成功替代串口和并口,成为 21 世纪大量计算机和智能设备的标准扩展接口与必备接口之一,现已发展到 USB4.0 版本。USB 具有传输速度快、使用方便、支持热插拔、连接灵活、独立供电等优点,可以连接键盘、鼠标、大容量存储设备等多种外设,该接口也被广泛用于智能手机中。计算机等智能设备与外界数据的交互主要以网络和 USB 接口为主。下面对 USB 接口从软件结构、硬件结构、数据传输、总线标准及接口软件开发 5 个方面进行分析。

①软件结构

每个 USB 只有一个主机,它包括以下几层。

a. 总线接口

USB 总线接口处理电气层与协议层的互连。从互连的角度来看,相似的总线接口由设备及主机同时给出,如串行接口机(SIE)。USB 总线接口由主控制器实现。

USB 系统用主控制器管理主机与 USB 设备间的数据传输。它与主控制器间的接口依赖于主控制器的硬件定义。同时,USB 系统也负责管理 USB 资源,如带宽和总线能量,这使客户访问 USB 成为可能。

b. 主机软件

在某些操作系统中,没有提供 USB 系统软件。这些软件本来是用于向设备驱动程序提供配置信息和装载结构的。在这些操作系统中,设备驱动程序将应用提供的接口而不是直接访问 USB 驱动程序接口(USBDI)结构。

c. USB 客户软件

USB 客户软件是位于软件结构的最高层,负责处理特定 USB 设备驱动器。客户程序层描述所有直接作用于设备的软件入口。当设备被系统检测到后,这些客户程序将直接作用于外围硬件。这个共享的特性将 USB 系统软件置于客户和它的设备之间,这就要根据 USB 内核(USBD)在客户端形成的设备映像,由客户程序对它进行处理。

主机各层有以下功能。

(a)检测连接和移去的 USB 设备。

(b)管理主机和 USB 设备间的数据流。

(c)连接 USB 状态和活动统计。

(d)控制主控制器和 USB 设备间的电气接口,包括限量能量供应。

主机控制器驱动(HCD)提供了主控制器的抽象和通过 USB 传输的数据的主控制器视角的一个抽象。USBD 提供了 USB 设备的抽象和 USBD 客户与 USB 功能间数据传输的一个抽象。USB 系统促进客户和功能间的数据传输,并作为 USB 设备的规范接口的一个控制点。USB 系统提供缓冲区管理能力并允许数据传输同步于客户和功能的需求。

②硬件结构

USB 采用四线电缆,其中 2 根是用来传送数据的串行通道,另 2 根为下游(downstream)设备提供电源,对于任何已经成功连接且相互识别的外设,将以双方设备均能够支持的最高速率传输数据。USB 总线会根据外设情况在所兼容的传输模式中自动地由高速向低速动态转换且匹配合适的速率。USB 是基于令牌的总线。类似于令牌环网络或 FDDI 基于令牌的总线。USB 主控制器广播令牌,总线上设备检测令牌中的地址是否与自身相符,通过接收或发送数据使主机响应。USB 通过支持悬挂/恢复操作来管理 USB 总线电源。USB 系统采用级联星型拓扑,该拓扑由 3 个基本部分组成:主机、集线器和功能设备。

主机,也称为根,根结或根集成器,它做在主板上或作为适配卡安装在计算机上。主机包含有主控制器和根集线器,控制 USB 总线上的数据和信息的流动,每个 USB 系统只能有一个根集线器,它连接在主控制器上,一台计算机可能有多个根集线器。

集线器是 USB 结构中的特定成分,它提供叫作端口(port)的点将设备连接到 USB 总线上,同时检测连接在总线上的设备,并为这些设备提供电源管理,负责总线的故障检测和恢复。集线可为总线提供能源,亦可为自身提供能源(从外部得到电源)。功能设备通过端口与总线连接。USB 同时可做集线器使用。

③数据传输

主控制器负责主机和 USB 设备间数据流的传输。这些传输数据被当作连续的比特流。每个设备提供了一个或多个可以与客户程序通信的接口,每个接口由 0 个或多个管道组成,它们分别独立地在客户程序和设备的特定终端间传输数据。USBD 为主机软件的现实需求建立了接口和管道,当提出配置请求时,主控制器根据主机软件提供的参数提供服务。

USB 支持 4 种基本的数据传输模式:控制传输、等时(lsochronous)传输、中断传输及数据块传输。每种传输模式应用到具有相同名字的终端,则具有不同的性质。

a. 控制传输类型:支持外设与主机之间的控制、状态、配置等信息的传输,为外设与主机之间提供一个控制通道。每种外设都支持控制传输类型,这样主机与外设之间就可以传送配置和命令/状态信息。

b. 等时传输类型(或称同步传输):支持有周期性、有限的时延和带宽且数据传输速率不变的外设与主机间的数据传输。该类型无差错校验,故不能保证正确的数据传输,支持像计算机-电话集成系统(CTI)和音频系统与主机的数据传输。

c. 中断传输类型:支持像游戏手柄、鼠标和键盘等输入设备,这些设备与主机间数据传输量小,无周期性,但对响应时间敏感,要求马上响应。

d. 数据块传输类型:支持打印机、扫描仪、数码相机等外部设备,这些外部设备与主机间传输的数据量大,USB 在满足带宽的情况下才进行该类型的数据传输。

USB 采用分块带宽分配方案,若外部设备超过当前带宽分配或潜在的要求,则不能进入该设备。同步和中断传输类型的终端保留带宽,并保证数据按一定的速率传送。集中和控制终端按可用的最佳带宽来传输数据。

④总线标准

USB 的总线标准的主要经历:USB1. 1——支持低速率的 1. 5 Mbit/s 和全速率的 12 Mbit/s;USB2. 0——支持高速率的 480 Mbit/s;USB3. 0——支持超高速率的 5 Gbit/s。标准的不断提升,其本质就是信号传输速率的提升,如此高速的传输速率对信号质量的要求也是水涨船高,如何在纷繁复杂的电路板中保证信号质量是 USB 设计中的重中之重。

⑤接口软件开发

要开发一个完整的 USB 接口,其过程较为复杂,除其硬件电路设计以外,还包括软件设计过程,主要包括接口芯片固件编程、设备驱动开发和应用软件设计等 3 个方面。USB 接口芯片固件是其各种底层功能函数,用于实现芯片读写等操作。设备驱动主要用于驱动 USB 设备,使连接上位机之后能被识别。其中,设备驱动还需要完成固件下载的工作,这样用户才能应用设计的固件。完成接口芯片固件和设备驱动的编写之后,编写用户控制软件,按照用户需求控制 USB 接口通信过程。

(3)工业以太网接口分析

以太网是目前应用最广泛的局域网通信方式,同时也是一种协议。以太网协议定义了一系列软件和硬件标准,从而将不同的计算机设备连接在一起。以太网设备组网的基本元

素有交换机、路由器、集线器、光纤、普通网线、以太网协议和通信规则。IEEE 802.3 标准是以最初的以太网技术为基础开发成功的,以太网提供的服务对应于 OSI 参考模型的物理层和数据链路层,而 IEEE 802.3 提供的服务对应于 OSI 参考模型的物理层和数据链路层的 MAC 部分(MAC 与 LLC 共同构成数据链路层)。以太网的物理层主要分为以下类别:早期的 10 Mbit/s 和 1 Mbit/s 的以太网、100 Mbit/s 的快速以太网及千兆以太网等更高速的以太网。对于早期的以太网应用,MAC 层与物理层之间通过附加单元接口(AUI)相连,而且使用同轴电缆作为传输媒介;对于快速以太网,传输媒介采用双绞线,MAC 层与物理层之间通过介质无关接口(MII)连接。由于 MII 信号线太多,因此衍生出许多简化的标准,如简化媒体独立接口(RMII)、串行介质无关接口(SMII)等。

根据 IEEE 802.3 标准定义,以太网可采用半双工及全双工模式进行数据传输,对于半双工模式需要 CSMA/CD 技术的支持,全双工模式则不需要。对于以太网来说,具有中继器(repeater)、hub、转换器(switch)、网桥(bridge)等连接设备。hub 是 repeater 的一种,实现网络节点之间物理信号的双向转发,完成信号的复制,调整和放大信号,两者的主要区别是 hub 实现多端口信号转发,而 repeater 只能实现两端口信号转发。switch 是 bridge 的一种,工作在数据链路层,能起到过滤帧的作用,两者的主要区别是 switch 实现多端口数据交换,bridge 只能实现两端口数据交换。switch 与 hub 相比较,hub 工作在物理层,而 switch 工作在数据链路层,能够实现帧的存储过滤,可避免网络风暴,但网络延时比 hub 大。

以太网常见的拓扑结构包括星型结构、总线结构、环型结构、树型结构、网状结构等。星型结构以中心节点为控制中心,网络可靠性低;总线结构将所有的节点用总线相连,共享能力较强,但是实施性较差;环型结构一般在局域网中使用,信息单向流动,实施性较强;树型结构也就是分级的集中式网络,结构简单,但同星型结构一样可靠性低;网状结构是一种无规定的连接方式,一般用于广域网的组网,结构复杂,可靠性高。

①SC 光纤接口

根据美国国家标准协会(ANSI)的规定,光纤通道作为某些上层协议(ULP)专用的传输通道,应该支持 IP、小型计算机系统接口(SCSI)、高性能并行接口(HIPPI)及其他高层协议等。光纤通道不但在速度、距离和成本方面都有明显的优点,而且只需要添加一个光纤通道适配器(HBA)就可以使用现有的操作系统和很多软件。

FC-0 是物理接口,是网状通道协议(FC)的最底层。物理层定义了不同物理介质、传输距离。信号机制标准定义了除了光纤同轴电缆和双绞线也可以作为传输介质。本层基本目的是发送和接收二进制(0,1)信号。FC-0 定义了数据传输的速度,指传输的有效数据的速度,目前有 400 MB/s、200 MB/s、100 MB/s,若加上帧头、编码等额外数据,速率就是 4 Gbit/s,2 Gbit/s,1 Gbit/s。

FC-1 层是代码层,是对 FC-0 层的加强层,利用底层的功能实现字节或传输字的发送和接收,定义了基本传输信号的编码解码特殊字符和字符级的差错控制,采用 8 B/10 B 编码。

FC-2 层是协议层,定义了编码和解码的标准、原语与传输字。功能是发送和接收帧、帧序列、帧交换与数据包等,也就是利用 FC-1 层的功能一次传输一串数据,提供了一些在端到端之间传输信息单元的规则和机制。FC-2 层的功能包括几种服务类型、帧格式的定义、序列分装与重组、交换管理、地址分配、别名地址定义、多播管理等。

FC-3 层是服务层，一个节点只有一个 FC-3 层，给节点的上层提供了公共服务，这些服务利用 FC-2 层的功能来实现。

FC-4 是协议映射层，定义了 FC 与 ULP 层之间的接口。若上层应用层为 SCSI 协议，那么 FC-4 层协议就是 FCP 协议。

SC 光纤接口在 100Base-TX 以太网时代就已经得到了应用，因此当时称为 100Base-FX（F 是光纤单词 fiber 的缩写），不过当时由于性能并不比双绞线突出，但是成本却较高，因此没有得到普及。现在业界大力推广千兆网络，SC 光纤接口则重新受到重视。光纤接口类型很多，SC 光纤接口主要用于局域网交换环境，在一些高性能以太网交换机和路由器上提供了这种接口。它与 RJ45 接口看上去很相似，不过 SC 光纤接口显得更扁些，其明显区别还是里面的触片，如果是 8 条细的铜触片，则是 RJ45 接口，如果是一根铜柱则是 SC 光纤接口。

②RJ45 接口

这种接口就是现在最常见的网络设备接口，俗称"水晶头"，专业术语为 RJ45 连接器，属于双绞线以太网接口类型。RJ45 模块的核心是模块化插孔。镀金的导线或插座孔可维持与模块化的插座弹片间稳定而可靠的电器连接。由于弹片与插孔间的摩擦作用，电接触随着插头的插入而得到进一步加强。插孔主体设计采用整体锁定机制，这样当模块化插头插入时，插头和插孔的界面外可产生最大的拉拔强度。RJ45 模块上的接线模块通过 U 形接线槽来连接双绞线，锁定弹片可以在面板等信息出口装置上固定 RJ45 模块。

RJ45 插头只能沿固定方向插入，设有一个塑料弹片与 RJ45 插槽卡住以防止脱落。这种接口在 10Base-T 以太网、100Base-TX 以太网、1000Base-TX 以太网中都可以使用，传输介质都是双绞线。不过根据带宽的不同对介质也有不同的要求，特别是 1000Base-TX 千兆以太网连接时，至少要使用超 5 类线，要保证稳定高速还要使用 6 类线。

（4）主流无线通信方式分析

在物联网领域，有线组网是最早出现的。大多数有线网络使用以太网电缆在连接的 PC 之间传输数据；在小型有线网络中，可以使用单个路由器连接所有计算机；较大的网络通常涉及多个相互连接的路由器或交换机。有线组网不容易受到信号干扰，稳定性高并且延迟低，但是存在成本高昂并且布置复杂的缺点。因此，基于无线技术的物联网互联方案渐渐获得市场的青睐，下面将目前主要的无线接入方式做简单的介绍。

①4G/5G 网络

前文已有介绍，在此不再赘述。

②蓝牙

蓝牙技术，实际上是一种短距离无线通信技术。利用蓝牙技术，能够有效地简化掌上电脑、笔记本电脑和移动电话手机等移动通信终端设备之间的通信，也能够成功地简化这些设备与因特网的通信，使这些现代通信设备与因特网的数据传输变得更加迅速高效。蓝牙技术具有以下明显的技术特性：能同时传送语音和数据；使用全球通用的频段；低成本、低功耗和低辐射;能应用于各种电子设备;具有网络特性等。

蓝牙技术是一种用于替代便携或者固定电子设备上所使用的电缆或连接的短距离无线连接技术,工作在 2.4 GHz 的 ISM 频段上,其技术采用 1 600 次/s 的扩频调频技术,发射功率为 3 类,即 1 mW、10 mW 和 100 mW,通信距离为 10~100 m,传输速率有 3 Mbit/s 左右。蓝牙技术适用于在短距离(大约 10 m)范围内替代电缆,如果增大发射功率,它的传输距离可达到 100 m,具有非常好的实用价值。

a. 技术人员对数控机床的无线监控。蓝牙技术在数控机床中的应用,主要体现在无线监控方面,利用蓝牙技术安装相应的监控设施,为数控机床用户生产提供方便,同时也维护了数控机床生产的安全。技术人员根据携带的蓝牙监控设备,随时监控与管理机床运行,发现数控机床生产问题及时治理。尤其是无线数据链路下实现的自动监控能力,可以适当干预机床运行,如停止主轴或者系统停机等。

b. 零部件磨损程度的检测。蓝牙检测功能还体现在工业零部件磨损方面,利用蓝牙检测软件结合磨损检测材料进行实验研究,可以具体到耐磨性优劣。及时利用蓝牙无线传输将磨损检测程度数据传输到相关设备中,相关设备进行智能分析,并将结果告知技术人员。

c. 功率输出标准化。蓝牙技术在工业生产的功率输出方面也十分重要。调节设备利用蓝牙技术传输生产功率变化,将其与标准运行功率对比,如果存在功率变化异常,便会及时调整,并将调整数据上传。

d. 蓝牙监控系统对数控系统运行状态的实时和完整的记录。蓝牙传输设备作为监控系统主要组成,随时记录数控系统运行状态,并且将数控系统运行期间的任何波动全部传输到储存设备中,利用通信端口上传信息,为数控生产管理人员提供更多参考资料。

③Wi-Fi

Wi-Fi 是一种可以将个人电脑、智能移动设备等终端以无线方式互相连接的技术,可以方便地与现有的有线以太网整合,组网成本低,通常对应以 PC 共享上网为主要应用模式的家庭网络服务。

无线网络上网可以简单地理解为无线上网,几乎所有智能手机、平板电脑和笔记本电脑都支持 Wi-Fi 上网,它是当今使用最广的一种无线网络传输技术。实际上就是把有线网络信号转换成无线信号,就如前文介绍的一样,使用无线路由器供支持其技术的相关电脑、手机、平板等接收。手机如果有 Wi-Fi 功能,在有 Wi-Fi 无线信号的时候就可以不通过移动联通的网络上网,进而省掉了流量费。

无线网络上网比较常用,虽然由 Wi-Fi 技术传输的无线通信质量不是很好,数据安全性能比蓝牙差一些,传输质量也有待改进,但传输速度非常快,可以达到 54 Mbit/s,符合个人和社会信息化的需求。Wi-Fi 最主要的优势在于不需要布线,可以不受布线条件的限制,因此非常适合移动办公用户的需要,并且由于发射信号功率低于 100 mW,低于手机发射功率,所以 Wi-Fi 上网相对也是比较安全的。

但是 Wi-Fi 信号也是由有线网提供的,如家庭中的 ADSL、小区宽带等,只要接一个无线路由器,就可以把有线信号转换成 Wi-Fi 信号。国外很多国家的城市中到处覆盖着由政府或大公司提供的 Wi-Fi 信号供居民使用,我国也有许多地方实施"无线城市"工程使这项技术得到推广。在 4G 牌照没有发放的试点城市,许多地方使用 4G 转 Wi-Fi 让市民试用。

（5）主流通信接口对比分析

主流通信接口分为有线通信接口与无线通信接口,有线通信接口往往使用铜缆等介质进行数据传输,抗干扰能力强,稳定性高,但铺设成本较高;无线通信往往与有线通信相反,在存在电磁干扰的情况下,易发生丢包、高延时现象,但成本往往较低且铺设难度低。各主流通信接口对比分析情况见表 3-3。

表 3-3 各主流通信接口对比分析情况

序号	名称	有线/无线	带宽	稳定性	传输距离	铺设成本
1	RS-232	有线	小	高	短	高
2	RS-422	有线	大	高	长	高
3	RS-485	有线	大	高	长	高
4	USB2.0	有线	中等	高	短	中等
5	USB3.0	有线	大	高	短	中等
6	RJ45	有线	大	高	长	中等
7	SC 光纤接口	有线	大	高	长	中等
8	4G、5G	无线	大	中等	中等	中等
9	Wi-Fi	无线	中等	低	短	低
10	蓝牙	无线	小	低	低	低

3.2.2.2 船舶制造车间数控设备底层通信协议分析

通信协议是指双方实体完成通信或服务所必须遵循的规则和约定。协议定义了数据单元使用的格式、信息单元应该包含的信息与含义、连接方式、信息发送和接收的时序,从而确保网络中数据顺利地传送到指定的地方。

在数控设备通信中,通信协议用于实现数控设备与网络连接之间的标准,网络如果没有统一的通信协议,设备之间的信息传递就无法识别。通信协议是指通信各方事前约定的通信规则,可以简单地理解为各设备之间进行相互会话所使用的共同语言,目前主流设备通信协议如下。

（1）TCP/IP 协议

TCP/IP 传输协议,即传输控制/网络协议,也叫作网络通信协议。它是网络使用中最基本的通信协议。TCP/IP 传输协议对互联网中各部分进行通信的标准和方法进行了规定。并且,TCP/IP 传输协议是保证网络数据信息及时、完整传输的两个重要的协议。TCP/IP 传输协议严格来说是一个 4 层的体系结构,应用层、传输层、网络层和数据链路层都包含其中。

Internet 网络的前身高级研究计划署网络(ARPAnet)当时使用的并不是 TCP/IP 协议,而是 NCP 协议,但随着网络的发展和用户对网络的需求不断提高,设计者们发现,NCP 协议存在着很多缺点以至于不能充分支持 ARPAnet 网络,特别是 NCP 协议仅能用于同构环境中(所谓同构环境是网络上的所有计算机都运行相同的操作系统),设计者就认为"同构"这一限制不应被加到一个分布广泛的网络上。1980 年,用于"异构"网络环境中的 TCP/IP 协议研制成功,也就是说,TCP/IP 协议可以在各种硬件和操作系统上实现互操作。1982 年,ARPAnet 开始采用 TCP/IP 协议。

TCP/IP 协议在一定程度上参考了 OSI 的体系结构。在 TCP/IP 协议中,OSI 的 7 层被简化为 4 个层次。应用层、表示层、会话层 3 个层次提供的服务相差不是很大,所以在 TCP/IP 协议中,它们被合并为应用层一个层次。由于运输层和网络层在网络协议中的地位十分重要,所以在 TCP/IP 协议中它们被作为独立的 2 个层次。因为数据链路层和物理层的内容相差不多,所以在 TCP/IP 协议中它们被归并在网络接口层一个层次里。只有 4 层体系结构的 TCP/IP 协议,与有 7 层体系结构的 OSI 相比要简单了不少,也正是这样,TCP/IP 协议在实际的应用中效率更高,成本更低。

下面分别介绍 TCP/IP 协议中的 4 个层次,示意图如图 3-2 所示。

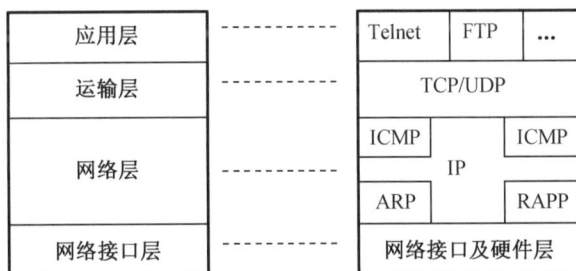

图 3-2　TCP/IP 协议的组成示意图

①应用层

应用层是 TCP/IP 协议的第一层,是直接为应用进程提供服务的。对不同种类的应用程序,它们会根据自己的需要来使用应用层的不同协议,邮件传输应用使用了简单邮件传输协议(SMTP)、万维网应用使用了 HTTP 协议、远程登录服务应用使用了 Telnet 协议。应用层还能加密、解密、格式化数据,可以建立或解除与其他节点的联系,这样可以充分节省网络资源。

②运输层

运输层作为 TCP/IP 协议的第二层,在整个 TCP/IP 协议中起到了中流砥柱的作用。且在运输层中,TCP 和 UDP 也同样起到了中流砥柱的作用。

③网络层

网络层在 TCP/IP 协议中位于第三层。在 TCP/IP 协议中网络层可以进行网络连接的建立、终止及 IP 地址的寻找等功能。

④网络接口层

在 TCP/IP 协议中,网络接口层位于第四层。由于网络接口层兼并了物理层和数据链路层,所以网络接口层既是传输数据的物理媒介,也可以为网络层提供一条准确无误的线路。

（2）OPC UA 协议

OPC UA 协议由 OPC 基金会创建,目前在欧洲厂商中较为流行,在中国某些行业(如电力、石油、化工等)有一定的用户基础。为了应对标准化和跨平台的趋势,为了更好地推广OPC,OPC 基金会近些年在之前 OPC 成功应用的基础上推出了一个新的 OPC 标准 OPC UA。OPC UA 接口协议包含了之前的 A&E,DA,OPCXMLDAorHDA,只使用一个地址空间就能访问之前所有的对象,而且不受视窗操作系统(Windows)平台限制,因为它是从传输层套接字(scoket)以上来定义的,导致了灵活性和安全性比之前的 OPC 都提升了。OPC UA 协议的优势如下。

①一个通用接口集成了之前所有 OPC 的特性和信息,如 A&E,DA,OPCXMLDAorHDA。

②更加开放,平台无关性,Windows、Linux 都能兼容。

③扩展了对象类型,支持更复杂的数据类型,如变量、方法和事件。

④在协议和应用层集成了安全功能,更加安全。

⑤易于配置和使用。

核心的区别是因为 OPC 和 OPCUA 协议使用的 TCP 层不一样,OPC 是基于 DOM/COM上,应用层最顶层;OPCUA 是基于 TCPIPscoket 传输层。

如图 3-3 所示,OPC 统一架构(OPC Unified Architecture)是 OPC 基金会创建的新技术,更加安全、可靠、中性(与供应商无关),为制造现场到生产计划或企业资源计划系统传输原始数据和预处理信息。使用 OPC UA 技术,所有需要的信息可随时随地到达每个授权应用和每个授权人员。

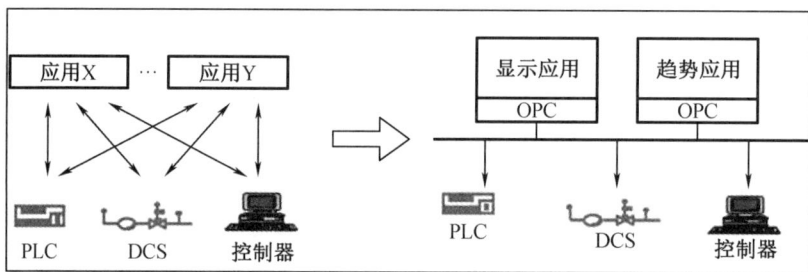

图 3-3　OPC UA 应用示意图

OPC UA 独立于制造商,应用可以用它通信,开发者可以用不同编程语言对它开发,不同的操作系统可以对它支持。OPC UA 弥补了已有 OPC 的不足,增加了诸如平台独立、可伸缩性、高可用性和因特网服务等重要特性。OPC UA 不再基于分布式组件对象模型(DCOM),而是以面向服务的架构(SOA)为基础。OPC UA 因此可以连接更多的设备。

（3）Profinet 协议

Profinet 由 Profibus 国际组织(PI)推出,是新一代基于工业以太网技术的自动化总线标准。Profinet 为自动化通信领域提供了一个完整的网络解决方案,囊括了诸如实时以太网、运动控制、分布式自动化、故障安全及网络安全等当前自动化领域的热点话题,并且,作为跨供应商的技术,可以完全兼容工业以太网和现有的现场总线(如 Profibus)技术,保护现有投资。

为了达到上述的通信机能,定义了以下3种通信协定等级。

a. TCP/IP 是针对 Profinet CBA(即基于组件的自动化技术)及工厂调试用,其反应时间约为 100 ms。

b. 实时(RT)通信协定是针对 Profinet CBA 及 Profinet IO(即具有实时功能的开放系统)的应用,其反应时间小于 10 ms。

c. 等时实时(IRT)通信协定是针对驱动系统的 Profinet IO 通信,其反应时间小于 1 ms。

①Profinet 元件模型

一个 Profinet CBA 系统会包括许多自动化的元件,元件可能是机械的、电子的或是 IT 的变量,元件可以由标准的编程工具产生。

元件可由 XML 格式的 Profinet 元件描述(PCD)档来说明。规划工具载入这些描述资料,并建立不同元件之间的逻辑关系。此模式相当程度地受到 IEC61499 标准的影响。

Profinet CBA 的基本概念是很多时候自动化系统都可以分为几个小的子系统,彼此有清楚的区分。Profinet 元件一般只由少数几个输入信号控制,借由这些元件,用户写的程式启动了元件中的特定机能,将输出信号传递给另一个元件。以元件为基础的通信只需要进行规划,不需要进行编程。Profinet CBA 的通信(非实时通信)适用于总线周期时间为 50~100 μs 的系统。

②Profinet 及外部设备

Profinet 网络和外部设备的通信是借由 Profinet IO 来实现的,Profinet IO 定义和现场连接的外部设备的通信机能,基础是级联性的实时概念。Profinet IO 定义控制器(有"主站机能"的设备)和其他设备(有"从站机能"的设备)之间完整的资料交换、参数设定及诊断机能。Profinet IO 用来为以以太网连接的设备提供快速的资料传输,且支援生产者-消费者模型(provider-consumer model)。支援 Profibus 通信协定的设备可以无缝地和 Profinet 网络连接,不需要 IO 代理器(IO-Proxy)之类的设备。设备开发者可以利用市面上贩售的以太网控制器来开发 ProfinetIO 设备。Profinet IO 适用在网络循环时间在毫秒级的系统。

ProfinetIO 系统包括以下几种设备。

a. IO 控制器,控制自动化的任务工作。

b. IO 设备,一般是现场设备,受 IO 控制器的控制及监控,一个 IO 设备可能包括数个模组或是子模组。

c. IO 监控器是一个 PC 的软件,可以设定参数及诊断个别模组的状态。

Profinet IO 会在 IO 控制器及 IO 设备之间建立应用关系(AR),应用关系中会定义不同的参数传递、周期资料交换及警告处理等特性的通信关系。

一个 IO 设备的特性会由设备制造商在 GSD 档中说明,所使用的语言是 GSD 标记语言(GSDML),GSD 档提供 PC 监控软件规划 Profinet 组态所需要的基本资料。

③Profinet IO 定址

Profinet 网络中的每个模组都有以下3个位址。

a. MAC 位址。

b. IP 地址。

c. 设备名称,是在整个网络组态中对模组定义的逻辑名称。

由于 Profinet 使用 TCP/IP,会用到 MAC 位址及 IP 地址,但若一设备更换为其他设备,其 MAC 地址会变动,而 IP 地址是动态定址下的结果,为了让网络上的某一设备有固定的名称,因此会使用设备名称。

为了分配 IP 地址、子网络遮罩及预设闸道,定义了以下两种方式。

a. 发现和配置协定(DCP)。

b. 动态主机设定协定(DHCP)。

④Profinet 及实时

在 Profinet IO 网络中,程序资料和警告都是实时传送的。Profinet 的实时是依 IEEE 及 IEC 的定义,在一个网络周期内允许在有限的时间内处理实时的服务。实时通信是 Profinet IO 资料交换的基础。在处理时,实时资料的优先权比 TCP(UDP)/IP 资料要高。Profinet RT 是分散式周边实时通信的基础,也是 Profinet 元件模型(Profinet CBA)的基础。一般资料交换的总线循环时间约在数百微秒以内。

⑤Profinet 及等时通信

Profinet 的等时资料交换定义在等时实时(IRT)机能中。具有 IRT 机能的 Profinet IO 现场设备能够整合现场设备中的开关端口(switch ports),可以太网控制器 ERTEC400/200 为基础。一般资料交换的总线循环时间约从数百毫秒至数微秒。等时通信和实时通信的差异是前者有高度的确定性,因此总线周期的起始时间可维持到很高的准确度,其抖动至多到 1 μs。像马达位置控制程序的运动控制应用就会用到等时实时通信。

(4)DDS 协议

数据分发服务(DDS)是对象管理组织(OMG)在高层体系结构(HLA)及公共对象请求代理体系结构(CORBA)等标准的基础上制定的新一代分布式实时通信中间件技术规范。DDS 采用发布/订阅体系架构,强调以数据为中心,提供丰富的 QoS 策略,能保障数据进行实时、高效、灵活地分发,可满足各种分布式实时通信应用需求。DDS 信息分发中间件是一种轻便的、能够提供实时信息传送的中间件技术。

DDS 最早应用于美国海军,用于解决舰船复杂网络环境中大量软件升级的兼容性问题,已经成为美国国防部的强制标准。2003 年,DDS 被 OMG 组织接受,并发布了专门为实时系统设计的数据分发/订阅标准。DDS 已经广泛应用于国防、民航、工业控制等领域,成为分布式实时系统中数据发布/订阅的标准解决方案。DDS 技术是基于以数据为核心的设计思想提出的,定义了描述网络环境下数据内容、交互行为和服务质量要求的标准。DDS 以数据为核心的设计思想非常贴合如传感器网络、指挥信息网等应用场景,其提供的数据传输模型能够很好地适应应用系统的开发需要。

DDS 标准为 OMG 组织发布了 *DataDistributionServiceforReal-timeSystems*,该规范标准化了分布式实时系统中数据发布、传递和接收的接口与行为,定义了以数据为中心的发布-订阅(data-centricpublish-subscribe)机制,提供了一个与平台无关的数据模型。DDS 将分布式网络中传输的数据定义为主题(topic),将数据的产生和接收对象分别定义为发布者

(publisher)和订阅者(subscriber),从而构成数据的发布/订阅传输模型。各个节点在逻辑上无主从关系,点与点之间都是对等关系,通信方式可以是点对点、点对多、多对多等,在QoS 的控制下建立连接,自动发现和配置网络参数。

3.2.2.3　船舶制造车间数控设备管理协议分析

ISO 最先在 1979 年对网络管理通信进行标准化工作,主要针对 OSI 模型而设计。ISO 的成果是内容管理互操作性服务标准协议(CMIS)和通用管理信息协议(CMIP)。CMIS 支持管理进程和管理代理之间的通信要求,CMIP 则提供管理信息传输服务的应用层协议,二者规定了 OSI 系统的网络管理标准。

(1)SNMP 协议

SNMP 协议是 TCP/IP 协议集中的网络管理协议,已被普遍采用。使用 SNMP 的管理模型,对 Internet 进行管理的协议,是在 TCP/IP 的应用层进行工作的。其优点是,不依赖于网络物理层的属性即可规定协议,对全部网络和管理可以采用共同的协议,管理者和被管理者之间可采用客户/服务器的方式,可称为代理(工具);如果管理者作为客户机工作,可称为管理器或管理站。代理的功能应该包括操作系统和网络管理层。

通信协议的管理,取得有关对象的 7 层信息,并利用 SNMP 网络管理协议把该信息通知管理者。管理者应要求将有关对象的信息存储在代理中所含的管理信息库(MIB)的虚拟数据库中。

对 SNMP 而言,要求能够取得或设置由管理到代理网管对象本身的对象等内容。代理应完成管理器要求回答的内容。同时,代理本身还应把因代理发生的事件通知管理器。

(2)SyncML DM 设备管理协议

SyncML DM 表示协议规定了管理会话交互信息的语法。其定义的行业通用的移动数据同步化协议(SyncML)包的基本结构,如图 3-4 所示。SyncML 包是各种管理信息的容器,一个 SyncML 包可以包含一个或多个格式完整的 SyncML 消息,用于客户端与服务器设备管理操作。而 SyncML 消息由消息头和消息体组成。消息头中含有消息的路由、版本、认证、会话等,由 SyncHdr 元素说明。而消息体包含一个或者多个 SyncML 命令,也包含需要管理的数据,由 SyncBody 说明。

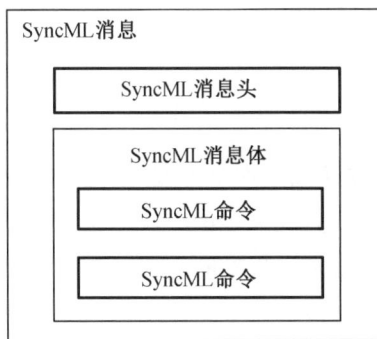

图 3-4　SyncML 包的基本结构

SyncML 设备管理协议规定了客户端与服务器信息交互的握手机制及管理会话遵循的机制。图 3-5 描述了管理会话操作的两个组成部分:建立部分和管理部分。

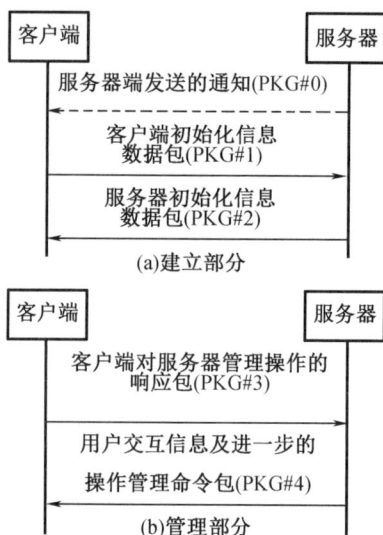

图 3-5　管理会话操作的两个部分

其中,建立部分包括 Pkg#0、Pkg#1 和 Pkg#2,而管理部分包括 Pkg#3 和 Pkg#4。

①Pkg#0,是服务器端发送的数据包,它使用带外信号传送机制(如短消息 SMS)来发送,以便通知客户端可以建立管理对话。

②Pkg#1,是客户端发送的数据包,其中包括会话的信息、客户端的安全证书、Alert 命令和客户端设备信息。Alert 命令表示的是发起管理会话的原因信息。

③Pkg#2,是服务器端发送的数据包,包含 Pkg 们中命令的状态码、服务器端的安全证书和管理命令。

④Pkg#3,是客户端发送的数据包,包含 Pkg#2 中管理命令的响应,主要是管理命令的执行结果和客户端对服务器端请求信息的反馈。

⑤Pkg#4,是服务器端发送的数据包,包含进一步操作的管理命令。

这里的管理部分可能会进行多次的重复操作,也就是多次进行服务器发送管理命令,然后客户端对命令进行响应,从而完成服务器对客户端设备的一系列管理操作。

3.2.2.4　船舶制造车间数控设备通信方案

数控设备通信需求主要需要从通信网络带宽、延时要求及可靠性 3 个方面分析,以确定数控设备通信网络。所谓网络带宽,是"网络频带宽度"的简称,原是通信和电子技术中的一个术语,指通信线路或设备所能传送信号的范围。而网络中的带宽是指在规定时间内从一端流到另一端的信息量,即数据传输速率。在以往的通信网络中,网络带宽都较低,通信速率与通信吞吐量也因此较低,所以随着技术的发展,新的通信网络不断出现,至于能不能在工业现场得到应用,要考虑带宽的大小,以保证设备数据传输速率与吞吐量可以满足设备组网要求。

网络延时指一个数据包从发送端(往往为控制设备)发送到接收端(往往为服务器),然后再立即从接收端返回发送端的来回时间。倘若数据从发出端到接收端的传输速率慢,则可称其为高延时,高延时的网络目前无法满足智能制造设备在设备监测方面的应用。

衡量数字通信系统的可靠性指标叫作误码率,它表示所接收到的数字信号中出现错误的程度。误码率是最常用的数据通信传输质量指标。它表示数字系统传输质量的式是"在多少位数据中出现一位差错"。误码的产生是由于在信号传输中,衰变改变了信号的电压,致使信号在传输中遭到破坏,产生误码。噪声、交流电或闪电造成的脉冲、传输设备故障及其他因素都会导致误码。由于种种原因,数字信号在传输过程中不可避免地会产生差错。例如,在传输过程中受到外界的干扰,或在通信系统内部由于各个组成部分的质量不够理想而使传送的信号发生畸变等。当受到的干扰或信号畸变达到一定程度时,就会产生差错。误码率是衡量数据在规定时间内数据传输精确性的指标。误码率=传输中的误码/所传输的总码数×100%。实际上,目前制造车间通信网络的可靠性等级已经处于相对较高的水平,而且通信协议还具有数据纠错重传等可靠性保障机制,在电磁干扰弱的情况下,通信网络的实现难度普遍较低。

(1)船舶制造车间数控设备理想通信方案

5G时代的到来,恰恰满足了工业智能制造对通信网络系统升级的需求,引爆了人们对未来智能制造的遐想。工业智能制造是国家综合实力的体现,工业5G智能制造更是先进技术的示范标杆,在制造车间电磁干扰不强的情况下,选用5G传感网络作为船舶制造车间数控设备通信网络,结合制造的批产降本、稳质、增效的发展需求,构建一个基于5G无线通信网络的船舶智能制造车间。

智能制造车间的5G网络建设主要是采用有源分布系统进行覆盖,对于新增车间覆盖的场景,可根据目标区域4G覆盖的情况,新增5G单模或5G双模有源室分进行覆盖。对于已建设有源室分的场景,增加5G覆盖共有5种实现方案。

①叠加方案(图3-6)

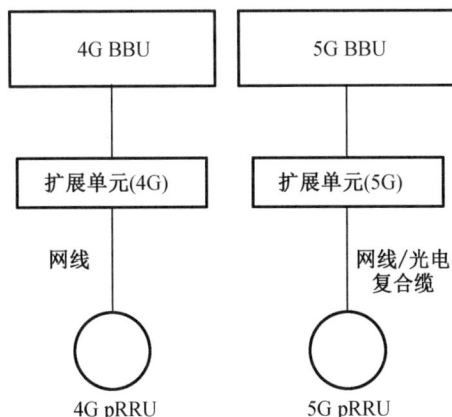

图3-6　叠加方案

方案说明:新布放网线/光电复合缆(或利旧预埋的网线),与4G同点位部署新增的5G单模远端射频模块(pRRU),新增扩展单元及室内基带处理单元(BBU)。

优点:单独部署,不受原有网线拉远距离的限制。

缺点:需要重新布线;新增了pRRU,对安装空间要求高。

适用场景:已有4G有源室分的场景。

②替换方案(图3-7)

方案说明:利旧已有的网线/光电复合缆,同时把原4G pRRU替换为4G&5G多模pRRU,替换原有扩展单元,BBU增加5G基带板进行升级。

优点:不需要重新布放线缆,部署简单,施工周期短。

缺点:厂家支持情况不同,4G/5G需同厂家;设备造价相对高,网线超过100 m时带宽不满足。

适用场景:已有4G有源室分的场景。

③级联方案(图3-8)

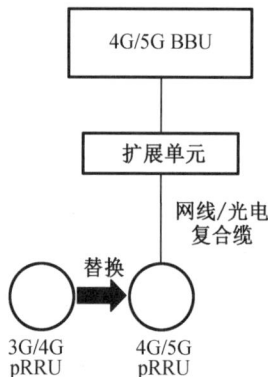

图3-7 替换方案

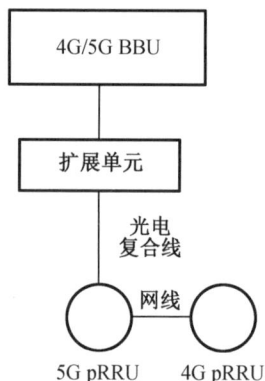

图3-8 级联方案

方案说明:利旧已有的光电复合缆,新增5G单模pRRU进行级联,5G单模pRRU要求在级联的第一级,替换原有扩展单元,BBU增加5G基带板进行升级。

优点:可以利旧原4G设备及光电复合缆,减少线缆的施工。

缺点:网线供电能力有限,无法满足两个单元级联;需要光电复合缆才适用。

适用场景:已有4G有源室分且原有线缆为光电复合缆的场景。

④新建5G方案(图3-9)

方案说明:新增5G BBU、扩展单元和5G单模pRRU,新布放网线/光电复合缆。

优点:单模设备功耗低。

缺点:需新布线。

适用场景:4G已有覆盖(无源或室外站),只需新增5G的场景。

⑤新建4G/5G方案(图3-10)

方案说明:新增4G/5G BBU、扩展单元和4G&5G多模pRRU,新布放网线/光电复合缆。

优点:4G/5G同套设备,降低了对安装空间和用电功耗的需求。

缺点:4G/5G需同厂家。

适用场景:4G和5G都还未覆盖的场景。

由于5G无线网络频点太高,信号穿透力差,基站的覆盖半径一般为100~300 m,将接入层的pRRU设备放置在制造车间的两侧墙壁上,考虑到车间内电磁干扰的存在,两台pRRU设备之间应小于5G无线网络最小覆盖变径。可以将间距设为200 m,离地高度设为13 m左右(若未至13 m,则放在最高处)。

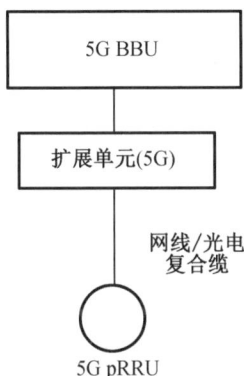

图3-9　新建5G方案

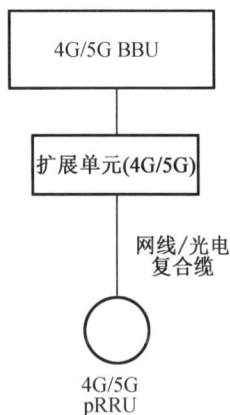

图3-10　新建4G/5G方案

企业中各智能制造车间需要部署一个汇聚层机柜。因核心层交换机与各汇聚层交换机距离存在大于双绞线传输距离且远没达到单膜光纤传输距离范围的情况,所以核心层与汇聚层采用多模光纤连接各车间所部署的接入层机柜。

核心层交换机应部署在企业总机房内,通过光纤与各车间部署的接入层机柜相连接。

(2)船舶制造车间数控设备落地验证通信方案

根据调研情况得知,国内某船厂船舶制造车间数控设备年代久远,设备工作时造成的电磁干扰强,常常导致Wi-Fi信号、4G/5G无线网络信号丢失。在制造车间现场对各种主流的无线网络进行测试,结果显示各种无线网络常常发生丢包现象,表现不佳,因此放弃无线网络作为通信网络,选用抗干扰能力强、高带宽、低延时、传输距离长的有线网络作为设备通信网络。

本章3.2.1部分"船舶制造车间数控设备调研情况分析"展示了各车间设备功能、软硬件接口情况及是否存在组网改造的可能性。根据小组立车间及分段先行数字化车间数控设备的硬件通信接口情况,将须改造设备划分为工业PC类(带有USB接口、以太网接口)、PLC类(带有RS-232、RS-422接口)、数控系统类(接口不确定)3类设备。

工业PC类设备若存在以太网接口,可以直接通过以太网接口接入工业以太网网络;若存在USB接口,考虑到USB接口传输距离过短且是典型的点对点通信的情况,可以使用USB接口转以太网接口的转换器,完成数据的长距离传输。使用的通信协议可为TCP/IP协议,管理协议使用TCP/IP协议家族中的SNMP管理协议。

PLC类设备根据具体PLC型号的不同,进行具体的分析,以选用最佳的通信网络。以国内某船厂船舶制造车间为例,PLC 设备可分为三菱 A 系列 PLC、三菱 Q 系列 PLC 及三菱 FX 系列 PLC。

三菱 Q 系列及 FX 系列 PLC 自带 RS-422 接口,该接口由于采用单独的发送和接收通道,因此不必控制数据方向,各装置之间任何必需的信号交换均可以按软件方式(XON/XOFF 握手)或硬件方式(一对单独的双绞线)。RS-422 的最大传输距离为 4 000 ft,最大传输速率为 10 Mbit/s。其平衡双绞线的长度与传输速率成反比,在 100 kbit/s 速率以下,才可能达到最大传输距离,只有在很短的距离下才能获得最高速率传输。一般 100 m 长的双绞线上所能获得的最大传输速率仅为 1 Mbit/s,满足数控设备数据采集要求。

三菱 A 系列 PLC 自带有 RS-232 串行通信接口,该接口传输距离较短,一般为 15 m 左右,异步数据传输速率为 0~20 kbit/s,远远小于船舶制造车间的实际通信需求。LPC 类设备可以通过 RS-232 转 RS-485 的方式,来弥补 RS-232 通信距离短、速率低的缺点,增加多点和双向通信的能力。RS-485 串行通信网络作为制造设备通信网络,抗共模干扰能力比较强。

PLC 类设备往往采用 RS-232、RS-422 及 RS-485 接口,可以通过 PLC 拓展的以太网模块完成设备组网,以工业以太网作为通信网络。若 PLC 类的设备接口毁坏或无法更改设备程序,可以采用 I/O 映射的方式,通过新型 PLC 设备及以太网完成数据的传输。

FANUC 160i 数控设备自带 SC 光纤接口,可直接将工业以太网作为通信网络。但斯伯克 DNC880 数控系统不存在任何硬件接口,无法进行数据传输。其可以通过人工或图像识别的方法来完成触摸屏数据的读取。人工录用数据的方式可以使用 PC 端进行数据录入,PC 端采用的网络可为以太网;图像识别的方式通过树莓派等硬件设备及以太网完成图像或数据信息的传输。

由于以太网网络使用的双绞线最大传输距离为 100 m,所以使用时需考虑车间内数控设备的距离。根据实地调查,相关人员可以合理安排接入层弱电机柜的位置,以完成网络铺设。若车间面积大于双绞线最大传输距离,可以通过使用光纤网络或者加装以太网交换机的方式,来完成网络铺设。

组立部平直流水线的弱电机柜放置在制造车间中间位置,接入层交换机与汇聚层交换机采用 5 类非屏蔽双绞线连接。分段先行数字化车间做同样部署。

组立部平直流水线和分段先行数字化车间各部署一个汇聚层机柜。因核心层交换机与各汇聚层交换机距离大于双绞线传输距离,且远没达到单膜光纤传输距离,所以,核心层与汇聚层采用多模光纤连接。核心层交换机拟部署在国内某船厂综合楼机房。

3.2.3 船舶制造车间数控设备组网方案

在分析 DNC 网络中 DNC 主机与上层计算机之间的通信需求以及 DNC 主机与数控自动化设备的通信需求基础上,我们将研究面向多平台的数控设备组网方案,兼容各种设备通信方式,实现船舶制造车间多平台自动化设备系统的集成,支撑船舶制造车间智能化管控。船舶制造车间数控设备组网方案从三个方面进行研究:①协议转换;②网络拓扑结构设计;③数控设备组网。

3.2.3.1　船舶制造车间数控设备协议转换

每个网络内部都有各自的信息交流方式,当两个网络需要相互沟通时,如果彼此不识别对方的交流方式,那么就无法相互沟通,协议转换即起到了为两个网络相互"翻译"的作用。协议转换是指将一个设备的协议转换成适用于另一个设备的协议的过程,目的是使得不同协议之间实现互操作。协议通常是以软件的形式出现。比如路由器将一个网络中的数据格式、数据速率等转换成适用于另一个网络的协议。网络中有很多种协议,分别应用在不同的领域,在实际情况下,可以在不同的网络类型中分别设置一个网关,网络与网络之间通过网关相连,网关即起协议转换的作用。

协议转换是一种映射,就是把某一协议的收发信息序列映射为另一协议的收发信息序列。需要映射的信息为重要信息,因此协议转换可以看作两个协议的重要信息之间的映射。所谓重要信息和非重要信息是相对而言的,要根据具体需要加以确定,选择不同的重要信息做映射,会得到不同的转换器。

工业通信需要多个设备之间的信息共享和数据交换,而常用的工控设备通信接口有RS-232、RS-485等,由于各接口协议不同,使得异构网络之间的操作和信息交换难以进行,通过多协议转换器可以将不同接口设备组网,实现设备间的互操作。基于多种通信口和各种协议,形成种类繁多的协议转换器,主要类别有 E1/以太网协议转换器、RS-232/485/422/CAN 转换器、基于现场总线的协议转换器等。

（1）E1/以太网协议转换器

现有的基于 E1 和以太网的协议转换器主要分为 E1/以太网系列和 E1/V.35 系列。利用 E1 链路来传输以太网数据在现实中有着广泛的应用,由于 E1 与以太网的数据传输协议标准不一样,它们之间需要使用协议转换器来完成数据的转换。已经存在的 E1/以太网协议转换器在转换数据时都是以整条 E1 的传输能力为基础。

E1/以太网协议转换器将以太网信号或 V0.35 信号转换为 E1 信号,以 E1 信号形式在同步/准同步数字网上进行长距离传输,主要目的是延长以太网信号和 V0.35 信号的传输距离,是一种网络接入设备。

协议网关通常在使用不同协议的网络区域间做协议转换。这一转换过程可以发生在OSI 参考模型的第 2 层、第 3 层或 2、3 层之间。但是有两种协议网关不提供转换的功能:安全网关和管道。由于两个互连的网络区域的逻辑差异, 安全网关是两个技术上相似的网络区域间的必要中介。如私有广域网和公有的因特网。

（2）RS-232/485/422/CAN 转换器

基于集中串口和不同协议的联合,RS-232/485/422/CAN 转换器主要有 RS-232 串口到 2M 转换器,RS-485/422 串口到 2MG.703 转换器,RS-232 串口到 2ME1 转换器,CAN 转RS-232/485 转换器、USB-RS-232/485/422 转换器等。

具有串行通信能力的设备仍然在控制领域、通信领域大面积使用,随着接入设备的增多,应用功能复杂程度的提高,传统的串行通信网络的缺点越来越明显。RS-232/CAN 智能转换器,可以升级、改造或重新构建既有通信或控制网络,能够很方便地实现 RS-232 设备多点组网、远程通信。特别是在不需要更改原有 RS-232 通信软件的情况下,用户可直接嵌入原有的应用领域,使系统设计达到更先进的水平,在系统功能和性能大幅度提高的情况下,减少了重复投资和系统更新换代造成的浪费。

USB-RS-232 接口转换器首要的功能是实现两种总线的协议转换。主机端可以使用新的 USB 总线协议,向外发送数据,转换器内部将数据格式转变为 RS-232 串行信号,再发送到设备。设备回送主机的数据,则经转换器转变为 USB 协议数据。

USB-RS-232 接口转换器在对所流经的数据进行协议转换时,具有特别的功能:①由于 USB 总线的速度比 RS-232 接口快很多,可以在接口转换器上设计数据缓冲区,以协调两总线的速度差。②RS-232 接口有一些变种,如 RS-485、RS-422 接口,接口转换器中可以设计 RS-232-RS-485 或是 RS-232-RS-422 接口转换器,简化整个系统的通信接口转换。③接口转换器在进行数据格式转换时,可以设计加密、解密算法,对流经的数据进行处理,提高系统的数据保密性。

(3)基于现场总线的协议转换器

基于现场总线的研究,发现多种总线标准的竞争与共存在客观应用上造成了不便。CAN 总线协议和 Modbus 协议的结合,通过引用 Modbus 协议代替原自定义串口协议,将通信任务按读、写进行归纳分类,再用 Modbus 协议定义的标准功能码简化通信流程,提高效率,同时也使系统具备开放性,能方便地结成网络。Modbus 协议是主从协议,而 CAN 总线协议是多主对等协议,这也就决定了所设计的协议转换器在 Modbus 网络中作为从站,而在 CAN 网络中作为发送优先级最高的节点。

Modbus 和 CAN 协议转换原理:在 DSP 的 RAM 中划分 Modbus 报文和 CAN 报文的存储缓冲区(包含各自的输入和输出缓冲区);协议转换器从 Modbus 主站收到的报文存入 Modbus 接收缓冲区,向主站返回应答时从 CAN 总线的接收缓冲区读取数据打包成 Modbus 应答报文的格式进行发送;协议转换器从 Modbus 接收缓冲区获取报文并存入 CAN 报文发送缓冲区,依据功能码进行发送分析,决定采用单次还是分次发送方式。总的来说,Modbus 和 CAN 协议转换就是一种存储转发机制,这种机制首先考虑的是通信转换的可靠性,存储转换带来的延时直接导致通信实时性的降低。

3.2.3.2 船舶制造车间数控设备网络拓扑结构

网络拓扑结构是指用传输介质互连各种设备的物理布局。网络中的计算机等设备要实现互联,就需要以一定的结构方式进行连接,这种连接方式就叫作"拓扑结构",通俗地讲就是这些网络设备是如何连接在一起的。目前常见的网络拓扑结构主要有总线型结构、环形结构、星形结构、树形结构等。

(1)总线型结构

总线型结构采用一条单根的通信线路(总线)作为公共的传输通道,所有的节点都通过相应的接口直接连接到总线上,并通过总线进行数据传输。例如,在一根电缆上连接了组成网络的计算机或其他共享设备,如图 3-11 所示。

由于单根电缆仅支持一种信道,因此连接在电缆上的计算机和其他共享设备共享电缆

的所有容量。连接在总线上的设备越多，网络发送和接收数据就越慢。

总线型网络使用广播式传输技术，总线上的所有节点都可以发送数据到总线上，数据沿总线传播。但是，由于所有节点共享同一条公共通道，所以在任何时候只允许一个站点发送数据。当一个节点发送数据，并在总线上传播时，数据可以被总线上的其他所有节点接收。各站点在接收数据后，分析目的物理地址再决定是否接收该数据。粗、细同轴电缆以太网就是这种结构的典型代表。

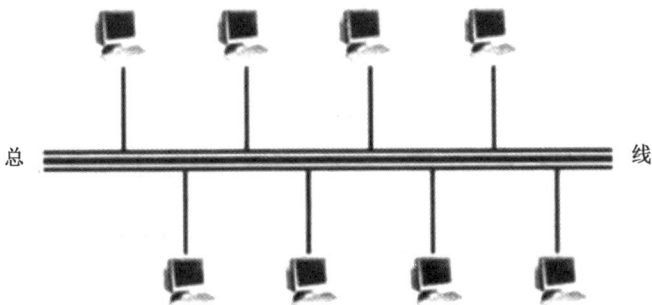

图 3-11　总线型结构网络拓扑图

总线型结构网络特点：

①结构简单、灵活，易于扩展；共享能力强，便于广播式传输。

②网络响应速度快，但负荷重时性能迅速下降；局部站点故障不影响整体，可靠性较高。但是，总线出现故障，将影响整个网络。

③易于安装，费用低。

总线型结构网络优点：

①布线容易，电缆用量小。总线型网络中的节点都连接在一个公共的通信介质上，所以需要的电缆长度短，减少了安装费用，易于布线和维护。

②可靠性高，总线结构简单，从硬件观点来看，十分可靠。

③易于扩充，在总线型结构网络中，如果要增加长度，可通过中继器加上一个附加段；如果需要增加新节点，只需要在总线的任何点将其接入。

④易于安装，总线型网络的安装比较简单，对技术要求不是很高。

总线型结构网络缺点：

①故障诊断困难。虽然总线型结构相对简单，可靠性高，但故障检测却不容易。因为具有总线型结构的网络不是集中控制，故障检测需要在网上各个节点进行。

②故障隔离困难。对于介质的故障，不能简单地撤销某工作站，这样会切断整段网络。通信介质或中间某一接口点出现故障，整个网络随即瘫痪。

③中继器配置。在总线的干线基础上扩充时，可利用中继器，需要重新设置，包括电缆长度的裁剪、终端匹配器的调整等。

④终端必须是智能的。因为接在总线上的节点有介质访问控制功能，因此终端必须是智能的，这将增加站点的硬件和软件费用。

总线型结构网络标准及网络范例：用于总线型结构的典型标准为电气和电子工程协会

制定的 IEEE 802.3(Ethernet)标准。目前采用总线型结构的典型网络主要有为10BASE-5、10BASE-2 等。

（2）环形结构

环形结构中,各个工作站的地位相同,它们相互顺序连接,构成一个封闭的环,数据在环中可以单向也可以双向传送。环形结构简单,传输延时确定,但是环中的每一个站点与连接站点之间的通信线路都会成为网络可靠性的瓶颈,环中的任意一个站点出现通信故障,都会造成网络瘫痪,如图 3-12 所示。

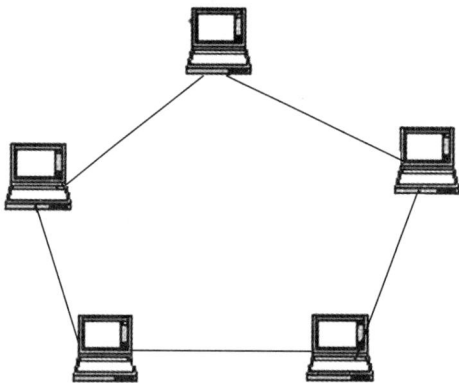

图 3-12　环形结构网络拓扑图

环形结构有两种类型,即单环结构和双环结构。令牌环是单环结构的典型代表,光纤分布式数据接口(FDDI)是双环结构的典型代表。

环形结构网络特点:

①在环形网络中,各工作站间无主从关系,结构简单:信息流在网络中沿环单向传递,延迟固定,实时性较好。

②两个节点之间仅有唯一的路径,简化了路径选择,但可扩充性差。

③可靠性差,任何线路或节点的故障,都有可能引起全网故障,且故障检测困难。

环形结构网络优点:

①电缆长度短。环形结构所需的电缆长度与总线型相当,但比星形要短。

②适用于光纤。光纤传输速度高,环形结构网络是单向传输,十分适用于光纤通信介质。如果在环形网络中把光纤作为通信介质,将大大提高网络的速度和抗干扰的能力。

③无差错传输。由于采用点到点通信链路,被传输的信号在每一节点上再生,因此,传输信息误码率可减到最少。

环形结构网络缺点:

①可靠性差。在环上传输数据是通过接在环上的每个中继器完成的,所以任何两个节点间的电缆或者中继器故障都会导致全网故障。

②故障诊断困难。因为环上的任一点出现故障都会引起全网的故障,所以很难对故障进行定位。

③调整网络比较困难。调整网络中的配置,例如扩大或缩小,都是比较困难的。

（3）星形结构

星形结构是用一个节点作为中心节点，其他节点直接与中心节点相连构成的网络。中心节点可以是文件服务器，也可以是连接设备。常见的中心节点为集线器。星形结构的网络属于集中控制型网络，整个网络由中心节点执行集中式通行控制管理，各节点间的通信都要通过中心节点。每一个要发送数据的节点都将要发送的数据发送中心节点，再由中心节点负责将数据送到目的节点。因此，中心节点相当复杂，而各个节点的通信处理负担都很小，只需要满足链路的简单通信要求。星形结构网络拓扑图如图3-13所示。

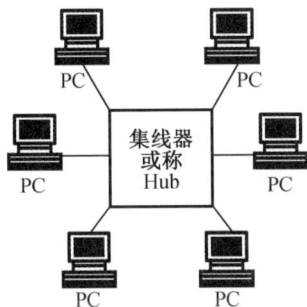

图3-13　星形结构网络拓扑图

星形结构网络优点：

①控制简单。任何一个站点只和中央节点相连接，因而介质访问控制方法简单，致使访问协议也十分简单。易于网络监控和管理。

②故障诊断和隔离容易。中央节点对连接线路可以逐一隔离进行故障检测和定位，单个连接点的故障只影响一个设备，不会影响全网。

③方便服务。中央节点可以方便地对各个站点提供服务和网络重新配置。

星形结构网络缺点：

①需要耗费大量的电缆，安装、维护的工作量也骤增。

②中央节点负担重，形成"瓶颈"，一旦发生故障，则全网受影响。

③各站点的分布处理能力较低。

总的来说星形结构相对简单，便于管理，建网容易，是目前局域网普遍采用的一种拓扑结构。采用星形结构的局域网，一般使用双绞线或光纤作为传输介质，符合综合布线标准，能够满足多种宽带需求。尽管物理星形拓扑的实施费用高于物理总线拓扑，然而星形拓扑的优势却使其物超所值。每台设备通过各自的线缆连接到中心设备，因此某根电缆出现问题时只会影响到那一台设备，而网络的其他组件依然可正常运行。这个优点极其重要，这也正是所有新设计的以太网都采用的物理星型拓扑的原因所在。

（4）树形网络拓扑结构

树形结构（也称星形总线拓扑结构）是从总线型和星形结构演变来的。网络中的节点设备都连接到一个中央设备（如集线器）上，但并不是所有的节点都直接连接到中央设备，大多数的节点首先连接到一个次级设备，次级设备再与中央设备连接，如图3-14所示。

树形结构有两种类型，一种是由总线型结构派生出来的，它由多条总线连接而成；另一种是星形结构的变种,各节点按一定的层次连接起来,形状像一棵倒置的树,故得名树形结构。在树形结构的顶端有一个根节点,它带有分支,每个分支还可以再带有子分支。

树形结构的主要特点:

①易于扩展,故障易隔离,可靠性高;电缆成本高。

②对根节点的依赖性大,一旦根节点出现故障,将导致全网不能工作。

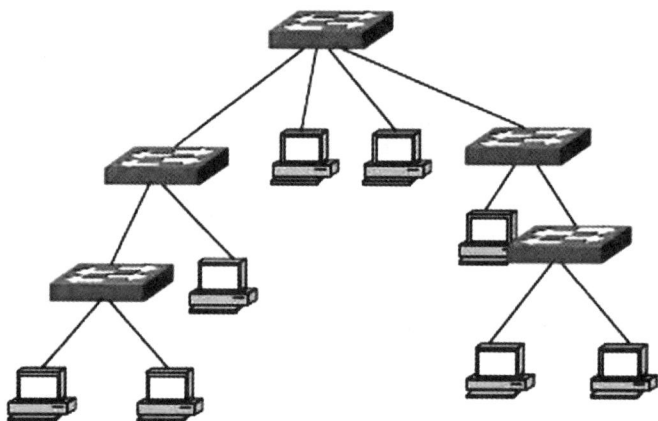

图 3-14　树形结构网络拓扑图

(5)各网络拓扑结构优劣势

星形拓扑是由中央节点和通过点到点通信链路接到中央节点的各个站点组成。星形拓扑结构相对于其他网络拓扑结构具有以下优点:控制简单,故障诊断和隔离容易,方便服务。星形拓扑结构相对于其他网络拓扑结构具有以下缺点:电缆长度和安装工作量可观,中央节点的负担较重,形成瓶颈,各站点的分布处理能力较低。

总线型拓扑结构采用一个信道作为传输媒体,所有站点都通过相应的硬件接口直接连到这一公共传输媒体上,该公共传输媒体即称为总线。总线型拓扑结构相对于其他网络拓扑结构具有以下优点:总线型结构所需要的电缆数量少,结构简单,又是无源工作,有较高的可靠性,易于扩充,增加或减少用户比较方便。总线型拓扑相对于其他网络拓扑结构具有以下缺点:总线的传输距离有限,通信范围受到限制,故障诊断和隔离较困难,分布式协议不能保证信息的及时传送,不具有实时功能。

环形拓扑网络由站点和连接站的链路组成一个闭合环。环形拓扑相对于其他网络拓扑结构具有以下优点:电缆长度短,增加或减少工作站时,仅需简单的连接操作,可使用光纤。环形拓扑相对于其他网络拓扑结构具有以下缺点:节点的故障会引起全网故障,故障检测困难,环形拓扑结构的媒体访问控制协议都采用令牌传达室递的方式,在负载很轻时,信道利用率相对来说就比较低。

树形拓扑从总线型拓扑演变而来,形状像一棵倒置的树,顶端是树根,树根以下带分支,每个分支还可再带子分支。树形拓扑相对于其他网络拓扑结构具有以下优点:易于扩展,故障隔离较容易。树形拓扑相对于其他网络拓扑结构具有以下缺点:各个节点对根的依赖性太大。

3.2.3.3　船舶制造车间数控设备组网方案

(1)网络拓扑选型

根据对国内某船厂的调研情况得知,其设备复杂多样,工作环境电磁影响大,采用以太网有线网络。其可以采用树形拓扑结构,以车间作为节点,车间内的设备作为分枝,只需保证车间内的节点正常,即可保证设备信息的传输(图 3-15)。

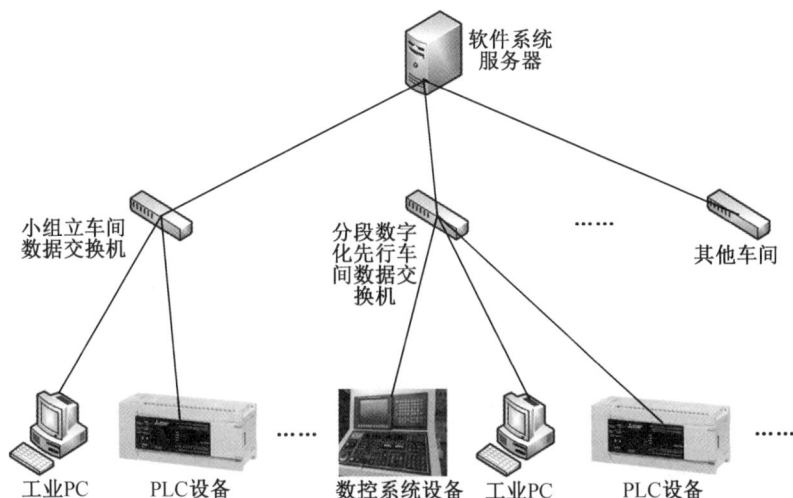

图 3-15　船厂数控设备网络拓扑图

树形拓扑结构是一种分级结构。在树形结构的网络中,任意两个节点之间不产生回路,每条通路都支持双向传输,这种结构的特点是扩充方便、灵活,成本低,易推广,适合于分主次或分等级的层次型网络系统。树状结构是总线型结构的扩展,它是在总线型网上加上分支形成的,其传输介质可有多条分支,但不形成闭合回路,树状网是一种分层网,其结构可以对称,联系固定,具有一定容错能力,一般一个分支和节点的故障不影响另一个分支节点的工作,任何一个节点送出的信息都可以传遍整个传输介质,是广播式网络。若车间内需要添加其他设备,树形结构也易于拓展。

(2)基于工业 PC 的数控设备组网方案

①基于工业 PC 的数控设备组网落地方案

根据对于国内某船厂的调研情况,得知小组立车间切割工位设备与分段数字化先行车间 HGG 型钢流水线设备使用的控制器为工业 PC,系统为 Linux 系统,带有 USB2.0 接口、PCI-E 接口以及 RJ45 网口等硬件接口。

其中自带的 RJ45 网口若无接口占用或接口毁坏,可以通过系统设置或内部程序编程,使工位设备数据通过该接口,以工业以太网作为通信网络,完成设备的组网。工业以太网在传输数据时使用的协议为 TCP/IP 协议,该协议原理包括三次握手、四次分手以及数据传输过程。

TCP 是面向连接的,在面向连接的环境中,开始传输数据之前,在两个终端之间必须先建立一个连接。建立连接同步的过程称为三次握手,具体过程如图 3-16 、图 3-17 所示。

a. 当主机 A 想同主机 B 建立连接,主机 A 会发送 syn 给主机 B,初始化序列号 seq=x。主机 A 通过向主机 B 发送 sys 报文段,实现从主机 A 到主机 B 的序列号同步,即确定 seq 中的 x。

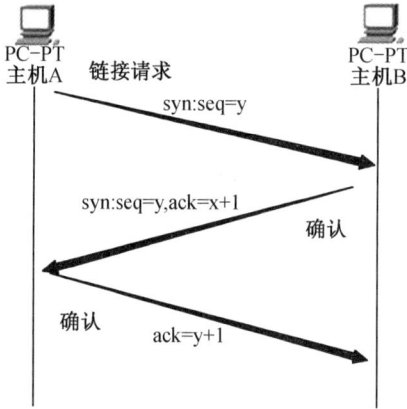

图 3-16   TCP 协议三次握手建立连接示意图 1

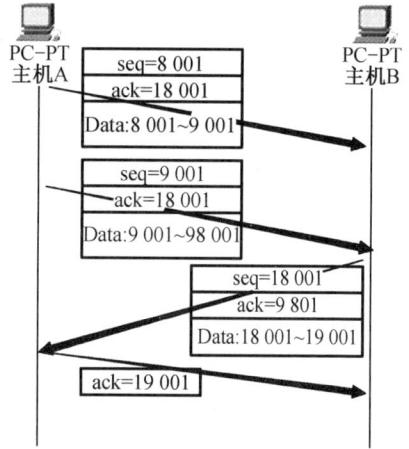

图 3-17   TCP 协议三次握手建立连接示意图 2

b. 主机 B 接收到报文后,同意与主机 A 建立连接,会发送 syn、ack 给主机 A。初始化序列号 seq=y,确认序号 ack=x+1。主机 B 向主机 A 发送 syn 报文的目的是实现从主机 B 到主机 A 的序列号同步,即确定 seq 中的 y。

c. 主机 A 接收到主机 B 发送过来的报文后,会发送 ack 给主机 B,确认序号 ack=y+1,建立连接完成,传输数据。

在建立连接后,TCP 将以全双工方式传输数据,在同一时间主机 A 与主机 B 之间可以同时进行 TCP 报文段传输,并对接收到的 TCP 报文进行确认。具体过程如图 3-19 所示。

a. 假设主机 A 向主机 B 发送 1 800 字节的数据,主机 B 向主机 A 发送 1 000 字节的数据。

b. 主机 A 取 seq=8 001 作为第一个字节的编号(seq 不一定从 0 开始,$0 \sim (2^{32}-1)$ 之间的随机数),由于数据长度是 1 800,字节编号就是 8 001~9 801。同理主机 B 编号是 18 001~19 000。

c. 当对字节编号后,TCP 就给每个报文分配一个序号,该序号即这个报文中的第一个字节的编号,在图中主机 A 数据被拆分两个报文段(主机 A 限定发送有效值 1 000 字节,所以会分两段发送一个 1 000 字节,一个 800 字节),因此第一段报文序号是 seq=8 001,第二段报文序号 seq=9 001。同理主机 B 一段报文发送,序号是 seq=18 001。

d. 接收端接收到报文需要进行确认,TCP 确认号被定义下一个希望接收到的字节的编号,所以当主机 B 成功接收到主机 A 发送的第二段报文时,发现报文的字节编号 9 001~9 800,所以主机 B 发送给主机 A 确认序号 ack=9 801。同理主机 A 接收到主机 B 发送的报文字节编号是 18 001~19 001,会给主机 B 发送确认报文,确认序号 ack=19 001。

e. 报文传输完成,这里主机 A 最后一次只发送一个 ack,代表主机 A 已经没有数据发送给主机 B 了。为了提高 TCP 传输数据效率,接收端主机不会对发送端主机发送的每一段报文都进行报文确认,而是当同时接收到多个报文后再发送确认报文 ack。

在完成数据传输后,断开连接的过程为二次握手,具体过程如图 3-18 所示。

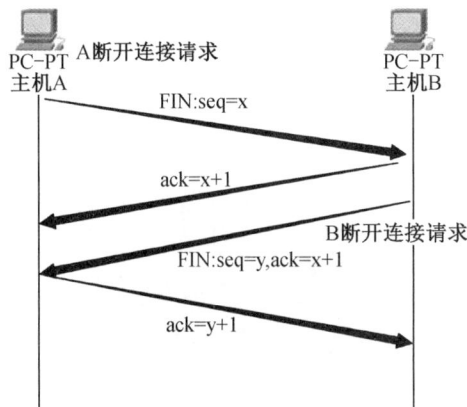

图 3-18 TCP 协议三次握手建立连接示意图 3

a. 当主机 A 的应用程序通知 TCP 数据已经发送完毕时,TCP 向主机 B 发送一个带有 FIN 附加标记的报文段,初始化序号 seq=x。

b. 主机 B 收到这个 FIN 报文段,并不立即用 FIN 报文段回复主机 A,而是向主机 A 发送一个确认序号 ack=x+1,同时通知自己的应用程序,对方要求关闭连接(先发 ack 是防止主机 A 重复发送 FIN 报文)。

c. 主机 B 发送完 ack 确认报文后,主机 B 的应用程序通知 TCP 关闭连接,TCP 接到通知后会向主机 A 发送一个带有 FIN 附加标记的报文段,初始化序号 seq=x,ack=x+1。

d. 主机 A 收到这个 FIN 报文段,向主机 B 发送一个 ack 确认报文,ack=y+1,表示连接彻底释放。

通过以上 TCP/IP 协议的传输步骤,当设备使用工业以太网进行数据传输时,可以保证数据的完整性与安全性。

USB2.0 接口可提供短距离点对点串行通信,不适合工业环境的长距离组网方案;但市面上可以提供 USB2.0 接口转 RJ45 以太网接口的协议转换器,使工业以太网作为通信网络成为可能。民用级 USB2.0 百兆网卡(以绿联品牌为例),采用亚信原厂 AX88179 芯片,在 Windows 8、Windows 10 系统等实现自动安装驱动,在 Lunix 系统等其他系统下需要自行安装驱动,满足千兆网络性能需求,网络快且稳定。

考虑到实际船厂设备情况,若存在 USB2.0 与 RJ45 以太网接口都已损坏或被占用的情况,可以考虑工业 PC 机主板上预留的 PCI-E2.0 接口,该接口扩展功能强大,可扩展显示适配器、音频适配器以及千、万兆级以太网卡等。

如上分析,PCI-E2.0 接口可给予工业 PC 进行 RJ45 接口扩展的可能性,市面上可以提供 PCI-E2.0 接口转 RJ45 以太网接口的协议转换器,使以工业以太网作为通信网络成为可能。如图 3-19 所示为 COMFAST 公司出品的 PCI-E 千兆有线网卡,采用瑞昱 RTL8111H 芯片,支持 10/100/1 000 Mbit/s 速率自适应、全双工/半双工自适应,端口支持数据矫正与自动翻转,兼容市面上 Windows 7、Windows 8、Windows 10 以及 Linux 等主流操作系统,满足千兆网络性能需求。

图 3-19　COMFAST PCI-E 千兆有线网卡

综上所述,根据国内某船厂设备实际情况,对于工业 PC 中存在的硬件接口的不同,匹配不同的协议转换器或者扩展网卡,实行以工业以太网为主干通信网络,通信协议为 TCP/IP 协议的设备落地组网方案,组网方案流程图如图 3-20 所示。根据工业 PC 类数控设备落地组网方案,可以保证该类设备全部完成组网,与软件系统进行实时通信。

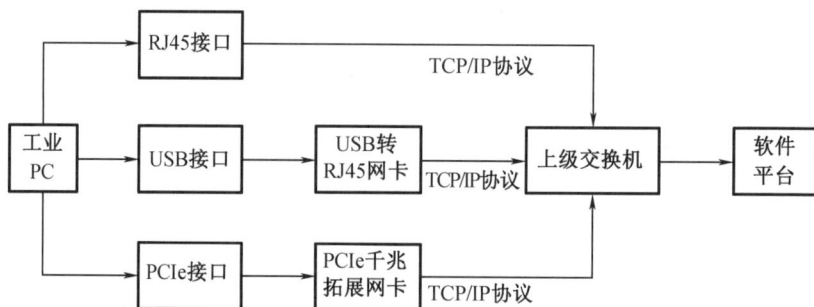

图 3-20　工业 PC 落地组网方案流程图

②基于工业 PC 的数控设备组网理想方案

适合当前发展并适应未来的工业 PC 应具有以下要求。

a. 性能强大。使用高性能级别中央处理器,例如英特尔酷睿 i7 系列,保证性能足够强大。辅助以高频率运行内存,保证性能稳定发挥。

b. 兼容多种操作系统。针对不同使用场所与不同客户要求,可以安装多种操作系统,如 Linux 系统、Windows 10 等主流系统。

c. 工控机机箱坚固可靠,可充分保护内部芯片组。工控机机箱根据设备的要求,可以有多种安装方式,同时散热性能强,可以在 0~60 ℃,5%~90%湿度的恶劣环境中稳定运行。

d. 丰富的 I/O 扩展。工控机应具有现在主流的 USB3.0、RJ45 网口、SC 光纤接口等硬件接口,也应具有 Type-c 接口、USB3.1、USB3.2(Type-c)等新型硬件接口,以适应未来发展需求。工控机主板上还应留有丰富 PCI3.0 接口、PCI-E X4 以及 PCI-E X16 等插槽。对于出现的 5G、Wi-Fi6 等高带宽、低延时的无线网络,应配备 Wi-Fi6 模块或者 5G 通信模块。

e. 主流的视频输出接口。工控机应配备主流的 HDMI(主流为 1.0 接口,最新为 2.0 接口)接口、DP 接口等。其中 HDMI 是一种数字化视频/音频接口技术,是适合影像传输的专用型数字化接口,其可同时传送音频和影音信号,最高数据传输速度为 5 Gbit/s。同时无须在信号传送前进行数/模或者模/数转换。DisplayPort 是由视频电子标准协会(VESA)批准的接口规范。DisplayPort(DP 接口)无须版权费,旨在若干领域跃过 DVI 和 HDMI 这两种接口技术。DisplayPort 利用了目前工作速率为 2.5 Gbit/s 的 PCI Express 的电气层,可获得四条通道总共多达 10.8 Gbit/s 的带宽。DisplayPort 将在传输视频信号的同时加入对高清音频信号传输的支持,同时支持更高的分辨率和刷新率。更值得一提的是,DP 接口可给予使用者使用 VR 设备,以 3D 技术进行企业的管理。

f. 稳定且高效能的电源。可以充分保障电脑性能的发挥,是工控机长时间稳定运行的基石。

工业 PC 拥有足够的性能,可以保证对控制设备实时发送指令并控制设备稳定运行,也可以使用软件实时读取设备的信息,如工作电压电流、实时功率等,并将这些数据通过自身配有的通信模块或以太网接口连接通信模块、上级交换机等通信设备,发送到软件平台,延迟应控制在 1 s 内,网络丢包率低,稳定性高。工业 PC 理想组网方案流程图如图 3-21 所示。根据工业 PC 类数控设备理想组网方案要求进行控制器选型,可以保证该类数控设备组网率为 100%,与软件系统进行实时通信、信息数据交换。

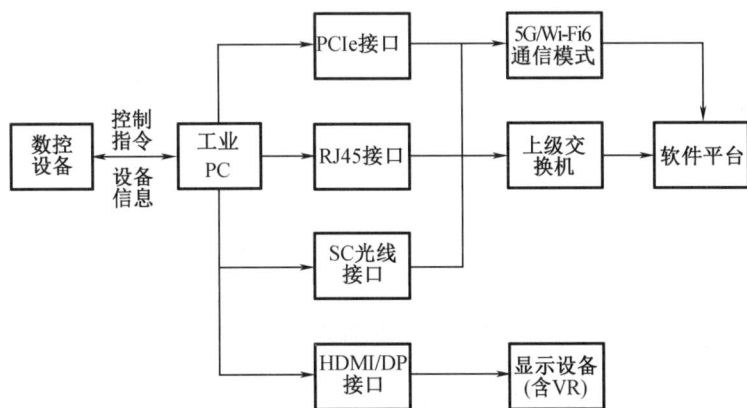

图 3-21 工业 PC 理想组网方案流程图

(3)基于 PLC 的数控设备组网方案
①基于 PLC 的数控设备组网落地方案

以国内某船厂为例,小组立车间中数控设备控制器为 PLC 类的为 FCB 焊接工位、FCB 修补工位、纵骨装配工位、纵骨焊接工位、肋板纵桁装配焊接工位以及运出工位,以上提到的工位,根据实际情况分析,为需改造设备且都可向软件系统自动发送设备数据信息。

首先根据各工位使用的 PLC 品牌和系列进行分类,PLC 可分为以下三类。

a. 三菱 A 系列 PLC。使用的工位为小组里车间中 FCB 修补工位、纵骨装配工位、纵骨焊接工位、肋板纵桁装配焊接工位。A 系列三菱 PLC 程序容量由 8K 步至 124K 步,如使用存储器卡,QnASCPU 则内存量可扩充到 2M 字节;A 系列三菱 PLC 最大输入、输出点数达 1 024 点,支持 RS-232 通信。A 系列体积大于 Q 系列,Q 系列 PLC 是三菱公司从原 A 系列 PLC 基础上发展起来的。

b. 三菱 Q 系列 PLC。使用的工位为小组里车间中 FCB 焊接工位。Q 系列 PLC 的基本组成包括电源模块、CPU 模块、基板、I/O 模块等。通过扩展基板与 I/O 模块可以增加 I/O 点数,通过扩展储存器卡可增加程序储存器容量,通过各种特殊功能模块可提高 PLC 的性能,扩大 PLC 的应用范围。Q 系列 PLC 可以实现多 CPU 模块在同一基板上的安装,CPU 模块间可以通过自动刷新来进行定期通信或通过特殊指令进行瞬时通信,以提高系统的处理速度。特殊设计的过程控制 CPU 模块与高分辨率的模拟量 I/O 模块,可以适合各类过程控制的需要。最大可以控制 32 轴的高速运动控制 CPU 模块,可以满足各种运动控制的需要,支持 RS-422 通信,支持以太网模块扩展,进行以太网通信。

c. 三菱 FX 系列 PLC。使用的工位为小组里车间中 FCB 运出工位。三菱 FX 系列 PLC 是小型化、高速度、高性能和所有方面都是相当 FX 系列中最高档次的超小程序装置,除输入/输出 16~25 点的独立用途外,还可以适用于多个基本组件间的连接,模拟控制,定位控制等特殊用途,是一套可以满足多样化广泛需要的 PLC,支持 RS-422 通信,也支持以太网模块扩展,进行以太网通信。

三菱 Q 系列 PLC 与 FX 系列 PLC 都支持具有长距离通信能力的 RS-422 串行通信;也具备可扩展的以太网模块,以工业以太网作为通信网络进行数据传输。三菱 A 系列 PLC 使用的年限最长,支持的通信方式单一,为 RS-232 串行通信。其中 RS-232 可以由 RS-232 转 RS-422 协议转换器进行信号转换,改为 RS-422 通信进行数据传输。三菱 A 系列 PLC 也可使用以太网模块(比如无锡北辰 BCNet-A 以太网模块),将串行通信接口与以太网模块相连,通过以太网模块的 RJ45 硬件接口连接上级交换机等设备,使用 TCP/IP 通信协议,完成设备的组网。

如果 PLC 硬件接口因年久失修而无法使用,可以使用新型 PLC(选型标准参考 PLC 设备理想组网方案)与原有的 PLC 进行输入、输出映射,但需要得到原有 PLC 设备的 I/O 表;对于布尔型变量,两个 PLC 之间可由使用继电器读取变量的状态。对于模拟量的映射,需要读取原 PLC 的输入、输出电压,来调整程序。PLC 设备落地组网方案流程图如图 3-22 所示。根据 PLC 类数控设备落地组网方案可以保证该类设备全部完成组网,与软件系统进行实时通信。

②基于 PLC 的数控设备组网理想方案

基于 PLC 的数控设备组网理想方案中,数控设备使用的控制器均为新型 PLC,如西门子 1500 系列 PLC,配有串口通信模块、以太网通信模块、4G 通信模块等扩展模块。通过以太网模块连接上级交换机、4G 工业路由器等通信设备或直接通过 4G 通信模块连接到软件平台。PLC 设备组网理想方案如图 3-23 所示。

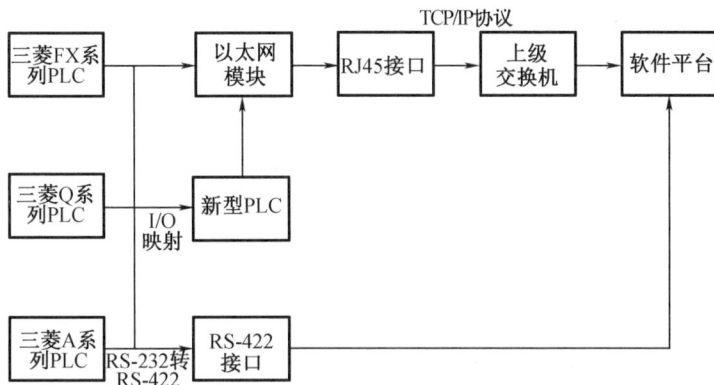

图 3-22　PLC 设备落地组网方案流程图

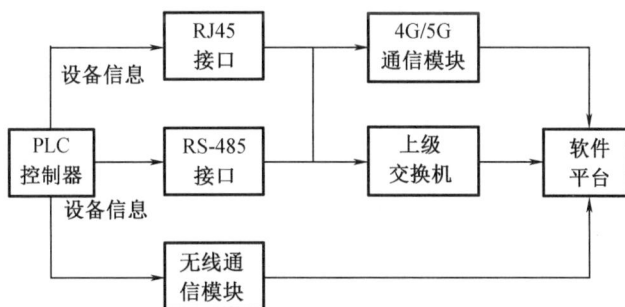

图 3-23　PLC 设备组网理想方案流程图

　　新型 PLC 首先需要外观人性化,体积小巧,可以布置于机架上,留有接线位置,提供专门的电源元件和屏蔽支架及线卡,使接线更方便,可靠性更高;CPU 上配置有 LED 显示屏,可方便显示 CPU 状态和故障信息等。其次,从硬件方面来说,新型 PLC 需要处理速度更快,联网能力更强,诊断能力和安全性更高,不仅可节省成本,提高生产效率,而且安全可靠,维护简单方便。例如,相对于西门子 S7-300/400,西门子 1500 PLC 采用新型的背板总线技术,以及高波特率和高传输协议,使其信号处理速度更快。选用的新型 PLC 所有 CPU 应集成主流的通信接口,如 Profinet 接口等,可实现低成本快速组态现场级通信和公司网络通信;PLC 的模块集成有诊断功能,诊断级别为通道级,无须进行额外编程,当发生故障时,可快速准确地识别受影响的通道,减少停机时间。PLC 的组态和编程效率更高,信息采集和查看更方便,如西门子 1500 PLC 是无缝集成到 TIA 博途软件中,无论是硬件组态、网络连接和上位组态,还是软件编程,其操作均简单快捷。另外,选用的 PLC 应具备无须使用其他模块即可实现运动控制功能的能力。通过 PLCopen 技术,控制器可使用标准组件连接、支持各种驱动装置。

　　串口通信模块具有以下功能:

a. 可连接数据读卡器或特殊传感器;

b. 可集中使用,也可在分布式 ET 200MP I/O 系统中使用;

c. 带有各种物理接口,如 RS-232、RS-422 或者 RS-485;

d. 可预定义各种协议,如 3964(R)、Modbus RTU 或 USS;

e. 可使用基于 Freeport 的应用特定协议(ASCII);

f. 诊断报警可用于简单故障修复。

以太网模块具有以下功能:

a. 除 CPU 密码保护之外,还可以通过状态检测防火墙确保工业以太网连接的安全性;

b. 可分别组态本地访问权限和远程访问权限;

c. 通过电子邮件实现简单报警,并通过 FTP(s)文件传输协议将产品数据传输到控制计算机中;

d. 灵活集成在基于 IPV6 的架构中,以适应未来发展;

e. 支持网络分段,可构建具有同一 IP 地址的相同设备;

f. 可在 TIA 博途中构建包含安全功能在内的整体项目。

根据 PLC 类数控设备理想组网方案要求进行控制器选型,可以保证该类数控设备组网率为 100%,与软件系统进行实行通信、信息数据交换。

(4)基于数控系统的数控设备组网方案

①基于数控系统的数控设备组网落地方案

根据对于国内某船厂的调研情况,得知分段先行数字化车间中型钢切割生产线使用的是 FANUC 160i 数控系统,带有 RJ45 以太网接口。该设备可通过自带的 RJ45 硬件接口连接 4G 路由器、上级交换机等设备,按照 ModbusTCP 通信协议的要求修改设备通信程序,完成设备的组网。基于 FANUC 160i 数控系统的数控设备理想落地组网方案流程图如图 3-24 所示。

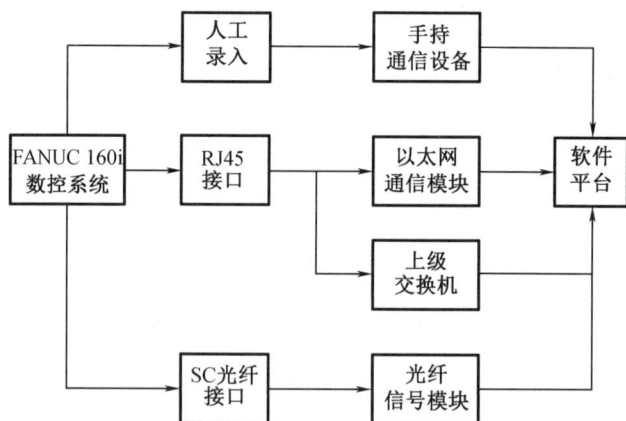

图 3-24 基于 FANUC 160i 数控系统的数控设备理想落地组网方案流程图

分段先行数字化车间中肋骨冷弯区使用的是斯伯克 DNC880 数控系统,该数控系统没有预留任何接口,无法通过以太网或者增加串口模块等方式完成组网,可以通过增加移动设备进行人工信息录入的方式完成该设备的信息入网,但实时性、准确性等无法保证,可以通过加装摄像头或内部软件截屏,进行图像识别来读取设备信息,经过相应算法的处理后,将数据发到物联网平台。基于斯伯克 DNC880 数控系统设备落地组网方案流程图如图 3-25 所示。根据数控系统类设备落地组网方案,可以保证该类数控设备组网率为 100%,与软件系统进行实时通信、信息数据交换。

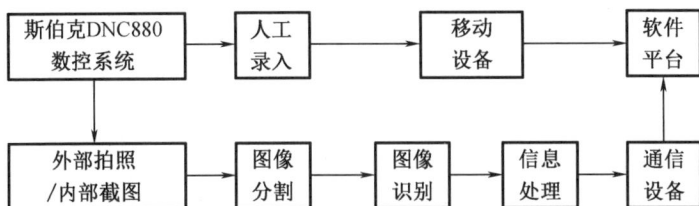

图 3-25 基于斯伯克 DNC880 数控系统的数控设备落地组网方案流程图

②基于数控系统的数控设备组网理想方案

适合当前发展并适应未来的数控系统应具有以下要求。

a. 随着计算机技术、传感技术的不断发展,数控系统有望进一步提高智能化水平,完善诸如优化走刀路径、自动加载工件等智能化功能,精确掌握加工情况,并准确反馈感知的加工信息,优化工艺工序路线,提高自适应控制水平,实现在机监测。

b. 智能规划加工工艺基于大数据平台,数控系统具备自主分析与主动决策的能力。数控系统中加工工艺规划包括规划工艺路线以及工艺参数,STEP-NC 工艺侧重描述被加工元件的技术要求以及制造特征,是一种实现决策、控制一体化的数控系统。

c. 智能调整控制参数轮廓误差跟踪、交叉耦合等控制技术逐渐兴起,这类控制方法充分考虑加工轨迹的全部信息,动态调整各轴工艺,以缩小轮廓误差。这种主要研究运动控制器的轮廓误差控制方法无法使得驱动器获取轨迹整体信息,针对这一问题,有学者提出复杂轮廓误差跟踪算法,并有望广泛应用于网络化数控系统。

d. 智能获取加工状态信息数控系统具有一定的自我感知力,能够感知线下加工状态,并拥有控制参数、自主决策的能力。然而,外界环境会对工件加工工艺精度产生影响。为了提高数控系统的加工精度与质量,有学者在数控系统中集成测量、传感系统,使得数控系统可以借助传感器反馈的信息对控制参数进行动态调整。

基于数控系统的数控设备可以通过内部系统指令读取数控设备的工艺参数,如数控设备的工作电压、电流等,通过内部的 4G 无线通信模块,以太网 RJ45 接口或 SC 光纤接口加 4G、5G 通信模块,上级交换机,光信号器等通信模块将工艺参数发送到软件平台。同时,数控设备本身自带的 HDMI 接口或 DP 接口,可以输出高刷新、高分辨率的图像到本地显示设备上。基于数控系统的数控设备理想组网方案流程图如图 3-26 所示。根据数控系统类设备理想组网方案要求进行控制器选型,可以保证该类数控设备组网率为 100%,与软件系统进行实时通信、信息数据交换。

综上所述,按照各类数控设备落地组网方案,在具有切割工位等 8 个工位的小组立车间中,除拼板工位外,可保证其他工位数控设备全部完成设备组网,自动化(含半自动化)设备组网率为100%,全部设备组网率为87.5%;在具有型钢切割生产线等5个工位的分段先行数字化车间中,除型钢打磨区外,可保证其他工位数控设备全部完成设备组网,自动化(含半自动化)设备组网率为100%,全部设备组网率为80%。根据数控设备理想组网方案,工业PC类数控设备、PLC类数控设备、数控系统类设备在满足组网的选型要求下,可以保证组网率为100%,与软件系统进行实时通信、信息数据交换。

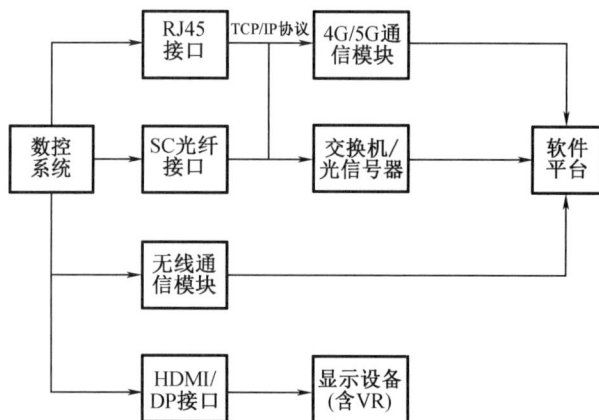

图3-26 基于数控系统的数控设备理想组网方案流程图

3.2.4 船舶制造车间数控设备组网软件系统

船舶制造车间数控设备组网软件系统以中间件的形式,屏蔽底层不同设备通信接口的复杂性,向上层应用提供统一的设备通信接口、设备监控与数据采集接口等。其中设备组网通信接口是系统核心部分,解决装备之间的网络通信传输问题。监控与数据采集系统可以获取设备的实时状态,据此可通过设备利用率、设备负荷等统计图表,辅助分析出各种生产瓶颈原因、预测设备故障趋势等。

3.2.4.1 船舶制造车间数控设备组网软件系统中间件的分析

(1)系统中间件的需求分析

随着感知设备和物联网技术的飞速发展,企业建设也越来越好,各式各样的智能监控系统逐渐进入大众的生活,为我们的日常生产生活提供了极大的便捷性。与此同时,随着各式各样的智能监控系统的数量不断增长,信息孤岛的问题成为物联网应用系统发展的重大阻碍,传感数据资源的共享是一个急需解决的问题。由于信息不能共享和重用,造成了大量传感数据和资源的浪费,监控系统中间件系统恰好能解决这一问题,为软件系统提供一个统一的规范化的管理平台,更加便捷地管理生活和工作中的智能设备。

底层感知和控制技术日新月异,设备种类也层出不穷,为各种软件系统提供了坚实的基础。但这些设备和技术相差甚远,在带来便利的同时也带来许多问题。监控系统最主要的两个特点就是实时性和可靠性,只有及时且准确地发现问题才能发挥监控系统的最大作用。软件系统中存在的问题就是监控系统中间件需要解决的问题,也就是中间件的需求,主要需求可以归纳为以下几点。

①屏蔽感知控制设备的异构性

软件系统中核心的一层就是感知层,感知层为整个监控系统提供基础感知数据,是整个系统的根本。目前感知和控制设备五花八门,不同厂家的设备形态不同,使用的传输协议和数据格式也不尽相同。目前没有一种统一的规范的协议格式,如果顶层应用直接面向底层设备进行开发,不仅工作烦琐复杂,而且系统的复用性和灵活性差。这些异构性归根结底是服务端口的差异,因此屏蔽感控设备的异构性,以统一规范化的服务接口暴露给上层应用是对中间件的必然要求。

②有效事件的识别和处理

软件系统底层感控设备的不断接入,会导致应用间的基础感知数据爆炸式增长,因为感知设备本身的误差,数据的准确性也不能得以保证。如果不经过处理就将这些格式各异的数据传送给上层应用进行处理,大量的数据在网络间传输不仅会增加网络带宽、服务器的压力和负担,也不能保证数据的可靠性。因此,中间件需要对基础感知数据进行预处理,一来保证数据的可靠性,二来减少网络间传输的数据量,为上层应用提供更为有意义的数据,提升系统的整体性能。

③数据的高效传输

在软件系统中需要传输大量的数据信息,实际应用中不仅包含底层感知数据的上传,还包含上层控制数据的下传。实际环境中应用的网络状况和硬件设施的能力是有限的,为保证监控系统监测和调控的实时性,必须采用高效的数据传输方式。现有的监控系统中间件大多采用轮询等传统的"请求-响应"的服务模式,物理世界发生变化时不能及时做出相应的响应。因此,必须设计一种高效的传输机制,保证感知数据和控制数据双向传输的实时性,这也是中间件的重要功能之一。

④系统的灵活扩展

监控系统中间件作为一个物联网应用的管理平台,随着上层应用系统种类的增加和业务类型的不断拓展,新的设备会不断接入,底层感控服务会不断增加。此时系统平台就需要不断更改和重构,造成大量人力、物力的浪费,不满足物联网系统的发展需求。于是中间件必须具有一定的可扩展性,使得整体系统在架构不变的情况下灵活调整。

⑤系统界面的友好操控

软件系统最终是面向用户使用的,简单的数字展示和按钮调控缺乏一定直观性,随着支撑服务数量的增多,整体系统也越来越复杂,监测和调控都会相当不便。所以,一个用户友好的操控界面十分重要,以摄像头或地图等图形化直观展示的监控系统也愈发必要。

(2)软件系统中间件的功能分析

从图3-27中可以看出,整个监控系统主要有底层感控设备、中间件服务平台和顶层应用系统三部分组成,其中中间件服务平台是主要的数据处理和上下层数据交互的组件。在数据交互的过程中主要包含感知数据和控制数据两种数据类型。感知数据是经由中间件预处理后向上层应用系统所提供的有意义的数据,是中间件平台与各监控系统间的传输信息。中间件不仅要处理底层设备传来的原始数据,同时也要接收各监控系统发送来的调控请求,解析之后转换为底层控制设备可以识别的调控指令,也就是控制数据,进而传送给控制设备进行调控。

软件系统的用户可以通过 Web 端和手机 App 端随时随地地对工位设备进行监控,可以向监控系统发送各种服务请求,系统将收到的请求转发给中间件平台进行服务解析,并通过中间件平台控制感控设备进行信息采集或状态调控,最终将感知数据以 Web 服务的方式返回给用户。

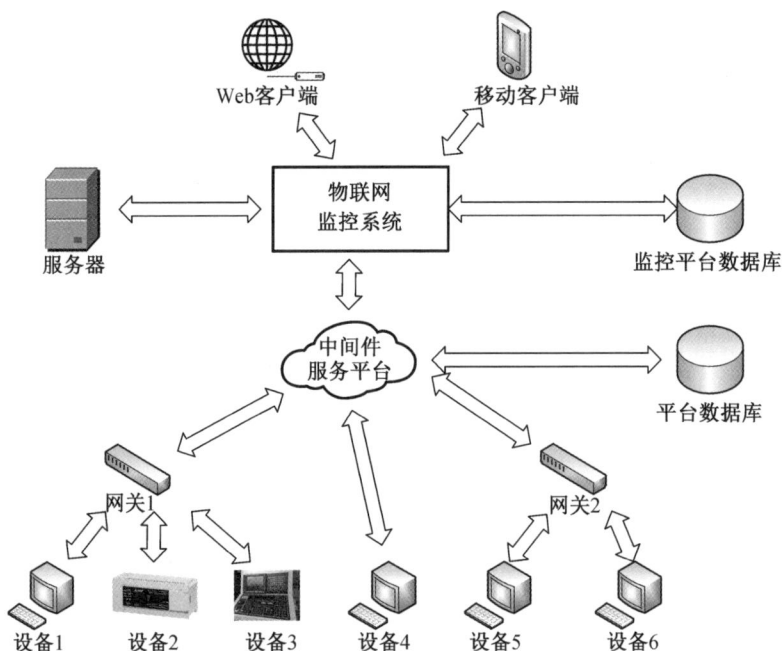

图 3-27　软件系统工作场景结构图

在接口和系统信息交互的过程中,两种模式使用得很普遍,即同步调用和异步调用。同步调用要求接口发出请求消息后必须等待服务端系统的应答消息,接口阻塞直至超时;异步调用则发出请求消息后,接口可以从事其他处理,定时轮询服务端应答消息或事件通知。同步方式简单,但是很容易造成接口阻塞、消息积压超时。

软件系统工作流程图如图 3-28 所示,其中 A、B、C、D 四个过程就是应用系统和中间件系统平台之间的服务请求与服务返回过程,1,2,3 和 4,5,6 则分别是感知数据和控制数据的传输过程。下面将从异构数据集成模块、数据传输模块、复杂事件处理模块、资源和服务管理模块这几个子模块对软件系统中间件的功能进行分析与设计。

①异构数据集成模块

a.资源的抽象与封装

物联网感知和控制设备的种类五花八门,每一种设备有其独立的通信协议和连接方式,常用的有 RFID、ZigBee 等感知设备,连接方式有 Wi-Fi、蓝牙、网关节点等不同方式。为解决底层设备及其数据的异构性,中间件需要具有封装功能,将这些设备所提供的功能抽象为一个个独立的实体对象,并将其封装为可以直接调用的资源服务,以供中间件系统平台和各应用系统调用。

b. 数据格式的解析与转换

中间件将各感控设备封装为资源服务,在暴露出服务接口之前仍需要对其接口的数据传输格式进行解析和转换。对感知设备发送的数据流或二进制字节流的数据信息按协议进行解析,由中间件对其数据格式进行统一化处理,采用 XML 扩展标记语言和 JSON 字符串格式进行统一描述,既能展示详细数据内容,又能清晰地描述数据结构,完美地解决数据格式的异构性。本章节采用配置文件和前端用户自定义消息格式两种方式来统一数据格式,相较于硬编码,中间件可以更加灵活地解析和转换数据格式,增强异构数据集成模块的灵活性和可拓展性。

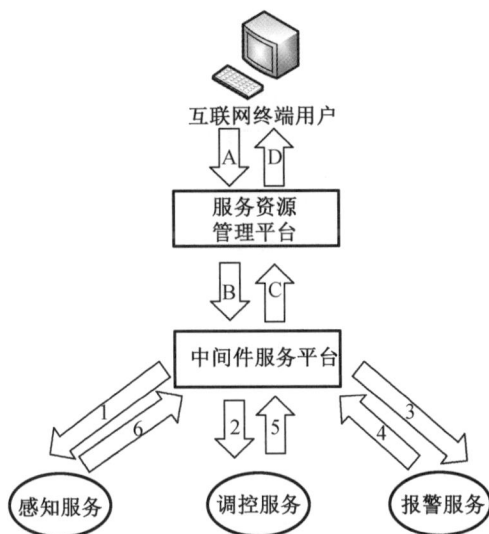

图 3-28　软件系统工作流程图

②数据传输模块

数据传输模块结构图如图 3-29 所示。中间件的通信机制有同步通信和异步通信两种方式,在同步通信中,消息发送方发送消息之后必须等待接受方接收完毕后才能发送下一条消息,这在物联网应用中并不适用。而在异步通信机制中,发布/订阅模式与 RPC、RMI 等传统通信范型相比,能够在时间、空间、控制上完全解耦,达到感知层和应用层之间实时通信的需求。本章节监控系统中间件平台包含感知数据和控制数据两种数据类型,这两种数据分别对应不同的传输方向,所以数据传输模块也应该分为两个通信模块分别传送不同的数据,减少数据流之间的相互干扰,提高数据传输速度和效率。

③复杂事件处理模块

软件系统需要实时获取各种监测设备的感知数据,海量的数据在网络中直接传输十分浪费网络和硬件资源,且容易丢失感知数据。为解决这一问题,提高软件系统的整体性能,复杂事件处理模块尤为关键。复杂事件处理先捕获各种细微的事件(基础事件),然后通过分析整理,找出更有意义的事件(复合事件),最后决定采取什么行动。其中事件的分析整理是复杂事件处理的核心,也是最困难的地方。

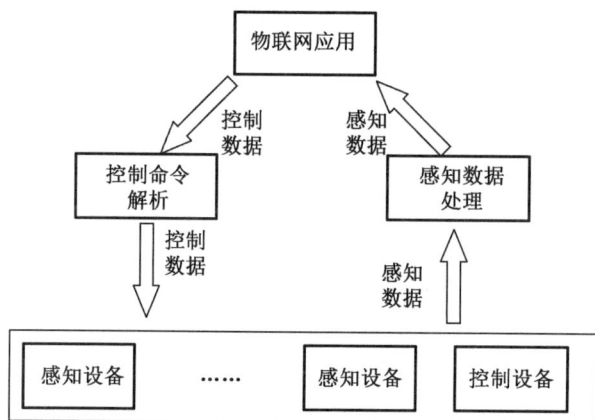

图 3-29 数据传输模块结构图

复杂事件处理模块是中间件平台一项重要的功能,它可以将底层感知设备传输的大量数据进行预处理,从中捕获一些数据异常等简单事件,整理并总结得出一些设备异常、设备告警等复杂事件。中间件平台和应用系统间传输的数据都是经过过滤和整合之后的有效数据,减少大量冗余数据在网络上传输,提升整体系统性能。

④资源和服务管理模块

a. 服务的发布/订阅

该模块主要实现对不同服务的封装和发布/订阅,以及服务匹配的功能。为提高各种服务资源的可重用性和开放性,本章节监控系统中间件平台通过资源和服务管理模块将服务发布为 Web 服务,实现跨平台跨系统的灵活调用。中间件资源抽象和封装模块根据不同的处理规则,将感知数据封装成为不同类型的服务,服务提供者通过发布/订阅模块将不同的服务分发给不同的服务消费者,实现提供者和消费者之间的完全解耦。用户在选择要订阅的服务时,服务匹配模块可以根据用户的实时需求,从功能属性和服务质量两个方面进行服务匹配,选择出最适合用户需求的服务。

b. 便捷的服务管理

随着软件系统中间件平台接入的设备和物联网应用数量的增加,传统的表格式界面操作已经无法满足用户的操作需求。软件系统应该以更加直观化的界面展示给用户,用户在监测和调控时也应该更加便捷化,所以软件系统需要对感知层设备进行可视化展示,因此给用户提供一个更加友好的服务管理界面是本次设计的一个重要部分。服务管理模块包含服务的发布与订阅,服务匹配,已发布服务的添加、删除、修改、查询等基本操作。服务管理功能模块如图 3-30 所示。

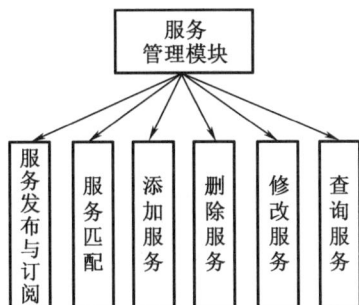

图 3-30　服务管理功能模块图

3.2.4.2　船舶制造车间数控设备组网软件系统设备通信接口

软件系统之间的接口是实现一个系统与另一个系统进行信息交互的桥梁,在不同的系统之间,根据系统的关联程度的不同存在紧耦合和松耦合两种:紧耦合要求接口响应反应快,消息不能阻塞;松耦合对响应反应要求比较低。在目前应用中, Socket 、消息队列(Message Queue)等都有相应的应用,但是应用中发现各通信方式有自己固有的特征,"适合的才是最好的",这是真理。

(1)Socket 通信

Socket 通信相对来说是很古老的通信方式,也是最常用的通信方式。Socket 通信有阻塞和非阻塞两种方式。

在同步方式下,采用阻塞编程比较简单,但是为了防止接口阻塞,我们需要设置 Socket 超时。在异步方式下,采用非阻塞方式编程比较方便,在非阻塞方式下可使用 WSAAsyncSelect 模型和 WSAEventSelect 模型。

无论使用阻塞方式还是非阻塞方式编程,需要重点考虑的一个问题:粘包现象,即应用发送两个或以上的数据包,在 Socket 通信层将数据包合并成一个发送出去,因此接收端收到数据包以后需要对数据包根据应用定义的长度进行拆分,否则导致应用层丢包。

(2)消息队列(Message Queue)

利用 MSMQ(Microsoft Message Queue),应用程序开发人员可以通过发送和接收消息方便地与应用程序进行快速、可靠通信。消息处理为其提供了有保障的消息传递和执行许多业务处理的可靠的防故障方法。MSMQ 与 XML Web Services 和. Net Remoting 一样,是一种分布式开发技术。但是在使用 XML Web Services 或. Net Remoting 组件时,Client 端需要和 Server 端实时交换信息,Server 需要保持联机。MSMQ 则可以在 Server 离线的情况下工作,将 Message 临时保存在 Client 端的消息队列中,以后联机时再发送到 Server 端处理。显然,MSMQ 不适合于 Client 需要 Server 端及时响应的这种情况,MSMQ 以异步的方式和 Server 端交互,不用担心等待 Server 端的长时间处理过程。虽然 XML Web Services 和. Net Remoting 都提供了[One Way]属性来处理异步调用,用来解决 Server 端长方法调用长时间阻碍 Client 端。但是不能解决大量 Client 负载的问题,此时 Server 接受的请求快于处理请求。

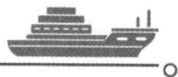

（3）同步和异步通信

同步和异步通信队列通信天生就是异步的，因为将消息发送到队列和从队列中接收消息是在不同的进程中完成的。另外，可以异步执行接收操作，因为要接收消息的人可以对任何给定的队列调用 Begin Receive 方法，然后立即继续其他任务而不用等待答复。这与人们所了解的"同步通信"截然不同。在同步通信中，请求的发送方在执行其他任务前，必须等待来自预定接收方的响应。发送方等待的时间完全取决于接收方处理请求和发送响应所用的时间。同消息队列交互消息处理和消息为基于服务器的应用程序组件之间的进程间通信提供了强大灵活的机制。同组件间的直接调用相比，它们具有若干优点，其中包括：

①稳定性：组件失败对消息的影响程度远远小于组件间的直接调用，因为消息存储在队列中并一直留在那里，直到被适当地处理。消息处理同事务处理相似，因为消息处理是有保证的。

②消息优先级：更紧急或更重要的消息可在相对不重要的消息之前接收，因此可以为关键的应用程序保证足够的响应时间。

③脱机能力：发送消息时，它们可被发送到临时队列中并一直留在那里，直到被成功地传递。当因任何原因对所需队列的访问不可用时，用户可以继续执行操作。同时，其他操作可以继续进行，如同消息已经得到了处理一样，这是因为网络连接恢复时消息传递是有保证的。

④事务性消息处理：将多个相关消息耦合为单个事务，确保消息按顺序传递、只传递一次并且可以从它们的目标队列中被成功地检索。如果出现任何错误，将取消整个事务。

⑤安全性：Message Queue 组件基于的消息队列技术使用 Windows 安全来保护访问控制，提供审核，并对组件发送和接收的消息进行加密与验证。

3.2.4.3 船舶制造车间数控设备组网软件系统设备数据采集

目前船舶制造行业中企业各部门数据孤岛林立，各部门的信息化建设都是封闭的，海量数据被封在不同软件系统之中，对接业务软件或者是获取软件中的数据存在较大困难。为了实现数控设备软件系统，需要屏蔽底层设备接口的复杂性，完成多种软件之间的数据对接，目前软件系统的几种数据采集方法如下。

（1）软件接口方式

通过各软件厂商开放数据接口，实现不同软件数据的互联互通，这是目前最为常见的一种数据对接方式，实现过程如下。

步骤1：协调多方软件厂商工程师到场，了解所有系统业务流程以及数据库相关的表结构设计等，细节推敲，确定可行性方案。

步骤2：编码。

步骤3：测试、调试阶段。

步骤4：交付使用。

该方式的优势在于接口对接方式的数据可靠性与价值较高，一般不存在数据重复的情况；数据可通过接口实时传输，满足数据实时应用要求。

该方式的缺点在于接口开发费用高,需协调多个软件厂商,工作量大且容易烂尾,可扩展性不高。如由于新业务需要各软件系统开发出新的业务模块,其和大数据平台之间的数据接口也需做相应修改与变动,甚至要推翻以前的所有数据接口编码,工作量大、耗时长。

（2）开放数据库方式

对于数据的采集融合,开放数据库是最直接的一种方式。每个软件系统有各自的数据库,而同类型的数据库之间数据融合是比较方便的:

①如果两个数据库在同一个服务器上,只要用户名设置没有问题,就可以直接相互访问,需要在 from 后将其数据库名称及表的架构所有者带上即可。

②如果两个系统的数据库不在一个服务器上,建议采用链接服务器的形式处理,或者使用 openset 和 opendatasource 的方式,这个需要对数据库的访问进行外围服务器的配置。

③不同类型的数据库之间的连接就比较麻烦了,需要做很多设置才能生效,这里不做详细说明。

优势:开放数据库方式可以直接从目标数据库中获取需要的数据,准确性高,实时性也有保证,是最直接、便捷的一种方式。

缺点:开放数据库方式也需要协调各软件厂商开放数据库,这需要看对方的意愿,一般出于安全考虑,不会开放;一个平台如果同时连接多个软件厂商的数据库,并实时获取数据,这对平台性能也是巨大挑战。

（3）基于感知层中间件的数据直接采集方式

基于感知层中间件的数据采集技术是通过感知层中间件获取底层数控设备信息,采集设备发送的所有数据,将数据转换与重新结构化,输出到新的数据库,供软件系统调用。技术特点如下:

①无须原软件厂商配合;

②实时数据采集,数据端到端的响应速度达秒级;

③兼容性强,可采集汇聚 Windows 平台各种软件系统数据;

④输出结构化数据,作为数据挖掘、大数据分析应用的基础;

⑤自动建立数据间关联,实施周期短、简单高效;

⑥支持自动导入历史数据,通过 I/O 人工智能自动将数据写入目标软件;

⑦配置简单、实施周期短。

基于感知层中间件的数据直接采集方式,摆脱对软件厂商的依赖,不需要软件厂商配合,不需要投入大量的时间、精力与资金,不用担心系统开发团队解体、源代码丢失等原因导致系统数据采集成死局。其直接从各式各样的软件系统中开采数据,源源不断获取精准、实时的数据,自动建立数据关联,输出利用率极高的结构化数据,让不同系统的数据源有序、安全、可控地联动流通,提供决策支持、提高运营效率、产生经济价值。

4. 船舶制造车间数控设备组网软件系统设备数据分析与展现

研究实时监控数据库的架构和数据抽象模型,建立实时数据采集、存储子系统;研究柔性的监控网络结构,实现监控网络的连接管理、数据传输,建立数据通信子系统;建立工业测控可视化组件库,构建可视化的人机交互界面开发子系统;突破多种类型设备带来的多协议、多信道、多变量等异构通信技术难题,通过开发动态设备加载技术,构建了远程监控系统。

软件系统主要包括两大功能模块,系统组态环境模块和系统运行环境模块。系统组态环境是远程监控系统设计人员为了在系统组态环境的支持下测控应用程序而设计的管理方案。通过建立组态模块的配置数据文件生成相应的组态应用程序。主要包括界面配置、测控设备配置、数据库配置、报警配置等。系统运行环境主要负责解析设计人员在组态过程中生成的配置文件、链接数据库、生成配置文件相对应的组态模块及实时监控数据。系统的运行环境主要用于物联网平台界面的显示、实时数据的监测、历史数据曲线和报表的生成、报警提示。系统的运行环境只提供了监测功能,在此环境下平台的组态修改是不允许的,这样很好地将物联网平台监控和运行进行分离,确保了远程监控系统在监测和控制过程中的安全性。

监控系统设计思想如下。

①用户登录:监控系统主画面需要用户登录之后才能进入,未登录或用户名密码错误应有相应的错误代码和文字提示。(错误代码 E0001:用户未登录; 错误代码 E0002:用户名或密码错误。)

②权限管理:移交前根据甲方要求预定义不同权限的用户,不同的用户具有的操作权限不同。

③主画面:在该画面应显示有登陆成功的用户名、身份,并且可以对页面语言进行选择。直接地可以看到所有设备运行的工作情况。

④单独工位监控:该画面主要为单独工位监控,在该画面中可自由切换至任意一工位,监控其情况。画面中应包含当前设备的工艺参数(当前工作电压、电流等)、当前状态显示、设备运行时间等内容。

⑤运行数据记录:该画面以报表形式记录各部设备的运行情况(正常工作、工作等待、检修等)。

⑥设置画面:设置画面仅管理员权限可进入。在该界面,可以查看用户信息,添加用户并修改用户权限;并且添加设备或删去设备。

参照 MVC 的分层设计模式,以软件系统作为中间件,该中间件可分为感知层中间件、数据层中间件以及消息层中间件(图 3-31)。

其中感知层中间件用于与底层设备之间进行基于各种通信协议的数据信息传输,屏蔽了底层接口的复杂性。其中数据采集速率(数据更新速率)根据企业要求以及控制器的不同,一般情况下,PLC 类设备的 I/O 端(数字量和模拟量)采集频率为 5 Hz 左右,即 1 s 内采集并传输数据 5 次,因此数据采集频率可为 5 Hz。

基于工业 PC 类的数控设备在通常情况下需要将数据输出到显示设备上,而一般显示器设备刷新频率为 60 Hz、90 Hz 或 120 Hz 等,所以采集频率需要与显示器刷新频率匹配,可设为 10 Hz、30 Hz 等,也可根据工业 PC 性能的强弱,进行优化设置。

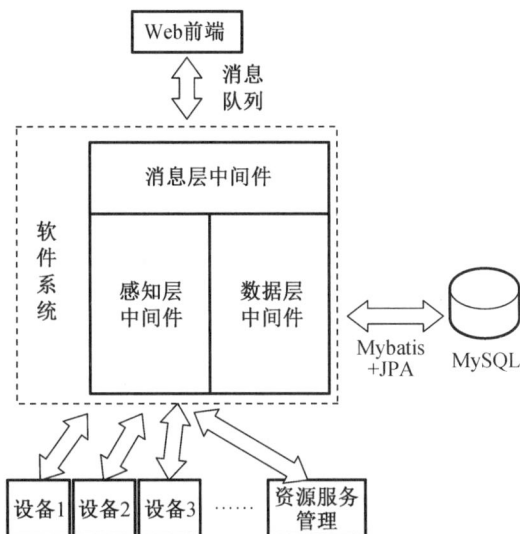

图 3-31　系统架构图

　　基于数控系统的数控设备由于厂家与生产时间的不同,存在的接口与运行的系统也往往不同,数据采集的频率需要根据具体情况而进行确定。例如国内某船厂分段先行数字化车间型钢切割工位使用的 FANUC 160i 数控系统,配有 SC 光纤接口,可以设采集频率为 30 Hz、60 Hz 等;但该车间中肋骨冷弯工位使用的斯伯克 DNC880 数控系统不存在预留的接口,需要有人工或外部 AI 设备进行数据采集,人工采集往往准确性与实时性低下,而 AI 设备进行图像识别的方式由于环境影响实行困难,若能保证环境稳定干扰噪声少,可以保证数据采集频率为 5 Hz,甚至 30 Hz 等。

　　数据层中间件用于与 MySQL 数据库的连接,可用 Mybatis 与 JPA 软件进行协同,以保证数据更新的实时性与数据库的稳定。消息层用于与 Web 端、手持设备移动端等进行数据传输,用于实时查看各车间、各工位、各设备的数据情况。系统的总体架构图如图 2-31 所示。

　　该信息管理系统的研发以操作人员信息、数控设备工作数据为基础,以服务管理层用户与普通用户为目的,便于管理层用户进行工作安排与战略决策,使各车间普通用户方便地获得各工位信息,提高工作效率。该系统功能可以具体地分为 7 个功能块:基础信息管理、工位设备信息管理、打卡信息管理、工作计划信息管理、消息管理、综合信息查询、数据统计与导出。软件系统功能结构图如图 3-32 所示。

　　基础信息管理:对普通用户信息以及部门信息进行管理,其中包括人员的权限设置以及字典管理等。

　　工位设备信息管理:提供各车间、各工位船舶制造设备实时数据与历史数据以供使用者查看,管理层可以增添新工位、修改工位信息以及删除现有工位信息。

　　打卡信息管理:对普通用户提供打卡功能,收集各工位到岗信息,用于工作考核与管理员工作计划安排。

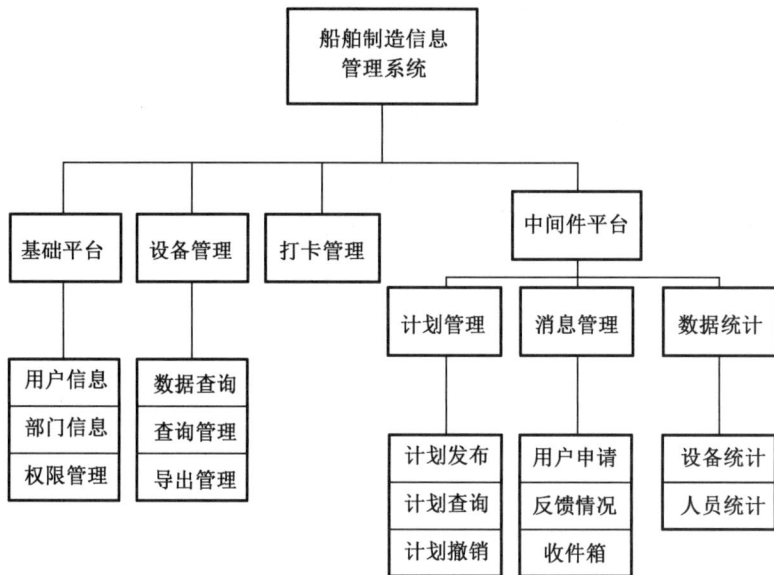

图 3-32　软件系统功能结构图

工作计划信息管理:管理层用户对各车间、各工位、各人员进行工作计划的编写与发布,对于已发布计划,可进行查询、修改与删除;当修改与删除未完成工作计划时,及时通知相关人员。

消息管理:提供各车间、各工位操作人员进行个人关键信息修改、问题反馈以及通知收取的功能。

综合信息查询:该信息管理系统提供简约、快捷、多关键字的查询功能,满足查询需求。

数据统计与导出:根据使用者权限的不同与业务需要,提供全部或部分数据的分析与导出。

个人信息注册模块为信息管理系统进行身份识别,使用者需要根据个人信息填写,经过管理员审核后获取各种系统权限与业务功能。与此同时,所注册过的个人数据在 MySQL 数据库中进行同步,使安全性得到保障。个人信息注册界面如图 3-33 所示。

注: 根据真实信息进行用户注册, 注册后账户名为工号

姓名

账户名：请输入工号

密码

手机号

图 3-33　个人信息注册界面

设备运行情况总览界面为管理层用户与普通用户提供了各工位数控设备的运行状态,若需要工位的详细数据,可进入各设备详细数据界面进行查看。设备运行情况总览界面如

图 3-34 所示。

图 3-34　设备运行情况总览界面

图 3-35 所示为管理层用户对普通用户个人信息的管理界面,可以对普通用户个人信息、地址、密码等进行增添、修改以及删除。

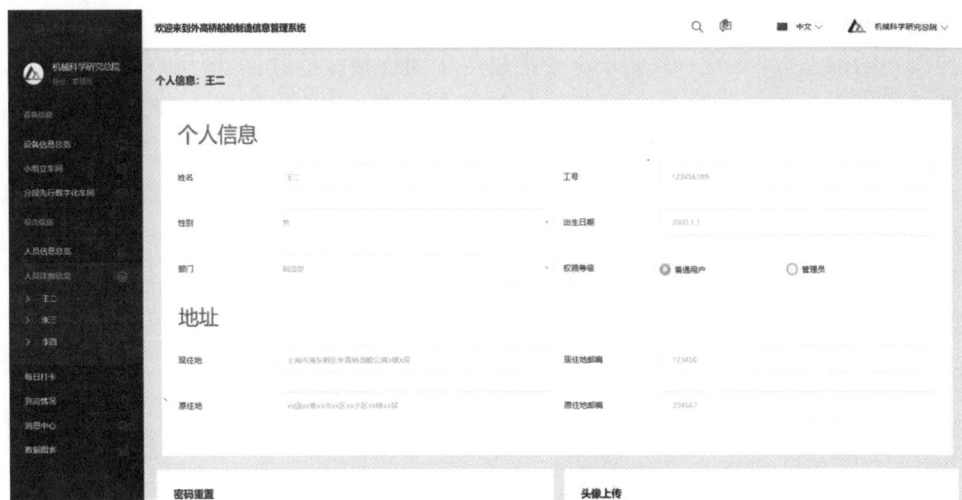

图 3-35　管理员信息管理界面

3.3　关键技术突破

3.3.1　兼容多种通信协议的软件系统中间件

船舶制造车间数控设备组网系统软件,以中间件的形式,屏蔽底层不同数控制造设备通信接口的复杂性,向上层应用,如 Web 监测端等,提供统一的设备通信接口、设备监控与数据采集接口等。软件系统中间件分为感知层中间件、数据层中间件以及消息层中间件三部分。

感知层中间件主要负责与底层各类数控设备直接或间接地建立通信。直接通信是指组网软件系统感知层中间件直接与数控设备进行通信连接,根据使用的通信协议,进行数据的采集与读取;间接通信指组网软件系统感知层中间件无法直接与数控设备进行通信连接,需间接地与其他控制器建立通信连接,通过该控制器设备采集目标数控设备的信息数据。与数控设备建立通信需要遵守特定的通信协议,包括兼容以太网网络使用的 TCP/IP 协议、串行通信的 RS−422 协议等。数据采集速率的设置受控制器、通信接口与协议等硬件因素与企业管理要求等人为因素影响,一般 PLC 类数控设备数据采集频率为 5 Hz;工业 PC 类数控设备因需要输出到显示器设备上,数据采集频率为 30 Hz、60 Hz、90 Hz 或 120 Hz;数控系统类设备的数据采集频率需要根据具体型号进行设置,如配有 SC 光纤接口的 FANUC 160i 数控系统,数据采集速率可为 30 Hz、60 Hz 等高频率;不存在预留硬件接口的斯伯克 DNC880 数控系统,采集频率根据数据采集的方式不同而不同。

数据层中间件主要负责与 MySQL 等关系型数据库进行数据交换,通过使用 MyBatis 进行数据持久化。其中 MyBatis 是一款优秀的持久层框架,它支持定制化 SQL、存储过程以及高级映射。MyBatis 避免了几乎所有的 JDBC 代码和手动设置参数以及获取结果集。MyBatis 可以使用简单的 XML 或注解来配置和映射原生信息,将接口和 Java 的 POJOs 映射成数据库中的记录。数据层中间件获取的数据一方面来源于感知层中间件的数据,即各工位数控设备的信息数据;另一方面来源于消息层中间件接收的数据,即用户请求信息。

消息层中间件主要负责与监测系统进行数据交换,使用 Socket 、消息队列(Message Queue)、WebService 等通信接口,分为发送设备实时信息数据与反应用户请求信息两部分。监控系统可以为电脑 Web 端监测端(B/S 架构)、电脑软件监测端(C/S 架构)、手持终端等,消息层中间件与各段建立连接,发送各工位数控设备实时信息数据,如设备的利用率、负荷等。接收并回复用户的请求信息,如用户注册、打卡信息等。

综上所述,组网软件系统将感知层中间件、数据层中间件以及消息层中间件融为一体,能够兼容多种通信协议,屏蔽底层不同数控制造设备通信接口复杂性,实现了设备数据存储、分析与展现。

3.4 应用效果

本章以国内某船厂的小组立车间和分段先行数字化车间为验证对象,针对船舶制造车间数控设备种类众多、尚未集中控制导致生产效率低下、一次合格率低等问题,开展船舶制造车间数控设备组网技术研究,实现数控加工设备、检测设备等的联网并使数控设备的工艺参数传到远程监控系统的数据库中,使得切割、小组立、平面分段生产线等关键工位数控设备组网率从当前不足 10%,经过升级改造后达到 90% 以上。

$$数控设备组网 = \frac{已实际组网的数控设备(台/套)}{船舶分段制造车间数控设备总数(台/套)} \times 100\%$$

软件系统读取后台数据库,一方面通过数据分析,完成设备运行状态进行分析,对于设备可能或已经出现的故障问题及时发出报警信息;另一方面将读取到的工艺参数进行可视化操作,生成设备利用率、设备负荷等统计图标,利于监控人员与管理人员等进行生产策略调整与未来规划。

3.5　技术创新点

本船舶制造车间数控设备组网方案对于船舶制造车间中数控设备种类多样、未能集中控制导致生产效率无法提升等问题,从通信方式、组网方案以及软件系统三个方面进行探讨。

在船舶制造车间通信方式的选型上,将主流有线通信方式(如工业以太网等)与无线通信方式进行一一分析与探讨,创新地将4G、5G等具有高带宽、低延时、远距离的无线通信网络作为理想通信主干网络。根据现实车间状况,落地通信网络选用有线的工业以太网网络,以保障通信的稳定性与低延时性。

在船舶制造车间数控设备组网方案的研究中,将数控设备按照控制器的不同来制定相应的组网方案。以国内某船厂的小组立车间与分段先行数字化车间为例,将所有自动化设备(包含半自动化设备)按照控制器的不同分为工业PC类、PLC类以及数控系统类。工业PC类数控设备易于通过各类硬件接口进行拓展,通过RJ45网卡协议转换器完成与上级交换机的连接。PLC类数控设备多留有RS-422等串行通信接口,通过该接口完成组网;若接口不存在,则使用I/O映射的方式,使用新型PLC间接读取数据,完成组网。对于数控系统类设备,需要具体分析,主要难处在于无硬件接口的设备;本方案创新性地提出基于神经网络的图像处理的方法,可以有效地读取设备信息数据。

在船舶制造车间数控设备组网软件系统的研究中,将软件系统作为中间件使用,该中间件分为感知层中间件、数据层中间件以及消息层中间件三部分。感知层中间件可以兼容多种通信协议,读取底层数控设备数据。数据层中间件与MySQL等关系型数据库相连,用于数据持久化。消息层中间件用于收发用户请求信息与数控设备信息数据,保证与前端的高效访问。

3.6　本 章 小 结

本章以国内某船厂为对象,通过深入验证船厂船舶分段加工车间,对于车间中存在电磁干扰的情况,落地通信方案中选用工业以太网作为主干通信网络;在理想通信方案中,去除电磁干扰等因素,保证了无线通信的稳定性,因此将高带宽、低延时、传输距离远的4G、5G无线通信网络作为主干通信网络,对于船厂通信网络的搭建具有一定参考意义。

本章对数控切割机、加工机器人等自动化设备(包含半自动化设备)进行分类,然后进行分析,提出了对应的组网方案,改造后的数控设备组网率为100%,自动化设备(包含半自动化设备)组网率为100%,全部设备组网率为80%以上。组网研究方案理想方案部分,对各类数控从硬件接口、通信方式、设备性能等方面提出要求,可保证符合该要求的设备在完成调试后,顺利完成设备组网工作。

本章分为工位数控设备信息数据分析展示与用户信息请求两个方面,中间件部分分为感知层中间件、数据层中间件以及消息层中间件三个部分。工位数控信息由感知层中间件获取,数据层中间件进行存储,消息层中间件负责数据分析展示。用户请求由消息层中间件收发,由数据层中间件进行数据读取交换。

经过船舶制造车间数控设备组网研究方案的落地验证,能够解决船舶制造车间数控设备种类众多、尚未集中控制导致生产效率低下等问题,实现数控加工设备、数控监测设备的组网联网,对设备的工作状态、报警信息等数据信息进行数据采集,有助于提升设备的利用率与制造生产效率。

第4章 船舶制造车间网络接入管理技术

4.1 概　　述

自无线通信技术被提出以来,无线网络所带来的灵活性和便利性就不断地改变着人类的生活方式。大型机、小型机、个人电脑、桌面互联网、移动互联网是计算技术发展的5个阶段。船舶企业分段建造车间占地范围大、环境复杂、干扰较多,不可能完全通过车间有线网络来实时传输收集有关信息,因此,结合船厂车间现场实际环境,通过有线网络和无线网络进行混合组网就显得十分必要。无线网络通信覆盖面大、布置灵活便利、满足船厂生产的需求,并且目前无线通信技术的移动性、安全性和抗干扰性逐渐提高,成本逐渐降低,给造船企业的信息化建设提供了很好的发展前景。

在船舶生产制造过程中,管子生产车间、焊接车间、数控加工车间、PLM 管理系统等都是非常重要的环节,直接影响到船舶的生产进度。随着船舶制造企业信息化水平的提高,为了满足用户及设备终端接入企业网络,通常会把网络铺设或覆盖到尽可能多的区域。无线接入网络虽然将信息传递的速率及质量大幅度提高,但由于移动网络与终端的特性,各种网络病毒和黑客攻击引起信息安全问题也越发重要。船厂内大量流动的办公人员、外包人员和合作伙伴经常将自带的笔记本电脑、智能终端或其他设备接入船厂的局域网,这将给船厂的信息安全带来很大的挑战。外来的非法终端接入公司的网络,除了可能带来计算机病毒方面的安全威胁外,还可能通过接入船厂的网络,非法获取船厂的商业秘密。

因此,为了保证船舶制造车间中网络的安全,针对船厂信息化和网络化发展趋势,进行船舶制造车间网络接入管理技术研究非常迫切。网络接入管理的核心思想在于屏蔽一切不安全的设备和人员接入网络或者规范用户接入网络的行为,从而铲除网络威胁的源头,避免事后处理的高额成本。

4.2 船舶制造车间网络接入管理技术分析

4.2.1 船舶制造车间相关网络接入技术

目前,船舶制造车间中,各个执行系统及管理系统中的终端及便携端的信息化、数字化升级均需要对网络接入进行管理控制。本章介绍了当前制造车间中较为流行的网络接入技术,以及就船舶制造车间对网络接入需求、焊接管理系统及 MES 系统的网络接入控制需求进行分析举例。

4.2.1.1 船舶制造车间 IT 及 OT 网络

IT,即信息技术,是主要用于管理和处理信息所采用的各种技术总称。它主要是应用计算机科学和通信技术来设计、开发、安装和实施信息系统及应用软件。

OT,即操作技术,是工厂内的自动化控制系统操作专员为自动化控制系统提供支持,确保生产正常进行的专业技术。

随着新一轮工业革命的推进,制造业的智能化转型正在让现实与虚拟世界之间的界限变得越来越模糊,特别是可寻址和识别 IP 地址的设备会定义联网的智能化工厂。目前船舶车间正在不断运用 IT 和 OT 网络,并且不断磨合,使二者能够深度融合,尽快形成一个贯彻整个船舶制造企业的技术架构。只有将这些技术不分彼此地融合之后,IT 和 OT 的融合会帮助船舶制造车间改善原有的业务系统并且提高各部门之前的整体信息流动,提升船舶企业的运营水平,提高竞争力。

IT 与 OT 的融合使得我们在融合之初,必须对技术的安全性进行足够充分的研究与验证,由 OT 技术 IT 化带来的安全问题会使整个工业自动化系统面临重大的生产安全考验,例如 Modbus 协议的逐渐演变过程,使得 Modbus 协议原有的验证机制不足以保证其在工业智能化时代的安全性,并可能导致工业自动化生产系统的一系列脆弱性连锁反应。针对这些问题,包括船舶企业在内的很多企业都在致力于提高安全性能,应对这些不确定的考验。

在造船企业中,制造车间的 IT 和 OT 部门需要改变他们协同工作的方式,必须从以下三方面实现 IT 和 OT 协调工作。

(1)保障网络安全性

互联网世界会带来更多漏洞和风险。一个系统受到威胁可能会催化病毒感染整个网络,最终威胁到整个公司的基础设施。所以船舶制造车间中 IT 和 OT 需要共同维护网络的可用性、保密性和完整性,一起执行流程以防止蓄意攻击和无意的错误,从而保证车间网络的安全性。

推荐的安全措施包括:

加密:在车间网络上运行时,保证数据的保密性并防止未经授权的数据截取;

访问控制:确保只有车间允许相互通信的设备可以访问,防止操作过程中未经授权的设备访问车间网络;

鉴权:阻止没有网络访问权的设备和用户访问车间网络,通过降低访问数量来提高船舶制造车间网络的安全性。

分区:将船舶制造车间中关键区域和非关键区域进行隔离,避免网络感染传播,这样可以把车间安全事故产生的影响降到最低。

(2)统一协作

船舶企业中不同部门侧重点不同。OT 专业人士通常侧重于保持生产运行,以避免停机成本,而 IT 人员需保护数据的完整性。尽管部门角色不同,重要的是要将生产视为整体,联手打造部门之间的公开对话。为了实现船舶企业整体效益的提高,只有设法让两个部门共同努力,优势强强联合才能实现业务目标。

(3)调整网络基础设施

工业物联网(IIoT)设备需要具备强大的网络连接能力,以收集和共享数据;需要借助以太网来实现通信的一致性和统一性。包含这些设备的网络需要分层,以简化网络管理和运作。在船舶制造现场,通信领域应分为有效管理的单位,如机器、生产和任何其他逻辑或物理单元。IIoT 生成和收集的数据量会比以往任何时候都要大很多,IT 和 OT 两个部门需共同努力以简单和更具成本效益的方式实现设备互联,同时也能满足特定应用对系统性能和可靠性的苛刻要求。只有这样才能真正实现船舶制造车间 IT 与 OT 的网络融合,为制造车间提供动力。

4.2.1.2　车间无线网络接入技术

当前,无线网络接入技术发展迅速,种类多样,基于目前对船舶制造车间网络接入的实际考察,大部分车间运用的是 Wi-Fi 网络接入技术。如车间内手机、平板电脑、移动电脑、工作人员手持设备移动端等都是通过 Wi-Fi 接入车间网络。使用 Wi-Fi 技术的车间覆盖,使车间内工人可以方便快捷地接入车间网络,进行业务的访问、信息的接收以及传输。运用 Wi-Fi 接入技术方便车间网络连接的同时,车间网络安全问题也十分显著,在方便快捷的同时,还需要在接入安全上提供有效的防护以保证车间网络接入的安全。Wi-Fi 接入车间后的工作效果图,如图 4-1 所示。

图 4-1　Wi-Fi 接入车间后的工作效果图

4.2.1.3　车间有线网络接入技术

船舶车间的有线网络应用历史时间长,有线网络种类多样,基于目前对船舶制造车间的考察分析,大部分车间对有线网络的应用主要集中在工业无源光纤网络(PON)、工业以太网和电力线接入技术等。

（1）工业 PON

PON 是指（光配线网中）不含有任何电子器件及电子电源，ODN 全部由光分路器（Splitter）等无源器件组成，不需要贵重的有源电子设备。一个无源光网络包括一个安装于中心控制站的光线路终端（OLT），以及一批配套的安装于用户场所的光网络单元（ONUs）。在 OLT 与 ONU 之间的光配线网（ODN）包含了光纤以及无源分光器或者耦合器。

PON 的复杂性在于信号处理技术。在下行方向上，交换机发出的信号是广播式发给所有的用户。在上行方向上，各 ONU 必须采用某种多址接入协议如时分多路访问 TDMA 协议才能完成共享传输通道信息访问。目前用于宽带接入的 PON 技术主要有：EPON 和 GPON。

PON 系统结构主要由中心局的光线路终端（OLT）、包含无源光器件的光分配网（ODN）、用户端的光网络单元/光网络终端（ONU/ONT）组成，其区别为 ONT 直接位于用户端，而 ONU 与用户之间还有其他网络（如以太网）以及网元管理系统（EMS）组成，通常采用点到多点的树形拓扑结构。图 4-2 为工业 PON 网络结构图。

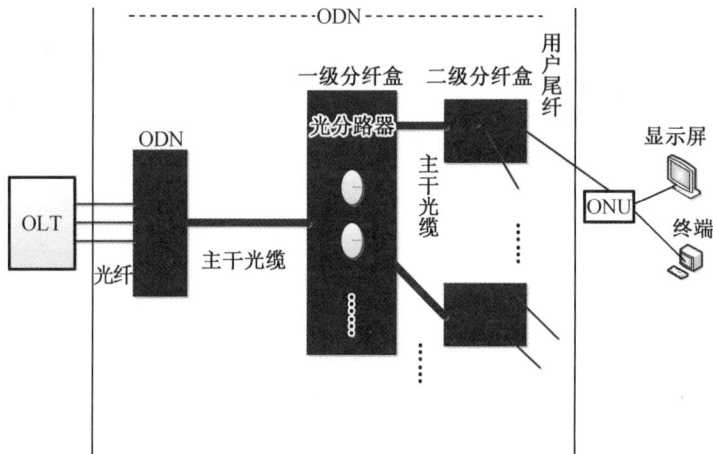

图 4-2　工业 PON 网络结构图

工业 PON 的主要特点如下。

①相对成本低，维护简单，容易扩展，易于升级。工业 PON 容易铺设，长期运营成本和管理成本的节省很大。

②工业 PON 是纯介质网络，彻底避免了电磁干扰和雷电影响，适合在恶劣的环境下使用。

③资源占用率低。

④服务范围大，作为一种扇形的结构来节省资源，服务大量的工业接入点。

⑤带宽分配灵活，服务质量高，应用接口丰富。

⑥消除了车间外的网络连接设备的干扰，安全性能较高。

⑦一次性的投入成本很高，局端光线路终端较贵。

⑧树形拓扑结构让用户的信息保护成本较高。

（2）工业以太网

工业以太网就是在以太网技术基础上开发出来的一种工业网络。技术上与商业以太网兼容，但在产品设计、材质的选用、产品的强度、适用性以及实时性等方面能满足工业现场的需要。

工业以太网的特点：价格低廉、稳定可靠、通信速率高、软硬件产品丰富以及技术成熟等。

（3）电力线接入技术

电力通信技术指利用电力线传输数据和话音信号的一种通信方式。该技术是把载有信息的高频加载于电流，然后用电线传输，接受信息的调制解调器再把高频从电流中分离出来，并传送到计算机或电话上，以实现信息传递。

电力线接入技术特点：应用于地域较广的场合，不需要大规模布线就可以实现覆盖，安装和维护成本低，经济可靠，但是信号易受到干扰，保密等级较低。

4.2.1.4　小结

本章节对船舶制造车间的相关网络技术进行了调查研究，通过研究，得出以下结论：

随着船舶制造行业的飞速发展，为了保证制造车间的生产效率，在车间中接入互联网显得尤为重要。无论是什么网络连接方式，都有各自的优缺点，所以在接入船舶制造车间时，我们可以将多种连接方式进行结合，在提高生产效率的同时，又能兼顾信息安全这一问题，这也是本书的一个重点。

4.2.2　非法节点接入车间网络控制技术

4.2.2.1　船舶制造车间中对网络接入的需求分析

随着船舶制造企业的扩大和发展需求，同时网络技术快速发展，互联互通在世界范围内得到广泛推广，船舶制造车间接入网络技术十分必要。目前，基于对各大船舶制造车间的考察研究后，可以将网络接入分为无线网络和有线网络两部分进行简单论述。

当无线网络技术应用到船舶车间后，一方面实现了车间机床的设备层与上级设计管理层及掌握车间调度员层的交互，从而能够及时向现场设备发布生产信息，并能够及时收集到从设备层反馈回来的信息，真正实现车间信息化生产。另一方面，无线网络克服了针对车间的有线网络布置的一些缺点，如布线难度大、时间长、成本高、维护难，有线网络的线缆严重影响车间生产等，无线网络很好地解决了有线网络存在的故障隐患和安全隐患。

船舶制造车间内有很多固定的设备，比如大型的机械设备，以及小型台式计算机服务器等，同时遮挡建筑较多，无线网络在传输中受环境影响较大，导致在车间生产之中产生了很多不确定因素，因此除了在船舶制造车间运用 Wi-Fi 外，还应铺设有线网络进行数据传输。目前车间现有的有线网络接入技术主要有工业 PON、工业以太网、电力线接入技术等，通过对这些有线网络的使用可以保证网络信号稳定，数据传输可靠性好，传输速率快，同时基本不受外界因素以及环境干扰，排除一些生产的不确定性，但有线网络的部署有区域限制,适用于小范围的网络部署。

4.2.2.2　非法节点接入方式及其危害

随着网络技术的接入,为生产制造带来便利的同时,也引发了诸多的危害,例如车间内手机、平板电脑、移动电脑及其他便携终端等非法节点接入车间网络,结合车间固有的一些传统有线网络接入车间的问题,给车间制造造成严重的安全隐患,极有可能造成严重数据的泄露,同时有可能破坏制造车间的网络智能架构,致使不能正常运作,给企业造成巨大的经济损失。所以,对网络接入进行控制管理,对于车间网络接入的安全研究尤为重要。

4.2.2.3　船舶制造车间网络接入控制的典型需求分析

船舶制造车间网络与传统的企业办公网络不同,IT 网络和 OT 网络的有效融合促进了生产管理效率的提升和能耗的降低。通过对国内某船厂平直流水线分段制造车间网络的考察分析,为了保证船舶制造车间不间断正常生产、保护各类制造过程数据安全,网络接入控制方面有如下几个方面的典型需求。

(1)身份认证和分区访问控制

虽然从船厂内整体上通过网闸及防火墙设备进行了合理的分区访问控制,但在以船体制造车间为代表的车间工业控制网络内部,工控系统分层和生产制造车间分区间缺乏必要的访问控制机制,这都可能导致非法节点网络接入恶意入侵行为的扩散及发起的内部攻击难以识别及预防。因此,需要根据车间工业控制系统分层和生产工艺分区在工业控制网络内部合理划分安全域,通过身份认证和基于角色的权限控制阻止非法访问,并部署能够识别并控制工业风险边界隔离保护设备,发现来自内外部的恶意行为,并阻断攻击。

(2)终端设备识别和车间网络通信的保护机制

目前,船舶制造车间工业控制网络采用的协议均为专用设备工控协议,工业协议普遍存在较多已公开的协议漏洞且缺乏认证机制。因此,需要在工业控制网络内建立对应的漏洞攻击防护机制及针对相关数控设备、工业主机和移动终端的识别认证,防止车间通信网络中的漏洞攻击及伪装攻击等行为。

(3)针对操作终端的防护

船舶制造车间中的工业 PC 普遍使用 WinXP 系统,已经没有官方漏洞修复,且难以部署及时更新的杀毒软件,导致工业 PC 存在较大的安全风险,且被攻破后可能直接影响现场导致停产。因此,需要建立符合工业现场的保护机制,通过严格的控制防止任何病毒侵入的渠道,从而保障车间网络系统安全。

4.2.2.4　车间网络接入控制技术方案

基于对车间网络接入需求的分析,以及非法节点接入车间网络控制技术的研究,提出构建车间网络接入控制方案,首先通过身份认证技术,对接入者的身份进行认证,它是由被认证方提交该主体独有的并且难以伪造的信息来表明自己的身份,是防止非法节点接入车间网络的重要技术之一;其次进行权限管理技术,通过对三种访问控制方法对比,提出基于角色的访问控制方法,也是防止非法节点接入车间网络的重要技术之一;最后基于对身份认证和权限管理技术的研究,提出建立身份认证服务方案和权限管理系统方案。车间网络接入控制方案如图4-3所示。

（1）身份认证

身份认证也称"身份验证"或"身份鉴别",是指在计算机及计算机网络系统中确认操作者身份的过程,从而确定该用户是否具有对某种资源的访问和使用权限,进而使计算机和网络系统的访问策略能够可靠、有效地执行,防止攻击者假冒合法用户获得资源的访问权限,保证系统和数据的安全,以及授权访问者的合法利益。身份认证技术是指能够对信息收发方进行真实身份鉴别的技术,是保护网络信息资源安全的第一道大口,它的任务是识别、验证网络信息系统中用户身份的合法性和真实性,按授权访问系统资源,并将非法访问者拒之口外。可见,身份认证在安全系统中的地位极其重要,是最基本的安全服务,其他的安全服务都要依赖于它。所以在船舶制造车间控制非法接入中,首先使用身份认证技术来防范危险的侵入。

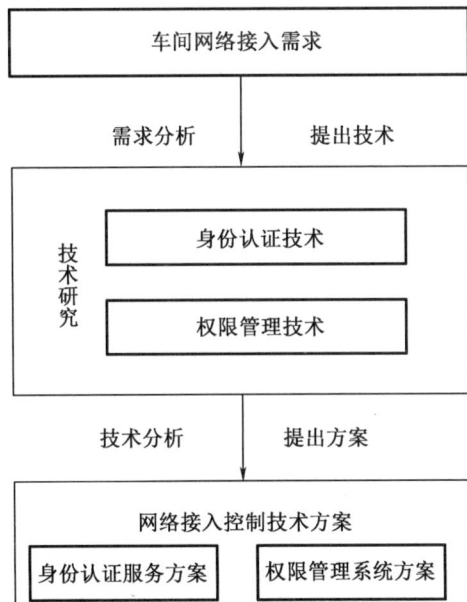

图4-3　车间网络接入控制方案图

身份认证的基本方法就是由被认证方提交该主体独有的并且难以伪造的信息来表明自己的身份。身份认证是防止非法节点接入车间网络的重要技术。在船舶制造车间中,针对人员和现场设备接入车间网络认证常用的认证方式有基于数字证书的身份认证、基于口令的身份认证、基于短信的身份认证和基于MAC地址的身份认证等。

①基于数字证书的身份认证

数字证书(Digital ID)是一种权威性的电子文档。它提供了一种在Internet上验证身份的方式,其作用类似于日常生活中的身份证。它是由一个权威机构——CA证书授权(Certificate Authority)中心发行的,人们可以在互联网交往中用它来识别对方的身份。

基于 USB Key 的身份认证方式是近几年发展起来的一种方便、安全、经济的身份认证技术,它采用软硬件相结合一次一密的强双因子认证模式,很好地解决了安全性与易用性之间的矛盾。USB Key 是一种 USB 接口的硬件设备,它内置单片机或智能卡芯片,可以存储用户的密钥或数字证书,利用 USB Key 内置的密码学算法实现对用户身份的认证。基于 USB Key 身份认证系统主要有两种应用模式:一是基于冲击/相应的认证方式,二是基于 PKI 体系的认证方式。在船舶制造车间身份认证系统中,主要运用基于 PKI 体系的认证方式。

基于 PKI 体系的认证方式:

随着 PKI 技术日趋成熟,许多应用中开始使用数字证书进行身份认证与数字加密。数字证书是由权威公正的第三方机构即 CA 中心签发的,以数字证书为核心的加密技术,可以对网络上传输的信息进行加密和解密、数字签名和签名验证,确保网上传递信息的机密性、完整性,以及交易实体身份的真实性,签名信息的不可否认性,从而保障网络应用的安全性。

USB Key 作为数字证书的存储介质,可以保证数字证书不被复制,并可以实现所有数字证书的功能。

②基于口令的身份认证

a. 静态口令

静态口令是在一段时间内没有变化、可多次使用的口令,如登录时的用户名/密码就是最常见的静态口令验证,但由于其静态特性,当其泄露之后,口令依然可以使用,这就使静态口令具有极大不安全性。入侵者所做的所有工作只是获得静态口令即可,而获得静态口令的方式有很多,如窃听、截取、监听等。

b. 动态口令

动态口令通常是根据算法生成的一段口令代码,每次进行认证都不一样,即使密码在认证时被人截获,下次认证时也无法使用。它是用户身份的数字化凭证,是信息系统鉴别用户身份合法性的依据。动态口令的认证方式可以分为交互方式和主动方式两类。动态口令认证方式相对于静态口令具有很大优势。

③基于短信的身份认证

短信密码以手机短信形式请求包含 6 位随机数的动态密码,身份认证系统以短信形式发送随机的 6 位密码到客户的手机上。客户在登录或者交易认证时输入此动态密码,从而确保系统身份认证的安全性。其具有以下优点。

a. 安全性:由于手机与客户绑定比较紧密,短信密码生成与使用场景是物理隔绝的,因此密码在通路上被截取概率降至最低。

b. 普及性:只要会接收短信即可使用,大大降低短信密码技术的使用门槛,学习成本几乎为 0,所以在市场接受度上面不会存在阻力。

c. 易收费:由于移动互联网用户天然养成了付费的习惯,这是和 PC 时代互联网截然不同的理念,而且收费通道非常的发达,如果是网银、第三方支付、电子商务可将短信密码作为一项增值业务,每月通过 SP 收费不会有阻力,因此也可增加收益。

d. 易维护:由于短信网关技术非常成熟,大大降低了短信密码系统上的复杂度和风险,短信密码业务维护成本低,稳定的系统在提升安全性的同时也营造良好的口碑效应。

短信认证在具备这些优点的同时,也有着一定的局限性,比如船舶制造车间多建于环境较为恶劣的场景,一些地区甚至没有移动通信网络,这时便无法接收短信完成验证。而且,当移动通信网络接入的同时,也增加了车间网络接入的危险性,增加了信息泄露的风险。

④基于 IC 卡的身份认证技术

IC 卡是由专门的设备厂商生产的一种硬件设备,内置集成电路,保存与用户身份信息相关的数据。由于 IC 卡具有不可复制性,所以用户的身份信息也很难被仿冒,保证了 IC 卡认证技术的可靠性。用户使用时,只需将 IC 卡与相应的读卡设备接近,就可以验证用户的身份信息。此外 IC 卡具有硬件加密功能,从而保证了身份认证更高的安全性。然而,同用户名密码方式相似,IC 卡身份认证也是静态认证方法,因而很容易被黑客通过内存攻击或网络监听等技术窃取。所以,使用 IC 卡进行身份认证也存在着潜在的安全漏洞。

⑤基于生物特征的身份认证技术

生物特征认证是通过采集用户独特的生物特征信息通常包括指纹和虹膜等,来验证用户身份的合法性。由于不同用户几乎(接近完全)不可能具有相同生物特征,所以,每个人的生物特征信息可以唯一标识一个用户的数字身份,这样一来,用户的身份也是几乎不可能被仿冒和顶替的。从原理上来说,生物特征识别方式是一种可靠性相当高的身份识别方法,另一方面,对于基于生物特征的身份认证方式来说,提高可靠性和实用性,很大程度上依赖于生物特征识别技术的发展水平。目前,生物特征识别技术的准确度和稳定性还有待于进一步提高和改善,尤其是当用户的身体受到创伤或者干扰物的影响,很多情况下导致设备无法正常识别生物特征,从而无法验证正常用户的身份信息。比如使用指纹进行身份识别时,如果用户的手指有裂伤或者烫伤,则很难准确识别用户的指纹信息,更难确认用户的合法身份。此外,生物特征识别技术的应用通常需要投入很高的软硬件成本。目前基于生物特征的认证方式还无法实现大面积的推广使用,主要应用于安全度要求特别高的场景,比如军事、金融以及社会安全等领域。

⑥基于网络身份证 eID 和 CTID 的身份认证技术

eID(Electronic Identity),其官方的定义解释是以密码技术为基础、以智能安全芯片为载体、由"公安部公民网络身份识别系统"签发给公民的网络电子身份标识,能够在不泄露身份信息的前提下在线远程识别身份。"公安部公民网络身份识别系统"向用户签发 eID 时,会以用户个人身份信息和随机数计算出一个唯一代表用户身份的编码,即用户的网络身份标识编码(eIDcode)。该编码不含任何个人身份信息,且不可逆推出个人身份信息。用户使用 eID 通过网络向应用方自证身份时,应用方会通过连接"公安部公民网络身份识别系统"的运营和服务机构,请求验证核实用户网络身份的真实性和有效性。一旦用户网络身份通过验证,应用方会得到一个与该应用相对应的用户网络身份应用标识编码(appeIDcode)。因此,虽然用户拥有唯一的网络身份标识编码(eIDcode),但在不同的应用机构只能得到不同的网络身份应用标识编码(appeIDcode),从而避免用户在不同网络应用中的行为数据被汇聚、分析和追踪,最大限度地保护个人身份和隐私信息。

居民身份证网上功能凭证(CTID)由公安一所推出。身份证网上应用的研究工作在2013 年启动,公安部第一研究所承担了研究任务,并于 2016 年完成了试点,2017 年发布了

"网证",实现了线上线下身份认证统一。CTID 与 eID 相比,起步较晚,认证方式比较单一,但是 CTID 拥有 eID 无法比拟的优势:以身份证制证数据为基础的国家信任基础级身份凭证。而且 CTID 的出现非常惊艳,2017 年微信推出"网证",2018 年亮相支付宝,目前已经支持多个城市,而且涉及政务办事、酒店入住、买车票多个生活场景。

⑦基于 MAC 地址的身份认证技术

MAC 地址认证是一种基于端口和 MAC 地址对用户的网络访问权限进行控制的认证方法,它不需要用户安装任何客户端软件。设备在首次检测到用户的 MAC 地址以后,即启动对该用户的认证操作。认证过程中,也不需要用户手动输入用户名或者密码。

集中式 MAC 地址认证有两种方式,分别是 MAC 地址方式和固定方式。MAC 地址方式:使用用户的 MAC 地址作为认证时的用户名和密码。固定方式:使用在交换机上预先配置用户名和密码进行认证。此时,要求所有用户都和交换机上配置的用户名和密码一一对应。

MAC 地址认证优点:

基于 MAC 地址认证的访问控制对交换设备的要求不高,并且基本对网络性能没有影响,配置命令比较简单,比较适合中小型网络,较大规模的网络不建议适用。基于 MAC 地址访问控制不需要额外的客户端软件,支持 IP 电话、网络打印机等网络终端设备,当一个客户端连接到交换机上会自动地进行认证。基于 MAC 地址访问控制功能允许用户配置一张 MAC 地址表,交换机可以通过存储在远端认证服务器或者交换机内部的 MAC 地址列表来控制合法或者非法的用户访问。

MAC 地址认证缺点:

使用 MAC 地址访问控制技术要求网络管理员必须明确网络中每个网络终端设备的 MAC 地址,并要根据控制要求对交换机或者远端认证服务器的 MAC 表进行配置。因此,采用 MAC 地址访问控制对于网管员来说,其负担是相当重的,而且随着网络设备数量的不断扩大,它的维护工作量也不断加大。另外特别注意的是现在许多终端都支持软件修改 MAC 地址,非法用户可以通过将自己所用网络设备的 MAC 地址改为合法用户 MAC 地址的方法,从而达到 MAC 地址"欺骗"的目的,进而成功通过交换机的检查,最终非法访问网络资源。

⑧身份认证技术方案

船舶制造车间中之所以如此重视身份认证技术在船舶制造车间网络接入的应用,是为了保证车间网络安全的通信机制。身份认证技术在车间网络安全接入技术以及保护信息安全技术中处于非常重要的地位。只有首先进行有效的身份认证,才能在最开始对外来不法网络接入者进行有效的防御,它是抵御非法节点接入车间网络控制的第一道防线,为后来的权限管理提供第一重保障。

目前船舶制造车间网络接入身份认证技术针对移动端和固定端设备,主要是基于数字证书的身份认证、基于口令方式的身份认证和基于 MAC 地址认证技术,并且配合短信认证技术。在此基础上建立船舶制造车间统一认证系统,不管是外来人员还是车间员工,在接入车间网络之前,都需要经过身份认证系统的筛选认证,合格用户和移动终端方可接入车间网络,以此来提高接入的安全性,才能更好地保护船舶制造车间网络接入的安全,从而保障信息不被窃取和泄露。

　　针对车间内不同的业务操作,不同的人员等级,统一认证系统可以对不同的系统进行分级认证,也可以对系统内的不同用户分级认证。系统同时支持口令方式、数字证书、eID、CTID、MAC 地址认证和短信认证方式的身份认证机制。另外,系统应具有扩展接口,可快速实现动态口令认证、指纹认证和人像等其他身份凭证认证模式。身份认证技术支持 PKI、LDAP、NDS、NIS、AD 等标准认证技术。

　　在船舶制造车间中,基于车间内手机、平板电脑、移动电脑、固定设备的移动控制端等便携式移动设备,以及一些安装位置固定不能移动的服务器、工作站或数控设备等固定设备,分别提出移动端和固定端的身份认证技术方案。基于在船舶制造车间中信息的重要等级,提出了普通数据信息和重要数据信息的移动端和固定端的一级、二级身份认证方案。一般车间人员需要通过现场设备访问重要的数据时,需要通过一级身份认证才能登录访问;当车间工作人员只是进行简单的登录查看工作状态,或者外来参观人员简单观看流程,只需要通过二级身份认证就可以访问相关操作。

　　车间身份认证技术方案如图 4-4 所示。基于移动端一级身份认证方案采用 MAC 地址+动态口令+短信(若移动通信网络可以接入)、MAC 地址+eID 和 MAC 地址+CTID;移动端二级身份认证方案采用 MAC 地址+动态口令。基于固定端的一级身份认证方案采用数字证书+静态口令、数字证书+eID 和数字证书+CTID,二级身份认证方案采用数字证书。用户可以通过一级身份认证访问二级身份认证的信息,但是不能通过二级身份认证访问一级身份认证的信息。

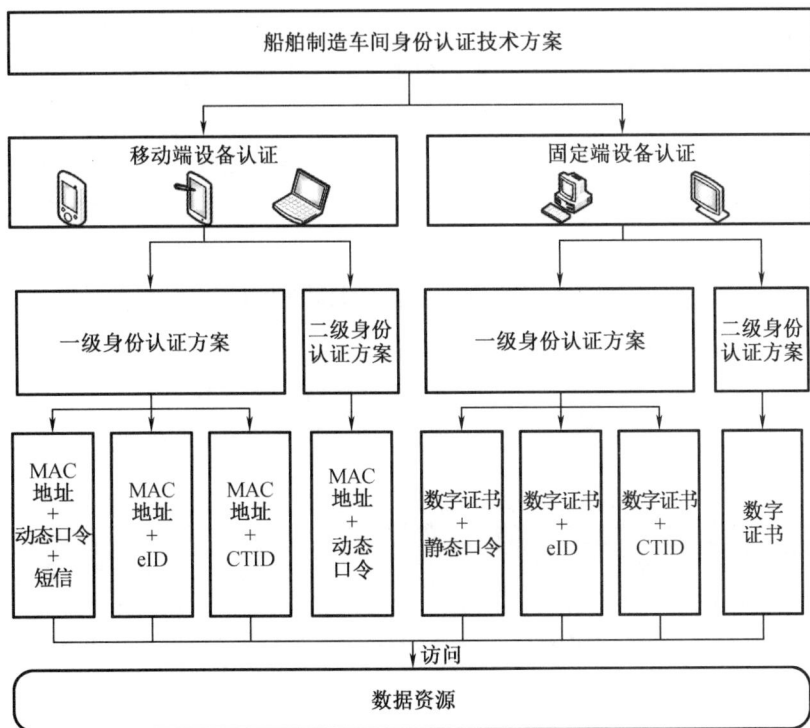

图 4-4　身份认证技术方案图

（2）权限管理

权限管理也称为访问控制技术，是一种保护客体安全的机制，它采取的保护方法是控制主体对客体的访问能力，即保护授权主体对客体的访问能力，同时拒绝非授权主体对客体的访问。

随着终端网络化应用构建技术的日益完善，其获取本地资源的难度也越来越低，船舶制造车间内手机、平板电脑、移动电脑及其他便携终端接入车间网络的难度也随之降低，然而从数据安全的角度看，便携式终端的安全性也因此受到越来越严峻的考验。

目前，在保护移动智能终端接入车间网络安全方面有很多种方法，比如，权限管理、数据加密、数据验证、通信加密、恶意检测等。其中，权限管理是目前保护移动终端接入网络数据安全的主要手段之一。

①国际标准下访问控制的一般论述

GB/T 18794《信息技术 开放系统互连 开放系统安全框架》目前包括以下几个部分：

- 第 1 部分（即 GB/T 18794.1）：概述
- 第 2 部分（即 GB/T 18794.2）：鉴别框架
- 第 3 部分（即 GB/T 18794.3）：访问控制框架
- 第 4 部分（即 GB/T 18794.4）：抗抵赖框架
- 第 5 部分（即 GB/T 18794.5）：机密性框架
- 第 6 部分（即 GB/T 18794.6）：完整性框架
- 第 7 部分（即 GB/T 18794.7）：安全审计和报警框架

本部分内容为 GB/T 18794 的第 3 部分，等同采用国际标准 ISO/IEC 10181-3:1996《信息技术 开放系统互连 开放系统安全框架:访问控制框架》（英文版）。

a. 访问控制的目标

作为安全框架，访问控制的主要目标是对抗涉及计算机或通信系统的非授权操作的威胁。这些威胁经常被细分为下列几类:非授权使用、泄露、修改、破坏、拒绝服务。

安全框架的子目标是：

（a）通过（可以是代表人类或其他进程的行为的）进程，对数据、不同进程或其他计算资源访问的控制；

（b）在一个安全域内，或跨越一个或多个安全域的访问控制；

（c）按照其上下文（例如，根据试图访问的时间、访问者地点或访问路由等因素）的访问控制；

（d）在访问期间对更改授权做出反应的访问控制。

b. 访问控制的基本面

下面的列项描述抽象的访问控制功能，大多数与访问控制策略和系统设计无关。实系统中的访问控制与多种类型的实体有关，例如：

（a）物理实体（如实系统）；

（b）逻辑实体（如 OSI 层实体、文件、组织机构，以及企业）；

（c）人类用户。

物理实体(如实系统)中的访问控制可能需要复杂的活动集。这些活动包括:建立访问控制策略的表示、建立 ACI 的表示、将 ACI 分配给元素(发起者、目标或访问请求)、将 ACI 绑定到元素、使 ADI 对 ADF 可用、执行访问控制功能、修改 ACI(在分配 ACI 值以后的任何时间,其中包括撤销)、撤销 ADI。

这些活动可分为两组:

(a)操作活动(使 ADI 对 ADF 可用和执行访问控制功能);

(b)管理活动(其余的所有活动)。

上面的有些活动可编组成为实系统中单个可识别的活动。虽然有些访问控制活动需要先于其他活动,但是它们常常是互相交叠的,并且有些活动还可以重复执行。

下面首先详细讨论执行访问控制功能中所涉及的概念,因为所有其他活动都支持这一做法。

c. 执行访问控制功能

执行访问控制的基本功能如图 4-5 和图 4-6 所示。

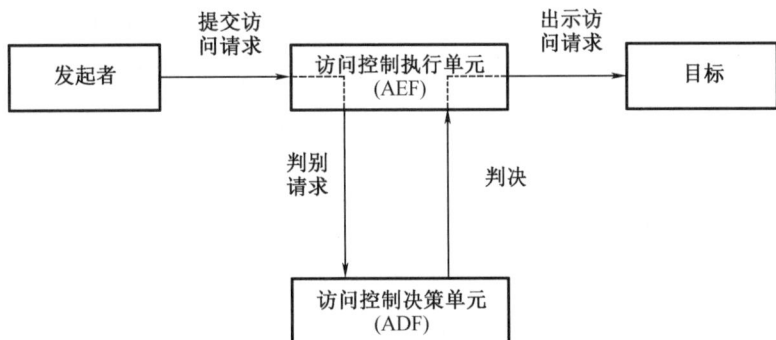

图 4-5　基本访问控制功能图

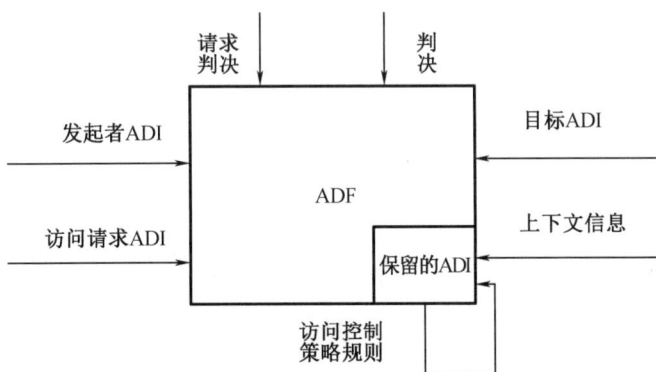

图 4-6　ADF 基本工作原理图

基于 X. 812/ISO 10181-3 访问控制框架,访问控制中涉及的基本实体和功能是发起者、访问控制执行功能(AEF)、访问控制决策功能(ADF)和目标。

发起者代表访问或试图访问目标的人和基于计算机的实体。在一个实际系统中,发起者由一个基于计算机的实体来代表,尽管基于计算机的实体代表该发起者所做的访问请求可受到该基于计算机的实体的 ACI 的进一步限制。

目标代表被发起者所访问或试图访问的基于计算机或通信的实体。例如,目标可能是一个 OSI 层实体,也可能是一个文件,还可能是一个实系统。

访问请求代表操作和操作数,它们构成一个试图进行的访问的基本成分。

AEF 确保发起者在目标上只能执行由 ADF 确定而允许的访问。当发起者做出在目标上执行特定访问的请求时,AEF 就通知 ADF,需要进行判决以便能做出决定。

为了做出这一判决,要给 ADF 提供访问请求(作为该判决请求的一部分)和下列几种访问控制判决信息(ADI):

(a)发起者 ADI(由绑定到该发起者的 ACI 所导出的 ADI);

(b)目标 ADI(由绑定到该目标的 ACI 所导出的 ADI);

(c)访问请求 ADI(由绑定到该访问请求的 ACI 所导出的 ADI)。

ADF 的其他输入是访问控制策略规则(来自该 ADF 的安全域机构),以及解释 ADI 或策略所需要的任何上下文信息。上下文信息的示例包括发起者的位置,访问时间,或使用的特殊通信路径。基于这些输入,可能还有以前判决中保留下来的 ADI,ADF 可以做出允许或禁止发起者试图对目标进行访问的判决。该判决被传递给 AEF,然后 AEF 或者允许将访问请求传给目标,或者采取其他适当的动作。

在许多情况下,发起者对一个目标所做出的连续访问请求是相关的。一个典型的示例是,在一个应用中打开与对等目标应用进程的连接后,试图用同一(保留的)ADI 执行几个访问。对有些随后通过该连接进行通信的访问请求,可能需要给 ADF 提供附加的 ADI,以便它允许访问请求。在另一些情况中,安全策略可要求一个或多个发起者与一个或多个目标之间的某些相关访问请求受到限制。在这种情况下,ADF 可使用先前涉及多个发起者和目标的判决中所保留的 ADI 来对特定访问请求做出判决。

一个访问请求如果得到 AEF 允许,它只涉及一个发起者与一个目标的一个交互。尽管发起者和目标之间的有些访问请求与其他访问请求完全无关,但常常会存在这样的情况,即两个实体进入一个相关的访问请求集合,如询问-响应模式。在这样的情况下,实体根据需要同时或交替承担发起者和目标角色,并可能采用各自的 AEF 组件、ADF 组件和访问控制策略来对每一个访问请求执行访问控制功能。

d. 访问控制实施模型

通过查阅文献和现场的调研考察发现,目前大部分的车间应用的网络访问控制实施模型主要有以下三种。

(a)自主型访问控制方法(DAC)

DAC 是一种允许主体添加特殊限制的访问控制。DAC 是基于用户的,具有很大的灵活性。它允许主体针对访问资源的用户来设定访问控制权限,这样每次用户对资源进行访问,系统都会检查用户对资源的访问权限,只有通过验证的用户才有资格访问资源。这种访问策略适合于各类操作系统以及应用程序,在商业和行政领域应用十分广泛。

理论上,DAC 通过访问控制矩阵(ACM)来描述权限的设定,矩阵行表示系统中主体,列

表示系统中客体,矩阵中数据表示主体对客体所拥有的访问权限。

(b)强制型访问控制方法(MAC)

在安全性级别高的系统中,主体和客体不能进行平等对待,需要进行分级管理,这种情况下 DAC 无法满足要求。在这种系统中,需要将敏感信息与普通信息分隔开,同时也需要将主体进行安全级别分级。典型的是军用系统,因此美国政府和军方开发了比 DAC 更为严格的访问控制策略,并且经过逐渐的发展形成了现在的 MAC。

MAC 强制主体服从指定的访问控制策略,所有主体和客体都被赋予特定的标签来标识其所在的安全级别。当主体访问客体时,根据主体的安全级别以及访问方式来确定主体是否对客体进行访问。当前,较为成熟的访问控制策略有能力策略(CAP)、多级安全策略(MLS)、类型实施策略(TE)等。

(c)基于角色的访问控制方法(RBAC)

RBAC 初始模型于 1992 年提出,是美国国家标准与技术研究院组织开发的一种新型访问控制技术。RBAC 是指在系统环境中,通过对主体进行角色认证来确定其访问权限。此时,系统只对角色进行验证,不管该主体到底是谁。在 RBAC 中,角色可以理解成是一组用户,这些用户具有相同的工作行为与责任范围。访问者和角色之间是多对多映射,一个访问者可以有多个角色,一个角色可以包含多个访问者。角色访问控制便于授权管理、赋予最小特权、根据工作进行分级、责任独立、文件分级等。同时,它是一种灵活的安全策略,具有系统管理模式明确、管理开销节约等优点。

通过对以上三种访问控制模型的对比发现,DAC 在一定程度上实现了多用户的隔离以及资源保护,并且实现简单,通常应用于商业环境。但是,它存在一定的危险性,例如没有集中管理以及信息资产属于企业,不属于个人,不应该由个人分配的特点。一方面,访问权可以进行传递,一旦传递出去之后很难进行控制;另一方面,DAC 不保护客体产生的副本,虽然主体不具有对某个主体的访问权限,但是却可以访问其副本,这样增加了管理的难度。

MAC 则是对 DAC 的重要补充,有效地防止了 DAC 中出现的安全问题。实现、管理比较简单,可以集中管理,但是,MAC 很多时候增加了不可回避的访问限制,影响了系统的灵活性,因此导致 MAC 的应用十分有限。同时,MAC 关注的是信息向安全级别高的方向流动,对安全级别高的信息的完整性保护不足。再者,现代计算机中不可避免地存在大量的逆向潜信道,如共享内存,大量的 Cache,这也影响了其广泛应用。MAC 用于多层次安全级别的军事应用。

RBAC 属于策略中立的访问控制模型,既可以实现自主存取控制策略(DAC),又可以实现强制存取控制策略(MAC),可以有效缓解传统安全管理处理瓶颈问题,被认为是一种普遍适用的访问控制模型。基于角色的策略实现了用户与访问权限的逻辑分离,极大地方便了权限管理。例如,如果一个用户的职位发生变化,只要将用户当前的角色去掉,加入代表新职务或新任务的角色即可。一般,角色、权限之间的变化比角色、用户关系之间的变化相对要慢得多,并且委派用户到角色不需要很多技术,可以由行政管理人员来执行,而配置权限到角色的工作比较复杂,需要一定的技术,可以由专门的技术人员来承担,但是不给他们委派用户的权限,这与现实中情况正好一致。除了方便权限管理之外,基于角色的访问控制方法还可以很好地描述角色层次关系,实现最少权限原则和职责分离的原则。

综上,前两种传统的访问控制模型对权限的控制不是太弱就是太强,它们已经不能适应船舶制造企业的需求,跟不上企业的规模和信息系统迅速扩展的脚步。于是,新的模型应需而生,即基于角色的访问控制模型 RBAC。RBAC 模型是目前公认的一种有效用于解决大型企业资源访问控制的方法。在船舶制造车间的网络接入中,RBAC 模型可以有效避免 DAC 和 MAC 模型的弊端,可以实现集中控制,扩展性比较好并且角色在企业内定义,与应用无关。其不管是在应用范围、权限管理的有效程度,还是在未来的发展方面都适合船舶制造车间网络接入的权限保护。所以,本书提出在制造车间网络接入管理中,运用 RBAC 模型进行权限的管控。

②权限管理在船舶制造车间中的应用

在造船企业的管理系统中,对机构、人员的信息都需要进行合理规划,对每一个工作人员的职能权限也需要充分控制。在管理系统中,权限管理是许多企业应用管理系统中的基础管理系统,配合其他系统完成组织结构、员工的信息维护,并对员工的权限进行管理。在造船企业中建立权限管理系统机制可以保证每个工作人员只能进行自己本职工作范围内的操作,防止进行越权操作,为企业信息系统的日常工作提供有效的安全保障。同时有了授权机制,也可以防范无关人员非法接入车间网络,对服务器进行非法操作,对资料非法窃取,保证服务器长期安全稳定运行,从而保证船舶制造车间网络接入的安全性。

随着造船企业的不断壮大,其组织机构也越来越复杂,而对于其组织机构的权限管理也越来越复杂,针对目前的移动终端在船舶制造车间的应用,权限管理系统是不可缺少的组成部分,也是非常重要的一部分。为了保证制造车间的信息安全,针对每一位用户的级别和工作范围,本系统要对其做好恰当的权限分配,所以权限管理有必要作为车间安全管理系统的一个单一子模块运行,权限管理包括角色管理,组织机构管理和用户管理等功能,基本上满足了基于角色的权限管理的要求。

③基于角色的访问控制方法的应用研究

基于角色的权限访问控制(RBAC)作为传统访问控制(自主访问、强制访问)的有前景的代替受到广泛的关注。

a. RBAC 基本思想

RBAC 的基本思想是在用户与权限之间添加角色,利用角色来实现用户与权限的分离,这种分离在逻辑上是一种关联,通过用户—角色以及角色—权限分配来实现。该基本关系可以用图4-7来进行描述。

图4-7　RBAC 基本关系

这种方式不但简化了授权管理工作,同时又保证了指定和执行策略的灵活性。用户可以根据实际情况来定义角色,也可以根据需要来重新修改角色。同时,角色上所授予的权限也可以根据需求来进行变更。但是,RBAC对权限的授予是由管理员统一进行管理的,权限限制等也是由管理员强加给用户的。作为用户,只能被动地接收,而且没有权限转让所拥有的授权,所以这是一种非自主性的访问控制方式。

综上所述,RBAC的最主要优势就是其对角色授权管理的支持。在传统的模型中,用户与访问权限是直接关联的,这样当组内人员新增或是退出的时候,整个控制访问模块都需要做很大的变动。但是,在RBAC中,因为添加了中间角色层,从而有效地实现了用户和资源之间的沟通。另外,RBAC为管理员提供了一种比较抽象、与组织常用的业务管理相类似的访问控制层次。通过定义角色以及角色之间的关系,管理员就可以动态地规范用户的行为。

b. RBAC基本原则

(a)角色继承原则

为了提高效率,避免相同权限的重复设置,RBCA采用了"角色继承"的概念,定义了这样的一些角色,它们有自己的属性,但可能还继承其他角色的属性和权限。角色继承把角色组织起来,能够很自然地反映组织内部人员之间的职权、责任关系。

(b)最小权限原则

所谓最小权限原则是指用户所拥有的权力不能超过其执行工作时所需的权限。实现最小权限原则,需分清用户的工作内容,确定执行该项工作的最小权限集,然后将用户限制在这些权限范围之内。在RBAC中,可以根据组织内的规章制度、职员的分工等设计拥有不同权限的角色,只有角色需要执行的操作才授权给角色。当一个主体预访问某种资源时,如果该操作不在主体当前活跃角色的授权操作之内,本次访问将被拒绝。

(c)角色容量

在创建新的角色时,要指定角色的容量。在一个特定的时间段内,有一些角色只能由一定人数的用户占用。

(d)职责分离

对于某些特定的操作集,某一个角色或用户不可能同时独立地完成所有这些操作。"职责分离"可以有静态和动态两种实现方式。

(i)静态职责分离(Static SD)

静态职责分离是指限制定义在用户指派角色授权阶段,与会话及角色激活无关。以角色互斥为例,如果定义两个角色为静态的角色互斥,那么任何一个用户都不能同时被指派到这两个角色。静态职责分离实现简单,语义清晰,便于管理,但是不够灵活,有些实际情况无法处理。

(ii)动态职责分离(Dynamic SD)

动态职责分离是指限制定义在角色激活阶段,作用域在会话内部。仍以角色互斥为例,如果定义两个角色为动态的角色互斥,那么一个用户可以同时被指派这两个角色,但是在任何一个会话中都不能同时激活它们。由此可见动态职责分离更灵活,基本上能处理各种实际情况,但实现略复杂。

c. RBAC 优势

（a）便于授权管理：

（ⅰ）对用户的访问授权转变为对角色的授权；

（ⅱ）角色对应岗位职能；

（ⅲ）管理的主要工作是授权或取消用户的角色；

（ⅳ）在较抽象且与企业通常的业务管理相类似的层次上控制访问，十分接近日常的组织管理规则；

（ⅴ）对整个组织的访问控制策略可集中管理；

（ⅵ）区域性的访问控制策略在该区域管理。

（b）便于角色划分：

（ⅰ）角色作为控制主体，决定其权限和操作；

（ⅱ）可实现角色继承。

（c）便于赋予权限最小原则。

（d）便于职责分离。

（e）便于客体分类。

4.2.3　船舶制造车间网络接入控制策略技术

4.2.3.1　网络接入控制策略应用场景分析

以国内某船厂为对象进行分析，国内某船厂平直流水线、型钢车间布局图如图 4-8 所示，船体零部件制造数控切割—零件加工—部件—组件生产工艺流程和物流涉及切割作业区域、加工作业区域、部件作业区域、组件作业区域、舾装集配区域及各区域对应的缓冲堆场，各区域的人员、数控设备的工作站、物流配送设备、缓冲桩位等生产要素均需要进行数据的采集和交换，因此这些都需要对网络接入进行控制。

由图 4-8 可以看出，通过对车间的网络接入进行控制，实现对各个作业区域的工作人员、数控设备、物料及办公室进行监控管理。

船舶制造车间生产制造过程中，由办公室主控端电脑做出生产计划并发出指令，各个工作区域的工作人员手持移动端接收指令并向主控端反馈车间现场的工作完成情况。

各个工作区域的大型数控设备的工作站对设备及物料的数据进行采集及控制，并将数据及时地传递到主控室及工作人员的移动端设备上，在这一系列的生产制造过程中，网络接入控制尤为重要，既可以防止数据的外泄，也可以防止非法网络节点的接入，导致信息的泄露。

4.2.3.2　网络接入控制策略的分类与应用

网络访问控制技术是信息安全的重要保障措施之一。近几十年来，访问控制技术有了重大发展。自从基于角色的访问控制提出以后，人们将角色的概念引入访问控制，大大简化了授权管理的方法，也大大提高了管理的效率。虽然 RBAC 有诸多优点，对其研究也已经相当广泛和深入,但仍有一些应用是现有 RBAC 模型所不能描述的,如有些应用需要用时间约束来限制资源的使用,或用时间约束来控制时间敏感的活动或行为;有些应用需要限制访问地址来控制不法访问,以提高安全性;还有一些应用需要根据业务的需求,对不同部门、不同的职责给予不同的访问权限来控制访问。因此,本书从时间策略、地址策略、业务规则策略三方面来研究船舶制造车间网络接入控制策略。

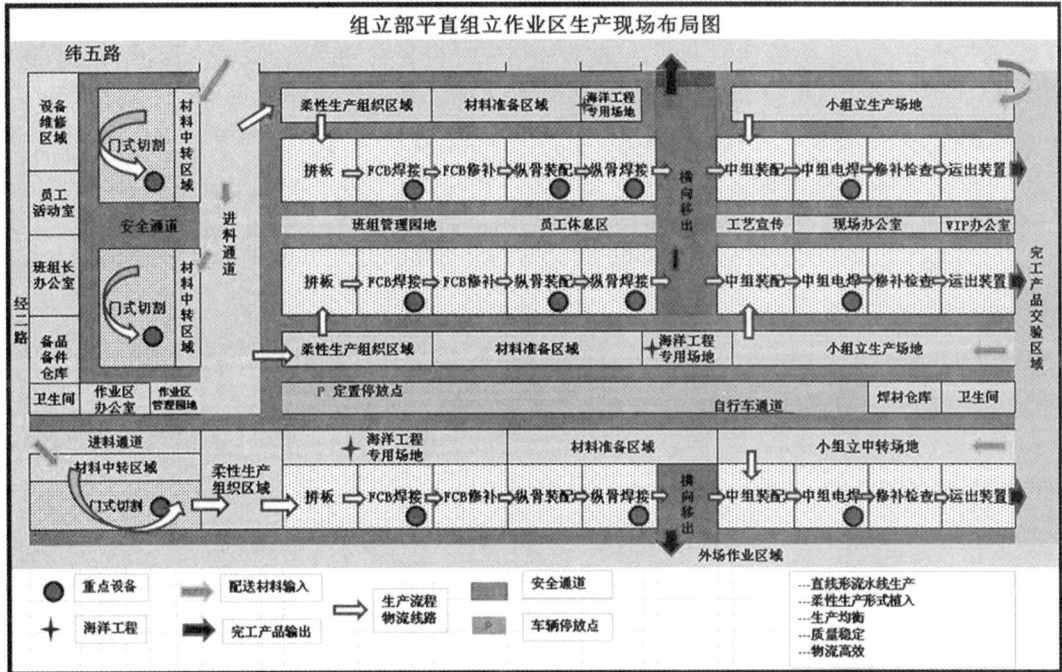

图 4-8　国内某船厂平直流水线、型钢车间布局图

（1）时间策略

RBAC 已经广泛应用于船舶制造车间管理信息系统中,但其只能通过角色来实现用户和权限的关联,当系统有临时授权用户的需求时操作不便,且用户角色关联关系缺乏灵活性,不能随时间动态变化。所以,基于时间策略的研究提出了时间约束因子,将其引入用户角色指派与用户权限指派中,建立了带时间约束的访问控制模型。通过加入时间约束策略,可实现船舶制造车间员工权限随时间的动态变化,提高系统访问控制策略的灵活性与可配置性,从而提高船舶制造车间网络接入的安全性。

①时间策略接入船舶制造车间网络的基本方案

目前船舶制造现场物联网存在非法节点接入、入侵、破坏等问题,严重影响了船舶制造车间的网络安全和信息安全,基于此前文已经提出了网络接入船舶制造车间的技术方案,即运用身份认证技术和 RBAC 技术进行权限管理。为了更好、更加安全地管理车间网络,除了在技术上加快部署以上管理系统,还应该在时间策略上进行研究。

目前,船舶车间制造网络接入还没有运用时间策略进行控制。时间策略的基本思想是通过对时间约束进行研究,对不同的身份、不同角色的人进行合理时间分配以及约束,只允许相应的角色在规定的时间接入网络,从而提高车间网络的安全,更好地保护信息安全。

②时间策略的基本分类及特点

时间约束模型(TRBAC)的基本思想是在 RBAC 模型基础上通过周期的时态检测使角色处于许可和非许可状态。TRBAC 通过角色触发器来实现角色许可与非许可之间的转化,使角色触发器可以执行的约束条件就是角色触发事件,角色触发产生后也可以在有明确的说明时间内进行延迟,许可与非许可活动状态通过优先级的赋予来决定,这样也可以解决许可与非许可活动状态的冲突。

通过查阅相关文献等资料发现,目前时间约束可以分为两类:一类是静态的时间约束,另一类是动态的时间约束。在 RBAC 中引入时间约束,通过角色触发事件来启动角色触发装置,从而使角色处于许可状态或者处于非许可状态,这就要求时间约束必须是动态的,通过时间的周期性变化,在时间控制下来确定用户角色执行的先后,因而解决了与时间有关活动的访问控制问题,增强了访问控制的力度,引入时间约束后的系统提供了更具体、更全面的安全描述能力。

在访问控制系统中时间约束具有如下特点:

因为角色状态因时间变化而变化,因此引入时间约束后首先引起了角色状态的变化。角色有三种状态:禁止态(disabled)、许可态(enabled)和激活态(active)。处于禁止态的角色不允许被任何用户激活;处于许可态的角色可以被用户激活;用户由激活态也可经由冻结状态转变为许可态;角色若处于激活态则自身可以进行转化。角色状态转换关系如图4-9所示。

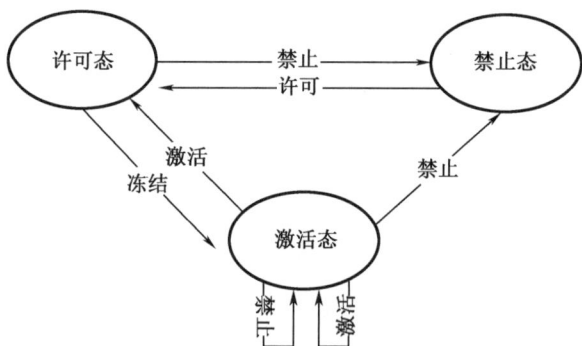

图4-9 角色状态转换关系图

冲突主要分为三类:

a.同类事件之间的冲突,如角色许可与角色禁止之间;

b.不同类事件之间的冲突,如角色激活与角色禁止之间;

c.约束之间的冲突。

以约束之间的冲突为例,没有用户能被赋予两个冲突的角色,即同一个冲突组中的角色不能拥有同一个用户。在其中设置用户集合与角色集合,让这两个集合不处于同一个激活时间内,来解决它们之间的冲突。

（2）地址策略

目前在船舶制造车间存在着外来用户私自接入车间网络的风险，外来接入常常会影响到车间网络的正常运行，对网络安全造成很大的威胁，制定车间网络非法接入防范和网络保护的地址策略非常重要。

在接入网络的途径之中，都需要通过网卡接入 Internet。然而网卡在使用中有两类地址，一类是我们所熟悉的 IP 地址，另一类就是 MAC（介质访问控制）地址，即网卡的物理地址，也称为硬件地址、NIC（网络接口卡）地址、第 2 层地址、以太网地址或链路地址。下面主要针对 MAC 地址和 IP 地址讨论车间网络连接地址控制策略。

①MAC 地址

a. MAC 地址组织形式

MAC 地址是 48 bit 的。MAC 地址的长度为 48 bit（6 B），通常表示为 12 个 16 进制数，每 2 个 16 进制数之间用冒号隔开，如 08:00:20:0A:8C:6D 就是一个 MAC 地址，其中前 6 位 16 进制数 08:00:20 代表网络硬件制造商的编号，它由 IEEE（电气与电子工程师协会）分配，而后 3 位 16 进制数 0A:8C:6D 代表该制造商所制造的某个网络产品（如网卡）的系列号。网卡的 MAC 地址是被事先烧录到网卡的只读存储器（ROM）中的，当网卡启动时，才被拷贝到随机存储器（RAM）中，因此，网卡的 MAC 地址不能被随意修改。

b. MAC 地址作用

MAC 地址在一定程度上与硬件一致，是基于物理的，能够标识具体的网络节点。这两种地址各有优点，使用时也因条件不同而采取不同的地址。

大多数接入 Internet 的方式是把主机通过局域网组织在一起，然后再通过交换机或路由器等设备和 Internet 相连接。这样一来就出现了如何区分具体用户，防止 IP 地址被盗用的问题。由于 IP 地址只是逻辑上的标识，任何人都能随意修改，因此不能用来具体标识一个用户。而 MAC 地址则不然，它是固化在网卡里面的。从理论上讲，除非盗来硬件即网卡，否则一般是不能被冒名顶替的。基于 MAC 地址的这种特点，局域网采用了用 MAC 地址来标识具体用户的方法。

在具体的通信过程中，交换机内部的交换表使 MAC 地址和 IP 地址一一对应。当有数据包发送给本地局域网内一台主机时，交换机首先将数据包接收下来，接着把数据包中的 IP 地址按照交换表中的对应关系映射成 MAC 地址，然后将数据包转发到对应的 MAC 地址的主机上。这样一来，即使某台主机盗用了这个 IP 地址，但由于此主机没有对应的 MAC 地址，因此也不能收到数据包，发送过程和接收过程类似。

所以，无论是局域网，还是广域网中的计算机之间进行通信时，最终都表现为将数据包从某种形式的链路上的一个初始节点出发，从一个节点传递到另一个节点，最终传送到目的节点。数据包在这些节点之间的传递都是由 ARP（地址解析协议）负责将 IP 地址映射到 MAC 地址上来完成的。

身份证就是用来证明一个人的身份。平日身份证的作用并不是很大，但是有的关键时刻，必须用身份证来说明一个人的一切。那么，IP 地址与 MAC 地址绑定，就如同在日常生活中一个人与身份证的关系。因为，IP 地址可以是任意的，但 MAC 地址是唯一说明 IP 地址身份的。例如,为防止 IP 地址被盗用,通常交换机的端口绑定(端口的 MAC 表使用静态表项),可以在每个交换机端口只连接一台主机的情况下防止修改 MAC 地址的盗用,如果是三层设备还可以提供交换机端口、IP 地址和 MAC 地址三者的绑定。

c. MAC 地址过滤技术在船舶制造车间应用

MAC 地址过滤有两种方式,第一种是白名单方式,指允许指定的 MAC 地址的信息通过而拒绝其他的 MAC 地址通过;另一种是黑名单方式,指定的 MAC 地址的信息被拒绝通过外其他的地址均可通过。

针对船舶制造车间地址策略的研究,MAC 地址过滤技术选择白名单方式,MAC 地址过滤位于 AP 中,会阻止非信任终端设备的访问。在终端设备试图与 AP 连接之前,MAC 地址过滤系统会自动识别终端设备的 MAC 地址是否是记录在册的安全地址,如果是,就可以访问网络,如果是外来人员设备进行接入,则会识别出非信任的 MAC 地址并阻止通信,使其不能访问车间网络,大大提高了车间网络接入的安全性。而黑名单方式主要是为了封堵部分用户而实现的,应用较小。

②IP 地址

a. IP 地址组织形式

IP 地址是 IP 协议提供的一种统一的地址格式,它为互联网上的每一个网络和每一台主机分配一个逻辑地址,以此来屏蔽物理地址的差异。

IP 地址是一个 32 位的二进制数,通常被分割为 4 个"8 位二进制数"(也就是 4 个字节)。IP 地址通常用"点分十进制"表示成(a,b,c,d)的形式,其中,a,b,c,d 都是 0~255 之间的十进制整数。

b. IP 地址非法使用

(a)被动修改 IP

被动修改 IP 一般是由于其他计算机与自己的 IP 地址冲突导致的不正确行为。在现实使用网络中,有人不注意 IP 地址的唯一寻址性,不清楚"IP 地址""子网掩码""默认网关"等参数如何设置就随意配置自己的 IP 地址,造成地址冲突,可能引起其他人也去修改 IP 地址,形成连锁反应,严重干扰了其他网络用户的正常通信,给网络管理人员的管理工作也带来了诸多的麻烦。

(b)故意修改 IP

(ⅰ)窃用他人的 IP 地址:当合法用户不在线时冒充其 IP 联网,使合法用户的权益受到侵害。另外,一些用户因为一些不可告人的目的,采用 IP 地址盗用的方式来逃避追踪,隐藏自己的身份。

(ⅱ)成对修改 MAC 地址和 IP 地址:现在的一些兼容网卡,其 MAC 地址可以使用网卡配置程序进行修改,导致静态路由技术无法追踪。

(ⅲ)IP 电子欺骗:所谓 IP 电子欺骗,就是伪造局域网内某台主机 IP 地址的技术。IP 欺骗通常需要用编程来实现,通过使用 SOCKET 编程,发送带有假冒的源 IP 地址的 IP 数据包。从而绕过上层网络软件,动态修改自己的 IP 地址。

③ 船舶制造车间中 IP 地址的应用

IP 地址作为网络中的主要寻址方式,在网络管理中显得尤为重要。对船舶制造车间非法接入者进行研究发现有些会干扰、破坏网络服务器和网络设备的正常运行,有些企图拥有被非法使用的 IP 地址所拥有的特权。还有一些因机器重新安装、临时部署等原因,无意中造成的非法使用。基于一些非法 IP 接入船舶制造车间网络系统,给车间的信息安全造成严重安全隐患,为了防止外来设备随意接入车间网络,从设备本身的接入入手,对 IP 地址的管理提出一些防范策略。

a. 交换机端口安全技术

端口安全技术通过报文的源 MAC 或 IP 地址来限定报文是否可以进入交换机的端口。端口安全支持 IP+MAC 绑定或者仅绑定 IP,安装在车间的安全端口通过判断,满足绑定规则的报文允许进入交换机,否则报文被丢弃。

b. 采用 ARP 绑定 IP 地址和 MAC 地址技术

在每台安装有 TCP/IP 协议的电脑或移动设备里都有一个 ARP 缓存表,表里的 IP 地址与 MAC 地址是一一对应的。我们可以在 ARP 表里将车间内合法用户的 IP 地址和网卡的 MAC 地址进行绑定。当有人盗用 IP 地址时,尽管修改了 IP 地址,但网卡的 MAC 地址和 ARP 表中对应的 MAC 地址不一致,所以也不能访问车间网络。

c. 使用验证服务器技术

在船舶企业中,任何使用网络服务的用户都需要到网络管理部门申请账号和口令,只有通过实名认证得到管理部门授权的用户才可以接入网络,IP 地址的使用可以是无偿的,即 IP 地址的管理为用户身份和口令的管理。让非法使用 IP 地址失去意义。

d. 做好网络规划与管理

船舶制造车间想要创造一个健康的局域网环境,除了实施相应的技术预防和拯救措施之外,相应的管理也是有必要的。例如,在制造车间局域网内建立详细的 IP 地址和 MAC 地址的信息档案,可以在出现问题时,迅速查找目标,提高预防和解决问题的效率。

(3)业务规则策略

目前船舶制造现场物联网存在非法节点接入、入侵、破坏以及对内部人员接入车间网络管理不善等问题,有信息泄露等安全隐患,针对这些现状,除了对时间、地址策略进行研究外,提出开展船舶制造车间网络接入控制业务规则策略技术研究,通过对车间内不同岗位不同业务职责的员工进行分类分析,划分每个人的职责范围,从而通过系统控制他们的权限,只允许他们通过车间网络行使自己规定的权限,不得操作、接入、查看权限以外的信息。从而提高船舶制造车间网络接入的安全性,减少甚至避免有关安全问题的出现。

①业务规则概述

业务规则是对业务中某些定义和限制的描述,用于维持业务结构或控制和影响业务的行为。也可以表述为它是施加于业务上的限制或约束,一般用自然语言或近似于自然语言的句子描述,使得业务人员和分析人员都很容易理解,不会对业务规则和规则的组成部分产生二义性。业务规则有静态规则与动态规则之分,静态规则描述了一致性与完整性规则,通常可用数据模型来描述。而动态规则描述企业的动态行为,如活动的执行时机与条件等。像我们日常见到的管理制度、业务手册、工艺流程、操作规则、收费标准以及一些没有形成文字的惯例都可以称之为业务规则。

②业务规则分类

业务规则的分类方法不一而足,因分类角度和分类原则的不同而不同。站在信息系统的角度,业务规则组织根据业务规则的内容将其分为三类,即结构类规则、动作类规则和推导类规则。

a. 结构类规则

结构类规则定义业务领域内具有明确意义的对象,以及它们之间的关系。它是非常重要的一类规则,是其他两类规则的基础。这类规则往往在系统的实体关系模型中便有体现。

结构类规则可以分为两种,一种定义术语,另一种定义事实。术语有两类,包括业务术语和通用术语。业务术语只有在特定环境下才有意义,而通用术语是指那些无须额外定义的、原则性的基础词汇。

事实可以分为两类,一类是基础事实,另一类是推导事实。基础事实只简单地反映情况本身。推导事实基于基础事实,通过计算、推导等得到。

b. 动作类规则

动作类规则反映业务领域动态变化的一些内容,它控制、约束了动作的发生和动作的结果。实体关系模型能够反映出部分动作类的规则,譬如规定某实体出现次数至少为一,或实体的某属性值是必须的等。

动作类规则可以分为三类:条件型规则、完整性约束型规则和授权型规则。

c. 推导类规则

前面提到基础事实反映客观现状,并被保存在信息系统中,而推导事实由基础事实,甚至是动作类规则等经过推理得到。推导类规则负责定义上述推导事实的产生过程。需要说明的是,我们这里说的基础事实和推导事实是基于相关信息出现的先后顺序的,不同的情形下,原来的推导事实可能成为基础事实,而基础事实成为推导事实,这将由业务分析人员视具体情况而定。推导主要有两种方式数学运算和逻辑推理,如演绎和归纳等。

③业务规则策略在船舶制造车间中的应用

业务规则策略是施加在业务上的限制或约束,在船舶制造车间中,制定业务规则策略,对车间所涉及的业务进行分类汇总并制定严格的访问限制和约束,对保证车间资源的安全至关重要。

在船舶制造车间中不同职责的人员,对于系统操作的权限应该是不同的。在船舶制造过程中,钢板预处理阶段、钢板划线切割作业阶段、零件加工阶段、部件装配阶段等不同的阶段涉及了不同的工序,在每个工序中会有不同的工人负责相应的工作,管理人员可以通过系统将业务人员和相应的工作权限一一对应,例如负责托盘调运的工人只可以访问跟托盘有关的资源而无法获取零部件加工方面的资源,这样可以使业务人员只访问跟自己工作有关的部分,限制访问其他资源,并且在出现问题的时候,通过系统可以直接查询到业务操作人员,及时和这些人员进行联系,对出现的问题进行修改,使船舶制造车间的生产安全、

高效。

④业务规则策略的特点

a. 提高车间访问安全

通过业务与权限一一对应的策略,将每一名员工的职责与所拥有的权限和可以查看的资源相绑定,限制访问权限,对一些非法接入车间网络的用户,尽管能连接网络,但是由于没有任何业务,从而没有任何访问资源的权限,提高了对车间信息的保密程度,增加了车间资源的安全。

b. 业务权限变更便捷

因为不管是车间内工作人员还是外来人员,他们的业务操作不会一成不变,业务会随着工作的进展而发生变化,通过业务规则管理系统,权限变更简便,当员工在业务操作进行变更后,需要对员工的权限进行变更,以保证员工在系统中能正常地对业务进行操作,在权限变更和权限增加的时候需要由用户进行权限变更申请,管理员通过实现业务权限的变更。

c. 可以对员工权限优化

管理员可以通过检查用户在系统中的登录情况,不再登录的用户可以删除,对于一些平时业务少的用户,可以通过变更用户权限,将他们进行整合,同时对员工的业务进行反馈调整,既保证了用户和实际的业务操作人员是一一对应的,又保证了用户的权限能满足本岗位的业务的操作,也提高了员工的分配效率。

4.2.3.3　网络接入控制策略方案及实现方法

本节主要总结了三种网络接入控制策略方案,对后续的仿真环境的搭建提供理论依据。

(1)时间策略方案

通过对 RBAC 的研究,提出了时间约束因子,将其引入用户角色指派与用户权限指派中,建立了带时间约束的访问控制模型。并且通过船舶制造车间的需要,设计系统访问控制配置流程及访问流程,从而将时间策略方案应用到车间网络防护中,提出建立船舶制造车间 TRBAC 模型的方案。

(2)地址策略方案

在船舶制造车间网络接入过程中,都需要通过网卡接入 Internet。然而网卡在使用中有两类地址,一类是 MAC 地址,另一类就是我们所熟悉的 IP 地址。基于对以上 MAC 地址和 IP 地址策略的分析研究,为了保障网络接入的安全,提出建立 MAC 地址认证策略方案和 IP 地址认证策略方案。

(3)业务规则策略方案

对业务规则策略进行研究后,通过船舶制造车间的实际需求,提出建立船舶制造车间网络接入业务规则管理系统的方案。通过建立本方案可以实现对权限的有效控制,从而提高网络安全。

4.2.3.4　小结

本章节对船舶制造车间网络接入控制策略技术进行了研究,通过分析网络控制接入需求的典型应用场景以及各类策略的应用情况及特点,制订出时间策略方案、地址策略方案以及业务规则策略方案,为船舶制造车间网络接入控制提供设计指导依据。

4.2.4 船舶制造车间网络接入控制策略仿真

本章提出网络接入控制策略仿真环境搭建的解决方法,并指出仿真环境搭建后的整体实施效果,针对仿真后的效果对船舶制造车间网络接入控制策略进行优化。

4.2.4.1 网络接入控制策略仿真技术

随着计算机技术、信息技术以及各类相关技术的迅猛发展,仿真技术的研究也在不断深入,船舶制造车间网络接入控制策略仿真研究也势在必行。面向生产管理的仿真主要指计算机仿真在生产管理控制策略中的应用、计算机仿真在制造车间设计中的应用、计算机仿真在制造车间运行中的应用和计算机仿真在库存管理中的应用。

船舶数字化生产系统仿真应用技术和仿真工具研究也是众多学者研究的热点,由此而衍生出制造车间网络接入控制策略仿真。首先通过对接入控制策略进行研究分析,提出接入的管理策略,在此基础上,运用仿真技术,对提出的时间策略、地址策略、业务规则策略等进行仿真,将结果进行对比分析,确定最合理的管理控制策略方案,为船舶制造车间网络接入控制提供方案和保障。

4.2.4.2 网络接入控制策略仿真环境搭建

本章针对船体分段制造车间网络接入控制策略仿真的需要,进行了仿真实验环境的搭建,其中包括身份认证环境和权限管理环境。

网络接入控制策略仿真试验环境中的身份认证服务器、权限管理服务器、数据库服务器、Web 服务器及主要组网设备部署在专用机房及网络设备间(图 4-10)。仿真试验室按照船体分段制造工艺流向划分和布置了钢材堆场、预处理工位、下料工位、加工工位、小组立工位、中组立工位及管理工位,并配备物流设备、钢材模型、零部件模型、零部件托盘和缓冲堆场等生产管理对象。此外,为了满足网络接入控制策略仿真试验模拟需要,仿真实验环境部署了移动终端、PAD 终端和生产管理工作站等,PAD 终端和移动终端部署了生产管理平台或移动端 App 用于模拟各种网络接入场景。最后,仿真试验环境中的移动终端、PAD、服务器和工作站等通过冗余的工业以太网、光纤网和 WLAN 等有线连接和无线连接方式实现信息互联互通。

(1)身份认证服务环境仿真搭建

身份认证服务系统为船舶制造车间中各应用系统内各类用户提供身份信息注册、凭证发布、用户资料管理及销毁、登录认证功能。根据以上分析设计出适合船舶车间网络接入的身份认证模型。

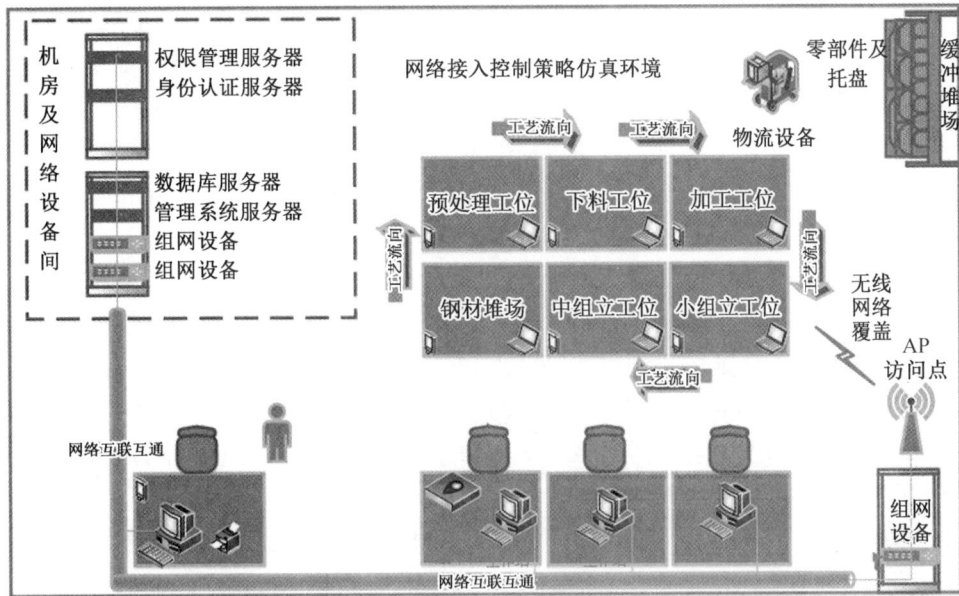

图 4-10　网络接入控制策略仿真环境

①固定端设备总体架构

认证管理的结构如图 4-11 所示,主要包括以下几个部分:

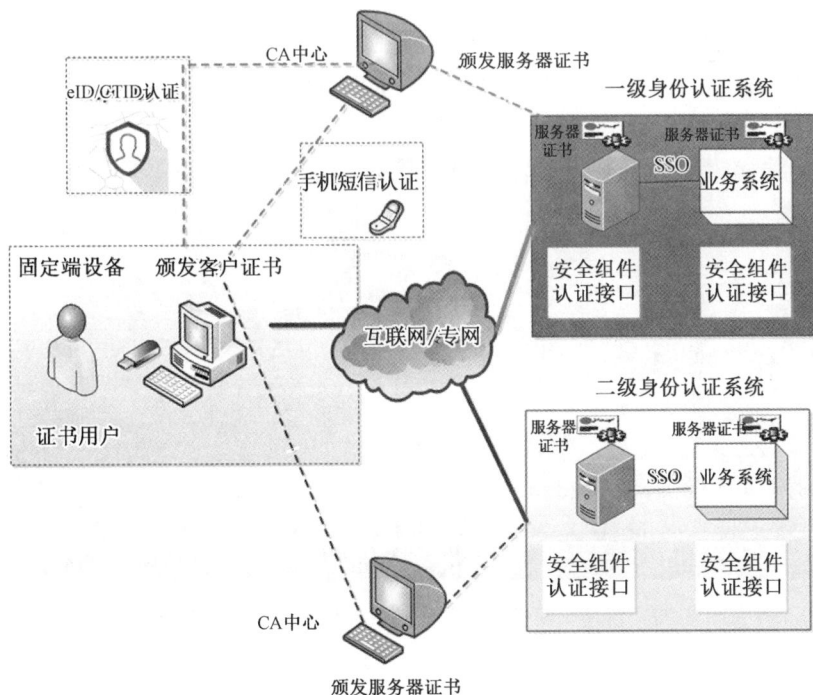

图 4-11　固定端设备系统总体架构图

CA 认证中心:制造车间 CA 认证中心为数字证书用户提供身份认证服务,签发数字证书,实现证书与现实中的实体(个人或设备)的绑定。CA认证中心除了为最终用户办理数字证书外,还需要为统一认证服务器和业务系统的服务器签发服务器身份证书,用于车间员工与服务器之间的双向认证。

统一认证服务器:统一认证系统服务器的数据库中集中存放所有业务系统的用户信息和权限信息,所有业务系统和统一认证系统都需要部署服务器证书、安全组件和认证接口,用于业务系统与客户端,或业务系统之间的身份认证。

证书用户:在车间中,此类用户必须经过一级身份认证系统认证,由于验证严格,安全性能好,在车间中保密程度高的地方可以运用此身份认证系统。证书用户按照经过严格的身份信息鉴定,从CA认证中心领取数字证书,然后通过访问各级统一认证系统,进行单点登录,就可以很方便地访问自己权限范围内的应用系统。用户数字证书的身份信息要与统一认证系统中注册的用户信息保持一致(关键信息为:姓名、证件类型和证件号码),只有信息一致的前提下,才可实现可靠的身份认证。

eID/CTID认证:在能连接互联网的情况下,通过公安部公民网络电子身份标识eID或者居民身份证网上凭证CTID进行身份验证,确保用户是系统授权用户。

短信认证:通过手机短信的方式,将验证码输入到固定设备上,确保登录人的身份。短信认证可以作为辅助,仅在车间中可以接入移动互联网的情况下选择。

证书用户通过数字证书+手机短信认证方式直接通过一级身份认证系统,没有进行手机短信认证用户通过二级身份认证系统。

图4-12为制造车间设备接入船舶车间网络时的登录界面图示,其中需要进行账户密码(密码分为动态密码和固定密码两种)的验证,并通过填写验证码的方式来防止非法节点对账号进行暴力破解,强化了车间网络接入的控制功能。

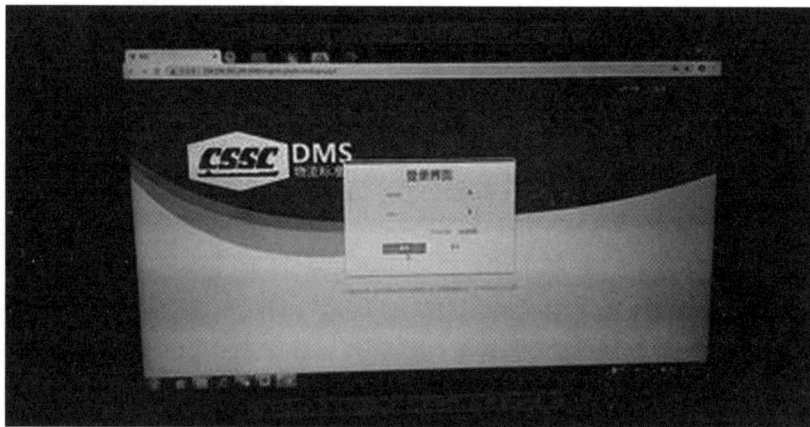

图4-12 制造车间设备接入船舶车间网络时的登录界面图示

②移动端设备总体架构

口令用户:员工在车间中通过设备登录相对容易,口令用户不需要经过CA中心身份认证和签发数字证书,直接由部门管理员根据用户信息注册即可。用户本人可在获得初始密码后修改登录密码和注册信息。

手机短信认证:口令用户通过输入口令进行登录后,系统自动弹出需要进行手机短信认证,需要将验证码输入到对应的位置方可进行后期认证。这种认证方法需根据现场的安全等级以及移动通信网络的覆盖情况而定。

eID/CTID 认证:在能连接互联网的情况下,通过公安部公民网络电子身份标识 eID 或者居民身份证网上凭证 CTID 进行身份验证,确保用户是系统授权用户。

MAC 地址验证系统:用户通过将安全移动设备的 MAC 地址提交到 MAC 地址验证系统,后台管理员审核通过之后,此设备可以被标记为安全设备通过 MAC 地址验证系统,没有被验证的移动设备无法通过此验证系统。

移动端设备认证方案中,MAC 地址+动态口令+短信认证方式或者 MAC 地址+动态口令+短信认证方式可通过一级身份认证系统访问资源,MAC 地址+静态口令认证方式可通过二级身份认证系统访问资源。移动端设备总体架构如图 4-13 所示。

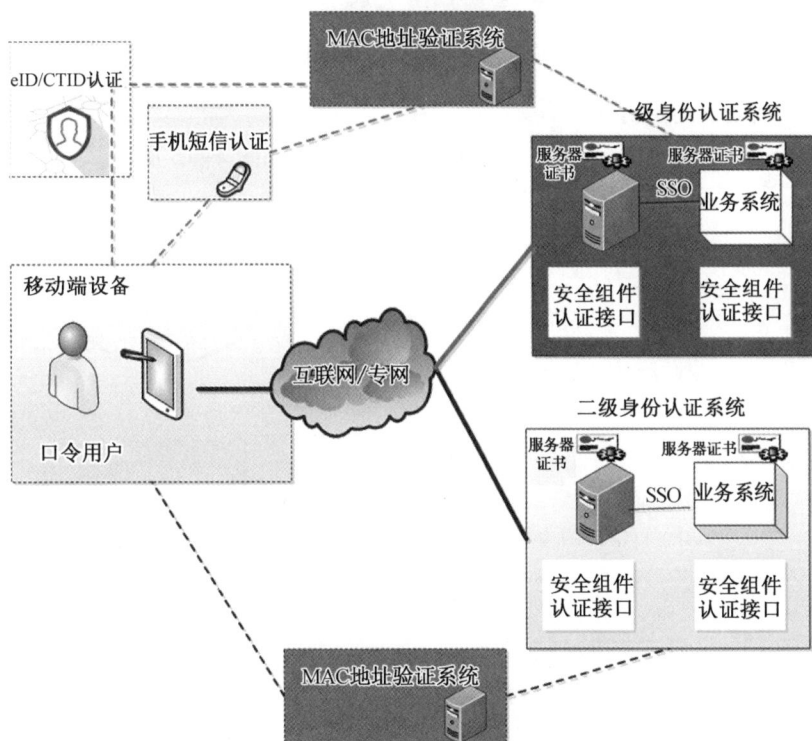

图 4-13 移动端设备总体架构图

图 4-14 为某船舶车间物流管理系统移动终端接入车间网络认证示意图,其中需要进行账户密码(密码分为动态密码和固定密码两种)的验证,来对车间网络接入进行控制,保证车间网络的安全。

图 4-14　某船舶车间物流管理系统移动终端接入车间网络认证示意图

③基于数字证书的身份认证方案

基于数字证书的用户登录业务系统的身份认证流程如图 4-15 所示。

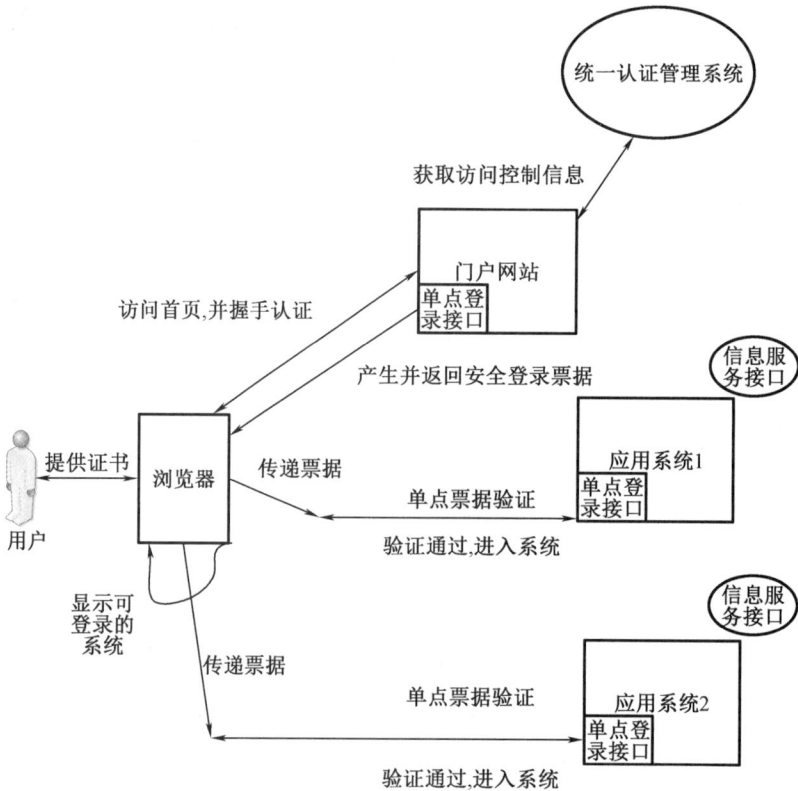

图 4-15　基于数字证书的用户登录业务系统的身份认证流程

流程说明如下。

a. 提供证书:用户通过船舶制造车间中登录设备,在登录门户页面(或统一认证首页)中嵌入证书控件和组件,服务器端产生随即数并进行数字签名,客户端实现即插即用的登录认证模式,只要插入 UsbKey 自动列举 Key 内的数字证书。

b. 握手认证:车间员工输入证书密码,点击"登录"按钮后,页面调用证书控件的运行脚本,校验证书密码后对服务器端产生的随即数和数字签名进行验证;客户端对随即数进行数字签名,提交认证信息给服务器验证;认证信息主要包括随即数、客户证书、客户的签名等信息。服务器后台程序验证客户端的证书有效性和数字签名的有效性。

c. 获取访问信息:统一认证服务器从认证信息中提取客户端数字证书,并从证书中解析出证书的唯一标识,在后台数据库中进行比对,进行访问控制。

d. 返回登录票据:服务器认证通过后,形成标准格式的登录票据,返回客户端。

e. 选择业务系统:系统根据登录票据,显示可登录的系统,员工根据自己所进行的业务,选择相应的系统进行操作。

f. 传递票据:客户端浏览器将登录票据传递到对应的系统地址上。

g. 票据验证:业务系统根据接收到的登录票据,通过部署的安全组件进行验证。

h. 进入系统:验证通过,允许用户进入,根据用户权限信息,授予对应的操作权限。否则,拒绝登录。

④基于口令的身份认证方案

用户身份唯一性设计:系统采用集中数据库管理模式,用户名作为用户信息表中的主键,在系统中不允许重复。另外,系统应根据用户类型和注册的基本信息生成一个具有用户特征码,用于识别一个人或单位在系统中的身份唯一性。

特征码的编码规范示例:

个人用户的特征码=证件类型编码+证件号码+真实姓名+登录名。

部门用户的特征码=组织机构代码+对应部门名称+登录名。

用户名方式的身份认证业务流程与证书方式类似,与证书方式的主要区别在于以下几点:

a. 客户端不进行数字签名;

b. 提交给服务器的认证信息不包括客户端数字签名,而是加密后的登录口令;

c. 服务器端接收到认证信息后,不再验证签名,而是将加密的口令与数据库中的加密口令进行对比核对;

d. 安全登录票据中的登录方式不同;

e. 其他流程没有区别。

⑤基于 eID 或 CTID 的身份认证方案

用户身份唯一性设计:eID 由公安部"公民网络身份识别系统"统一签发,CTID 由公安部"可信身份认证平台"统一进行管理,数字身份以公民身份证号码为根,然后基于密码算法统一为我国公民生成的数字身份标记,数字身份保证签发给每个公民的数字表决的唯一识别性,数字身份信息权威可靠,从源头消灭了虚假数字身份生存的可能,为基于网络身份认证的应用发展奠定了坚实的基础。

身份认证流程如下：

身份认证服务通过调用接口发送相应身份认证信息到身份认证识别平台；

身份认证识别平台接受认证请求后解析相关参数，核验身份信息，获取认证数据；

身份认证识别平台根据认证请求进行身份认证核验并返回认证核验结果；

身份认证服务接收身份认证核验结果并根据返回结果进行下一步处理。

（2）权限管理系统环境搭建

基于角色的权限管理系统主要提供权限服务，确保车间工作人员可以正确、安全的访问系统资源，保证系统的安全性。根据对船舶制造车间网络接入权限管理方面的研究，提出建立车间权限管理系统，该权限管理系统总体结构如图4-16所示。

从图4-16中，我们可以看出，用户通过前期的身份认证登录系统服务器，服务器进行身份确认。然后，对于系统管理员来说，他可以构建系统的管理机构，进行角色权限分配。而一般用户则通过系统工作流中的设置，处理工作流系统中的任务，在处理任务的过程中，用户可以根据合法的访问令牌向访问控制器提出应用服务访问请求，访问控制器根据访问策略和角色权限信息库判断用户的访问权限，如果有访问权限，则将转向应用服务器，取得该对象的访问权限，并负责发送给应用服务器，从而具有了访问客体的操作权限，进行登录操作。

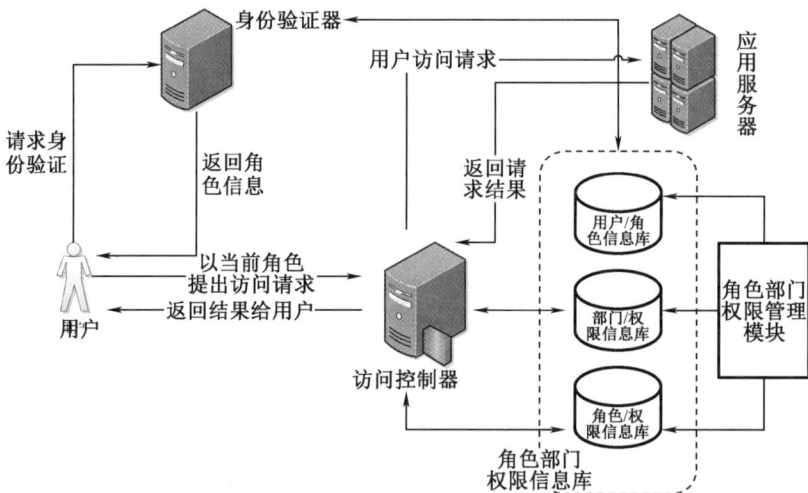

图4-16　RBAC系统示意图

①权限管理系统模块设计方案

权限管理系统模块示意图如图4-17所示。

a. 部门管理

实现船舶企业各部门维护功能，部门在权限管理体系中只是用户的组织方式描述手段，即用户的固有属性之一，其主要用途是用来进行船舶制造车间中业务划分及统计分析。

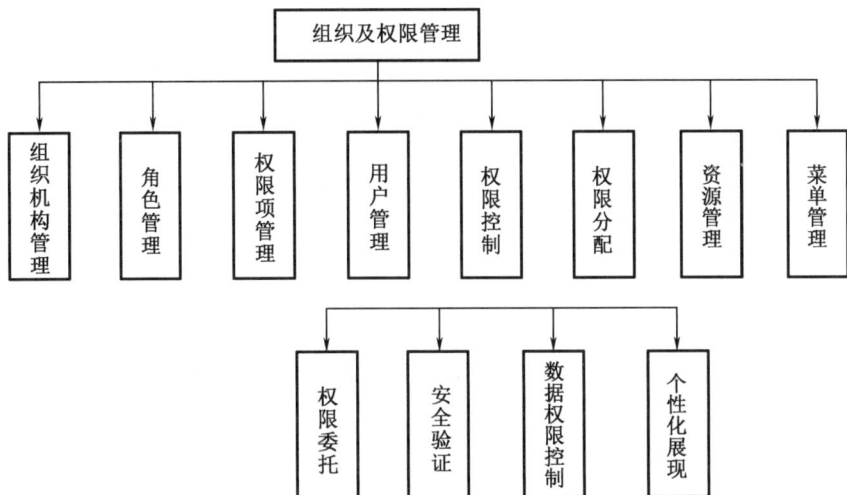

图 4-17　权限管理系统模块示意图

b. 角色管理

角色是一组功能权限。系统中可定义多个角色,将系统中的功能指定到不同角色中。一个用户可以属于多个角色,一个角色中又可以有多个用户。系统通过角色将功能与用户通过一定规则关联起来,免除对单个用户进行单个功能赋权的烦琐,并且通过对角色对应的功能的调整就可以实现用户权限的批量调整,便于权限管理,从而简化船舶制造车间员工的权限赋予变更管理。

船舶制造车间中,为使员工的授权权限和业务权限分离,角色分成两大类,即授权角色和业务角色。授权角色负责建立业务角色,将自己具有的可以授权的权限分配给业务角色,同时将本部门及以下的人员分配到业务角色上。授权角色还可以建立下级授权角色,同时将授权权限下放。而业务角色则是负责业务的执行的权限部分的管理。

c. 权限项管理

车间员工权限分配的前提条件是实现权限项管理。对系统的各种插件、组件、服务等资源通过一定的业务分析组合为权限项。权限项管理具有增加、删除、修改、查询的功能,权限项管理是权限分配的前提条件,一般在系统初次使用时建好。权限项是功能权限分配的最小单位,一般是指系统的各种资源(组件、业务、服务等),在系统中以树形展现,又被称为资源树。

d. 用户管理

用户管理即对用户的管理,用户是系统用户及系统操作员,用户在整个系统中从权限角度可以划分为如下几类。

系统内置用户:车间的顶级授权管理用户。

系统管理员:车间内具有业务权限分配和授权权限分配的用户。

普通用户:车间普通操作用户或外来访客。

通过组织机构树对用户进行管理。从权限管理角度而言,用户具有的属性包括系统访问口令、从属的部门、从属的角色、系统的访问权限、绑定的 IP、当前状态等。

e. 资源管理

维护资源以及对于资源权限的控制,以达到增加系统安全性,灵活配置用户权限及数据操作范围,提高工作效率,避免由于使用人员缺席而影响工作正常进行。

f. 菜单管理

对系统菜单进行管理,操作该项功能会对系统运行造成影响,一般情况下不建议改变。

②权限管理系统模块具体功能设计方案

系统各功能模块具体功能如图 4-18 所示。

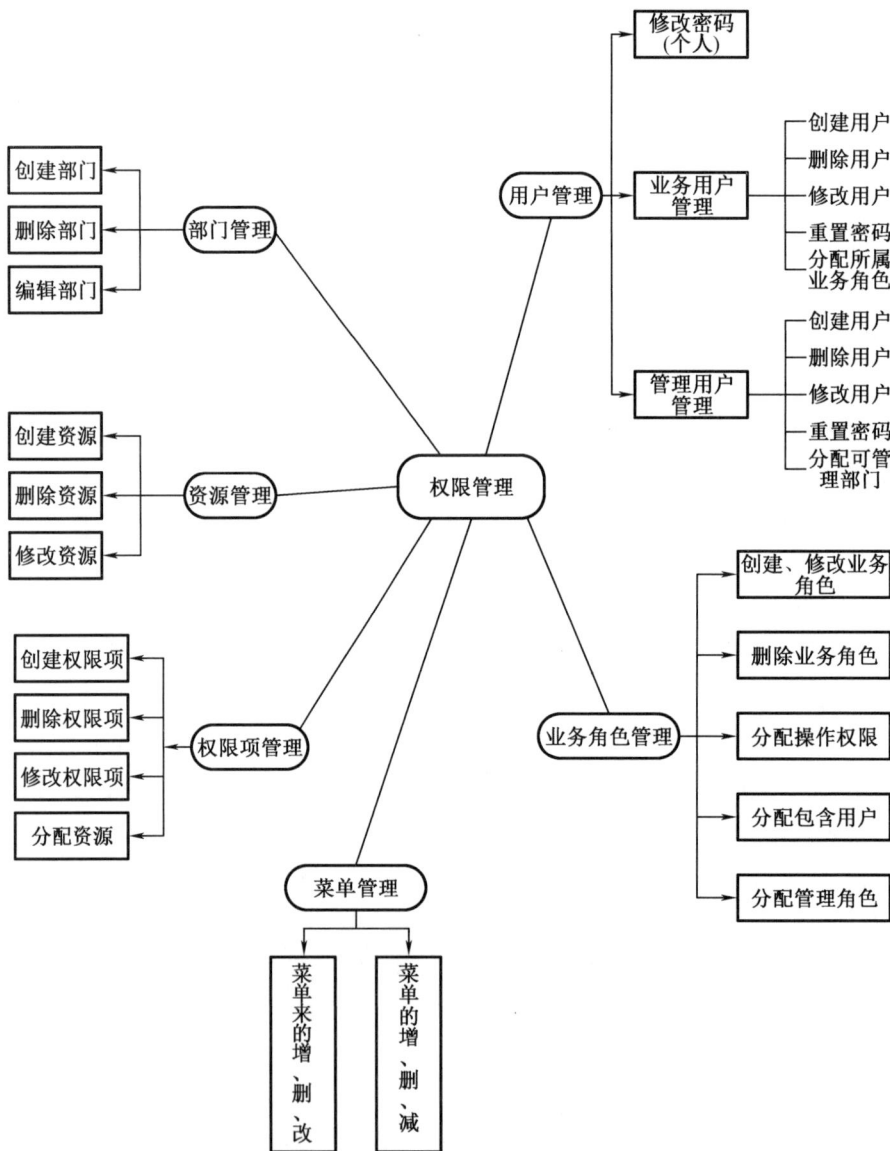

图 4-18　系统各功能模块具体功能

a. 部门管理

通过树状层次化结构实现船舶企业管理部门的维护功能。

b. 业务角色管理

实现了对角色的增加、修改、删除;实现角色内权限的分配;实现角色内用户的分配。

c. 权限项管理

实现了对权限项的增加、修改、删除。

d. 用户管理

实现了对用户的增加、修改、删除,以及用户角色、权限的分配。

e. 资源管理

通过树状层次化结构实现船舶企业管理部门的资源控制以及维护功能。

f. 菜单管理

实现了对菜单的管理,包括菜单夹的增、删、改,菜单的增、删、改等。

通过对船舶制造车间网络接入需求的了解,以及对权限管理的研究,提出 RBAC 概念,同时确定建立车间权限管理系统。运用本系统,可以清晰将船舶企业在制造车间中各个部门员工进行划分,所应拥有的权限进行分类登记,通过建立灵活的员工权限增、删、改、查模块,可以随时应对车间内员工职位的调整所带来的权限的重新分配,运用智能化平台,明确每一个员工应有的职责与权限,安全高效管理车间网络接入,保护信息、资源的安全。

图 4-19 所示为某船舶车间权限管理系统模块权限分类,由图 4-19 可以看出,通过对不同业务规则的管理,可以有效地提高网络接入管理的安全性。

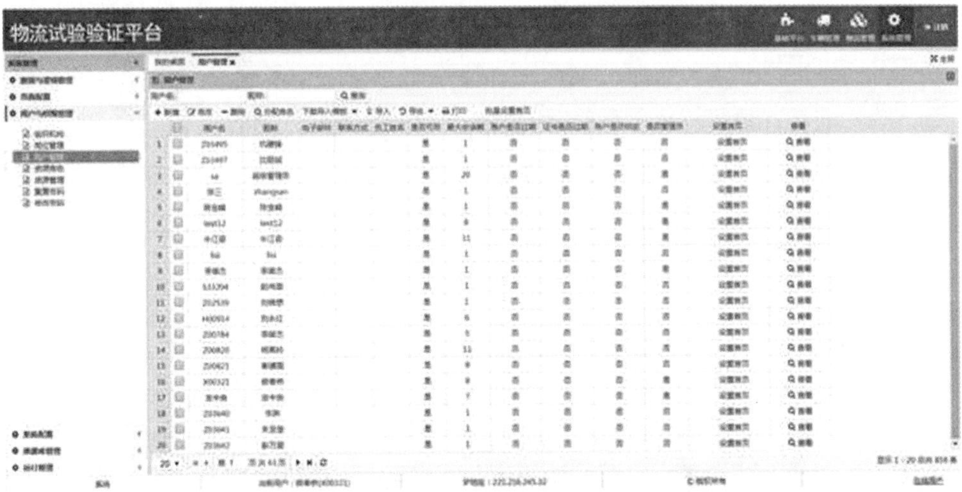

图 4-19　某船舶车间权限管理系统模块权限分类

4.2.4.3　网络接入控制策略仿真与优化

网络访问控制技术是信息安全的重要保障措施之一。近几十年来,网络访问控制技术有了重大发展。自从基于角色的访问控制提出,将角色的概念引入访问控制后,授权管理的方法得到了简化,管理的效率也得到了提高。虽然 RBAC 有诸多优点,对其研究也已经相当广泛和深入,但仍有一些应用是现有 RBAC 模型所不能描述的,如某些应用中需要用时间约束来限制资源的使用,或用时间约束来控制时间敏感的活动或行为。有些需要基于地址的限制,来控制不法访问,提高安全性。还有一些需要根据业务的需求,对不同部门,不同的职责给予不同的访问权限来控制。因此,我们应从时间策略、地址策略、业务规则三方面来研究船舶制造车间网络接入控制策略。采用这三种策略,也是网络接入技术中的一个极大的优化手段。

(1)时间策略仿真优化

本章节将通过将时间约束模型引入到角色权限管理中进行仿真优化。

①TRBAC 模型船舶应用分析

访问控制模型的主要目的是防止非授权访问,如假冒、身份攻击、非法用户进入网络系统进行违法操作、合法用户以未授权方式进行操作以及擅自扩大权限或越权访问信息。在 RBAC 模型产生以前的访问控制模型的弱点在于都没有把操作主体执行操作时所处的环境考虑在内,且只要主体拥有对客体的访问权限,主体就可以无数次使用该权限,这样容易造成安全隐患。RBAC 模型通过在用户和权限之间引入角色的概念,将用户和角色联系起来,通过对角色的授权来控制用户对系统资源的访问,实现了用户和权限的逻辑分离。但是非授权访问并不是一种静态行为,而是动态变化的。经典的 RBAC 模型没有涉及与时间有关的约束,无法控制一些非法访问。因此必须引入时间约束来完善该模型,TRBAC 模型应运而生。我们根据模型特点对三类模型的关系及应用环境描述如图4-20所示。

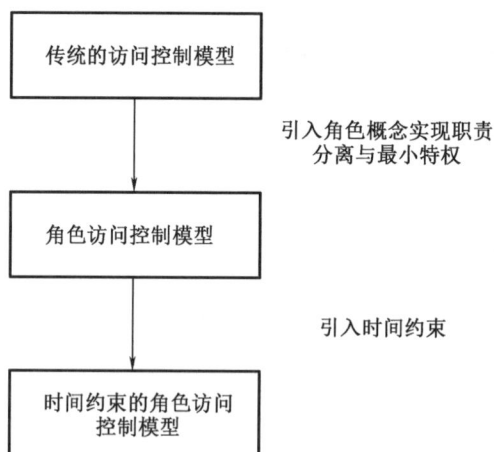

图 4-20　三类模型的关系及其应用环境图

在船舶制造车间中也经常用时间来约束行为的有效行使期限,达到一定的安全目的。例如,对于一些外来访问或者指导人员,只会短时间或者在规定的时间段内允许接入车间网络,所以就应该通过 TRBAC 系统对他们的访问时间进行设置,只允许在车间规定的时间段内访问网络,其他时间段没有监管的情况下,不允许接入,达到安全监控。还有对于本车间工作的员工,因为工作需要接入车间网络,可以对每个工种的业务操作进行分析,确定大概的角色权限激活时间,每天固定时间段给相应的业务人员开放权限,不在这个时间段内无法接入网络行使权限,从而通过减少接入时间而增加安全性。

②TRBAC 系统访问控制仿真优化方案

系统的访问控制配置及访问流程具体如图 4-21 所示。首先是系统访问控制的配置流程:系统管理员登录;新增用户信息、角色信息、权限信息;修改和完善需要新增时间约束表信息;然后用户角色指派和用户权限指派,将用户具有的角色和权限与时间约束记录进行关联,也可以不指定时间约束记录,这样用户角色或用户权限关联关系将不受时间限制,永久有效;数据库视图将自动根据用户角色和用户权限关联关系的调整做出相应变化,这样系统管理员就完成了整个系统的访问控制配置。

其次是系统访问控制的访问流程:普通用户使用系统管理员新增的用户信息登录系统,从用户登录到用户退出系统的整个操作过程中,进行角色功能的生命期跟踪,根据用户登录时长和系统时间,对用户的角色功能进行实时调整跟踪,通过登录用户查询带时间约束的用户权限视图,得到登录用户当前时间的所有权限,然后允许用户进行相应的对象操作。

系统还有后台记录与查询功能,将船舶制造车间员工的登录记录、登录时长、登录期间所行使的权限,以及所进行的操作通过日志的方式进行记录并且自动储存,车间管理员可以随时进行查阅,当出现问题时,可以第一时间找到责任人,从而及时有效地解决问题。

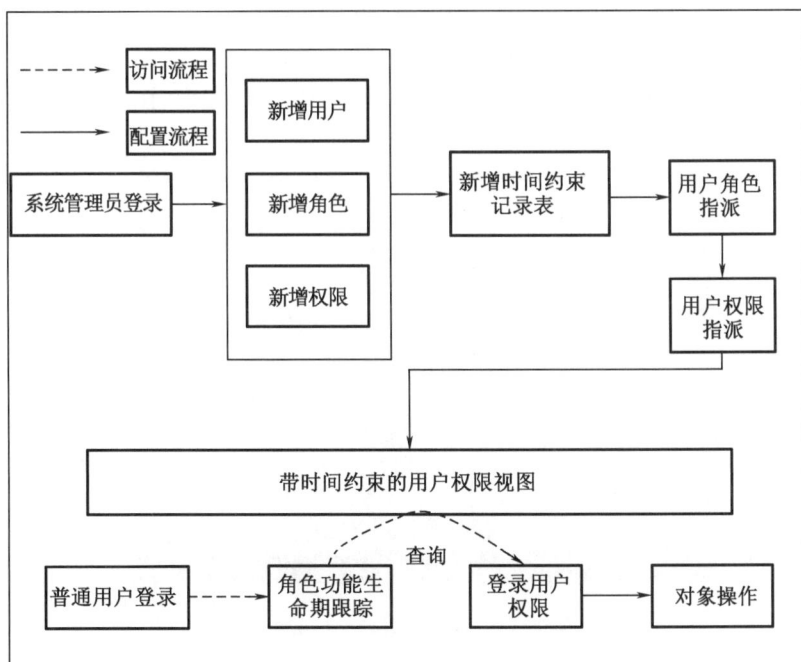

图 4-21　系统访问控制配置流程及安访问流程图

③TRBAC 系统的优点

TRBAC 在 RBAC 基础上做了时间特性方面的扩展,定义了系统时钟对约束、会话和系统状态空间本身进行了时间扩充;解决了时间授权约束和会话的状态转变问题,并且更好地满足了访问控制最小权限的原则,可以有效地解决时间敏感活动的访问控制问题,增强了访问控制的力度。引入时间后的系统有着更全面、更具体的安全属性描述能力。在船舶制造车间中,为了保护网络接入的安全,对时间性、实效性的研究必不可少,建立 TRBAC 系统,大大加强了车间管理的规范性和安全性,将提升企业整体竞争力。

(2)地址策略仿真优化

地址策略仿真优化的方法,主要通过对 MAC 地址认证策略和 IP 地址认证策略进行分析和论述。

①MAC 地址认证策略仿真优化

a. MAC 地址相关功能

(a)MAC 地址静默功能

为防止非法 MAC 短时间内的重复认证,当一个 MAC 地址认证失败后,此 MAC 就被添加为静默类型的 MAC,称为静默 MAC。在静默时间(该时间由 MAC 地址认证静默定时器设置)内,若来自此 MAC 地址的报文再次到达设备端口,设备直接做丢弃处理。此外,需要特别指出的是,若配置的静态 MAC 或者当前认证通过的 MAC 地址与静默 MAC 相同,则此 MAC 地址的静默功能失效。

(b)MAC 地址认证相关定时器

MAC 地址认证过程涉及的定时器:静默定时器、下线检测定时器和服务超时定时器。这些定时器主要针对 MAC 地址认证过程中相应环节时间上的控制,具有重要的作用。

b. MAC 地址认证方式和认证格式

MAC 地址认证使用的用户名格式分为两种类型,如图 4-22 所示。

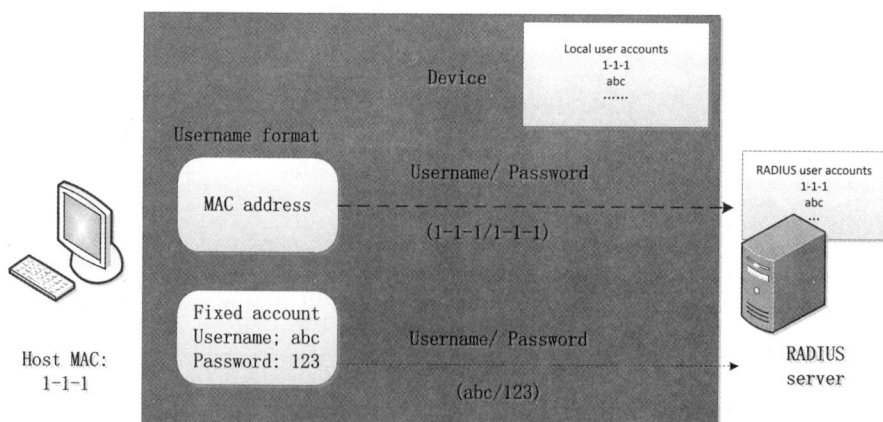

图 4-22　MAC 地址认证示意图

一种格式是以 MAC 地址作为用户名,以 MAC 地址作为密码。如图 4-22 所示其中采用的 Username/Password 为 1-1-1/1-1-1,其中 1-1-1 为客户端(Host)的 MAC 地址。

另一种格式是使用固定用户名(Fixed account),所有用户均使用规定的同一个固定用户名和密码作为身份信息进行认证。如图 4-22 所示,其中采用的 Username/Password 为

abc/123。由于同一个端口下可以有多个用户进行认证,因此这种情况下端口上的所有MAC地址认证用户均使用同一个固定用户名进行认证,服务器端仅需要配置一个用户账户即可满足所有认证用户的认证需求,适用于接入客户端比较可信的网络环境。

Host向交换设备发来的认证信息可以最终被发送到RADIUS server进行认证,也可以直接在设备上完成对用户的认证。

并不是所有的交换设备都支持上述第二种格式,支持本地认证的交换设备需要加入认证服务器的相关功能,我们称之为交换设备自身的认证模块。设备上配置本地用户名和密码就存储在该认证模块。如图4-22所示,Host向交换设备发来的认证信息最终被发送到交换设备的认证模块(Device),根据提前配置好的账户信息(Local user accounts)进行认证。

c. MAC地址认证仿真策略的特点

(a)MAC地址认证仿真策略的优点

(ⅰ)功能在交换设备上易实现。基于MAC地址认证的访问控制,关键是实现对MAC地址信息的识别和处理。对于交换设备,对MAC地址信息的识别和处理是最基本的功能之一,所以MAC地址认证功能在交换设备上易实现。

(ⅱ)对接入终端要求低。基于MAC地址认证的访问控制不需要额外的客户端软件,当一个客户端连接到交换机上会自动地进行认证过程,所以除了常用的PC机外,也可以支持IP电话、网络打印机、查询机等终端设备,还可以支持PDA(Personal Digital Assistant,又称为掌上电脑),例如条码扫描器、RFID(Radio Frequency Identification)读写器、POS机、智能手机、平板电脑、手持的游戏机等,相对于其他认证技术,MAC地址认证对接入终端要求很低。

(ⅲ)交换设备上配置简单。诸如思科、华为等各厂商已经实现的基于MAC地址认证的访问控制技术,能使MAC地址认证的相关配置命令比较简单。

(b)MAC地址认证仿真策略的缺点

(ⅰ)在初期搭建网络时,工作烦琐。MAC地址访问控制技术中,为达到对认证用户信息的确认,需要用户在认证服务器端配置一张MAC地址表,这样交换设备可以通过存储在远端认证服务器或者交换设备内部的MAC地址列表来控制合法或者非法的用户访问。

(ⅱ)网络发生变更时,工作量大。由于认证系统不能自动地即时更新变更后的MAC地址表,这就要求网络管理员必须明确网络中每个网络终端设备的MAC地址,并要根据控制要求对交换机或者远端认证服务器的MAC表进行配置。此外,当网络中需要新加入或废止一些网络设备时,必须同时将相应的MAC地址增删到上述MAC表中。否则,用户MAC地址变更时,就会由于认证系统不能及时修改变更后的MAC地址,而出现用户无法通过认证的问题。

这两个缺点对网管员来说负担是相当重的,特别是随着网络设备数量的不断扩大,它的维护工作量也不断加大。因此,MAC地址认证技术比较适合中小型网络,较大规模的网络不建议适用。这就限制了MAC地址认证的适用范围。此外,现在许多网卡都支持MAC地址重新配置,非法用户可以通过将自己所用网络设备的MAC地址改为合法用户MAC地址的方法使用MAC地址欺骗成功,通过交换机的检查进而非法访问网络资源。

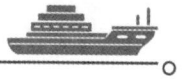

②IP 地址认证策略仿真优化

a. IP 地址管理系统模块

本系统由用户管理模块、IP 信息录入模块、数据管理模块、IP 审核简单模块和系统维护模块组成,具体系统功能模块如图 4-23 所示,以下就各模块设计做简单介绍。

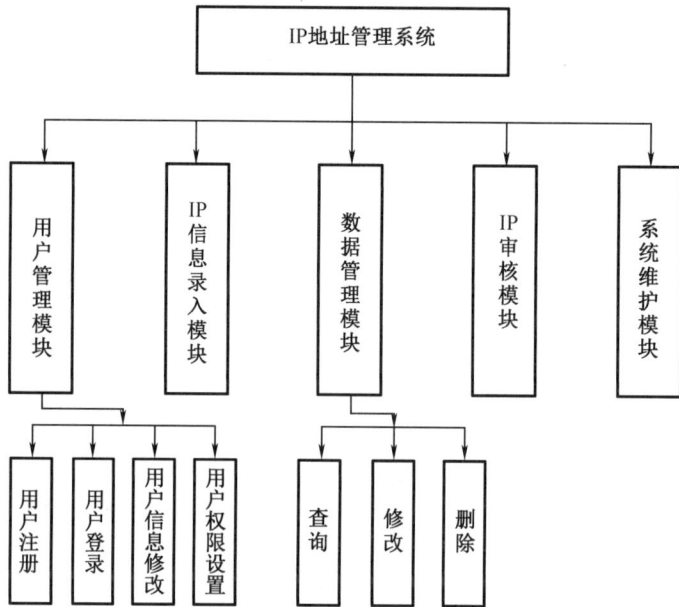

图 4-23 系统功能模块

(a)用户管理模块

用户管理模块包括:用户注册、用户登录、用户信息修改、用户权限设置等功能。

用户注册:员工首先通过注册登入系统的用户名和密码;所有注册用户均为普通用户。

用户登录:车间员工进入页面输入先前注册的用户名和密码,如果输入不正确将无法进入系统。

用户信息修改:可以修改已注册用户的用户名、密码以及个人信息。

用户权限设置:权限分普通用户和管理员;该功能为管理员专用。

(b)IP 信息录入模块

申请 IP 的用户在此填写相关信息,主要有:使用部门、使用人、MAC 地址等;填写完毕,提交,等待管理员审核。

(c)数据管理模块

该模块用于对已发放的 IP 信息的查询、修改、删除。

查询功能:车间员工或者短时间进驻车间的人员都为普通用户,他们只能看到自己的 IP 地址,管理员可以查询所有的 IP 地址。查询方法灵活多样能指定部门、交换机、使用人、IP 地址、MAC 地址等多种条件进行查询。

修改功能:由管理员对 IP 地址更改的员工数据进行修改。

删除功能:由管理员将需要删除的员工数据进行删除。

（d）IP 审核模块

对于正在申请 IP 地址的员工由管理员在此进行审核,审核通过的由该模块自动发放一个未分配的 IP 地址并打印相应表格,未通过的返回信息。

（e）系统维护模块

该模块主要功能是定期对数据库数据进行备份。

b. IP 地址管理系统运行过程

IP 地址管理系统运行过程如图 4-24 所示。

由图 4-24 可知,系统运行过程分为两部分,一部分是员工的操作过程,另一部分是管理员的操作过程。员工的操作也分为两部分,一部分是员工注册,另一部分是员工的登录。

首先,员工想要通过设备接入网络,需要通过 IP 管理系统,先点击注册窗口,填写登录系统的用户名和密码,注册成为车间普通员工。然后系统将员工的注册信息自动储存在员工信息中。完成注册后,员工点击登录窗口,填写注册好的用户名和密码完成登录,然后进入 IP 申请登记模块,在此填写 IP 申请登记表,将使用者所在部门、使用人、MAC 地址等填写完毕进行提交。

员工完成以上操作之后,管理员通过系统的另一部分进入 IP 地址管理系统,对员工填写的 IP 地址登记信息进行信息的审核,审核完毕之后将审核结果反馈给员工,如果审核通过,员工可使用此设备 IP 地址接入车间网络,若审核不通过需要进行修改。

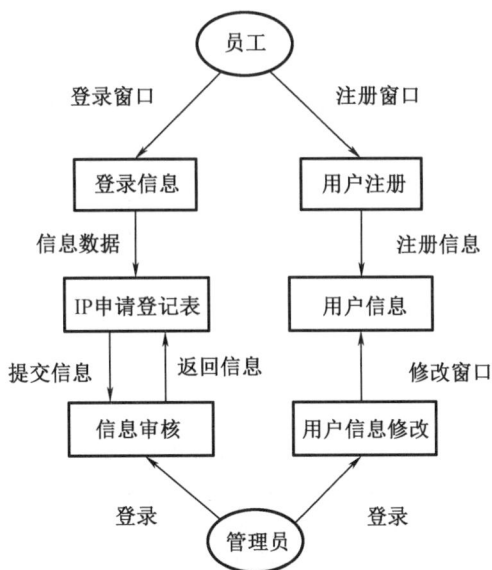

图 4-24　管理系统运行过程图

c. 车间 IP 地址管理特点

目前船舶制造车间网络接入面临着 IP 地址管理诸多问题,通过建立车间 IP 地址管理系统,限制非法 IP 接入,可以有效地加强对车间网络 IP 地址管理,有效控制外来人员和车间员工使用非法节点接入车间网络的可能性,同时通过本系统可以减少车间系统管理员管理 IP 地址的工作量;提高 IP 地址的使用率,节约 IP 地址。使用车间 IP 地址管理系统,还可以提高车间整体数字化水平,提高整体竞争力。

（3）业务规则策略仿真优化

①业务规则管理系统组成

业务规则管理系统(BRMS)通常可由如下三个主要部分组成。

a. 规则引擎业务规则管理系统的核心组成部分,一种嵌入在业务规则应用程序中的组件。它的主要任务是把当前提交给规则引擎的数据对象与加载在规则引擎中的业务规则进行规则匹配,并给业务规则应用程序提交匹配后的结果,激活那些符合当前数据状态下的业务规则,根据业务规则中声明的动作执行相应的逻辑代码,触发业务规则应用程序中的相应操作。

b. 规则管理工具业务分析人员可以通过规则管理工具创建各种各样的业务规则,并可对编写的业务规则进行修改和删除等操作。

c. 集成开发环境由工作人员主要是软件开发人员用于创建必要的业务规则应用程序的软件框架,通过此软件框架,并且通过建立的应用软件与业务分析人员编辑的业务规则进行各种联系和操作。

②业务规则管理系统功能

业务规则管理系统提供对船舶制造车间网络接入规则的管理,实现对规则的设计和编辑,对规则的生命周期操作、版本管理、权限管理和对规则的测试、验证和优化。它规定了车间员工本身拥有哪些权利,对车间网络访问的哪些权限,限制了外来人员和员工接入权限以外的资源,方便管理人员对规则进行必要的管理,增加了制造车间网络接入的安全。

业务规则管理系统功能图如图 4-25 所示:

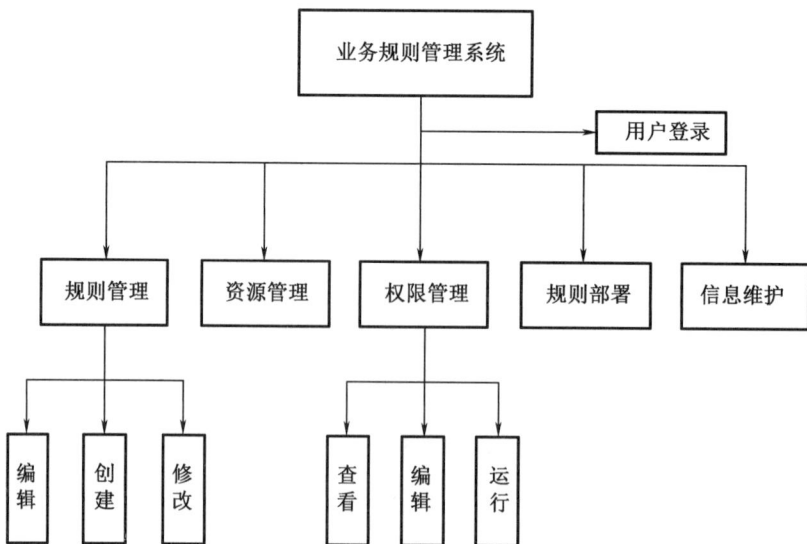

图 4-25　业务规则管理系统功能图

车间业务规则管理系统主要分为五个功能模块,分别是规则管理模块、资源管理模块、权限管理模块、规则部署模块、信息维护模块。

规则管理模块：主要对车间内业务规则进行编辑、创建和修改等，明确不同的业务职责身份所拥有的权利。

资源管理模块：主要负责对船舶制造车间内现有的设备、资料等进行汇总整合，供相应权限的员工访问。

权限管理模块：负责对车间员工分配不同的资源查看、编辑、运行权限。

规则部署模块：负责将设计的业务规则部署到应用程序的服务器上，同时需要将规则的调度算法部署进去，这样能够有效地解决规则请求的问题。

信息维护模块：负责一些相关信息的维护，属于辅助模块。

③业务规则策略在船舶车间中的仿真

船舶制造车间管理员和员工对业务规则管理系统操作大致如图4-26所示。

在船舶制造车间业务规则管理系统中，系统管理员通过对车间中不同部门、不同阶层的员工职责进行收集，将各自所拥有的业务职责进行匹配，前期工作完毕之后负责在系统中进行规则编辑、规则操作管理以及规则树的建立。在规则编辑模块内可以对员工业务进行增删改、格式检测等操作。在规则树的建立过程中可以选取规则集。车间员工在进行业务规则匹配以后可以选取规则集，可以对自己的业务状态进行编辑反馈，可以行使业务权限以内的权利，进行动作的执行。

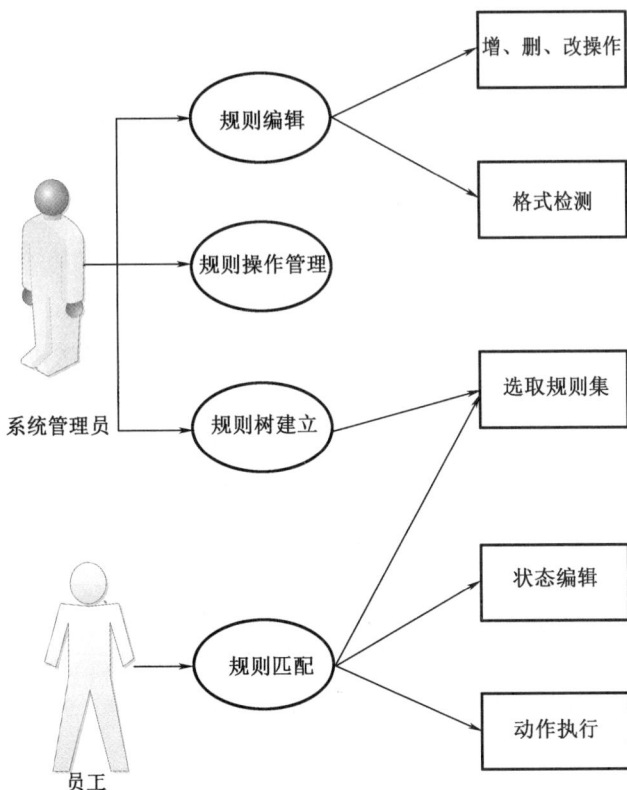

图4-26　车间业务规则管理系统操作图

图 4-27 所示为某船舶车间中,移动终端接入物流管理系统后的工作页面,其中不同的工作人员业务不同,由业务规则管理系统限定,登录之后的工作页面也有所不同。

图 4-27　某员工接入车间网络后的工作界面图

4.3　关键技术突破

在船舶制造车间中,网络的接入大大地提高了生产效率和生产质量,但是在效率提升的同时,生产信息的安全也受到了极大的威胁,其中非法节点接入车间网络这一问题尤为突出。

因此,本章节针对非法节点接入车间网络这一问题深入研究,最终既解决了制造车间业务管理和制造执行对网络互联互通的需求问题,同时也保证了船舶车间中网络的接入控制。

车间网络接入控制技术方案包括身份认证、权限管理、基于角色的访问控制方法。身份认证采用了多种方法相结合的认证方式,包括数字证书认证、口令方式认证、eID 认证、CTID 认证、网络地址认证和短信认证等,对于不同车间的工况都有其适用的认证方式,因此,本研究中的技术突破点之一为适用范围广泛,可以应用于大多数的船舶制造车间。

在船舶制造车间网络接入控制策略技术研究中,通过对时间策略、地址策略和业务规则策略的研究,将网络接入控制的范围进行区分,提高网络接入控制的效率及质量,例如需要用时间约束来限制资源的使用,或用时间约束来控制时间敏感的活动或行为时,可以加入时间策略来控制网络的接入;有些需要基于地址的限制,可以通过限制访问地址来控制不法访问提高安全;还有一些需要根据工作业务的需求,通过对不同部门不同的职责给予不同的访问权限来控制。

与传统的船舶制造车间相比,如今的船舶制造车间中网络接入的方式更加多样性,因此对网络接入的控制方法也需要改进和提高。因此,针对船舶制造车间复杂的工况,本报告对网络接入控制策略仿真与优化进行了研究。可以根据具体的船舶车间概况进行网络接入控制的仿真环境搭建,并对网络接入控制进行优化,可以更好地适应船舶制造车间的网络接入控制,有效解决了制造车间中非法节点接入车间网络这一问题,并且在阻止非法节点接入车间网络的同时,保证了车间中的网络传输效率。

4.4　应用效果

(1)通过对船舶制造车间的调查研究,以及网络接入控制、船舶车间对网络接入需求等相关文献的查阅,分析网络接入控制方法在船舶车间中的适用性,进而提出网络接入控制策略方案,其中包括身份认证、权限管理和基于角色的访问控制方法。

(2)基于对国内某船厂为对象进行分析。针对船舶制造车间工况复杂,网络接入方式多样的特点,制订了时间策略方案、地址策略方案和业务规则策略方案,可以解决车间中大部分的网络接入控制的问题。

(3)针对船舶制造车间中人员、网络接入设备、物料等制造资源多样性的特点,通过对网络接入控制仿真策略技术研究,建立一个仿真环境,提前针对网络接入控制技术进行仿真试验并进行优化,最终实现船舶制作车间中的网络接入控制。

本章的研究,适用于船舶制造车间中对网络的接入进行相关的控制。

在对船舶制造车间中引入网络接入控制技术的目的是在接入网络提高生产效率及质量的同时,增加车间网络接入的安全性。

经过仿真试验测试后发现,引入网络接入控制技术后,实现了对非法节点接入车间网络的有效控制,保障了车间网络的可靠运行;对船舶制造车间的网络接入管理技术进行研究,结合接入控制技术,有效地阻止了车间信息的外泄;通过对网络接入技术控制策略的仿真优化,极大地提高了车间网络接入控制的效率及质量,同时也提高了生产管理效率。

4.5　技术创新点

1. 混合身份认证技术应用

身份认证是终端可信认证的一个重要环节,它最重要的功能是防伪造、防抵赖,因此身份认证技术也从最初简单的用户名/口令,逐渐发展到证书、生物特征识别技术、动态密码以及多因素认证,防止一切可能伪造和抵赖的因素。为了满足船舶制造车间不同安全程度的身份认证需求,也为了适应车间网络环境中可能已经存在的身份存储和认证方式,本章中的网络接入管理系统针对各种主流身份认证技术进行了适应性集成,为各种主流身份认证技术提供了认证接口,采用了多种方法相结合的认证方式,包括数字证书认证、口令方式认证、eID认证、CTID认证、网络地址认证和短信认证相结合的认证,可以满足当前技术下大部分车间信息系统及数字化设备的身份认证需求。

2. 船舶制造车间网络接入控制策略技术研究

针对船舶制造车间中网络接入控制策略技术的应用场景进行分析,分别提出了时间策略、地址策略以及业务规则策略,极大地满足了船舶制造车间中复杂多样的工况环境,结合前面的身份认证及权限管理方式,为后续的网络接入控制的仿真环境的搭建提供了理论基础。

3. 船舶制造车间网络接入控制策略仿真研究

通过对船舶制造车间中网络接入控制的需求进行分析,以及对网络接入控制策略技术进行研究之后,提出先行建立一个网络接入控制的仿真环境对预先设计的网络接入控制策略进行仿真。其中针对不同的需求,制定了多种策略,包括时间策略、地址策略、业务规则策略等,与便携终端及固定端的身份认证、权限管理等接入控制技术相结合,保证车间网络资源不被非法使用及非法访问。

4.6　本章小结

本章完成了非法节点接入车间网络控制技术、船舶制造车间网络接入控制策略仿真、船舶制造车间网络接入控制策略仿真的介绍,实现了各项技术指标,主要结论如下。

4.6.1　相关技术的学习及分析

通过对船舶制造车间中网络需要的分析,以及对船舶制造车间中非法节点接入车间网络导致信息泄露等安全问题的分析,提出船舶制造车间网络接入控制技术研究及仿真环境搭建。

车间网络控制技术方案,首先通过身份认证技术,对接入者的身份进行认证;其次进行权限管理技术,通过对三种访问控制方法对比,提出基于角色的访问控制方法;,最后基于对身份认证和权限管理技术的研究,提出建立身份认证服务方案和权限管理系统方案。

4.6.2　船舶制造车间网络接入控制策略

通过对船舶制造车间网络接入控制策略技术研究,以及对网络接入控制策略应用场景的分析,提出了时间策略方案、地址策略方案以及业务规则策略方案,通过这三种方案可以解决大部分船舶制造车间中的网络接入控制的问题,可以为后续的船舶制造车间网络接入控制策略仿真提供理论基础。

4.6.3　船舶制造车间网络接入控制策略仿真

通过对船舶数字化生产系统仿真应用技术和仿真工具研究,提出制造车间网络接入控制策略仿真。首先通过对接入控制策略进行研究分析,提出接入的管理策略,在此基础上,运用仿真技术,对提出的时间策略、地址策略、业务规则策略等进行仿真,将结果进行对比分析,确定最合理的管理控制策略方案,为船舶制造车间网络接入控制提供方案和保障。

第 5 章　船舶制造车间的网络控制与管理系统开发

5.1　概　　述

　　针对传统车间工业网络网元监控模式运维保障效率低、故障"事后处理"等导致的车间网络管控困难、效率低下等问题，开展工业网络的智能监控模型研究，通过对网络节点流量、时延、丢包率、发送失败率等数据的智能采集，以及相关报警事件的分析，实现以网络运行大数据分析为基础的车间工业网络故障分析及预测，提供网络优化支持。针对船舶制造车间的网络控制与管理智能化需求，开展车间工业网络智能数据采集技术研究，通过智能网管系统实现 SNMP（简单网络管理协议）数据采集和 Trap（陷阱）接收，根据 SNMP OID（Object Identifier，对象标识符）的特性分析，优化 SNMP 采集的性能，实现车间工业网络数据高效、智能采集。在工业网络智能监控模型研究和船舶车间工业网络智能数据采集技术研究的基础上，进行船舶制造车间的网络控制与管理系统架构设计及系统开发，为故障事先干预机制提供决策依据，从而实现船舶制造车间网络智能化管控。

5.2　船舶制造车间网络控制与管理系统

5.2.1　工业网络智能监控模型

5.2.1.1　船舶制造车间工业网络性能测量

（1）船舶制造车间工业网络性能测量

　　船舶制造车间工业网络性能是一组经过测量工具测量那些可用于船舶制造车间网络控制与管理系统设计、配置和维护的性能参数后所得到的结果，它与用户的操作和终端性能无关，体现的是船舶制造车间工业网络自身的特性，是由性能参数来描述网络路径的。例如视频数据等的一些多媒体数据，业务占用带宽大且具有实时性，需要有效地对船舶制造车间工业网络进行预测和控制才能保证船舶制造车间工业网络服务质量。得到船舶制造车间工业网络性能的基本手段是网络性能测量，而网络性能测量其实是一个信息的收集和分析过程，是非常有效获得船舶制造车间工业网络性能指标的方法，也是维护系统性能的有效手段。因此，应该为媒体通信业务提供保证传输质量的监测控制机制平台，保证应用的服务质量。

网络性能测量是一个通过从船舶制造车间工业网络设备上采集网络信息,然后解析信息再从车间网络中提取一些性能数据的过程,是一种在实际环境中探索船舶制造车间工业网络特性的有效手段,它的研究成果提供给车间网络的科学管理、有效控制和合理利用以十分科学的依据。船舶制造车间工业网络端到端数据传输是在车间网络上通过端到端测量找出在进行数据传输时其数据包的丢失和延时的动态变化特性的一个过程,船舶制造车间工业网络性能能反映车间网络所提供服务的质量水平。

网络性能测量的目的是能给船舶制造车间工业网络拥塞而引起的性能恶化提供接入控制参考依据,便于及时了解船舶制造车间工业网络运行状态,给传统船舶制造车间工业网络控制与管理系统提供补充。网络性能测量可以分析车间网络承载的关键业务,因此应该采用一定的测量方法得到网络性能指标来确保用户体验。船舶制造车间工业网络测量的发展依据测量内容与规模可分为以下阶段:第一个阶段是着重研究网络单一性能和相应测量工具;第二阶段测量的指标与方法更具多样性,这一阶段主要着力于进行全方位网络性能测量系统的建立。

(2)船舶制造车间工业网络测量分类

要了解船舶制造车间工业网络的运行状况,就要对车间工业网络进行测量。测量数据可以具体显示出车间工业网络的性能及其变化,有了这些数据,才能对车间工业网络性能进行评估。由于车间工业网络测量中所关注的问题不同,测量的对象不同,测量的方法不同,测量点的位置各异,船舶制造车间工业网络测量的分类可以有多种方法。

由于所关注的问题不同,测量系统的功能会各有侧重,按照测量的对象不同可以把测量系统分为:

a. 基于流的测量:基于流的测量以流为基准对船舶制造车间工业网络流量进行测量。流可以理解为在同一组特定的源地址和目标地址、源端口号和目的端口号之间传递的有着固定的协议类型,具有开始和结束时间的数据包的集合。测量信息通常包括源和目标的地址、端口号、协议类型、服务类型、流开始和结束的时间戳、分组计数、字节计数等。由于流是一个粒度很小的测量对象,一般不可能长时间对所有流进行测量,往往采用采样的方法进行测量。

b. 端到端的性能测量:端到端的性能测量又称为对路径的测量,路径可以定义为分组从一个源端节点传送到目标节点的过程中所经过的一系列链接的集合。端到端的路径指标包括瓶颈带宽、可用带宽、最大剩余带宽、时延、时延抖动和分组丢包率。

c. 网络节点/链路的性能测量:网络节点是指船舶制造车间工业网络互连设备,包括各协议层的网络连接设备。内部节点可以是路由器、交换机、虚拟节点、自治系统、代理等,主机是边缘节点。例如,采用被动监听的方法,可以在路由器上收集原始数据的有关信息。这些信息包括发送接收分组的个数、字节个数、丢弃的分组个数等。节点性能指标包括吞吐量、转发率、丢包率和节点处理时延。网络链路是指连接两个相邻的同层网络节点的物理或逻辑链路。网络链路指标包括带宽、链路利用率、带宽利用率、链路的包传输时延。

d. 网络协议测试:协议测试主要包括一致性测试、互操作性测试、性能测试、稳健性测试。

根据是否发送探测包,测量技术可分为主动测量技术和被动测量技术。

a. 主动测量:主动测量通过向船舶制造车间工业网络发送探针,并根据探针所携带的信息来推测车间工业网络的情况,其将影响船舶制造车间工业网络的负荷,产生大量探针的主动测量方法不太实用。探针是由同一源发送的数据包序列,根据发送探针数据包的类型,可划分为组播探针、单播探针。根据探针结构的差异,常用的探针可分成单数据包探针、等长和非等长数据包对探针、数据包串探针等。主动测量的优点是对测量过程的可控性比较高,易于对端到端的性能进行测量。其缺点是注入的探测流量会改变船舶制造车间工业网络本身的运行情况,使得测量的结果与实际情况存在一定的偏差,而且测量流量还会增加船舶制造车间工业网络负担。但如果探测流量非常小,则影响不大。主动测量在性能参数的测量中应用十分广泛,目前大多数测量系统都运用到主动测量中。

b. 被动测量:被动测量不向船舶制造车间工业网络发送探针,而是监听网络中的分组流来推测网络的情况,被动测量不会对网络的负荷造成影响。被动测量的优点在于理论上它不产生多余流量,不会增加网络负担。其缺点在于被动测量基本上是基于对单个设备的监测,很难对网络端到端的性能进行分析,并且可能实时采集的数据量过大,另外还存在用户数据泄露等安全性和隐私问题。被动测量非常适合用来进行流量测量。

c. 基于控制信息监视的测量:通过协议读取路由器等中间节点的船舶制造车间工业网络控制信息,经过分析得到船舶制造车间工业网络性能指标等信息。

测量按所用的协议不同,可分为基于 ICMP 的测量、基于 TCP 协议测量、采用 RTP/RTCP 协议测量,等等。

测量按测量点的分布,可分为单点测量、多点测量。大部分的测量系统都是分布式的多点测量。测量按照测试系统所处的位置,可分为以下几种。

①基于路由器的测量

基于路由器的测量方法是通过路由器中的管理软件直接获取统计数据,因而具有较高的测量精度。测量信息通常采用基于路由器的测量来监测其船舶制造车间内部网络的拓扑、流量、时延、丢包率等。

②路由器协作的测量

路由器协作的测量在船舶制造车间工业网络边缘主机上执行测量,但需要路由器的配合,这方面近年来提出了一些新协议。

③基于端-端的测量

端-端测量的目标是在只有边缘主机参与下,无须路由器的配合,获取船舶制造车间工业网络性能统计,并且尽可能减少对车间工业网络造成的负荷。基于端-端的测量系统不仅可以得到端-端的性能数据,而且可以采用船舶制造车间工业网络断层推测技术(network tomography)得到链路级的性能数据。虽然端-端测量的精度低于基于路由器的测量,但是它只需要端系统的支持,因此具有很好的灵活性,对于某些跨越多个运营商的测量问题,端-端的测量技术可能是最佳的选择。

(3)工业网络性能测量指标

网络性能测量是对实际运营的船舶制造车间工业网络进行性能测试后发现问题和评

估性能。它对研究者理解现有船舶制造车间工业网络状况起关键作用,是船舶制造车间工业网络研究的重要内容,给下一代船舶制造车间工业网络的规划和设计提供了有效的依据。网络性能测量可以依据采用的是主动还是被动方式,集中还是分布式的测量体系结构,发送的测量包的类型和发送与截取测量包的采样方式等内容来划分。网络性能测量对于许多船舶制造车间工业网络应用起到了非常重要的作用,它依据不同的应用需求也相应出现了大量不同的测量工具。

网络测量技术由于船舶制造车间工业网络的体系结构和安全因素而被大范围使用和研究。在不同层次上,如网络层、传输层和应用层等都各自对应着自己所在层不同的测量指标。其中网络层测量指标主要有连通性、带宽、时延和丢包率;传输层测量指标主要有丢包率、吞吐量和连接数;应用层测量指标主要有页面丢失率、应答延迟和吞吐量。同时也有如丢包率一类的某些指标能在不同层次上采用,它们只不过是采用的分层确定的方法,其实本质上它们还是联系在一起的,只是通过不同角度在各个不同层次上去衡量同一个船舶制造车间工业网络的状况,能更清晰地通过不同层的衡量结果进行船舶制造车间工业网络性能的研究。

网络性能测量是用来描述船舶制造车间工业网络运行中的特定性能的,它主要针对端到端连通性(Connectivity)、带宽(Band Width)、延迟(Delay)、延迟抖动(Delay Jitter)、丢包(Packet Loss)、吞吐量(Throughput)等性能指标进行测量。其中带宽是船舶制造车间工业网络网线里所能传递流量的最大速度,主要是用来说明车间网络传递数据的能力;延迟是从信息输入车间网络到离开车间网络传递过程里所消耗的时长;延迟抖动指的是延迟的变化程度,它直接影响船舶制造车间工业网络应用之间的交互;丢包是由船舶制造车间工业网络发生拥塞使得路由器缓存溢出或数据包延迟过大而造成的数据包丢失,它会造成数据重传进而增加了数据的延迟。

①网络节点流量

数据网络以及广域网都会面临一个关键设计问题,就是所谓的拥塞控制。拥塞是一种复杂现象,同时也是一个复杂的课题。当船舶制造车间工业网络中的应用系统对网络的传输数据需求超过网络所能承受的限度之后,就会出现拥塞现象。

拥塞是指因船舶制造车间工业网络上流量过大造成 IP 分组在路由器缓冲区中等待时间过长或甚至被路由器丢弃的现象。船舶制造车间工业网络产生拥塞的根本原因在于用户提供给车间网络的负载大于网络资源容量的处理能力,表现为数据分组时延增加、丢弃概率增大、上层应用系统性能下降等。图 5-1 显示了拥塞发生的情况。

拥塞产生的直接原因如下。

a. 存储空间不足。几个输入数据流转向同一个输出端口,在这个端口就会建立排队。如果没有足够的存储空间存储,数据分组就会丢弃,特别对于突发数据流,这种情况更容易发生。增加存储空间在某种程度上可以缓解这一矛盾,但如果路由器有无限存储量时,拥塞只会变得更坏,因为在船舶制造车间工业网络里数据分组经过长时间的排队完成转发时,他们早已超时,发送方认为它们已经被丢弃,而这些数据分组还是会继续向下一个路由器转发,从而浪费船舶制造车间工业网络资源,加重网络拥塞。

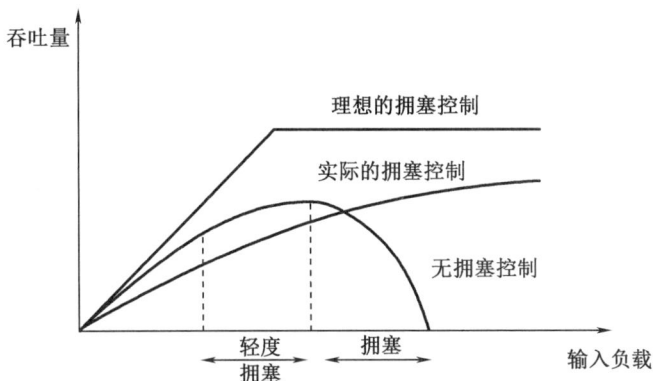

图5-1　拥塞空载在船舶制造车间工业网络负载和吞吐量关系中的影响

b. 带宽容量不足。低速链路对高速数据流的输入也会产生拥塞。根据香农信息理论,信道容量 $C=Bx\log 2(1+S/N)$(N 为信道白噪声的平均功率,S 为信源的平均功率,B 为信道带宽)。信源发送的速率 R 必须小于或等于信道容量 C。如果 $R>C$,则在理论上无差错传输就是不可能的,所以在船舶制造车间工业网络低速链路处就会形成带宽瓶颈,当其满足不了通过它的所有源端带宽要求时,船舶制造车间工业网络就会发生拥塞。

c. 处理器处理能力弱,速度慢也能引起拥塞。如果路由器的 CPU 在执行排队缓存,更新路由表等功能时,处理速度跟不上高速链路,也会产生拥塞。

一旦发生拥塞往往会不断加重,如果不加以控制,就会影响整个船舶制造车间工业网络的性能,严重的时候可能会使整个船舶制造车间工业网络发生瘫痪。所以,拥塞控制是船舶制造车间工业网络中必不可少的机制。

解决网络拥塞的方法如果只是针对某个因素的解决方案,只能对提高船舶制造车间工业网络性能起到一点点好处,甚至可能仅仅是转移了影响性能的瓶颈,所以需要全面考虑各个因素。两种克服方法分别是增加资源和降低负荷。很多情况下一味地提高船舶制造车间工业网络设备的传输能力并不能很好地解决问题,必须通过对使用船舶制造车间工业网络的所有应用进行有效的流量控制,才能在全局上解决网络拥塞问题。流量控制与点到点的通信量有关,主要解决发送方与接收方的传输速率问题,一般都是基于反馈进行控制的。

流量控制是保证服务质量、提高船舶制造车间工业网络资源利用率的有效手段,接纳控制作为流量控制的有效途径之一,与船舶制造车间工业网络的流量特征、网络性能有密切关系,尤其在系统重负载时比拥塞控制更为有效。

②时延

一个数据报文或分组从船舶制造车间工业网络的一个节点被传送到另一个节点所花费的时间称为时延,固定时延和可变时延是其组成部分。由于固定时延是由发送时延和传输时延组成的,因此固定时延基本上保持不变,而可变时延是由处理时延和排队时延组成的,受船舶制造车间工业网络状况的影响,可变时延会不尽相同,因此可变时延具有更高的可研究性。时延可被分为单向时延和往返时延。测量单向时延虽然精度高,但需要时钟频率同步,且价格较贵;往返时延不需要时钟同步,较容易实施,因此应用广泛。传输时延主要是由源节点和目的节点间的线路距离决定的,它通常以光速传播。在目前的通信手段中,卫星通信的传输时延是最大的,它对于拥塞控制和交互式会话都有很大的影响。

a. 信号不好。船舶制造车间本身建筑结构遮挡较多,且存在大量的钢结构、钢板等物料,从而使得信号减弱,导致信号不好。

b. 接入客户端太多。船舶制造车间的不同物料、人员、中间产品、运输车辆,全部需要以不同方式接入船舶制造车间工业网络。

c. 同频干扰。船舶制造车间运用多种无线网络进行组网设计,实现船舶制造车间工业网络的全覆盖,但是可能会产生同频干扰问题,比如 Wi-Fi 与 ZigBee 同处于 2.4 GHz。

d. 电磁干扰。船舶制造车间设备种类及设备数量比较多,因此现场环境可能会产生电磁干扰。

延迟抖动是指端到端延迟的变化特性,它是由于延迟的可变部分的变化导致的,流量的突发性、不公平的队列调度方法都可能导致较大的延迟抖动。按照对延迟和延迟抖动的敏感性,多媒体应用分为两类交互式和非交互式。非交互式业务对延迟的影响不敏感,仅仅是多媒体节目晚几秒开始而已,对于延迟抖动,只要缓存的长度大于延迟抖动的极值,就可以避免它的影响。交互式业务则不同,它对于延迟和延迟抖动都有严格的要求。

往返延迟的测量方法是:入口路由器将测量包打上时戳后,发送到出口路由器。出口路由器一接收到测量包便打上时戳,随后立即使该数据包原路返回。入口路由器接收到返回的数据包之后就可以评估路径的端到端时延。

在时延的测量中,为了保证一定的精度,采用了主动探测的方法。使用 ICMP 协议的 ECHO 性质来测量环回时延(RTT)。环回时延的测量比较简单,也不需要从站的配合。双向时延的测量如图 5-2 所示。

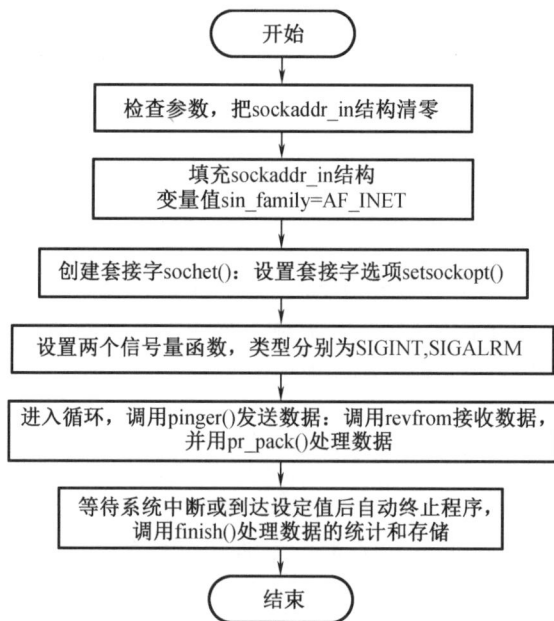

图 5-2　双向时延的测量

端-端环路时延容易获得,但因为网络路径通常不对称、往返路径可能穿过不同的 ISP 甚至不同的车间工业网络结构、双向链路性质可能不对称、双向拥塞排队不同等因素,单向时延并不是简单地等于双向时延的一半。但单向时延在实际应用中更有价值,比如 FTP 应用的性能就依赖于单向时延,所以测量端-端单向时延还是必需的,这就必须解决测量主机之间的时钟同步问题。

测量主机间的时钟同步有两个方面:一是时间值,二是时钟频率。如果测量主机的时钟频率和时间值都相同,称为完全同步。

两台测量主机 A 和 B 根据各自的时钟进行计时,分别记为 $CA(t)$ 和 $CB(t)$,在同一时刻 $CA(t)$ 与 $CB(t)$ 的差值就是测量主机 A 和 B 之间的时间偏差。在测量单向时延时,不妨假设 $CB(t)$ 时间是准确的,$CA(t)$ 与 $CB(t)$ 之间时间偏差($CA(t)-CB(t)$),记为 d,如果不考虑两台主机时钟频率的不一致,定义测量值样点集合:$\{s_i, r_i\}$,s_i 是发送主机的发送时刻,r_i 为接收主机的接收时刻,单向时延的准确值应该是 $r_i - s_i + d$。一般来讲,两台机器的时间值肯定存在偏差,时钟频率也不一致,甚至还有频率漂移等问题。

有两种方法准确测量单向时延:一种方法是通过一定的同步机制或手段实现测量主机间的时钟同步,达到完全消除或将时间偏差降低到误差允许的范围内;另一种方法是通过一定的机制准确估计出时间偏差的大小,然后用估计出的时间偏差来校正测量结果。

NTP 协议在船舶制造车间工业网络上被广泛用于时间同步,一般用于主机和时间服务器之间的时间同步,时间服务器一般具有较高的时间精度,使用 NTP 进行同步的最大时间精度为 0.25 ns,各个终端以同步于时间服务器为目标。同步是依靠 NTP 报文中 4 个 64 位时间戳来实现的。64 位时间戳的前 32 位以 s 为单位,后 32 位以 0.25 ns 为单位。这四个时间戳分别是终端发送时间请求的时间戳、服务器接收到时间请求的时间戳、服务器发送响应报文的时间戳以及终端接收到响应报文的时间戳,把它们分别记为 t_1、t_2、t_3 和 t_4,其先后顺序如图 5-3 所示。

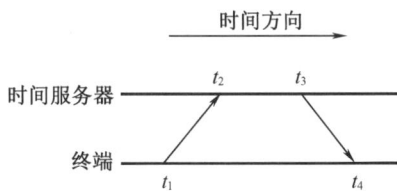

图 5-3 时间戳的先后顺序图

终端接收到时间请求响应报文后,根据报文中的 t_1、t_2、t_3 和 t_4 这四个时间戳计算得到环回时延 t 和时间偏差 d:

$$t = (t_4 - t_1) - (t_3 - t_2)$$
$$d = (t_2 - t_1 + t_3 - t_4)/2$$

然后船舶制造车间设备终端就以($t_4 + d$)时间作为当前时间服务器的时间,并根据它调整自己的时间,使得自己的时间与时间服务器的时间同步。

NTP 在船舶制造车间工业网络上应用时会产生一定的误差,因为它在计算时间偏差 d

时进行了以下假设:时间请求报文从终端到时间服务器的时延与应答报文从时间服务器到终端的时延相等。这个假设是有一定的适用范围的,如果在上、下行流量比较对称的车间工业网络,或者网络传输时延非常小的车间工业网络,这种假设带来的误差可能非常小。但在车间工业上 NTP 做同步方法带来的同步误差一般为 1~50 ms 量级,这样的误差对于测量单向时延而言不可接受。

系统采用类似于 NTP 的测量机制进行测量,然后采用更为精确的算法来调整时间偏差。

测量获得的时延称为测量时延,实际的时延为真实时延,定义测量样点集为 $\Omega=\{(s_i, d_i),i=1,2,\cdots,N\}$,其中,$s_i$ 是发送主机在发送时刻为该数据包打上的时间戳,d_i 为测定时延,即接收者接收时间减去发送时间戳,它不是真实时延。如果两主机的时钟完全同步(初始时刻和频率都相同),则测量时延就是真实时延。由于两主机的时间不同,时钟频率也不一样,随着时间的推移,测量时延样点的下沿线往往不是一条斜率为 0 的直线,而是一条近似 $d(s_i)=\alpha s_i+\beta$ 的直线,其中,β 的含义是两时钟在测量初始时刻的时间偏差加上固定的端-端传播时延和发送时延,α 的含义是两时钟频率偏差导致测量时延随测量时间的推移而线性增加(或减小)。

要消除时钟行为对测量的影响,关键是基于某种优化目标来确定测量样点值的下沿直线,即确定 α 和 β。首先定义三种最优化目标,即最小化曲线和直线构成区域的面积、最大化恰好落在直线上的测量时延下沿样点数目以及最小化所有样点到直线距离的和,然后采用凸分析理论寻找目标函数最优条件下的直线段,不仅校准了频率偏差,而且解决了时钟重置调整问题,算法复杂度为 $o(N)$,可实现在线估测。

另外,主机时钟可能被 cron 进程重新调整校准(一天可能发生几次),或者由于运行了 NTP 协议,定期与外部时钟进行校准,使得实际测量的时延曲线会出现突变。只要按照同样的方法,获得与测量时延下沿重合程度最大的一系列线段即可。

在测量单向时延时,需要从站点的协作,每次测量首先进行时钟同步,以后的测量时延经校准后记录到数据库。系统基于 C/S 来进行单向时延的测量,从站点相当于时间服务器,各个从站点运行服务器端程序。

③丢包率

当船舶制造车间工业网络"交通"拥塞时,会导致链路中的缓冲队列溢出、数据包因出现错误被丢弃或目标地址不可达,因此在数据包输出过程中就会出现链路丢包或节点丢包的现象,丢包率是指在船舶制造车间工业网络传输中,被链路或节点丢弃的数据包的数目与根节点发送成功的数据包总数的比值,从根节点未发送成功的数据包不计入在发送数据包总数内。许多因素会导致数据包在网络上传输时被丢弃,例如当网络发生拥塞时,网络节点来不及转发同时到达的过多分组,缓存将被耗尽时,后来的分组将被节点丢弃;当分组出现比特差错时,上层协议将简单地丢弃分组。

丢包率表示包丢失数占全部包传输量的比例。造成丢包的原因包括误码、路由变化和队列溢出等。随着传输设备性能的提高,误码引起的包丢失概率已非常小了,路由变化引起的包丢失也只占很少的比例。由于现在船舶制造车间工业网络没有接入控制机制,网络

拥塞引起的队列溢出成为包丢失的主要原因。实时多媒体业务由于不能采取重传的方式补救丢失的数据,因而包丢失对于服务质量会产生巨大影响。通常多媒体业务的数据包都较大,传输过程中可能被分成多个小包,一旦有一个小包丢失,就可能造成整个数据包都不能重组,从而造成更大的损失。许多因素会导致数据包在网络上传输时被丢弃,例如数据包的大小以及数据发送时链路的拥塞状况等。

为了评估船舶制造车间工业网络的丢包率,一般采用直接发送测量包来进行测量。对丢包率进行准确的评估与预测则需要一定的数学模型。目前评估船舶制造车间工业网络丢包率的模型主要有伯努利模型、马尔可夫模型和隐马尔可夫模型等。伯努利模型是基于独立同分布的,即假定每个数据包在船舶制造车间工业网络上传输时被丢弃的概率是不相关的,因此它比较简单但预测的准确度以及可靠性都不太理想。但是,由于采用先进先出的排队方式,使得包丢失之间有很强的相关性,即在传输过程中,包被丢失受上一个包丢失的影响相当大。假定用随机变量 X_i 代表包的丢失事件,$X_i = 0$ 表示包丢失,而 $X_i = 1$ 表示包未丢失。则第 i 个包丢失的概率为 $P(X_i \mid X_{i-1}, X_{i-2}, \cdots, X_{i-n})$,其中 $X_{i-1}, X_{i-2}, \cdots, X_{i-n}$ 取所有的组合情况。当 $n=2$ 时,该链退化为著名的 Gilbert 模型。隐马尔可夫模型是对马尔可夫模型的改进。

丢包率和时延的测量是船舶制造车间网络控制与管理系统基本功能之一,通过开发工具软件的方法监视/探测网络,测量端-端路径上的流量,在这里只需要船舶制造车间网络的边缘节点参与协作即可。测量过程是事先规划好,有目的进行的,一般把船舶制造车间网络抽象为树状拓扑结构,从根节点发送,多个叶子节点接收。测量结果记录在数据库中,以便后续的性能分析。

在丢包率的测量中采用了被动监测 TCP 数据包的方法,使用 libpcap 库提供的 tcpdump 被动抓包。这需要访问船舶制造车间工业网络操作系统的底层资源,以获得抓到原始包的结构的能力。例如,当以太网卡在互联网上收到一个包,该包送到操作系统时,操作系统必须决定该包是什么类型,要做到这一点,系统必须先把收到的包的以太头字段剥除,来看看下面一层是什么协议。也许是个 ip 包,那么操作系统要解析 ip 包头决定该包是什么类型的包。依次处理,直到最后把包数据传给它——对应的应用程序。抓包使我们截获船舶制造车间网络设备上的任何包,不用考虑发到哪个端口甚至哪个主机。libpcap 提供了独立于应用、访问由操作系统提供的底层资源进行抓包的能力。系统采用 libpcap 库直接从网卡抓包。

要使用 libpcap 库,需要在头文件中包含#include<pcap. h>语句,可以使编译器能找到 libpcap 库的位置。

一个包捕获机制包含三个主要部分:最底层是针对特定操作系统的包捕获机制,最高层是针对用户程序的接口,第三部分是包过滤机制。工作过程如下。

a. 决定要监测的接口。在 Linux 操作系统中应该是 eth0。可以把这个设备定义成数组,或者要求 pcap 提供一个可用的接口。

b. 初始化 pcap。实际上是告诉 pcap 要监测哪个船舶制造车间设备。可以按需求同时监测多个设备。使用文件句柄区分这些设备,这样就能够打开一个文件进行读写,来访问每个设备了。

c.如果只想监测专门的数据流,需要写一个规则,编译并使用它,和其他正则表达式相似。其包括三个阶段的处理:把设置规则保存在字符串中;把设计规则编译成 pcap 可读格式,这个编译在程序里实际上是调用一个函数处理的;通知相应的会话使用这个规则进行过滤。

d. pcap 进入一个基本的循环中,等待收包,直到收到一定数量时结束。当收到一个新包时,就调用已经定义好的函数,来做需要的处理,本章的抓包程序中,我们在这个函数中定义包对的收集和计数。

e.在收到需要的若干数据包和统计值后,关闭会话。

船舶制造车间网络控制与管理系统分为混杂模式和非混杂模式,这是两种不同类型的技术。非混杂模式只监测和主机直接相关的数据流,只有发送到或者经过该主机路由的数据包才能被监测到。混杂模式则监测缆线上所有的包,在一个非交换环境中,即在同一网段中,将监测所有的网络分组。选用混杂模式的好处是,可以监测更多的包;缺点是混杂模式是可发现的,主机可以确定地判断其他机器是否处于混杂模式;只能工作在非交换环境;在高流量系统里,主机将消耗系统资源。

④吞吐量

这类测试可以解决下列的问题:

a.测试船舶制造车间工业网络端对端广域网/局域网的吞吐量。

b.测试跨越 WAN 连接的 IP 性能,并用于对照服务等级协议(SLA),将目前使用的 WAN 链路的能力和承诺的信息速率(CIR)进行比较。

c.在安装 VPN 时进行基准测试和拥塞测试。

d.测试车间工业网络设备的模式、帧大小或网络速率的对应关系,用于对调制解调器、FRADS、集线器、交换机或路由器等设备的优化与设置的评估。

吞吐量的测试需要由被测试链路的双端进行端对端的测试。对于船舶制造车间的网管和维护工程师来说,在进行端对端的测试中是不需要了解或测试物理网络的。由于 IP 是承载应用业务的网络互联平台,这样的端对端链路测试中的物理网络可以是无线网络、路由环境、透明网络,甚至是非对称的网络(如 xDSL 和 Cable Modem)。

最简单(也是最常用和最有效)的吞吐量测试方法,就是将测试接入点选在链路两端的以太网络上的测试方法。测试时在发送端指定发送速度,在接收器上计算收到的帧的速度。吞吐量是接收器收到的帧数量/时间,通过测试改变帧长度,重复以上测试得到不同速率下的测试结果。(注:可以反复进行测试,来确定在不同的传输速度时的吞吐量。)

有一点需要强调的是,在维护一个运行中的船舶制造车间工业网络时,吞吐量测试是必须在线进行的,即不能中断现有的车间网络业务和网络连接,测试过程中有其他的网络流量存在。这种情况下的测试结果对于评估现有业务中的网络能力,计划增加车间网络站点和扩充网络应用的评估是非常有意义的。

测试方法:端对端测试有很多的测试手段和方法,主要分起来有两类:一类是基于软件的测试,另一类是使用专门的测试仪器进行的测试。通常对于流量比较大的(如大于

30 Mbit/s 以上)测试主要是使用测试仪器进行的,这是因为测试仪器不像基于 PC 的测试软件那样要受到操作系统、网卡、设备驱动和配置等诸多方面的影响,其能提供稳定、独立和可重复性的测试结果。

⑤带宽

带宽是网络提供的吞吐能力,它反映了在一段时间内网络能为应用传送的信息量。多媒体业务的一个重要特点就是其业务量是不断变化的,活跃期与非活跃期业务量会有非常大的变化,这给网络资源的使用和网络接入控制都带来了巨大的挑战。从带宽和丢包率的影响来看,多媒体业务分为恒定速率和可变速率。恒定速率的业务接入控制较为简单,只要为它预留峰值带宽即可。可变速率的业务则较为复杂,若按照峰值速率来分配带宽,虽然可以避免包丢失,但会导致网络资源的低效率和昂贵的服务费用;若按照平均速率来分配带宽,又会导致瞬时的网络拥塞,服务质量的下降。采用漏斗方法来控制数据源的发送速度,并在接入控制中,根据漏斗参数,为其预留适当的带宽和缓存,就可以保证实时业务的延迟和丢包率。

带宽一般分为瓶颈带宽和可用带宽。瓶颈带宽是指当一条路径通路中没有其他背景流量时,网络能够提供的最大的吞吐量,也称为容量。对瓶颈带宽的测量一般采用包对(packet pair)技术,但是由于交叉流量的存在会出现"时间压缩"或"时间延伸"现象,从而会引起瓶颈带宽的高估或低估。另外,还有包列等其他测量技术。为了克服交叉流量的影响,需要采用各种过滤技术对测量数据进行处理。

可用带宽是指在网络路径通路存在背景流量的情况下,能够提供给某个业务的最大吞吐量。因为背景流量的出现与否及其占用的带宽都是随机的,所以可用带宽的测量比较困难。一般采用根据单向延迟变化情况可用带宽进行逼近。其基本思想是当以大于可用带宽的速率发送测量包时,单向延迟会呈现增大趋势,而以小于可用带宽的速率发送测量包时,单向延迟不会变化。所以,发送端可以根据上一次发送测量包时单向延迟的变化情况,动态调整此次发送测量包的速率,直到单向延迟不再发生增大趋势为止,然后用最近两次发送测量包速率的平均值来估计可用带宽。

瓶颈带宽反映了路径的静态特征,而可用带宽真正反映了在某一段时间内链路的实际通信能力,所以可用带宽的测量具有更重要的意义。

(4)工业网络性能测量工具和算法

国内外对于工业网络性能的测量已经提出了各式各样的算法,对其进行了大量的研究,并已取得了很多杰出成就。船舶制造车间工业网络性能测量一般是利用如 ICMP 和 TCP 等已有的车间工业网络协议来完成测量的。现在端到端工业网络性能测量研究的重点是稳定、实时和高效的指标测量方法,它有很多相应的网络性能测试工具。同时测量方法还应该满足以下几点要求:尽管被测工业网络动态变化,但采用的测量方法不会失效的稳健性;在同一工业网络环境下,多次测量的结果能始终保持一致的可重复性;测量结果需要反映工业网络当前真实情况的准确性。

船舶制造车间工业网络性能主要有主动测试,被动式测试,以及主、被动相结合测试。其中主动测量只需要把测量工具部署在测量源端上,由监测者主动发送探测流去监测船舶制造车间工业网络设备的运行情况,从网络的反馈中观察分析探测流的行为来评估船舶制造车间工业网络性能而得到需要的信息。它的优势是相对灵活,能很好地控制测量过程,并且由于它是主动发送探测数据的,故对端到端的性能可以更直观。同时它也存在缺点,由于注入测量流量就等同于改变了被测量的对象,也就是改变了车间管理网络的运行情况,同时注入流量还会增加网络的负担,会使测量的结果与实际情况产生偏差,所以,船舶制造车间工业网络性能由于受多种因素影响造成这种测量并不准确,不一定会反映车间工业网络的实际性能。被动测量是指在链路或路由器等设备上对船舶制造车间工业网络进行监测,为了解船舶制造车间工业网络设备的运行情况,监测者需要被动地采集网络中现有的标志性数据。

被动测量的优点是由于该种测量方式是在监测点采集真实的网络数据包并统计的,所以它不产生流量就不会增加网络的负担,对船舶制造车间工业网络运行也不会造成影响,可以比较真实地反映船舶制造车间工业网络性能。但其缺点是这种测量方法很难对网络端到端的性能进行分析,因为它主要是基于对单个设备的监测,并且它还可能会因为采集的数据量过于庞大而造成用户的数据泄露等安全隐患。

主动测量比较适合对端到端的时延、丢包率及时延变化等参数的测量,而被动测量则更适用于对路径吞吐量等流量参数的测量,不可否认主动测量与被动测量各有其优缺点,因此将这两种测量方式相结合才能对船舶制造车间工业网络性能进行更全面的测量并得到更为全面的科学结论。目前常用的船舶制造车间工业网络性能测量工具非常多,表5-1列出了一部分。这些工具分别有其各自的不同的侧重点,我们需要参考具体的应用环境再去选择它们,才能使这些工具发挥出它们最大的功效。

表5-1 部分典型的工业网络性能测量工具表

对应的性能指标	实现的工具	相关的算法
带宽容量	Bprobe、Nettimer、Sprobe	包对算法
带宽利用率	Cprobe	包对算法
带宽容量、往返时延、丢包率	Bing、Pchar、Pathchar	可变包长算法
可用宽带、丢包率	Pathchar、Pipechar	Packet train
可达带宽	Iperf、Netperf、Ttcp	Path flooding
可用带宽	Pathload	SLOPS
丢包率、双向时延	Ping	ICMP echo
单向时延	Owping	GPS 主动测量
网络拓扑、双向时延	Traceroute	Varied TTL
可用带宽	Treno	Tcp 仿真

从测量方式来看,主动测量相应的工具主要有测量综合传输性能的 Netperf、测量 RTT 和连通性的 Ping、测量链路带宽的 Pathchar 等;被动测量相应的工具主要有能对船舶制造车间工业网络容置载荷趋势进行综合描述的 Netflow 和对船舶制造车间工业网络性能进行

综合统计的 MRTG 等。Netperf 是采用的批量数据传输模式和请求/应答模式,根据应用的不同进行不同模式的网络性能测试,它可确定大多数网络类型端到端的性能;Iperf 能够提供丢包率和网络吞吐率信息等一些统计信息,它能用于优化应用程序和主机参数;Pathchar 是第一款基于单分组技术的带宽测量工具,然而它没有公开源代码;Pchar 的实现思想与 Pathchar 基本类似,它能支持不同大小种类的探测分组,它还拥有三种不同的线性衰减算法,达到获取最小 RTT 区域与探测分组大小的关系。

ICMP 是 Internet 控制报文协议,是一种面向无连接的协议,其目的就是让我们能够检测船舶制造车间工业网路的连线状况,也能确保连线的准确性,用于传输出错报告控制信息。它属于网络层协议,是 TCP/IP 协议族的一个子协议,它能够确定 IP 主机和路由器之间网络通不通、主机是否可达以及路由是否可用等控制消息。当遇到数据无法访问或者路由器无法按照当前的传输速率转发数据包时会自动发送 ICMP 消息,这些控制消息并不传输用户数据。我们用于在 Windows 中检查网络通不通的 Ping 命令就是使用的 ICMP 协议,Ping 的过程实际上就是 ICMP 协议工作的过程。Ping 主要用于测试目的主机是否可达、网络延迟和丢包率,是最简单的网络测量工具。Ping 是由该命令引发 IP 层发送一个类型是 Echo_reply 类型的 ICMP 包,终端收到这个包之后将源端和终端地址进行交换,再回应一个 Echo_reply 类型的 ICMP 封包来确定连线的可行性口。

Bing(Band Width Ping)是基于 Ping 的链路带宽测试工具,它是由 Pierre Beyssac 写的一个基于单分组技术的测量点到点的远程网络链路带宽的工具。Pathchar 和 Pchar 均是一款变包长序列(VPS,Variable Packet Size)的链路带宽测试工具,VPS 模型主要是利用探测包传输延迟与包的大小呈线性关系,逐跳依次求出各链路的链路带宽,但是它的缺点是发送的数据量太大,造成占用较大流量,花费时间很长。

而包对模型(Packet Pair)是在源端和接收端之间发射探测包,再根据探测包的尺寸和时间差估算出网络路径的宽度。但是在实际网络中会经常由于背景流的影响而造成两个包在瓶颈链路队列中间断,这样会带来较大的误差。则针对 VPS 与 Packet Pair 各自的不足,提出了综合变包长与包对模型,Bing 测试工具就是体现的这个思想。例如,为了测量 A 和 B 之间的带宽,Bing 就可以先在 A 和 B 这两点附近找一个部署有测量工具的点 C,然后分别测出 C 到 A 和 B 之间的往返时延,之后根据前面测得的结果去估计 A 到 B 之间的往返时延,最后通过不断地改变 ICMP 分组的大小,再由往返时延的变化与分组大小的关系就可通过计算得到 A 与 B 之间的带宽。Bing 是单端测量工具,它的部署方便,只需将它安装在源端就可以测量路径上任意节点的链路带宽。它通过发送两组长度不同的 ICMP 数据包,采用一种类似包对的方法来计算链路带宽,这能在一定程度上减小背景流量的影响。但是由于它是通过向源端和目的端发送大小不同的 ICMP 数据包来分析往返时延变化来测量这个连接的带宽,而从一个到另一个的测量往返时延变化有很大的差异,因此必须做多个测量并最好使每个被测量尽可能准确,从而获取最小往返时延区域与探测分组大小。所以记录测试的过程需要严格要求路由链路保持长期稳定性,因为一旦发生波动就会对整个算法的测试结果产生很大的影响。为了提高测试结果的准确性,后来采用网络仿真建立标准的网络传输带宽和时延测试环境,发现 Bing 工具的测试缺陷,修正测试结果校准 Bing 工具测量结果。由测试结果,发现问题,总结规律,并通过高阶数学拟合模型创建了修正结果的公式,使最终修正测试结果与真实值偏差在 6.5% 以内,测试结果可行度得到了提高。

5.2.1.2　工业网络监控系统结构

船舶制造车间工业网络监控系统如要适应目前庞大的车间网络规模以及车间网络环境的异构性,需从车间网络构架出发,支持所有的网络协议和技术。目前的船舶制造车间工业网络监控系统存在以下几个问题。

①网络环境的异构性。船舶制造车间工业网络设备种类繁多,而不同的车间工业网络设备提供不同的网络监控工具和监控技术。因此很难构建一个跨平台的船舶制造车间工业网络健康平台。

②网络环境的动态性。为满足实际的业务需求,船舶制造车间工业网络环境总是不停地在变化。

③网络规模不停扩大。随着船舶制造车间工业网络设备和应用的引入,船舶制造车间工业网络规模越来越大,车间网络监控能否支持大规模网络越来越重要。

④网络监控系统自动化程度不高。一方面,日常车间网络管理需要大量人工干预,大量人工参与意味着大量的人力物力的投入和高成本维护费用。另一方面,面对快速发展的车间网络规模,目前的船舶制造车间工业网络监控系统并不能及时对车间网络的异常情况做出快速反应。

⑤网络监控系统功能的可扩展性差。当前的开发涉及多个研究领域以及大量相关技术和标准。船舶制造车间工业网络监控系统往往开发周期长,开发成本也很高。当需要增加或修改管理功能时,系统修改和测试组件的高成本往往很高,系统运行时对于需求发生改变的灵活性较差。

船舶制造车间工业网络监控模型包括集中式网络监控模型、基于 Web 的网络监控模型、分布式网络监控模型、基于移动 Agent 的网络监控模型。

(1)集中式网络监控模型

传统的船舶制造车间工业网络监控系统或当前小型监控系统均采用基于“管理者-代理者”模式的集中式网络监控模型。在“管理者-代理者”模式中,车间工业网络管理服务端承担管理者角色,客户端承担代理者角色。服务端往往部署在车间工业网络带宽大、数据处理能力强的服务器中,以满足越来越多的客户端。客户端程序部署在被管理设备中。服务端程序负责与所有客户端程序建立连接,通过控制客户端程序获取所有被管理设备的监控信息,并通过客户端程序控制被管理设备。由于 SNMP 协议简单、易实现的优点,目前在船舶制造车间工业网络监控系统中广泛采用 SNMP 协议。下面以 SNMP 协议的工作过程来介绍集中式网络监控模型。集中式网络监控模型如图 5-4 所示。

SNMP 协议的工作过程是:首先,管理者创建一个获取或设置被管理设备信息的 SNMP 请求报文;其次,管理者根据客户端 IP 信息,通过 UDP 协议将 SNMP 请求报文发送到 Agent 代理者;再次,Agent 代理者根据 SNMP 请求报文的内容,从 MIB 中读取出具体对象值或者执行对象的 Set 操作;最后代理者将结果写入一个回复报文,并将该回复报文返回给管理

者。代理者通常是一个被动的实体,被动执行管理者的报文请求。代理者也可以在本地发生错误事件时,主动向管理者发送 Trap 报文。

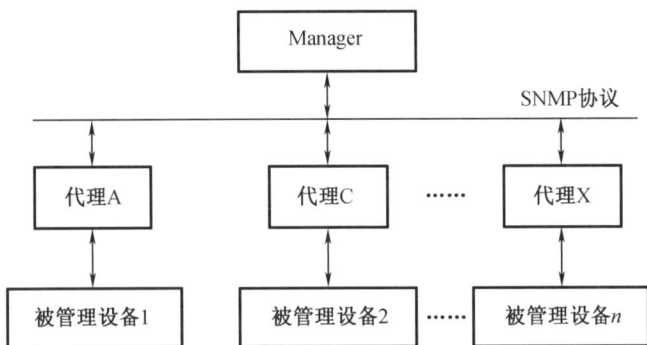

图5-4　集中式网络监控模型

集中式监控模式虽然很成熟,产品也很多。但是,随着车间工业网络规模扩大,网络结构越来越复杂和异构程度越来越高的情况下,集中式的体系结构已经不能适合现在大规模的车间工业网络环境。传统的集中网络监控模式的不足之处逐渐暴露:

①随着被管理设备数量的增加,管理者一次需要查询的节点数也随之增加,很容易造成车间工业网络数据拥塞。

②由于管理端与代理端的通信,车间工业网络上传输大量的冗余信息,不仅影响正常的网络带宽利用率,而且可能造成整个船舶制造车间工业网络监控系统的失效。

③被管理设备主动性很差。被管理设备只是简单读取当前设备信息,并将信息发送给管理者,不具备信息过滤、存储、分析等功能。

④被管理设备功能越来越强大,然而车间工业网络监控的处理却依然全部由管理设备来处理,管理设备不能将处理负担分配给被管理设备。

⑤集中式网络监控模型的可靠性也比较差。由于整个车间工业网络监控系统过分依赖于集中的管理端,当管理端出故障时,整个车间工业网络监控系统将会瘫痪。

综上所述,由于计算机网络规模的不断增大,网络结构越来越复杂和异构程度越来越高,管理端设备越来越不堪重负。当车间工业网络扩大时,单一的监控中心将制约整个监控系统的响应速度。而被管理设备不断加强的处理能力又没有得到充分利用。所以这种传统的集中式网络监控模型在小型的局域网中得到了成功应用,但其管理模式已无法适应当前车间工业网络规模迅速扩大的要求。

（2）基于 Web 的网络监控模型

基于 Web 的网络监控模型结合 Web 技术和网络监控技术,主要指利用 Web 技术(如Web 服务器、HTTP 协议、HTML 语言等)实现船舶制造车间工业网络监控,也就是将 Web 服务器与工业网络监控应用程序结合起来,通过浏览器与船舶制造车间工业网络设备中的代理通信。在基于 Web 的网络监控模型中,车间工业网络管理员可以在船舶制造车间工业网络的任何位置上通过浏览器去监测、管理整个船舶制造车间工业网络。

基于 Web 的网络监控系统提供比传统网络监控系统界面更直接、更易于使用的界面,因此降低了对车间工业网络管理员专业素质的要求,进而减少船舶制造车间工业网络管理成本。基于 Web 的网络监控模型有两种实现方法:一种是集中式网络监控模型,将管理站与 Web 服务器结合,管理站通过代理进程从被管设备收集数据,Web 服务器负责过滤、存储、分析、展示这些数据。用户只需要通过浏览器访问 Web 服务器就可以获取到整个船舶制造车间工业网络的监控信息;另一种是分散式网络监控模型(图 5-5),将 Web 服务器与管理站结合嵌入船舶制造车间工业网络设备,网络管理员可以通过 Web 浏览器分别访问各个设备中的 Web 服务器并且实施监控。分散式网络监控模型一般应用到路由器、交换机、以及其他嵌入式环境中。

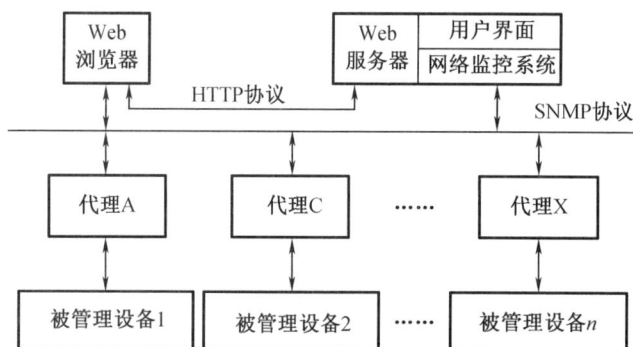

图 5-5　基于 Web 的集中式网络监控模型

基于 Web 的集中式网络监控模型保留了基于 C/S 的集中网管系统的许多优点,还增加了网络监控访问的灵活性,网络管理员通过浏览器去访问网络监控系统,可以非常方便地在船舶制造车间工业网络的任何节点上配置、控制及访问网络监控系统(图 5-6)。同时由于依然继承了集中式网络管理端,该模型延续了集中式网络监控模型的所有缺点。

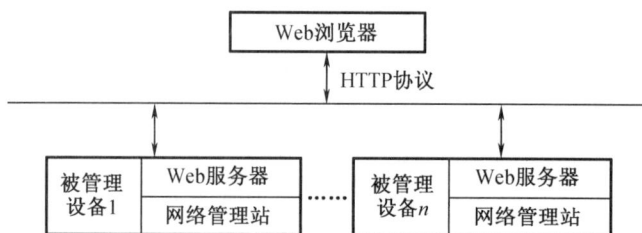

图 5-6　基于 Web 的分散式网络监控模型

基于 Web 的分散式网络监控模型一般应用到嵌入式系统中,该模型具备配置简单、控制及访问网络方便等特点。然而该模型主动性依然很差,船舶制造车间工业网络监控人员必须逐个访问各个节点,给网络管理带来大量繁重的工作,无法适应大规模的网络监控。

基于 Web 的网络监控模式是当前网络监控发展的一种趋势,不过单一的 Web 模式并不能适应当前船舶制造车间工业网络监控的需求。如果整个船舶制造车间工业网络监控系统采用层次网络监控模型,在数据表现层基于 Web 的网络技术就能发挥其最大优势。在嵌入式系统中如果提供基于 Web 技术的 Web Service 查询接口,也能给网络监控系统的数据集成带来便利。

（3）分布式网络监控模型

分布式网络监控模型的主要思想是在主管理站和被管设备之间加入一层称为中间管理者的实体。中间实体负责管理一定范围内的船舶制造车间工业网络设备，执行上级车间工业网络管理中心分配的网络指令以及采集被管设备的运行状态信息。典型的分布式网络监控模型有两种：中心化分布式网络监控模型和无中心化分布式网络监控模型。

中心化分布式网络监控模型（图5-7）将整个船舶制造车间工业网络监控管理划分为若干特定的监控域。监控域定义监控边界，即所包含的节点和网段等被管资源。一个域监控器管理一个监控域。域监控器负责信息过滤、存储、分析，并将这些汇聚到中心监控器。中心监控器负责对全局信息的汇总，历史数据的管理，以及根据各个域监控器的实际运行情况动态调整监控域的范围。

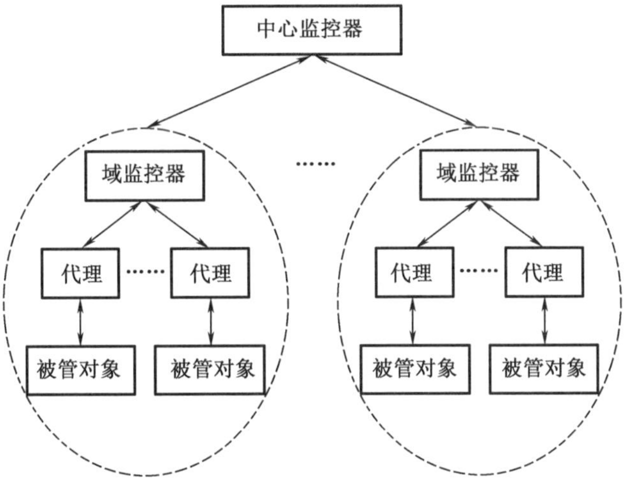

图5-7　中心化分布式网络监控模型

无中心化分布式网络监控模型（图5-8），是一种全分布式管理结构。它同样把整个船舶制造车间工业网络监控划分为特定的区域，每个区域分配一个监控服务器，每个监控服务器负责收集、过滤、分析、存储当前区域内所有船舶制造车间工业网络节点的信息并维持一个监控数据库供客户端访问。监控服务器之间是一种对等实体的关系，它们之间共享所有监控数据。客户端软件可以在任何站点方位任何监控服务器获取数据，并负责展示数据。

相对前两种模型，分布式网络监控模型由于采用分而治之的方法，一个监控服务器负责一个区域的网络监控。在这种模型中监控服务器起以下作用：在收集信息时不会给网络造成巨大的负载；在局部出现网络堵塞的情况下，网络监控系统整体上仍然可以运行。目前分布式网络监控模型在船舶制造车间工业网络管理系统中应用广泛。但是其共有的缺陷是可靠性和扩张性差。对可靠性和扩展性要求高的车间工业网络系统难以保证，单一的分布式网络管理正在消失。中心化分布式网络监控模型比无中心化分布式网络监控模型更能适应车间工业网络的动态变化，但是中心化分布式网络监控模型比无中心化分布式网络监控模型实现起来更复杂。

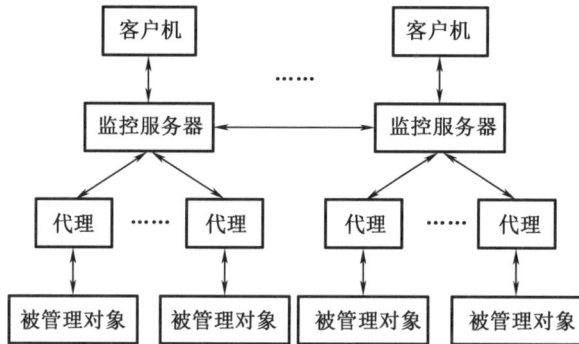

图 5-8　无中心化分布式网络监控模型

（4）基于移动 Agent 的网络监控模型

Agent 是一个具有自适应性和智能型的软件实体，能代表用户或其他程序以主动服务的方式完成一项工作。Agent 的主要特性有自治性、社会性、反映性、能动性。除此之外，Agent 还应具备一些人类的智能性。

移动 Agent 是一种特殊的 Agent，它继承了 Agent 的基本特点和属性。移动 Agent 是 Agent 技术和分布式技术结合的产物，具有分布灵活、易扩展、跨平台和容错等特性，其工作模式是"迁移-计算-迁移"。移动 Agent 可以在车间工业网络域中的各个节点之间自由地迁移，并根据需要在特定的节点克隆或生成子 Agent。移动 Agent 在移动的过程中，携带执行代码和运行状态。当移动 Agent 移动到目标主机时，再移动 Agent 运行环境中运行执行代码，最后移动 Agent 将执行结果一同携带后返回。移动 Agent 将执行代码在目标实体附近运行，减少管理实体与目标实体之间的数据通信，从而降低整个船舶制造车间工业网络负荷，提高车间工业网络监控系统的实时性。移动 Agent 的核心思想是将计算过程从服务中心传入目标区域后进行计算，而不是将数据从目标区域传入服务中心后进行计算。正是因为移动 Agent 所具有的这些特点符合船舶制造车间工业网络监控系统发展的需求，移动 Agent 被引入车间工业网络监控系统。基于移动 Agent 的网络监控模型如图 5-9 所示。

当管理人员执行管理功能时，整个流程是：首先由协同 Agent 分配任务，其次由管理 Agent 决定采用何种方式执行任务，最后由 SNMP 执行器执行任务或由执行 Agent 执行任务。下面我们对这管理流程以及三种 Agent 做详细介绍。

中心管理层负责与用户交互和管理协调功能，该层只有一个中心管理服务器。中心管理站的核心组成部分就是知识库和协同 Agent。中心管理层的知识库存储的信息有协同 Agent 对管理任务进行分解、分配和调度时所需要的知识（如域管理站的位置、状态、管理范围等信息）以及对全局网络状态和故障进行智能诊断和管理时所需要的知识（如网络管理专家知识）。

协同 Agent 是一种能够根据知识库中的相关知识对船舶制造车间工业网络管理任务进行分解的智能 Agent。协同 Agent 利用知识库中的任务分配和调度策略对各个域管理站进行任务分配与调度。各个域管理站完成任务后将中间结果提交给协同 Agent。然后，协同 Agent 对各个域管理站提交的中间结果进行处理，并根据知识库中的船舶制造车间工业网络管理专家知识对处理结果进行网络诊断。最后，在完成管理人员提交的复杂的管理任务之后,将报告结果提交给用户。协同 Agent 是维持秩序的"专家",仅仅协调各个域管理站使它们能够共同完成管理任务,但它并不干预各个域管理站的功能。

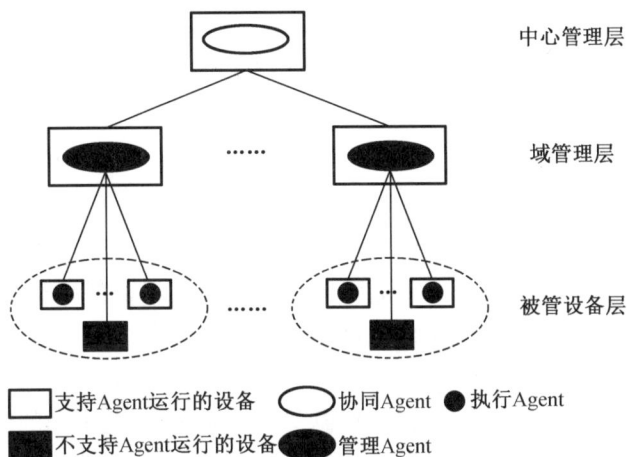

图 5-9　基于移动 Agent 的网络监控模型

管理 Agent 是一种采用何种方式执行管理任务的 Agent。首先,管理 Agent 分析中心管理站分配过来的管理任务,确定被管设备是否支持移动 Agent,以及需要执行的管理功能。被管设备分为两种,一种是不支持移动 Agent 但支持 SNMP 的网络设备,另一种是支持移动 Agent 的网络设备。如果被管设备不支持移动 Agent,则管理 Agent 管理任务发送给 SNMP 任务执行器。SNMP 任务执行器根据被管设备的 IP、OID 等信息执行管理任务。如果被管设备具有移动 Agent 执行环境,管理 Agent 就把被管设备信息、需要执行的管理功能等信息发送给移动代码管理器。移动代码管理器负责产生需要执行具体管理任务的移动 Agent 代码。移动 Agent 代码在制定的执行环境中产生移动 Agent 并执行管理命令。接着,SNMP 任务执行器或移动 Agent 将执行结果返回给管理 Agent。最后,管理 Agent 对返回的结果进行处理后转发给中心管理站。

执行 Agent 是一种负责执行管理任务的移动 Agent。它根据被管设备信息自动路由到制定的执行环境中,并根据管理执行代码获取被管设备信息。执行 Agent 能够根据知识库中的应急处理策略处理被管设备中出现的异常。例如,执行 Agent 可以计算服务器的 CPU、内存、磁盘使用率,也可以计算船舶制造车间工业网络设备网络流量,以及软件许可证的使用情况。并当服务器的资源、网络设备的带宽、许可证的剩余量出现异常,执行 Agent 可以自动采取相应措施。

将移动 Agent 技术应用在网络监控系统中有许多优点,具体表现为:

①减少不必要的冗余数据的传输,降低网络流量。例如,执行 Agent 在本地完成大量数据的分析和计算,只需要将最终结果提交给中心管理站。

②增加系统的可扩展性。当添加一个新的管理功能时,只需要将一个新功能的移动 Agent 指派到指定节点。

③提高了系统的并行处理能力。可以使用多个移动 Agent 在相同或者不同节点共同协

作完成某项管理任务。

尽管将移动 Agent 技术应用在船舶制造车间工业网络监控系统中有许多优点,但存在的问题还需要进一步研究。目前移动 Agent 并没有大规模应用于船舶制造车间工业网络监控系统的原因是移动 Agent 技术不够成熟,主要表现在以下几个方面。

①移动 Agent 的协作问题。随着移动 Agent 数量的增加,移动 Agent 之间的协作的复杂度成指数级成长。

②移动 Agent 的管理和控制问题。比如 Agent 迁移路由规则、Agent 迁移方式、Agent 之间的通信模式等。

③移动 Agent 的使用平台。国际上并没有推出移动 Agent 技术标准,各个厂商和机构推出了各自的移动 Agent 平台,这些平台在构架和技术实现上都有所差别。正是因为各个移动 Agent 的平台差异性阻碍了移动 Agent 的发展。

(5)网络监控模型归纳分析

上述监控模型各具优缺点:集中式监控模型简单易实现,是早期的监控模型。但是,它适合于小型的局域网,不适合当前结构越来越复杂、规模日益庞大的网络;Web 模式的网络监控模型保留基于集中式监控模型的许多优点,同时还增加了访问灵活的特点。但是,设备的 Web 服务器将占用网络设备大量的 CPU,这对于高速网络来说将是致命的瓶颈。并且,该模式也只适合于小型的局域网。当然 Web 模式的网络监控模型为网络监控系统的数据访问层提供了发展方向。相对前两种模型,分布式的网络监控模型由于对整个网络进行分块,使网络监控变得简单。分布式的网络监控模型有几个优点,在收集信息时不会给网络造成额外的负载;在可能造成网络堵塞的情况下仍能运行。但是其共有的缺陷是信息传输时的不确定性、代理功能固定。对可靠性和扩展性要求高的网络系统难以保证,单一的分布式网络管理正在消失;基于移动 Agent 的网络监控模型,其特点是网络管理的任务分为多个子任务,每个子任务由一个 Agent 来完成或者由多个 Agent 来协作工作。其缺点是移动 Agent 技术并不成熟。

在企业信息化建设过程中,随着信息化规模的成长,业务和应用不断增加,计算机网络的规模日益庞大。随着新技术和软硬件设备的导入,计算机网络逐渐变为复杂的、分布的、广泛的多厂商混合网络。网络监控面临着网络维护工作量大、工作难度高,网络资源配置不合理、利用率低,信息系统成本过高等问题;随着网络监控技术的发展,针对不同的网络资源,各厂家推出各种与用户需求相适应的管理系统。并且,这些系统已经在企业生产和管理中发挥着作用。在同一企业往往并存多个系统。这些系统可能采用不同的操作系统平台、不同的网络监控协议与技术、不同的数据交换技术、不同的数据存储方式和不同的信息表达界面支持工具,完成各自定义的功能,然而系统与系统之间不能很好地互联,离真正的跨平台、统一的网络监控系统还有相当大的距离。

5.2.1.3　工业网络智能监控结构模型

(1)主动网络技术在网络监控系统中的优点

传统的集中式网络监控模型是一种基于客户/服务器技术的监控模型,其简单易实现,

是早期的监控模型。但是,它适合于小型的局域网,不适合当前结构越来越复杂、规模日益庞大的网络。Web 模式的网络监控模型保留基于集中式监控模型的许多优点,同时还增加了访问灵活的特点。但是,设备的 Web 服务器将占用网络设备大量的 CPU,这对于高速网络来说将是致命的瓶颈。并且,该模式也只适合于小型的局域网。传统的分布式网络监控模型由于对整个网络进行分块,使网络监控变得简单。但是其共有的缺陷是信息传输时的不确定性、代理功能固定。对可靠性和扩展性要求高的网络系统难以保证,单一的分布式网络管理正在消失;基于移动 Agent 的网络监控模型,其特点是网络管理的任务分为多个子任务,每个子任务由一个 Agent 来完成或者由多个 Agent 来协作工作。但是,移动 Agent 技术并不成熟,实现困难。因此,本章研究的船舶制造车间工业网络监控模型要改善以上不足,兼容各种网络技术和协议,运用各类网络监控模型的优点,从而适应船舶制造车间工业网络环境和网络规模不断发展的需要。在船舶制造车间工业网络监控模型中引入主动网络技术可以解决传统网络中很多难以解决的问题,并带来很多好处。

①利用主动网络的计算功能,主动节点可以过滤冗余数据、压缩数据、降低网络流量,可以动态预测网络故障、处理网络异常等。

②利用主动网络的编程功能,主动节点可以动态改变本身的管理功能,从而适应现在车间工业网络规模的扩大和网络拓扑结构的动态变化。

③利用主动网络的动态配置性,主动节点可以提供动态加载管理模块,从而适应船舶制造车间工业网络管理功能的改变和新的网络功能的添加。

④主动网络技术能兼容其他网络监控技术,能够兼容其他网络监控模型,能够通过主动节点管理传统节点,并能主动而动态地对其他数据源进行存取操作。

⑤移动 Agent 技术涉及 Agent 协同、Agent 通信、专家知识库等复杂的人工智能理论和技术。而主动网络技术是一种编程模型,利用现有的成熟技术可以实现。

(2)工业网络智能监控模型体系结构

在船舶制造车间信息化建设过程中,随着船舶制造车间信息化规模的成长,以及新业务和新应用的不断增加,船舶制造车间内部网络规模日益庞大。随着新技术和软硬件设备的导入,船舶制造车间内部网络环境逐渐变为复杂、分布的多厂商混合网络。本章提出的船舶制造车间工业网络智能监控模型采用的系统架构是层次结构模型,结合主动网络技术,是船舶制造车间工业网络监控的一个整体解决方案。

船舶制造车间工业网络智能监控模型整体上采用层次结构模型(图 5-10),包括核心层、中间层、设备层。核心层只有一个船舶制造车间工业网络监控中心。中间层将整个船舶制造车间工业网络监控管理划分为若干特定的区域。设备层采用混合模式,包括主动节点、非主动节点、SNMP 网络设备。船舶制造车间工业网络监控中心是整个船舶制造车间工业网络监控系统的中枢神经,负责系统与用户交互,负责管理任务分配与协调,负责基于域委托进行主动节点代理的管理授权。监控域定义域监控器监控范围,即所包含的节点和网段等被管资源。一个域监控器管理一个监控域。域监控器负责与网络监控中心通信,负责根据管理任务生成主动报文,负责监控域内的信息存储。主动节点对船舶制造车间工业网络进行管理,主动节点可以对本节点和其他非主动节点以及 SNMP 网络设备进行管理,并向上层提交数据。该网络监控系统中的主动报文采用 XML 描述。

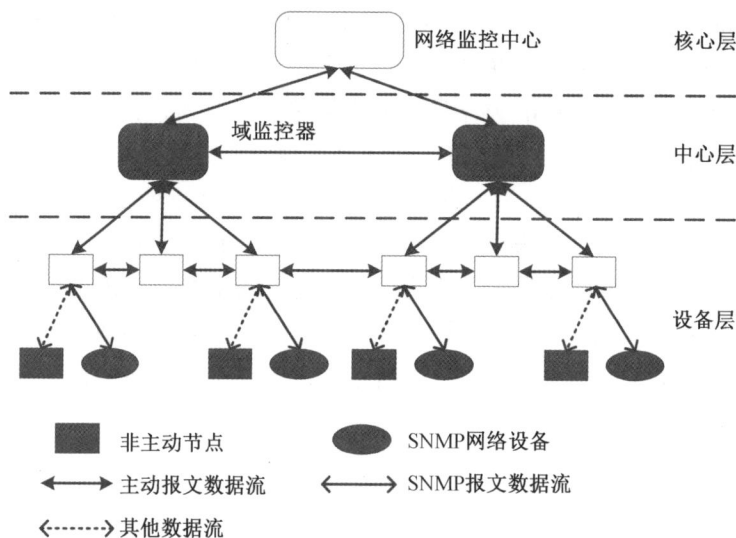

图 5-10　船舶制造车间工业网络智能监控模型

①网络监控中心

船舶制造车间工业网络监控中心(图 5-11)是整个车间网络监控系统的中枢神经,为网络管理员提供一个跨平台、统一的网络监控管理工具。船舶制造车间工业网络监控中心应该具备如下功能。

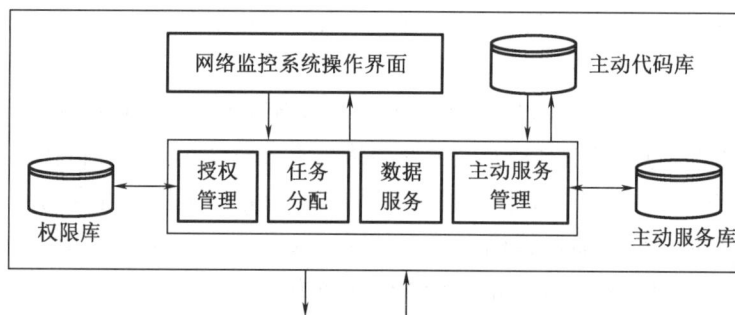

图 5-11　网络监控中心结构图

a. 提供船舶制造车间工业网络监控系统的操作界面。

b. 分析船舶制造车间工业网络监控管理任务,将具体监控任务分配到域监控器。

c. 对主动节点管理授权,包括划分域监控器负责的监控域和主动节点负责监控的节点。

d. 负责注册和管理主动服务。

e. 负责维护主动节点的主动服务库。

f. 船舶制造车间工业网络监控中心在系统维护时可以与主动节点直接通信,但是在执行网络监控任务时并不直接管理主动节点。

g. 提供负责处理来自域监控器的数据报告、故障处理报告、异常处理报告的数据服务。

h. 负责诊断全局网络状态和故障。

在整个船舶制造车间工业网络监控系统部署初期，首先安装船舶制造车间工业网络监控系统的各个部件。然后，通过授权管理器划分监控域和配置主动节点负责监控的节点。接着，使用主动服务管理将主动服务库导入船舶制造车间工业网络监控中心，并将相应的主动服务推送到主动节点中。这样，船舶制造车间工业网络监控中心就可以对整个船舶制造车间工业网络进行监控。当网络监控人员发送监控任务时，任务分配进程会处理监控任务，并将具体任务分配给相应的域监控器。

②域监控器

域监控器(图5-12)是船舶制造车间工业网络智能监控系统的第二层，是网络监控系统的重要处理中心。域监控器负责监控域内所有节点的监控，监控域的范围一般是不变的，只有网络拓扑结构发生重大变化时，监控域的范围才变化。域监控器具有如下功能。

a 接收网络监控中心分配的监控管理任务，根据监控管理任务生成主动报文，并将主动报文发送到主动节点。

b 接收和响应来自监控域内主动节点的服务请求。

c 接收和处理来自船舶制造车间工业网络监控域内主动节点的状态、故障和异常报告。

d 分析船舶制造车间工业网络监控域内的网络状态和性能。

e 存储监控域内所有的网络监控数据。

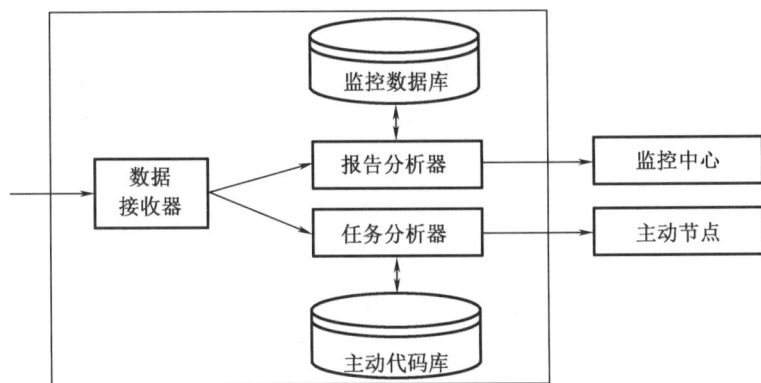

图5-12　域监控器结构

域监控器接收来自船舶制造车间工业网络监控中心的监控管理任务，生成基于XML的主动报文，并将主动报文发送到主动节点。主动节点收到主动报文后，根据主动报文中的主动代码执行网络监控任务并生成数据报告。接着，主动节点将数据报告发送到域监控器。域监控器将收到的数据报告分析、处理后存储在监控数据库，接着域监控器将数据报告转发给监控中心。

③主动节点

本章设计的船舶制造车间工业网络智能监控模型中，车间网络设备可以分为主动网络设备和非主动网络设备。主动网络设备是指具有节点操作系统和执行环境，并可以运行主动代码来完成监控任务的主动节点。传统的网络设备被动地接收信息轮询和管理,而主动网络设备能够主动管理设备。例如,定期报告网络运行状态、主动监测网络异常事件、主动执行网络监控任务等。非主动网络设备包括非主动节点和 SNMP 网络设备。非主动节点是指网络中没有安装主动节点操作系统和执行环境的网络主机。SNMP 网络设备是指传统的网络交换设备,例如交换机、路由器等。非主动网络设备只能完成管理者指定的简单任务。

本章节中的主动节点是指安装主动代理的船舶制造车间工业网络设备,通过主动代理实现主动网络中主动节点的全部功能。主动节点是船舶制造车间工业网络智能监控模型的核心部件,既是被管节点也是管理非主动节点的管理节点。主动节点(图 5-13)通过主动代理实现采集数据,执行网络监控命令等。主动代理具有如下功能。

a.接受网络监控中心的授权,开始对船舶制造车间工业网络进行监控。

b.配合网络监控中心管理本地主动服务库。

c.解释并执行主动报文中的主动代码。

d.通过调用本地 SNMP 主动服务、WMI 主动服务来管理周围的非主动节点和 SNMP 网络设备。

e.根据一定的策略进行数据采集、分析、过滤,减少数据在船舶制造车间工业网络中的流量,降低域监控器的计算任务。

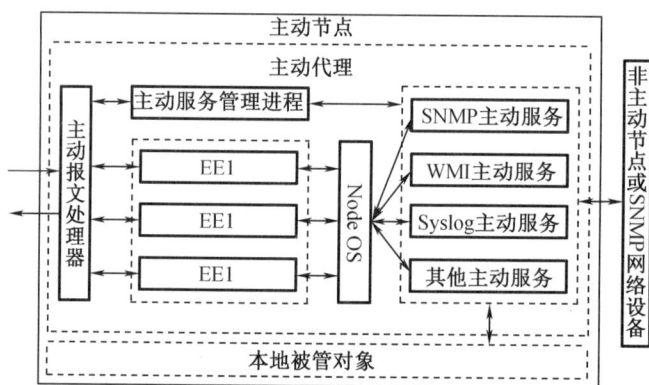

图 5-13 主动节点结构

当一个主动报文到达主动节点后,主动报文处理器首先判断其类型。如果主动节点不能识别主动报文的类型,那么主动节点会丢弃这个主动报文。如果主动报文是普通的数据采集报文,那么主动报文经过安全认证之后,主动报文处理器根据其类型被发送给相应的主动环境。主动环境会根据主动报文中的主动代码调用相关主动服务完成数据采集工作。如果主动报文是用来管理主动服务库的报文,那么该报文会发送给主动服务管理进程。该进程会根据主动报文的内容对主动服务库进行管理。主动服务库负责主动服务的存储。对主动服务库的动态维护可以动态增加或修改主动节点的功能。

④主动报文

在船舶制造车间工业网络智能监控模型中,主动报文作为各个组成部分的数据通信载体,负责主动程序和数据的传输。在船舶制造车间工业网络监控中心,主动报文负责将监控任务传送到域监控器。域监控器解析载有监控任务的主动报文,生成能够执行船舶制造车间工业网络监控任务的主动报文,并将主动报文传送给主动节点。主动节点执行船舶制造车间工业网络监控任务,并将数据结果封装到主动报文中,通过域监控器返回到船舶制造车间工业网络监控中心。

5.2.1.4 船舶制造车间工业网络智能监测与控制

20世纪80年代以来,工业生产过程向着大型、连续、综合化发展,形成了复杂的生产过程。对于这类生产过程的控制,由于不确定性广泛存在、信息形式多样化、信息量庞大、系统功能要求越来越高等特点。人们必须研究新型的系统结构,建立新理论和方法,这就从工程实践方面导致了智能监测控制系统的产生,出现从常规的计算机监测控制系统向智能监测控制系统发展。

(1)工业网络智能监控的一般要求

20世纪70年代后期以来,人工智能的研究以其新颖丰富的思想和强有力的问题求解能力迅速渗透到各个领域中。自动控制与人工智能的结合产生了智能控制。随着智能控制研究的深入和应用的扩大,人们提出了多种智能控制的结构理论,如自动控制-人工智能-运筹学的三元结构、自动控制-人工智能-运筹学-信息论的四元结构,以及多元结构(自动控制-人工智能-运筹学-信息论-计算机-生物学)等。

从已有的成功应用来看,智能监测控制系统有以下三类。

①智能故障诊断系统。故障诊断是指根据一定的测量数据或现象,推断系统是否正常运行,查明导致系统不正常运行或某种功能推敲的原因及性质,判断不正常状态发生的部位及性质,预测不正常状态发展趋势以及潜在的故障。生产过程的大型化、复杂化导致了故障的多样性、复杂性以及非常规性。完全基于检测数据的传统故障检测方法已不能适应,基于知识的智能故障诊断较好地满足了现代复杂生产过程的要求。智能故障诊断模仿人类专家在进行故障诊断时的思维逻辑过程:观察症状—利用知识和经验推断故障—分析原因—提出对策。在这些系统中,有应用模糊逻辑、神经网络技术的,特别是专家系统技术在实际应用中获得了显著的成功。它充分利用人类专家的经验、直觉等浅层知识和数学模型等深层知识,自动完成整个检测和诊断过程,包括自动检测故障的发生并立即发出报警和报告故障部位、原因、程度及影响;提供消除故障的措施;根据对当前和历史状况的分析,做出事故和险情的预测预报等。

②智能操作指导系统。计算机的一个最有效的用途是辅助人类进行工作。现代的人工智能观已从单纯由机器实现思维变为人机协同思维,它强调充分发挥人机双方的潜力,获得人机的最优结合。将计算机在记忆与计算、演绎与匹配搜索上的时空优势和人的直觉、顿悟等创造性思维的智能优势结合起来,将计算机的速度与精确性和人的敏锐性与灵巧性结合起来,共同达到所需要的目的。智能操作指导系统就是实现这种人机结合的应用系统,它实时向操作人员报告系统的运行和控制情况,告诉操作人员在当前情况下应怎样进行操作或对生产过程进行监督、干预,指导操作人员进行生产。这种方式能更好地发挥

人和计算机的最佳功能。

③智能控制系统。智能控制系统以智能控制的方式对被控对象实现自动控制,它实时地从外界获取被控系统的当前状态进行预定的处理和输出,并根据结果对外界系统进行及时的控制,使其处于要求的状态下。

一般来说,智能监测控制系统综合具有上述三项功能,或者以一项功能为主而兼有另一项或两项功能。

(2)工业网络智能监控常用技术

①专家系统

专家系统是一种能在某个领域内,以人类专家的知识和经验来解决该领域中高水平的困难任务的计算机系统。它的主体是一个基于知识的计算机程序系统。其内部具有某个领域中大量专家水平的知识与经验,能够利用人类专家的知识和解决问题的方法来解决该领域的问题。

专家系统所要解决的问题一般没有算法解,并且往往要在不精确或不确定或不完全的信息基础上,进行推理和判断,模拟人类专家解决问题和进行决策的过程。专家系统的独到之处是能求解那些需要人类专家才能求解的高难度复杂的问题。

专家系统在实际应用中最有吸引力也是难度颇大的领域之一是专家控制。专家控制可以看成对一个"控制专家"在解决控制问题或进行控制操作时的思路、方法、经验、策略的模拟。控制专家在完成控制任务时主要进行三件工作:观察、检测系统中的有关变量和状态;综合运用自己的知识和经验判断当前系统运行的状态;分析比较各种可以采用的控制策略并选择其中最优者予以执行,用计算机予以实现(模拟)。这三个基本功能就构成了最基本的专家控制系统。

图 5-14 表示了专家系统的基本结构。在实际使用的专家系统中,根据具体问题可能会进行某些增删:或简化,或删除,或细化,或增加,或细化,或增加某些部分。在基本结构中,专家系统主要包括下述几个部分:

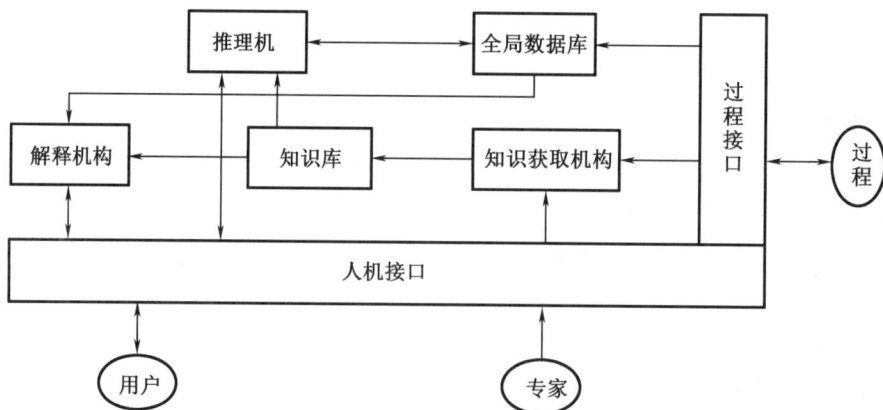

图 5-14 专家系统的基本结构

a.知识库。知识库用于存取和管理问题求解需要的专家知识和经验,包括事实、可行操作与规则等。如与领域问题有关的理论知识、常识性知识；作为专家经验的判断性知识、启发式知识；描述各种事实的知识，如与该领域有关的定义、来之不易和确定的或不确定的推理法则等。知识库具有知识存储、检索、编辑、增删、修改和扩充等功能。一个专家系统的能力很大程度上取决于其知识库中所含的知识数量和质量。知识库的建造包括知识获取以及知识表示。知识获取要解决的问题是如何从专家那里获得专门知识；知识表示的核心是选择计算机能理解的形式，表达所获取的专家知识并存入知识库。

b. 全局数据库。全局数据库也称综合数据库、动态数据库、工作存储区或简称数据库，它是问题求解过程中符号或数据的集合，有时也统称为事实。它用于存放所需的原始数据和推理过程中产生的中间信息（数据），包括原始信息、推理的中间假设和中间结果、推理过程的记录等。

c. 推理机。推理机是专家系统的组织控制机构，在它的控制和管理下，使整个专家系统能够以逻辑方式协调地工作。它在一定的推理策略下，根据数据库的当前状态，按照类似专家水平的问题求解方法，调用知识库中与当前问题有关的知识进行分析、判断和决策，推出新的事实或结论，或者执行某个操作。推理机的程序与知识库的具体结构和组成无关，即推理机与知识库是相分离的，这是专家系统的重要特征。它的优点是对知识库的修改和扩充，无须改动推理机。对于复杂问题，应能根据问题求解的情况随机调整推理的策略。

d. 解释机构。解释机构负责对求解过程做出说明和解释，回答用户提出的问题，对用户输出推理的结果。解释机构的工作通常要用到数据库中推理过程的中间结果、中间假设和记录，以及知识库中的知识。系统的透明性主要决定于解释机构的性能。在故障诊断、生产操作指导等实时系统中，解释机构成为重要的输出通道。

e. 知识获取机构。知识获取机构负责建立、修改与扩充知识库，以及对知识库的一致性、完整性等进行维护。知识获取机构具有知识变换手段，能够把与专家的对话内容变换成知识库中的内部知识，或用以修改知识库中已有的知识。知识库中的知识通常是通过"人工移植"的方法获得，即专家系统的设计者与专家面谈，将专家的知识经过分析整理后，以计算机能理解的形式输入知识库。近年来，开始采用机器学习等方法来自动获取知识。

f. 接口。广义地说，接口包括人机接口与过程接口两个方面。人机接口是用户与系统的信息传递纽带，负责用户到专家系统、专家系统到用户的双向信息转换，即信息的计算机内部形式和人可以接受的形式之间的转换。它使系统与用户间能够进行对话，用户能够输入数据，提出问题，了解推理过程及推理结果；系统可通过人机接口，要求用户回答问题，进行必要的解释。现在，多媒体的人机接口是最有效的形式。

过程接口主要用在实时专家控制系统中，包括与过程的输入接口和与被控对象的输出接口。它完成专家系统到实时过程、实时过程到专家系统间的信息变换，增删数据库和知识库的内容，将推理的结果以控制策略和形式送到被控过程中。

②人工神经元网络

人工神经元模型是对生物神经模型的简化、抽象和模拟，它是神经网络的基本处理单元。在这个简化抽象过程中，从不同的角度来考虑神经元及其网络所模拟的对象特点以及

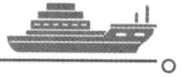

用现有技术实现的可能性,就产生了形式各异的神经元模型。

图 5-15 示出了一种最常用的 M-P 模型,它是一个多输入、单输出的非线性元件。其输入与输出的关系可描述为

$$I_i = \sum_{j=1}^{N} w_{ji}x_j - \theta_i$$
$$y_i = f(I_i) \tag{5-1}$$

式中,$x_j(j=1,2,\cdots,N)$ 是从其他神经元传来的输入信号;θ_i 为神经元阈值;w_{ji} 表示从神经元 j 到神经元 i 的连接可权值;$f(\cdot)$ 称为神经元特性函数(传递函数)。常用的特性函数如下。

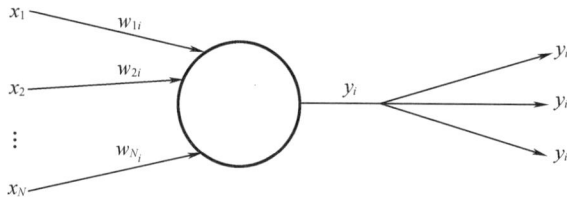

图 5-15　人工神经元模型

阶跃函数:

$$f(x) = \begin{cases} 0, & x \geqslant 0 \\ 1, & x < 0 \end{cases} \tag{5-2}$$

(2)分段线性函数:

$$f(x) = \begin{cases} 1, & x \geqslant B \\ ax+b, & A \leqslant x < B \\ 0, & x < A \end{cases} \tag{5-3}$$

(3)S(sigmoid)函数:

$$f(x) = \frac{1}{1+e^{-\beta x+c}}, \quad \beta > 0 \tag{5-4}$$

神经网络由大量的神经元以一定的方式互联而成。连接的方式主要有两种:第一种是没有反馈的前向网络,它由输入层、中间层和输出层组成,每一层的神经元只接受前一层神经元的输出,信息的传递是单方向的;第二种是相互连接的方式,其中任意两个神经元间都可能有连接,信息在神经元间要反复往返传递。目前已有数十种人工神经网络模型。图 5-16 对其中主要的几种及它们的分类做了归纳。

应用比较广泛的是 BP 网络模型。BP 网络即误差向传播神经网络(Backpropagation Neural Network),它是一种信息单向传播的多层前向网络,也是一种最常使用的神经网络。

BP 网络学习算法的基本思路是:把输出层出现的与"期望"不符的误差,归因于连接权值和采用的阈值的不适当。通过把输出层节点的误差逐层向输入层反向传播,以分摊给各连接节点,从而可算出各连接节点的参考误差,并据此对各连接权值和阈值进行相应的调整,使网络达到相应的映射要求。

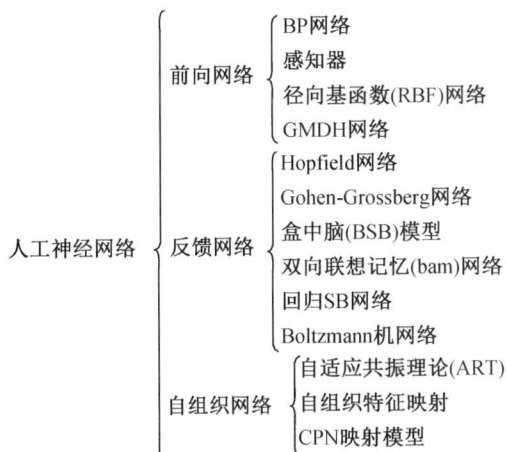

图 5-16　神经网络分类

③模糊逻辑控制

模糊逻辑是一种数学方法,用来描述和处理自然界与人类社会出现不精确、不完整的信息,例如人类的语言和图像。它由美国科学家 L. A. Zadeh 于 1965 年首先提出,1974 年 Mamdani 首次用模糊逻辑和模糊推理实现了第一台试验性的蒸汽机控制,开始了模糊控制在工业中的应用。

模糊逻辑的数学基础是模糊数学,从模糊数学的角度出发,客观事物的确定性和不确定性在量的方面的表现,可做如图 5-17 所示的划分。

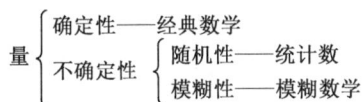

图 5-17　模糊数学中量的划分

模糊逻辑是研究如何从客观世界中的变量入手,建立模糊集合、确定集合之间及变量之间的模糊关系的一门学科。将模糊逻辑的理论应用于控制工程中,就形成了模糊逻辑控制的思想:它先将操作人员或专家的经验制定成模糊控制规则,然后把来自传感器的信号模糊化,并用此模糊输入去适配控制规则,完成模糊逻辑推理,最后将模糊输出量进行解模糊化,变为模拟量或数字量,加到执行器上输出。

5.2.1.5　船舶制造车间工业网络报警与预警

为保证船舶制造车间现场安全生产,报警的产生和记录是必不可少的。报警是指当系统中某些量的值超过了所规定的界限时,系统自动产生相应警告信息。船舶制造车间工业网络控制与管理系统中报警的处理方法是当报警发生时,系统把这些信息存于内存中的缓冲区中,报警在缓冲区中以先进先出的队列形式存储,所以只有最近的报警在内存中。当缓冲区达到指定数目或记录定时时间到时,系统自动记录报警信息。报警的记录可以是文本文件、开放式数据库等。另外,用户可以从人机界面提供的报警窗中查看报警信息。系统中需要对压力、电压、位移设置越限报警,当压力过大、电压过大、位移过大时,提醒车间操作人员注意并采取相关措施。设计思想是利用新报警变量,以指示灯的方式在显示画面中指示系统中是否有新的报警产生,指示灯为绿色,表示没有报警,工作正常;指示灯为红色,表示有报警产生。此时操作人员通过报警按钮进入报警画面,查看报警具体情况,并加以处理。新报警变量不能自动清零,在进入报警画面的同时清零该变量,以便指示新的报警。

5.2.2 工业网络智能数据采集技术

5.2.2.1 网络拥塞概述

网络拥塞指的是在分组交换网络中传送分组的数目太多时,由于存储转发节点的资源有限而造成网络传输性能下降的情况。当网络出现拥塞现象时,通常会发生数据丢失、延时增大、吞吐量下降等情况,当情况严重时,有可能会导致网络瘫痪,出现"拥塞崩溃"情形。拥塞崩溃主要有几种情况:传统的崩溃、未传送数据包导致的崩溃、由于数据包分段造成的崩溃以及日益增长的控制信息流造成的崩溃等。一般拥塞都是发生在网络负载增加而导致网络传输效率下降的时候。

当网络中存在过多的数据分组时,网络的性能就会下降,这种现象称为拥塞。拥塞产生的根本原因是网络资源需求超过了所能提供的极限,常常发生在网络资源相对短缺的时候,主要表现为瓶颈链路资源的缺乏。拥塞是一种持续过载的网络状态,由于网络结构的复杂性使得拥塞的发生成了一个不可避免的问题。在没有任何协商和请求许可机制的资源共享网络的情况下,多个数据分组同时要求服务,并且想要通过同一个服务端口发送数据,但是不可能所有的分组都能够同时得到处理,必须按照一个先后的顺序,这就出现了拥塞现象。当拥塞严重的时候,网络的性能将会急剧下降,甚至造成拥塞崩溃。网络拥塞控制属于计算机、优化控制和控制理论学科之间的交叉领域,是指网络节点对网络拥塞发生做出相应的反应措施。拥塞控制考虑的是单主机申请的资源超过网络可以提供的资源时防止整个网络性能下降。

关于网络的拥塞现象,可以进一步用图 5-18 来描述。当网络负载较小时,吞吐量随着负载的增加而增长,呈现出线性关系,响应时间也会较快。但当负载达到网络容量时,吞吐量会呈现出缓慢增长,响应时间也会急剧增加,这一点被称为"膝点"。如果负载继续增加,路由器开始丢包,当负载超过一定量时,吞吐量急剧下降,这一点被称为"崖点"。从图 5-18 中可以看出,负载在膝点时网络的使用效率最高,而当负载在崖点时,网络将出现拥塞崩溃现象。因而网络拥塞控制的目的就是保持网络节点的负载在膝点附近,这一区域也叫拥塞避免区间;当负载在介于膝点和崖点之间的区域时,拥塞已经发生,并且影响到了网络传输,需要采取拥塞控制策略,这一区域也被称为拥塞恢复区间。崖点之外的区域被称为拥塞崩溃区。综上,拥塞控制就是对网络节点采取措施来避免拥塞的发生或者对拥塞的发生做出反应。

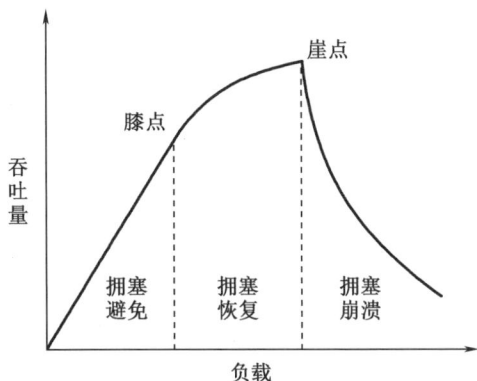

图 5-18 吞吐量随负载的变化

5.2.2.2 网络拥塞产生的原因

拥塞发生的主要原因是网络提供的资源不足以满足用户的需求,这些资源包括缓存空间、链路带宽容量和中间节点的处理能力等。互联网的设计机制决定了在网络资源不足时也不能限制上线的用户数量,所以只能通过降低服务质量来继续为用户服务,这被称为"尽力而为"服务。资源的相对不足是引发拥塞的根本原因。这些资源包括链路带宽、可分配的处理器时间、缓冲区、内存等。对于一个具体的数据流,当其在某个时间段内网络节点对所到达的流量控制不足,使之超出了网络实际可分配的资源时,网络拥塞便发生了。拥塞一般都是发生在网络中某个资源相对不足时,拥塞发生位置的不均衡反映了网络的不均衡性,如图 5-19 所示。

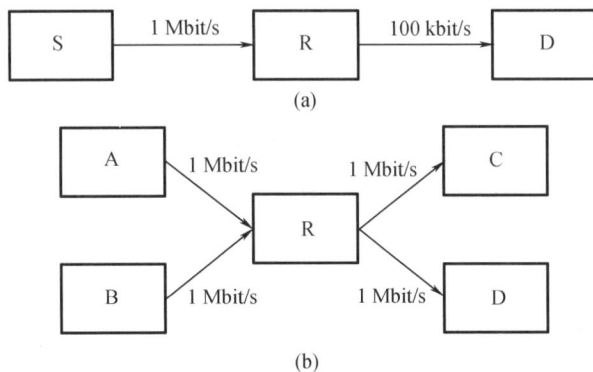

图 5-19 互联网的不均衡性

网络的不均衡性主要表现在两个方面:一是资源分布的不均衡,图 2-19(a)显示的是带宽分布不均衡,当数据源端 S 以 1 Mbit/s 的速率向数据接收端 D 发送数据时,由于网关 R 到 D 的带宽仅有 100 bit/s,势必会在 R 处发生拥塞。二是流量分布的不均衡,图 2-19(b)中,带宽的分布是均衡的,当 A 和 B 都以 1 Mbit/s 的速率向 C 发送数据时,在 R 处也会发生拥塞。

网络中资源和流量的分布不均衡是比较普遍的,而由这种原因导致的拥塞是不可以通

过增加资源的方法来解决的。

下面总结一下拥塞产生的主要原因。

①存储空间不足。当一个输出端口同时收到几个输入端口输送的报文时，由于积压不能及时转发，接收的报文就会在输出端口的缓冲区中排队。如果该端口没有充足的存储空间，当缓冲区被报文数据占满时，就会出现报文丢弃的现象，对于突发的数据流更是如此。

②带宽容量不足。速率很高的数据流通过低速链路时也会产生拥塞。根据香农信息理论，任何信道带宽最大值即信道容量，因此节点接收数据流的速率必须小于或等于信道容量，才有可能避免拥塞。否则，接收的报文数据在缓冲区中排队，占满缓冲区时，报文将被丢弃，发生网络拥塞。故网络的中的低速链路将成为带宽的瓶颈，是拥塞产生的主要原因之一。

③CPU 处理器速度慢。如果节点在执行缓存区中排队、选择路由时，CPU 处理速度跟不上链路速度，也会导致拥塞。

④不合理的网络拓扑结构以及路由选择。这也可能导致网络拥塞。

5.2.2.3 网络拥塞监测

（1）拥塞趋势度的定义

本章节采用一种将缓存队列长度和 MAC 层输入、输出速率相结合的船舶制造车间工业网络拥塞监测方法——拥塞趋势度方法。本方法采用对中间节点的瞬时缓存队列长度、MAC 层数据包输出和输入速率进行监测，从而计算节点缓存区到达满载的速度，即拥塞趋势度。缓存区到达满载的速度越快，说明节点缓存越容易形成溢出，也就越容易造成拥塞，节点拥塞的程度就越高；缓存区到达满载的速度越慢，说明节点不容易满载溢出，节点拥塞程度越低；而缓存区到达满载的速度若为负值，则说明节点当前的可用缓存空间变大，不会发生拥塞。

首先，假设船舶制造车间工业网络中的某一中间节点，它的缓存区的大小为 Q，当前瞬时的缓存队列长度为 q。因此，必定有 $Q \geqslant q$。那么节点当前瞬时缓存可用空间 $F = Q-q$，$F \geqslant 0$。当 $F = 0$ 时，节点的缓存区完全充满，节点完全拥塞，根据 DropTail 策略的原则，此后到达的数据包，将会被丢弃。

$F>0$，节点的缓存区未满，监测节点的 MAC 层数据输入速率 R_{in} 以及数据包的输出速率 R_{out}。那么，节点的缓存中数据包的变化速度为

$$R = R_{in}-R_{out} \tag{5-5}$$

那么按照这样的数据包的变化速度，缓存区达到满载的时间为

$$T = \frac{F}{R} = \frac{Q-q}{R_{in}-R_{out}} \tag{5-6}$$

那么，定义拥塞趋势度 D 为

$$D = \frac{1}{T} = \frac{R_{in}-R_{out}}{Q-q} \tag{5-7}$$

拥塞趋势度 D 则表示节点缓冲区达到完全满载的速度。当 $R_{in}>R_{out}$ 时，缓冲区越来越

小，$D>0$，D 越大说明缓冲区达到满载的时间越短，节点越快地达到完全拥塞，即拥塞程度越严重；D 越小说明缓冲区达到满载的时间越长，节点越慢地达到完全拥塞，即拥塞程度越轻。当 $R_{in} \leqslant R_{out}$ 时，由公式（5-7）计算得出的 $D \leqslant 0$，说明按照当前这种状态，节点缓冲区的空闲空间不变或变大，节点完全没有拥塞。为了更清晰地表示拥塞程度，可认为此时拥塞趋势度为0。那么拥塞趋势度表示为

$$D = \begin{cases} 0 & R_{in} \leqslant R_{out} \\ \dfrac{R_{in}-R_{out}}{Q-q} & R_{in} > R_{out} \end{cases} \tag{5-8}$$

（2）MAC 层数据包输入与输出速率的计算

在公式（5-8）中，节点的 MAC 层数据包输入速率为

$$R_{in} = \frac{1}{T_{in}} \tag{5-9}$$

式中，T_{in} 表示节点的 MAC 层数据包到达时间间隔。

数据包到达时间间隔为缓存队列中连续到达的两个数据包的时间间隔。

在公式（5-8）中，节点的 MAC 层数据包输出速率为

$$R_{out} = \frac{1}{T_{out}} \tag{5-10}$$

式中，T_{out} 表示一个数据包所需的服务时间。

一个数据包所需服务时间是从 MAC 层准备传输该数据包而进入退避过程开始直到收到 ACK 确认传输结束为止，因此 T_{out} 这个时间是退避等待时间、可能发生的碰撞的持续时间、数据包传输时间以及重传过程消耗的时间之和。

在监测节点 MAC 层数据包输入速率和数据包输出速率的时刻不能保证有数据包恰好到达或有数据包恰好完成正确传输。因此，在监测时获得的是最近某时刻的数据包到达时间间隔和数据包所需的服务时间。所以，要对监测时刻的数据包到达时间间隔和数据包所需的服务时间进行估计。采用指数加权移动平均法（EWMA）来对 T_{in} 和 T_{out} 进行估计，每当有数据包到达或发送出去的时候，分别更新 T_{in} 和 T_{out}。

$$T_{in}(i) = (1-\alpha)T_{in}(i-1) + \alpha[t_{in}(i) - t_{in}(i-1)] \tag{5-11}$$

$$T_{out}(j) = (1-\beta)T_{out}(j-1) + \beta[t_{ack}(j) - t_{mac}(j)] \tag{5-12}$$

其中，$T_{in}(i)$ 为通过指数加权移动平均法（EWMA）计算得出的从传输开始第 i 段（当前最后一段）数据包到达该节点的时间间隔；$T_{out}(j)$ 为通过指数加权移动平均法（EWMA）计算得出的第 j 个（当前最后一个）数据包在发送过程中所消耗的服务时间；$T_{in}(i-1)$ 和 $T_{out}(j-1)$ 分别为计算的第 $i-1$ 段数据包到达时间间隔和第 $j-1$ 个数据包在发送过程中所消耗的服务时间；$t_{in}(i)$ 为收到的第 i 个（当前最后一个）数据包到达该节点的时刻，$t_{in}(i-1)$ 为第 $i-1$ 个收到的数据包到达该节点的时刻，$t_{in}(i) - t_{in}(i-1)$ 即为当前最后一段数据包到达间隔的真实值；$t_{mac}(j)$ 为第 j 个要发送的数据包进入 MAC 层准备发送的时刻，$t_{ack}(j)$ 为第 j 个要发送的数据包成功发送并收到 ACK 帧确认的时刻，则 $t_{ack}(j) - t_{mac}(j)$ 为当前最后一个数据包的服务时间；α 和 β 为常数，$\alpha \in (0,1)$，$\beta \in (0,1)$。对于 α 和 β 的取值将在后面讨论。

在船舶制造车间工业网络传输数据的过程中,数据包到达某节点的时刻并不是周期性的,而是随机分布的。因此,在监测节点拥塞趋势度时,可能存在以下情况。

(1)如果在监测拥塞趋势度 D 的时刻,该节点有较长时间没有数据包输入,那么当前该节点的数据包输入速率 R_{in} 应接近于 0,T_{in} 应趋近于无穷大。而此时通过公式(5-11)计算得出的 T_{in} 值仍是较早之前的估计值,由此值计算所得的当前数据包输入速率 R_{in} 与真实值会有一定的差别。因此,对于这种情况,需要对公式(5-11)进行修正。

令监测拥塞趋势度 D 的时刻为 t_D,令 $\gamma = [t_D - t_{in}(i)]/[t_{in}(i) - t_{in}(i-1)]$,$\gamma$ 为监测时刻与当前收到的最后一个数据包到达时刻的间隔与最后一段数据包到达间隔的真实值之比。公式(5-11)修正为

$$
T_{in}(i) = \begin{cases}
(1-\alpha)T_{in}(i-1) + \alpha[t_{in}(n) - t_{in}(i-1)] & \gamma \leq 1 \\
\gamma\{(1-\alpha)T_{in}(i-1) + \alpha[t_{in}(n) - t_{in}(i-1)]\} & 1 < \gamma \leq m \\
\infty & \gamma > m
\end{cases}
\tag{5-13}
$$

其中,m 为大于 1 的常数,其值的选取将在后面讨论。那么数据包输入速率 $R_{in}(i)$ 的修正则为

$$
R_{in}(i) = \begin{cases}
\dfrac{1}{(1-\alpha)T_{in}(i-1) + \alpha[t_{in}(n) - t_{in}(i-1)]} & \gamma \leq 1 \\
\dfrac{1}{\gamma\{(1-\alpha)T_{in}(i-1) + \alpha[t_{in}(n) - t_{in}(i-1)]\}} & 1 < \gamma \leq m \\
0 & \gamma > m
\end{cases}
\tag{5-14}
$$

(2)类似地,也会出现在监测拥塞趋势度 D 时,中间节点有较长时间没有数据包输出的情况。出现这种情况有两种可能:第一种是队列为空,没有数据包需要发送;第二种是由于网络拥塞,需要发送的数据包不能成功发送,较长时间没有获得 ACK 确认。当第一种可能的情况发生时,节点没有拥塞,可以忽略。当第二种可能的情况发生时,如果按照公式(5-12)来计算数据包服务时间的时候,得到的结果是比较陈旧的数据包服务时间,会影响拥塞趋势度计算的准确性。因此,也需对公式(5-12)进行修正。

在节点队列非空的情况下,令 $\lambda = [t_D - t_{ack}(j)]/[t_{ack}(j) - t_{mac}(j)]$,$\lambda$ 为监测时刻与当前发送的最后一个数据包获得确认时刻的间隔与最后一个数据包服务时间的真实值之比。公式(5-12)修正为

$$
T_{in}(i) = \begin{cases}
(1-\alpha)T_{in}(i-1) + \alpha[t_{in}(n) - t_{in}(i-1)] & \gamma \leq 1 \\
\gamma\{(1-\alpha)T_{in}(i-1) + \alpha[t_{in}(n) - t_{in}(i-1)]\} & 1 < \gamma \leq m \\
\infty & \gamma > m
\end{cases}
\tag{5-15}
$$

那么,数据包输出速率 $R_{ou}(j)$ 为

$$
R_{out}(j) = \begin{cases}
\dfrac{1}{(1-\beta)T_{out}(j-1) + \beta[t_{ack}(j) - t_{mac}(j)]} & \lambda \leq 1 \\
\dfrac{1}{\lambda\{(1-\beta)T_{in}(j-1) + \beta[t_{ack}(j) - t_{mac}(j)]\}} & 1 < \lambda \leq k \\
0 & \lambda > k
\end{cases}
\tag{5-16}
$$

其中,k 为大于 1 的常数,k 值的选取将在后面讨论。

（3）参数的选取

一般来说,拥塞控制协议的性能很大程度上依赖于是否能及时地监测到拥塞或正确的预测,是否能准确地测量出拥塞的程度。本章节所提出的拥塞趋势度方法可以准确地监测和预测网络的拥塞并对拥塞的程度进行计算。

拥塞趋势度 D 的准确度依赖于由公式(5-13)计算得出的数据包到达间隔和由公式(5-13)计算得出的数据包服务时间的准确性。在公式(5-13)和公式(5-15)中的参数 α 和 β 的取值会影响拥塞趋势度计算的准确性。参数 α 和 β 分别是用来调整当前最后一段数据包到达间隔真实值和最后一个成功发送的数据包的服务时间真实值权重的常数。参数 α 和 β 的值越大,当前最后一段数据包到达间隔真实值和最后一个成功发送的数据包的服务时间真实值占的比重就越大,计算出的拥塞趋势度 D 越接近最后一次收发数据包时的真实值。然而,数据包的到达和发送时间有很大的随机性,如果参数 α 和 β 的取值过大,当前最后一段数据包到达间隔真实值和最后一个成功发送的数据包的服务时间真实值占的比重太大,计算出的拥塞趋势度 D 的值不能准确反映出该节点拥塞的变化趋势,只是一个孤立的随机的值。但参数的取值也不宜过小,取值过小计算出的拥塞趋势度值过于陈旧,无法准确估计当前拥塞程度,会影响拥塞趋势度 D 的准确性。在本章节中,参数 α 和 β 的取值为 $\alpha=\beta=0.6$。

公式(5-13)和公式(5-15)中的参数 m 和 k 为大于 1 的常数。当拥塞趋势度监测时刻与最后一个数据包的到达时刻之间的间隔超过最后一段数据包到达间隔的 m 倍时,认为过长时间没有数据包到达,此时该节点数据包输入速率为 0。当拥塞趋势度监测时刻与最后一个成功发送的数据包的 ACK 确认时刻之间的间隔超过最后一个数据包的服务时间的 k 倍时,认为过长时间没有数据包发出,此时该节点数据包输入速率为 0。在 IEEE 802.11 协议中,传输失败的重传限制次数默认值为 4。因此,拥塞趋势度监测时刻与最后一个成功发送的数据包的 ACK 确认时刻之间的间隔超过最后一个数据包的服务时间的 4 倍,则认为数据包无法发出,数据包输出速率 $R_{out}=0$。所以,在本章节中,参数 k 和 m 的取值为 $k=m=4$。

（4）性能分析

拥塞趋势度方法通过计算节点缓存区到达满载的速度,可以监测出节点拥塞的程度,拥塞趋势度越大,缓存区到达满载的速度越快,说明节点缓存越容易形成溢出,也就越容易造成拥塞,节点拥塞的程度就越高;拥塞趋势度越小,缓存区到达满载的速度越慢,说明节点不容易满载溢出,节点拥塞程度越低。而因输出速率大于输入速率引起的缓冲区空闲空间增大,远离满载时则认为节点没有拥塞。

拥塞趋势度方法采用瞬时缓存队列长度,MAC 层数据包输出和输入速率相结合的方式来监测节点的拥塞程度,避免了单纯采用队列长度的方法可能存在的问题,如当队列长度较大,但输出速率速率远大于输入速率,此时船舶制造车间工业网络的拥塞情况正在缓解却仍断定拥塞程度较高;也避免了 MAC 层输入输出速率比方法只能反映拥塞是加重还是减轻的问题。拥塞趋势度方法不需要设定阈值来判断拥塞的程度,避免了阈值设置不当造成的误判。

同时,拥塞趋势度方法通过计算得出拥塞情况的变化趋势,可以为拥塞控制方法提供拥塞变化的估计,拥塞方法可以根据这个估计来计算未来某一时刻节点缓存情况,据此可以实施相应的拥塞控制措施来缓解船舶制造车间工业网络的拥塞。

另外,拥塞趋势度方法只在有数据包到达或成功发送及监测的时刻,才分别计算数据包到达间隔和数据包所需服务时间,不需要周期性地对节点的物理层和 MAC 层进行采样,可以减少节点的能量损耗。

5.2.2.4　基于 QoS 的网络拥塞控制

（1）QoS 概述

QoS 的中文译名是"服务质量",它是一种网络的安全机制。QoS 主要是用来解决网络延迟或者阻塞等和网络性能相关问题的一种技术。它主要应用于对于网络性能要求高的业务中,例如电话、视频会议、多媒体应用等。在这些业务中,如果出现网络拥塞等问题,采用 QoS 技术就可以使关键业务的延迟、丢包率等关键指标达到预计标准,并保证网络能够高效的运行。

在 IP 网络设计之初,采用的是"尽力而为"的模型。这也就是说,IP 网络并没有办法保证业务的服务质量。虽然在 IP 网络的传输中,每段信息都有"服务类别"和"优先级"位,但是它们并没有得到应用。这样,在使用 IP 网络进行传输数据的时候,就容易出现各种各样的问题,例如数据包丢失、延迟过长、传输顺序出错、数据包出错等。这对于很多业务的应用来说是致命的缺点。于是为了改变这种情况,QoS 管理机制应运而生。早在 20 世纪 90 年代初,对于当时占据主流的 ATM 网络就有了一套完整的 QoS 机制。但是由于 ATM 网络是面向连接的而 IP 网络并不面向连接,导致了当时的 QoS 机制无法直接移植到网络中。因此,人们针对于 IP 网络的 QoS 机制进行了进一步的研究。

我们都知道,在网络中,网络资源总是有限的。因此,当我们对于某项业务的服务质量提出要求的时候,就是要求这项业务抢夺其他业务的网络资源。因此,QoS 就是运用这种原理对于网络进行管理,使网络资源得到充分的应用。若想要在网络中实现 QoS 管理,就必须要求路由器或者是交换机对于数据包有区分功能。这样的话,当一个已得到标记的数据包通过路由器或者交换机时,可以使标记的数据包遵守 QoS 管理所规定的网络资源利用的限制。使某些关键业务得到更多的网络资源,而某些一般业务的网络资源减少。一个配备了 QoS 管理的网络就可以很容易地对网络性能做出预知,并对带宽等网络资源做出有效的分配,使网络资源的利用更加合理。

（2）主要功能

①分类功能

分类功能是 QoS 的主要功能之一,可以说 QoS 的实现主要就是在分类的基础上进行的。所谓分类,主要就是指具有 QoS 管理的网络能够识别出不同的业务所产生的数据包。分类功能的主要原理就是所有的应用在产生数据包时,都会在数据包上留下不同的标识。因此,检查这些标识,就可以分辨出这些数据包是由哪些业务产生的。常见的分类方法如下。

a.协议。通过协议进行分类主要是因为有一些协议本身比较"健谈",只要采用它们就会造成网络资源的不合理分配,是业务延迟。因此,我们需要针对协议进行分类,找出这些"健谈"的协议,对它进行 QoS 管理。针对协议进行分类主要是识别它们的 EnterType。例如,最经典的 AppleTalk 协议采用的 0x809B。

b.端口号。根据端口号来对数据包进行分类也是一种很常见的方法,在网络管理中经常使用。它的原理主要是很多应用都采用固定的端口号进行通信。例如,HTTP 采用的是TCP 的 80 端口;SMTP 采用的是 TCP 的 25 端口;FTP 采用的是 TCP 的 21 端口;RFC 采用的是 TCP 的 135 端口等。可以根据数据包中的端口号来对数据包进行分类。但是,现今出现的很多应用都不再采用固定的端口号,而使用用户自选的端口号,这就使这种分类方法无法对于这些应用进行分类。

c.IP 地址。这里采用的主要是源 IP 地址。使用这种分类方法时,主要要求服务器是专门针对一种业务进行配置的,这样的话就可以根据服务器的 IP 地址来分辨数据包属于哪种业务,并进行分类。这种方法主要应用于进行分类的路由器或交换机和服务器并不直接相连,而且许多不同的服务器的数据包都可到达路由器或者交换机这种情况。

d.物理端口号。与源 IP 地址的分类方法相似,但是采用的是物理端口号。这种方法的关键在于交换机的物理端口号和应用服务器的映射关系。

②标注功能。

它在分类功能之后,紧接着分类功能。一般情况下,二者是紧密相连的。在路由器或者交换机对于数据包进行分类后,要立即对其进行标注以方便其他设备很容易地对已分类的数据包进行识别。这样就避免了对于数据包重复分类,减少了资源的浪费和出错率。在进行标记时,主要采纳两种行业标准,分别是 IEEE 802.1p 或 DSCP 差异化服务编码点。这些协议主要是确保厂商的网络设备能够对已标记的业务进行优先级处理。

③优先级设置。

在 QoS 管理中,其本质就是对于关键业务进行资源分配上的倾斜,使其得到更多的资源,从而达到用户满意的服务质量。我们针对标记后的业务进行优先级设置后,优先级高的业务就会优先分配资源,从而达到预计的效果。但是这里我们必须注意一点,为了能够准确地得到优先级,我们必须在网络内进行优先级设置,而不能在终端进行。因为如果在终端上进行优先级设置,优先级就容易遭到用户的篡改,从而导致普通数据得到重要业务的资源,是某些业务失效。这就是拒绝服务攻击。

为了提供优先级服务,路由器或者交换机的每个端口前必须至少存在两个队列。当数据包到达端口前时,路由器或者交换机会根据优先级将数据包加入适合的队列,并进行调度转发。常用的排队方式有如下两种。

a.SPQ(严格优先队列)。这种方式主要是严格按照优先级进行排队。先对优先级高的队列进行服务,当队列为空时才为下个优先级的队列进行服务。这种方式的优点是绝对地保证了优先级高的业务,但是缺点就是优先级低的业务可能永远也得不到服务。

b.WRR(加权循环)。这就是对 SPQ 方式的一种改良。在本方式中,主要是对所有业务进行服务。我们会对优先级高的业务优先进行服务,但是也不完全阻塞优先级低的业

务。当优先级高的业务的队列过长时,会适当地对优先级低的业务先进行服务。

(3)体系结构

从功能上,一个完整的 QoS 体系模型主要分为 4 个部分,分别是 QoS 规范、QoS 协商、QoS 映射和 QoS 控制与管理。其中 QoS 规范、QoS 协商和 QoS 映射主要是负责建立业务连接,而 QoS 控制和管理主要是负责在对业务的数据进行传输时进行 QoS 保证。在 QoS 的发展过程中,IETF 按照时间顺序产生了 4 种服务模型。

①Best-Effort service(尽力而为服务模型)。

其实严格来说,这种模型并不是 QoS 模型,但是人们还是把这种模型作为了 QoS 模型的起源。这种模型是缺省模型,它也是最简单的模型。在这种单一的服务模型中,网络使用最大的可能性来传输数据,但是并不对数据的延迟,可靠性进行保证。它主要使用队列调度技术来实现,使用于绝大多数的网络,例如邮件服务网络、FTP 网络等。

②IntServ

这种模型满足了人们对于不同业务的不同的 QoS 需求。它的特点主要是两点:资源预留和呼叫连接。其中资源预留是指这个模型采用资源预留协议来实现 QoS 保障,它共分为 4 个部分,分别是资源预留协议、接纳控制程序、分类程序和调度程序。在本模型中,IntServ 一共定义了 3 个等级的服务类型,分别是有保证的服务、受控负载的服务和尽力服务。其中尽力服务就是指不提供任何类型的服务保证。很明显地可以看出,采用 IntServ 模型,可以得到很有力的 QoS 保障。但是不可否认的是,IntServ 模型有一些不可避免的缺点。大致来讲,可以分为以下几点:

a.扩展性差。这主要是因为 IntServ 模型要求在运行的过程中有一个端到端的信令。这样,数据流在网络中经过时,途径每一个路由器时,都要进行检查并提供相应的服务。同时,路由器还必须对每一条数据流的信息进行维护。这样就导致了复杂性的增加,从而致使扩展性变差。

b.异构性不好。在一个网络中,如果存在有不支持 IntServ 的节点,就会使得 QoS 保障不太完美。这主要是因为,虽然信令在传输的过程中,可以对这些不支持 IntServ 的节点"视而不见",但是在应用上来说,还是受到了这些节点的影响,无法完美地实现 QoS 保证。

c.路由器负载过大。由于在进行资源预留的时候,必须使得沿途的所有路由器都对资源预留协议进行支持,即所有的路由器都必须能实现资源预留,接纳控制,数据包分类和调度等功能。这就很容易造成路由器的负载过大,从而对路由器提出了更高的要求。

d.并不适用于所有的业务流。主要是不适合于生存期的业务流。

③DiffServ

这种服务模型主要产生于 IntServ 之后,是针对 IntServ 的不足而产生的。但是这并不是说它就比 IntServ 模型要先进。这种服务模型虽然扩展性强,实现简单,但是并不能保证端到端的 QoS。除此之外,它只着重于单个的路由器或是交换机,而不是全网。这就造成了它并不能解决网络堵塞等问题。

这种模型主要是在 IETF 的 RFC2212 文档中进行了定义。它的主要思想是将相同 QoS 要求的业务进行聚合,使其归属于一个聚合流。然后对聚合流进行服务,而不是针对单个的业务流进行处理。在这种模型中,分类、标记和优先级设置也都是针对聚合流而不是单个的业务流。在 DiffServ 模型中,已经涌出了许多的服务和技术。其中最经典的服务是确保服务(Assured Service,AS)和奖赏服务(Premium Service,PS)两种,目前许多正在运营中的 DiffServ 服务都是从这两种服务中衍生而来的。

④MPLS

这种模型可以说与前两种模型不同,主要是屏蔽掉了底层网络的差异,使之不再关注与网络协议本身的不同。它提供了路由和转发间的分离,采用标记交换来加速 IP 数据报的传输速度。具体来说,它独立于具体的链路层协议和网络层协议,引入了基于标记交换的机制,将无连接的 IP 数据包转化为面向连接的虚电路交换,使第三层的路由选择功能与面向连接的第二层的交换功能有机结合在一起,大大提高路由器的转发性能,MPLS 技术一方面从链路层得到服务,同时为网络层提供服务;另一方面从 IP 路由协议和控制协议中得到支持,同时支持基于 QoS 的路由,从而解决 QoS 问题。

(4)常用的技术

在 QoS 已产生的模型中,有一些常用的 QoS 技术,我们来对其进行简单的介绍。

①资源预留协议(Resource ReSerVation Protocol,RSVP)

RSVP,主要是应用于 IntServ 模型中的一种协议,是由 IETF 定义的信令协议。主要用于在网络中数据流经过的路径上,为数据流所要求的资源进行资源预留,以便达到该数据流的 QoS 预期目标。资源预留的整个过程是从客户端发送路径信息开始的。从客户端发送的路径信息会带着信令遍历整个网络,一直到达目标主机。在这个过程中,数据流沿途记录路径状态。当目标主机收到路径信息后,向客户端回送应答消息,并在回送的过程中建立预留,使网络中途径的路径进行资源预留。当客户端收到目标主机回送的应答消息时,就证实网络上的资源预留成功。

从 RSVP 的整个过程来看,其是一个在 IP 上的信令协议,主要是允许网络上任意两点在彼此之间建立一条预留的专用虚拟带宽路径,为关键业务的实现进行 RSVP 保证。所以,RSVP 满足了一些对于网络带宽和时延要求严格的业务的需求,比如语音传输、视频会议等应用。RSVP 已经可以应用于网络中。

在关注 RSVP 的时候,我们要注意在协议中涉及的发送者和接受者两个概念。它们并不互相冲突,在进行资源预留协议的时候,一个进程可以既是发送者也是接受者。但是对于 RSVP 来说,这种协议是单向的,就是说它是由发送者提起的,而且只适合于从发送者到接受者的数据流,反向的数据流是不起作用的。

现有的 RSVP 中,一共提供了两种类型的资源预留。专用预留:它的资源预留只适用于一个发送者,不同的发送者使用不同的预留;共享预留:一个资源预留用于多个发送者,即允许多个发送者共享一个资源预留。

与两种类型的资源预留协议相同,RSVP 也为发送者提供了两种选择方式。显式指定方式:这种方式主要是用滤波器明确指定发送者;通配符方式:使用预留消息中的源端地址列表来限制滤波器。

RSVP 在 IntServ 中的两种服务方式。CL(Controlled-load Service):保证业务能够拥有

或者接近于在未超载网络上的服务质量的一种服务。GS(Guaranteed Service):这种服务方式主要是给业务保证带宽和时延。

②承诺访问速率(Committed Access Rate,CAR)

这是路由器或者交换机中的一个 QoS 特征。主要是在路由器上根据某种标准来限制输入或者输出的速率。它的主要作用有两个:在端口上按照某个标准对进出口传输速率进行上限限制;在路由器或者交换机上对数据流进行分类,依照不同的 QoS 标准划分出不同的优先级。

CAR 主要是依照优先权,QoS 组设置或 IP 访问列表标准等来进行流量限制。同时,CAR 提供一些配置,允许程序员设计当出现速率超过限制时路由器对于数据流的处置,例如传输、丢弃、调度等。

③连接接纳控制(Connection Admission Control,CAC)

这种技术最早出现在 ATM 技术中,它是 ATM 中的一种流量控制标准。这种技术主要原理是在连接开始建立的时候对网络资源进行分配,判断是否满足业务的需求,然后根据判断结果来达成约定。同样地,用户或者网络管理员也可以根据约定来对网络状况进行分析。由此可以看出,CAC 技术对于网络管理的作用很大,它能够避免网络过载,保证网络的正常运行。

CAC 技术的一个重要组成部分就是对于接入控制的判断依据。笼统地说,这个判断依据或者说原则是接入新的连接不应对现有的连接的服务质量造成影响。也就是说,其目标有两个:一是充分利用网络资源,二是保证现有业务的 QoS 要求。

④约束路由(Constraint Based Routing,CBR)

这种技术其实是一种路由算法,主要用来进行资源预留。它由命令驱动,能够与一些现有的网络协议相融合、协作运行,尤其是因特网中的拓扑驱动的、逐跳的、内部的网关协议。约束路由的原理是根据多个约束条件(QoS 约束条件和其他策略性的约束条件均可)来进行计算,得出所有的可能路径,然后在结果集中根据预先设定的选择策略进行选择,得出最优的路径供进行资源预留时使用。因此,采用约束路由也可以实现网络性能的优化,达到人们预期的 QoS 标准。

(5)网络拥塞控制机制

这种机制主要由源端控制机制、网络层控制机制、接收端控制机制这三个互相影响,互相制约的部分组成。

①源端控制机制

为了使用控制等式,源端要决定回路响应时间 R、重传超时 t_{RTO}。源端和接收端共同使用序列号测量 R。每次接收者发送的反馈信息包括最近数据包的序列号和数据包收到的时刻。用这种方式,测量源端网络的 R 值。源端采用指数加权滑动平均来平滑已测的 R 值。这个权值决定了在 R 内发送速率的改变。

源端可以使用通常的算法计算 t_{RTO}:

$$t_{RTO} = SRTT + 4 \times RTT_{var}$$

其中,RTT_{var} 是 RTT 的方差;$SRTT$ 是回路响应时间的估计值。实际上只有当数据包丢失率很高时，t_{RTO} 才会严重影响允许发送的速率。不同 TCP 的使用不同的时钟粒度计算重传超时值，因此这种方法不能精确模拟典型的 TCP，所以基于等式的拥塞控制并不使用这个值决定是否安全地重传，这样就可以减少不确定性。在实践中，往往采用简单的经验公式 $t_{RTO}=4R$ 来计算。

源端在每个回路响应时间内从反馈信息中得到 p 值。每次一收到反馈信息，源端就用控制等式计算允许发送速率 T 的新值。如果实际的发送速率小于 T，源端可以增加发送速率；如果大于 T，源端必须减少发送速率。

正如在包丢失控制中要考虑 QoS 要求一样，在决定源端发送速率时也必须考虑多媒体数据流的不同 QoS 要求。在多媒体通信时，源端向一个目的接收端往往发送的不止一个数据流，例如视频会议系统，既有音频流，也有视频流。另外，在源端和接收端之间建立的连接中往往也不止一类数据流。即使在同一类数据流中，由于用户的要求以及为此所付费用的不同，或者应用本身对 QoS 的固有要求也会有所不同，不同优先级的数据流的要求也不相同，所以在源端收到接收端反馈信息，计算发送速率后，在不同 QoS 要求的数据流之间如何控制其发送带宽，也会有不同的策略。好的策略应该是既有效又公平的。

②网络层控制机制

不论是在综合服务网络还是在区分服务网络中，不仅存在着 best-effort 流，更有对 QoS 有一定要求的多媒体数据流（例如音频、视频流）。显然，只考虑没有任何 QoS 要求的 best-effort 数据流是远远不够的。实施 QoS 控制，实际上就是控制数据流的峰值速率、平均速率、丢失率和延时抖动等主要 QoS 参数。为了支持 QoS 传输，网络往往将不同 QoS 要求的数据流按不同优先级进行调度处理，以达到所要求的 QoS 参数。这些 QoS 参数中与拥塞控制关系最密切的就是包丢失率，所以基于速率的拥塞控制如果要支持 QoS，首先必须对与拥塞控制和 QoS 都有重要意义的包丢失率提出一个合理的方案。这样，就可以使源端在决定各种数据流发送速率时充分反映不同数据流的 QoS 要求。在各优先级调度时，可以采用数据流隔离方法，例如单流调度，也可以采用不同的区分服务级别。

造成包丢失的原因主要是网络发生拥塞时，传输路径上某个节点机没有足够的缓存，导致队列溢出。一个节点机通常有输入缓存、系统缓存和输出缓存，根据包丢失的位置，可称为输入丢失、输出丢失。输入丢失是当节点机处理速度跟不上包到达的速度造成的，而输出丢失则是当出口链路太忙时发生的。所以，根据网络拥塞时缓存对到达数据包的不同处理方式，可将控制策略分为两种类型：一种是静态方式，将缓存容量静态地分配给各个数据流，虽然这种方式实现起来比较简单，但缺点也很明显，就是网络中的数据流往往是不断动态变化的，静态方式不能随着这种变化随时调整资源分配，从而容易导致资源利用率下降；二是动态方式，将缓存容量动态地分配给各个数据流，这样可以根据各个数据流不同 QoS 要求，动态调整网络资源，从而提高网络资源利用率。针对这种情况，我们提出基于部分缓存共享（partial buffer sharing）的方式。部分缓存共享就是根据缓存大小设置一个阈值来控制包丢失率。当缓存达到或超过给定值时，只有高优先级数据包才能进行缓存，低优先级数据包则被丢弃。当缓存满时，高优先级数据包也被丢弃。

部分缓存共享采用静态方式（SPBS）时针对不同优先级的数据包，缓存的丢弃阈值在包

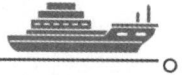

丢失控制过程中不会发生变化,这样缓存不能随负载情况的变化而变化,导致网络资源利用率降低;而采用动态方式的部分缓存共享(DPBS),则根据系统中各优先级数据包丢失率的变化情况,动态调整阈值到最优,网络资源能得到充分利用。同时,一个好的调度策略,应该使包丢失率的变化较小,而且在多个不同优先级数据流同时共享资源时也应该如此,这样才能保证拥塞控制时,由丢失率反馈给源端的发送速率在各流之间保证公平性。下面我们将通过数值计算证明动态控制方法比静态控制方法优越,在我们提出的拥塞控制新机制中应采用动态控制的方法。

③接收端控制机制

在之前的章节中介绍了在拥塞控制中支持 QoS 数据流情况下包丢失率的控制方式,提出了使用动态缓存共享策略的包丢失控制方案(DPBS)。当然,QoS 参数中不仅包含丢失率问题,还有延迟、抖动等因素,之所以重点控制丢失率,一方面是因为丢失控制是拥塞控制最基本的问题,另一方面,包丢失率在 EBRC 的接收端也是非常重要的问题。这是因为接收端机制有两个功能,一是提供反馈信息让源端可以测量 RTT,二是计算丢失事件概率,并将其反馈给源端。其中丢失事件概率的计算是基于等式的拥塞控制中非常重要的部分,因为丢失率直接反映了网络的拥塞程度,它的确定对源端调整发送速率,执行拥塞控制影响最大。它涉及一系列设计原则和评价问题。例如,如何在短时期内测量丢失事件概率和对网络可用带宽的改变做出快速反应之间取得折中等问题。

确定丢失事件概率时有以下问题应该考虑。

a. 对丢失事件概率的估计应该相对平滑地跟踪稳态环境的丢失事件概率。

b. 要估计的丢失率指的是丢失事件概率,它由一个 RTT 内多个数据包丢失组成。

c. 应该只在响应新的丢失事件时增加估计的丢失事件率。

d. 定义在两个丢失事件之间发送的数据包数量为丢失间隔。只有当一个新的丢失间隔大于以前计算的平均值或上次发生丢失事件后经历了足够长间隔时,估计的丢失事件率才会减少。

e. 对每一个新的丢失事件,估计的丢失事件率应该增加。

5.2.2.5 船舶制造车间设备运行数据采集

(1)SNMP 数据采集

简单网络管理协议(SNMP)已经成为事实上的标准网络管理协议。由于 SNMP 首先是 IETF 的研究小组为了解决在网络上的路由器管理问题提出的,因此许多人认为 SNMP 在 IP 上运行的原因是网络运行的是 TCP/IP 协议,但事实上,SNMP 被设计成与协议无关,所以它可以在 IP、IPX、Apple Talk、OSI 及其他用到的传输协议上使用。

SNMP 是由一系列协议组和规范组成的,它们提供了一种从网络上的设备中收集网络管理信息的方法。从被管理设备中收集数据有两种方法:一种是轮询(Polling-only)方法,另一种是基于中断(Interrupt-based)的方法。

SNMP 使用嵌入网络设施的代理软件来收集网络的通信信息和有关网络设备的统计数据。代理软件不断地收集统计数据,并把这些数据记录到一个管理信息库(MIB)中。网管员通过向代理的 MIB 发出查询信号可以得到这些信息,这个过程就叫轮询。为了能全面地查看一天的通信流量和变化率,管理人员必须不断地轮询 SNMP 代理,每分钟就轮询一次。这样,网络管理员可以使用 SNMP 来评价网络的运行状况,并揭示出通信的趋势,如哪一个网段接近通信负载的最大能力或使通信出错等。先进的 SNMP 网管站甚至可以通过编程来自动关闭端口或采取其他矫正措施来处理历史的网络数据。

如果只是用轮询的方法,那么网络管理工作站总是在控制之下。但这种方法的缺陷在于信息的实时性,尤其是错误的实时性。多久轮询一次、轮询时选择什么样的设备顺序都会对轮询的结果产生影响。轮询的间隔太小,会产生太多不必要的通信量;间隔太大,而且轮询时顺序不对,那么关于一些大的灾难性事件的通知又会太慢,就违背了积极主动的网络管理目的。

与之相比,当有异常事件发生时,基于中断的方法可以立即通知网络管理工作站,实时性很强。但这种方法也有缺陷。产生错误或自陷需要系统资源。如果自陷必须转发大量的信息,那么被管理设备可能不得不消耗更多的事件和系统资源来产生自陷,这将会影响到网络管理的主要功能。

以上两种方法的结合:面向自陷的轮询方法(Trap-directed Polling)可能是执行网络管理最有效的方法。一般来说,网络管理工作站轮询在被管理设备中的代理来收集数据,并且在控制台上用数字或图形的表示方法来显示这些数据。被管理设备中的代理可以在任何时候向网络管理工作站报告错误情况,而并不需要等到管理工作站为获得这些错误情况而轮询它的时候才报告。

SNMP 的体系结构分为 SNMP 管理者(SNMP Manager)和 SNMP 代理者(SNMP Agent),每一个支持 SNMP 的网络设备中都包含一个代理,此代理随时记录网络设备的各种情况,网络管理程序再通过 SNMP 通信协议查询或修改代理所记录的信息。

网络管理技术的一个新的趋势是使用 RMON(远程网络监控)。RMON 的目标是扩展 SNMP 的 MIB—II(管理信息库),使 SNMP 更为有效、更为积极主动地监控远程设备。RMON MIB 由一组统计数据、分析数据和诊断数据构成,利用许多供应商生产的标准工具都可以显示出这些数据,因而它具有独立于供应商的远程网络分析功能。RMON 探测器和 RMON 客户机软件结合在一起在网络环境中实施 RMON。RMON 的监控功能是否有效,关键在于其探测器要具有存储统计数据历史的能力,这样就不需要不停地轮询才能生成一个有关网络运行状况趋势的视图。当一个探测器发现一个网段处于一种不正常状态时,它会主动与网络管理控制台的 RMON 客户应用程序联系,并将转发描述不正常状况的捕获信息。

基于 SNMP 的网络管理包括四个主要组成部分:管理工作站、管理代理(Agent)、管理信息库(Management Information Base, MIB)以及 SNMP 通信协议。管理对象信息被放在 MIB 中,每个被管理资源由一个对象来表示,MIB 就是这些对象的结构化集合,表现为一个树状结构的数据库。对象格式的基本协定由 SMI(Stucrture of Management)描述,SMI 规定了一个基本的框架,在此框架内可以对 MIB 进行定义和构造。SMI 确定了可用于 MIB 中的数据类型,并说明对象在 MIB 内部的表示和命名方法。管理工作站和 Agent 通过 SNMP 协议进行 MIB 的查询和设置。查询和设置 MIB 值由五条服务原语完成。

目前的 MBIn 可以分为 em 组（系统整体信息描述，例如设备名称、型号、厂商等）、Interface 组（子网端口的描述，例如端口发送的数据包数等）、at 组 I（ee 到子网地址映射地址转化表）、IP 组（系统中 IP 操作相关信息）、IcMP 组 I（CM 操作相关信息）、TCP 组 T（CP 操作相关信息）、DP 组（DP 操作相关信息）、ge 组（发送和接收 EGP 相关信息）、d3 组（底层媒体的详细信息的对象）以及组（NM 操作相关信息）。

MIB 可以提供单个设备的局部信息。为了得到整个子网的信息，人们定义了 RMON 规范来补充 MxBORMON 规范，首先规定了一套 MIB 参数，用于定义标准的网络监视功能和接口，使基于 SNMP 的管理终端和远程监视器之间进行通信。RMONMBI 可分为以下组：stiatistcs 组（为每个代理监视的子网维护低级利用和错误统计）、Hisotyr 组（记录从 Satistics 组中取出的周期性的统计信息采样）、1A～组（允许管理控制台用户设置取样时间间隔并警告由 RMoNAgent 记录的任何计数器或整数超出阈值）、Host 组（依附于该子网的各种类型主机的进出流量）、HostoTpn 组（包括存储主机的统计信息，这些主机表中被测指标最高，例如流量最大的 n 台主机名称）、Matirx 组（两两地址对间流量信息）、ilFetr 组（允许监视器对过滤器匹配的数据包进行观测）、Event 组（RMONAgent 产生所有事件表）等。

通用的网络管理系统都采用 SNMP 技术对网络设备进行查询和分析。例如，HpOpenView、SIJNNetManager、CISCOWOrks2000 以及 IBMNetView 等。

（2）Trap 方法

管理者从被管理设备中收集数据有两种方法，一种是轮询（Polling）方法，另一种是基于陷入（Trap）的方法。

代理软件不停地收集网络中的通信信息、服务器的状态和网络设备的统计数据。管理者通过向代理发出查询信号可以获取这些信息，这个过程就叫轮询。为了能够长时间地对某种数据进行监控，管理者必须不断地轮询 SNMP 代理。网络管理员可用获取的数据来评价网络的运行状况，找出通信的趋势、网络瓶颈等。

轮询方法的缺陷在于信息的实时性。当故障发生时，可能会需要很长时间，管理者才能靠轮询发现，这就有可能造成灾难性事件。多久轮询一次、轮询时选择什么样的设备顺序都会对轮询的结果产生影响。轮询的间隔太小，会产生太多不必要的通信量；间隔太大，或者轮询顺序不对，那么关于一些大的灾难性事件的通知又会太慢，就违背了积极主动的网络管理目的。

与之相比，基于陷入的方法就要及时得多。当有异常事件发生时，基于陷入的方法可以让被管设备立即通知网络管理工作站，实时性很强，减小了事故的负面影响。但这种方法也有缺点，因为实现自陷功能需要占用被管理设备的系统资源，如 CPU、内存等。如果设置了大量的故障陷阱，那么自陷会消耗大量的资源，这将会影响到被管设备的运行。

以上两种数据收集方法都有缺点，综合它们能够形成一个有效的网络管理办法，这就是面向陷入的轮询方法（Trap-directed Polling）。通常，网络管理工作站轮询嵌入在被管理设备中的代理来收集数据，可以通过各种方式如数字或图形来显示这些数据。当故障发生时，被管理设备中的代理可以及时向网络管理工作站发送错误信息，而不需要等到管理工作站轮询时才发现这些故障。

（3）SNMP OID 的特性分析

对象标识符（Object Identifier，OID）就是受管理设备的命名方式，ISO 和 CCITT 为网络监控管理系统提供了标准的全局命名树，为受管理的设备分配树中的一个节点，受管理设备通常对应着全局树中的一颗子树，也就是 MIB 树。SMI 为 MIB 树上的每个节点都分配一个数字标识，为了方便理解，又提供了一串文本描述符。MIB 全局命名树如图 5-20 所示，这种树状定义结构的最大好处在于其易扩充性，方便加入新的受管理对象。新加入的受管理对象是其中某个节点的子节点，不会对已经存在的节点产生影响。

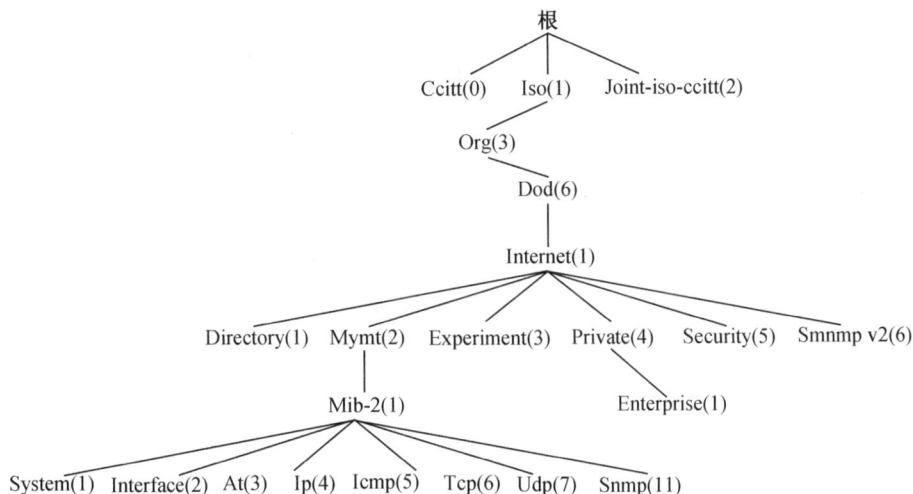

图 5-20　MIB 全局命名树

从 MIB 树的根，到管理对象本身所代表的节点，一路经过的数字或描述符节点之间用"·"隔开，其组成的数字或描述符字符串称之为对象标识符。

我们日常使用到的节点都定义在 Iso（1）子树下，Mgmt（2）包含协议的管理信息该子树下对应节点的对象被广泛使用。Private（4）为各设备厂商提供管理信息，若企业想在 MIB 子树中包含自己设备的子树，需要向 ISO 申请，ISO 会为厂商在 Enterprise（1）下分配一颗子树，设备厂商就可以在自己的子树下创建自己设备的特有管理信息。本系统用到的 Linux 对象标识符位于 Enterprise（1）下。

5.2.2.6　船舶制造车间网络控制与管理系统组网方式

船舶制造车间网络控制与管理系统采取成熟、应用广泛的 C/S 结构，客户端与服务器之间通过局域网进行互联互通。网络控制与管理系统服务器与各个被管网络或终端设备之间采用带内组网或者带外组网方式进行通信。从技术的角度，网络管理可分为带外管理和带内管理两种管理模式。所谓带内管理，是指网络的管理控制信息与用户网络的承载业务信息通过同一个逻辑信道传送；而在带外管理模式中，网络的管理控制信息与用户网络的承载业务信息在不同的逻辑信道传送。

（1）带内组网方式

带内组网是指利用被管设备提供的业务通道对网络中的设备实现管理的组网方式。在这种方式下,网管服务器与被管设备交互信息通过被管设备的业务通道传送。

带内组网图如图 5-21 所示。

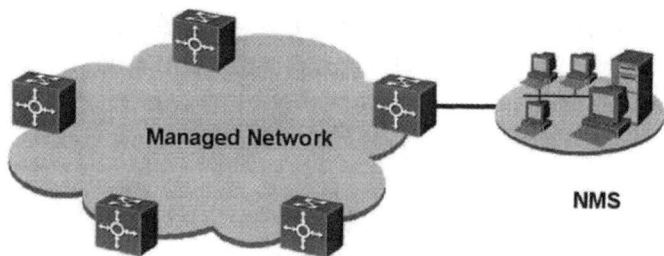

图 5-21　带内组网方式

带内组网方式所管理的网元都已连接到被管网络上,只需要和被管网络中就近的网元连接,通过配置相关路由,就可以管理到网络中的各个网元。连接到被管网络的方式取决于和就近的网元的位置关系。如果在同一个机房,可以以局域网的方式进行组网;如果距离较远,可以通过专线方式进行组网,此组网方式和带外组网类似。

带内组网方式的优点是组网灵活,不用附加其他设备,节约用户成本。同时,带内组网方式的缺点也非常明显。当网络发生故障时,由于与被管网络的信息通道被中断,通过无法开展维护工作。

（2）带外组网方式

带外组网方式是指利用被管设备以外的其他设备所提供的通信通道来传送网管信息,从而实现网络管理的组网方式。一般情况下,使用被管设备主控板上的管理口（Console 口或者 Mgmt 口）作为接入口。

在带外组网方式下,网络控制与管理系统可以通过多种方式与被管设备建立连接。网管通过数据通信网（DCN）对管理范围内的被管设备进行管理,数据通信网可以是低带宽的专线模式或者拨号访问网络。带外组网方式如图 5-22 所示。

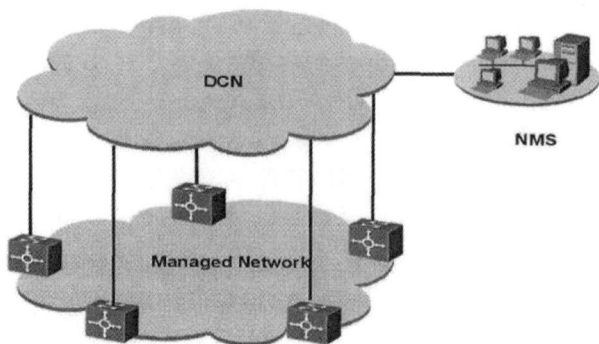

图 5-22　带外组网方式

网络控制与管理系统所管理的设备都已连接到被管网络上,网络控制与管理系统通过其他设备组成的网络与被管网络中的设备建立连接,从而实现对被管网络和被管设备的管理。带外组网方式具有很多优点,因为网络控制与管理系统服务器不直接与被管设备相连,而是借助其他设备与被管设备建立连接,所以带外组网方式比带内组网方式提供更可靠的设备管理通道。当被管设备发生故障时,能及时定位网上设备信息,实时监控。带外组网方式同样具有相应的缺点,因为带外组网方式要求建立一个由其他设备组成的网络来实现对被管网络设备的管理,提供与业务通道无关的维护通道,所以网络建设的成本较高。

（3）组网方式选择

船舶制造车间网络承载着车间生产制造执行管控、物流管理、设备管理等多个业务系统的信息传输业务以及工业设备、物联网等的数据采集和控制信息传输业务。车间网络是整个数字化车间关键基础设施的核心。因此,车间网络的有效、可靠、安全运行对于船舶制造车间进行高效、安全生产作业来讲意义重大。

船舶制造车间网络是一个统一的整体,任何一个节点的不足都可能会导致整个网络性能的降低。车间网络控制与管理正是通过监控网络性能的变化情况,找出并解决影响网络性能的核心问题,合理调节网络状态,使网络能够发挥出最优的性能。基于车间网络在船舶制造车间内的重要性,通过前述带内组网方式和带外组网方式的优劣对比,本章建议采用带外组网方式或者通过专线的带内组网方式进行船舶制造车间网络控制与管理系统组网。

5.2.3 船舶制造车间网络控制与管理系统开发

网络控制与管理系统为船舶制造车间网络提供配置管理、故障管理、性能管理、安全管理等通用管理功能,并且能够实时监控网络交换及接入设备运行状态,进行网络故障、性能的监测与告警,并对故障进行辅助分析定位,保障船舶制造车间网络安全、可靠、高效、稳定的运行。

5.2.3.1 网络控制与管理系统需求

（1）要求的状态和方式

网管软件主要提供网络监控和系统维护两种工作模式,分别面向网络监控人员（软件中称为普通用户）和网络维护人员（软件中称为管理员用户）两种用户。当使用人员为网络维护人员时,网管软件可工作在系统维护方式下,所有网络监控和管理功能均设置为可用,用户可以通过网管软件对网络交换设备进行监视和配置;当使用人员为网络监控人员时,网管软件可工作在网络监视方式下,对网络的配置功能被屏蔽,用户主要利用网管软件进行网络状态的监视。

在设备开机后,默认进入网络监控模式。人工切换到系统维护模式下时,需要进行用户权限验证。

（2）功能需求

网管软件的功能主要分为软件初始自检、网络设备监控、网络性能管理、故障报警管理、工作日志管理、端口镜像控制、网络交换设备配置、用户权限管理、设备时钟同步等九个顶层用例。其顶层用例图如5-23所示。

①软件初始自检

软件初始自检用例无子用例,主要实现对软件初始化及硬件自检,用例关系如图5-24所示。

软件初始自检用例主要流程如图 5-25 所示。

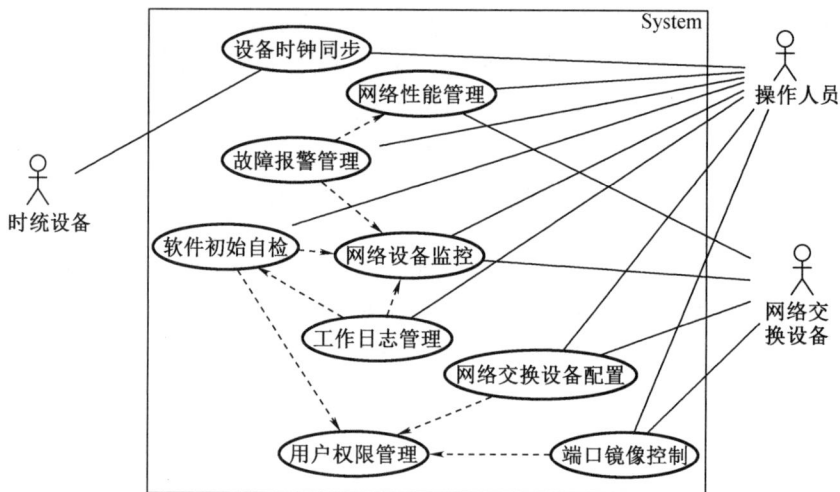

图 5-23　网管软件顶层用例图

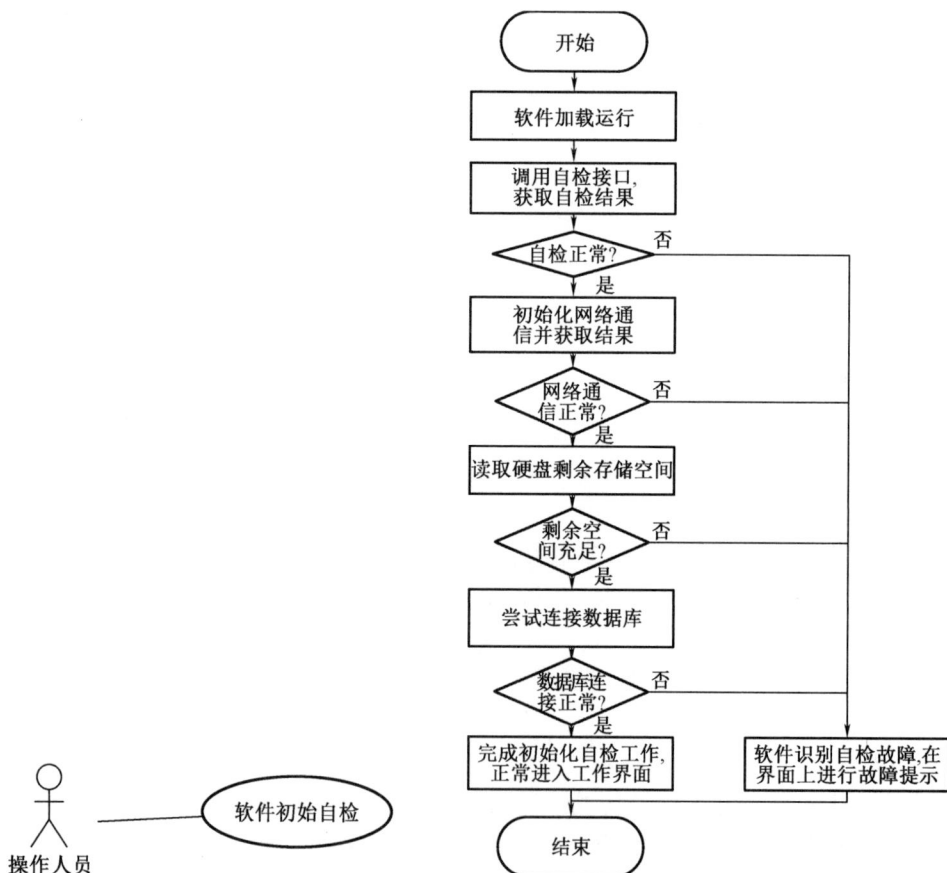

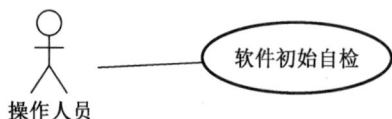

图 5-24　软件初始自检用例图

图 5-25　软件初始自检用例主要流程图

软件初始自检用例描述表见表 5-2。

表 5-2 软件初始自检用例描述表

用例编号	SR_WLJKGL_RJCSZJ	用例名称	软件初始自检
编写者		时间	
触发事件	网络监控管理软件开始运行		
用例描述	网络监控管理软件启动后,首先开始初始化及设备自检,确认软硬件各模块工作状态是否正常,并将检查结果显示在界面上。若自检正常,则结束初始化过程,进入正常工作流程;若自检异常,则提示使用者进行故障排查。 自检的内容主要包括设备各主要板卡是否正常运行、设备网络接口是否连通、设备硬盘存储空间是否有空余等		
参与者	操作人员		
前提条件	网络监控管理设备正常上电、操作系统正常加载		
后续条件	提示设备自检正常或故障		
主事件流	1. 网络监控管理软件加载运行; 2. 调用设备主控板自检接口,获取自检结果; 3. 识别自检结果,如果正常,继续执行后续流程,否则执行可替换事件流; 4. 初始化网络通信,获取网络通信初始化的结果; 5. 识别初始化结果,如果正常,继续执行后续流程,否则执行可替换事件流; 6. 读取硬盘剩余存储空间,如果正常(剩余 20% 可用)继续执行后续流程,否则执行可替换事件流; 7. 尝试连接数据库,如果正常连接,继续执行后续流程,否则执行可替换事件流; 8. 软件完成初始化自检工作,正常进入工作界面		
可替换事件流	软件识别自检故障,在界面上进行故障提示		

②网络设备监控

网络设备监控用例主要包括交换机信息管理、网络拓扑发现、网络交换设备监视和上网设备监视四个子用例,实现对网络设备的发现和基本信息管理,用例关系如图 5-26 所示。

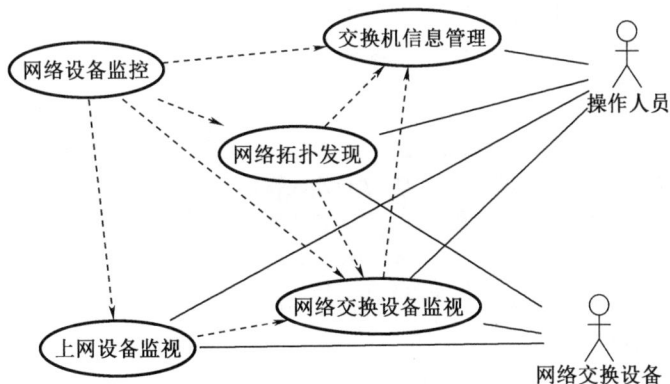

图 5-26 网络设备监控用例图

a. 交换机信息管理

交换机信息管理用例主要流程如图 5-27 所示。

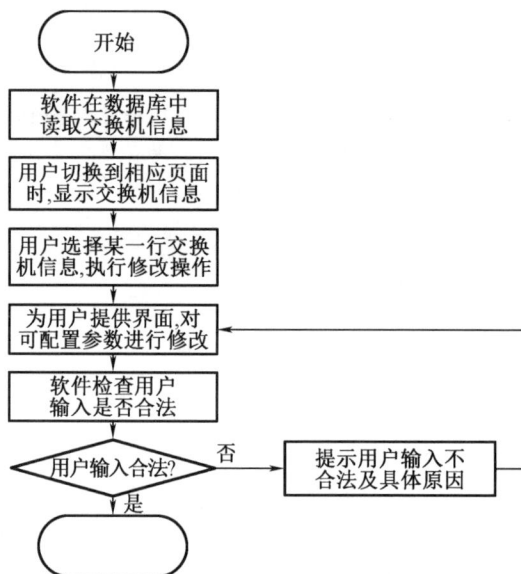

图 5-27 交换机信息管理用例主要流程图

交换机信息管理用例描述表见表 5-3。

表 5-3 交换机信息管理用例描述表

用例编号	SR_WLJKGL_JHJXXGL	用例名称	交换机信息管理
编写者		时间	
触发事件	用户进入交换机管理界面		
用例描述	网络交换设备能够读取预先配置的所监控的交换机的信息,用户可以对交换机的信息进行查看和修改		
参与者	操作人员		
前提条件	网络监控管理软件正常完成开机自检,软件处于管理员模式		
后续条件	将修改后的交换机信息记录到数据库中		
主事件流	1. 软件在数据库中读取交换机信息; 2. 用户切换到相应页面时,显示交换机信息,包括交换机 ID、名称、位置、管理 IP、端口数等; 3. 用户选择某一行交换机信息,执行修改操作; 4. 为用户提供界面,对可配置参数进行修改,例如交换机名称、位置、管理 IP 等; 5. 用户修改完成后,软件检查用户输入是否合法; 6. 若用户输入合法,将修改后的交换机信息记录到数据库中,并更新界面显示,否则执行可替换事件流		
可替换事件流	提示用户输入不合法及具体原因,返回用户输入界面,并继续执行主事件流的步骤 5		

b. 网络拓扑发现

网络拓扑发现用例主要执行流程如图 5-28 所示。

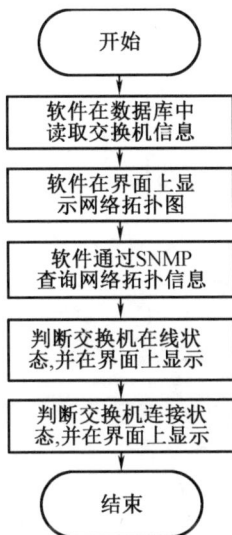

图 5-28　网络拓扑发现用例主要流程图

网络拓扑发现用例描述表见表 5-4。

表 5-4　网络拓扑发现用例描述表

用例编号	SR_WLJKGL_WLTPFX	用例名称	网络拓扑发现
编写者		时间	
触发事件	用户进入拓扑监视界面		
用例描述	设备正常运行后,获取网络交换设备和其他上网设备的开关机状态与连接关系,与网络拓扑配置进行对比无误后,以拓扑树的形式在界面上进行显示		
参与者	操作人员、网络交换设备		
前提条件	网络监控管理软件正常完成开机自检		
后续条件	将网络拓扑信息显示给用户		
主事件流	1. 软件在数据库中读取交换机信息; 2. 软件在界面上显示网络拓扑图,包括交换机和连接线,初始化交换机状态为不在线,以灰色显示,连接状态为断开,以灰色显示; 3. 软件根据读取到的交换机管理 IP,通过 SNMP 查询网络拓扑信息,包括交换机在线状态和交换机连接状态; 4. 判断交换机在线状态,若交换机在线,以正常图标显示; 5. 判断交换机连接状态,若两个交换机连通,则将连线以正常实线显示; 6. 在软件运行过程中,持续进行拓扑监视,若状态发生变化,则实时变更显示方式		
可替换事件流	无		

c.网络交换设备监视

网络交换设备监视用例主要流程如图 5-29 所示。

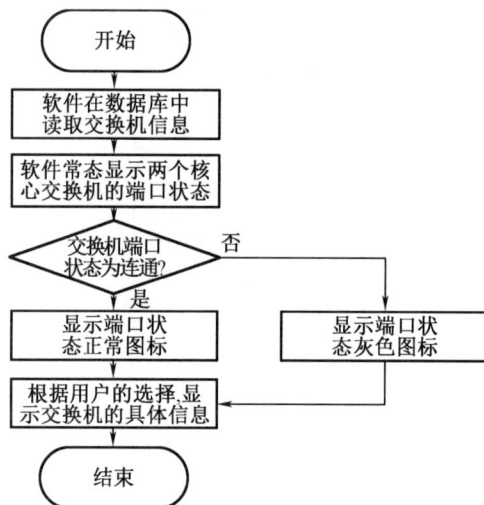

图 5-29　网络交换设备监视用例主要流程图

网络交换设备监视用例描述表见表 5-5。

表 5-5　网络交换设备监视用例描述表

用例编号	SR_WLJKGL_WLJHSBJS	用例名称	网络交换设备监视
编写者		时间	
触发事件	用户进入拓扑监视界面		
用例描述	设备正常运行后,获取网络交换设备的基本信息和状态信息,基本信息包括交换机名称、位置、管理 IP、版本等,状态信息包括网络交换设备的在线状态和端口状态		
参与者	操作人员、网络交换设备		
前提条件	网络监控管理软件正常完成开机自检		
后续条件	将网络交换设备状态信息显示给用户		
主事件流	1.软件在数据库中读取交换机信息; 2.软件在界面上常态显示两个核心交换机的端口状态,初始化所有端口状态为断开,以灰色显示; 3.软件根据读取到的交换机管理 IP,通过 SNMP 协议查询交换机端口状态; 4.判断交换机端口状态,若端口在线,以正常图标显示; 5.用户在拓扑图上点击某个交换机时,可观察该交换机的基本信息和端口状态信息,其中端口状态信息与常态显示的核心交换机同样规则显示; 6.在软件运行过程中,持续进行网络交换设备监视,若状态发生变化,则实时变更显示方式		
可替换事件流	无		

d. 上网设备监视

上网设备监视用例主要执行流程如图 5-30 所示。

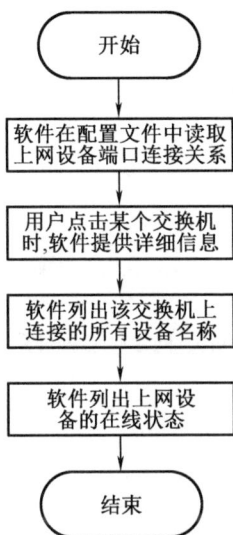

图 5-30　上网设备监视用例主要流程图

上网设备监视用例描述表见表 5-6。

表 5-6　上网设备监视用例描述表

用例编号	SR_WLJKGL_SWSBJS	用例名称	上网设备监视
编写者		时间	
触发事件	用户点击查看详细信息		
用例描述	设备正常运行后,实时获取网络交换设备的端口状态,通过预先配置的上网设备端口连接关系,获取上网设备在线状态		
参与者	操作人员		
前提条件	网络监控管理软件正常完成开机自检		
后续条件	将网络交换设备状态信息显示给用户		
主事件流	1. 软件在配置文件中读取上网设备端口连接关系; 2. 用户在拓扑图上点击某个交换机时,软件为用户提供查看详细信息入口; 3. 用户点击查看详细信息,软件列出该交换机上连接的所有设备名称; 4. 软件根据网络交换设备的端口状态,列出上网设备的在线状态; 5. 在软件运行过程中,持续进行上网设备监视,若状态发生变化,则实时变更显示		
可替换事件流	无		

③网络性能管理

网络性能管理用例主要包括网络性能监视和性能数据查询两个子用例,实现对网络主要性能参数的采集、显示、记录和查询,用例关系如图5-31所示。

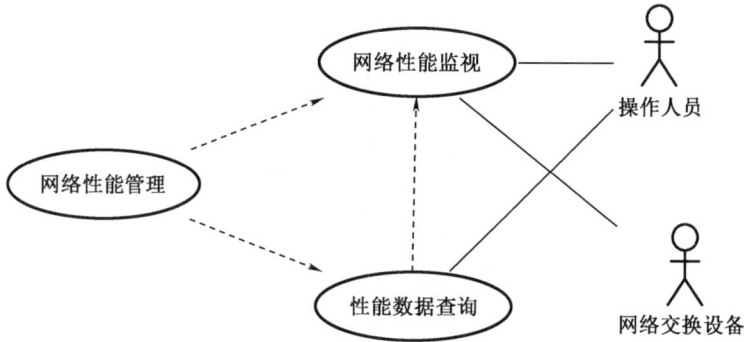

图 5-31　网络性能管理用例图

a. 网络性能监视

网络性能监视用例主要流程如图5-32所示。

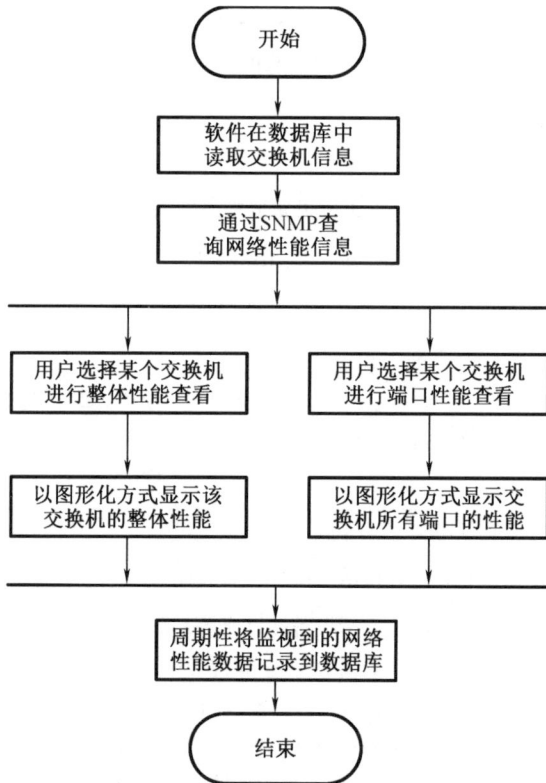

图 5-32　网络性能监视用例主要流程图

网络性能监视用例描述表见表5-7。

表 5-7　网络性能监视用例描述表

用例编号	SR_WLJKGL_WLXNJS	用例名称	网络性能监视
编写者		时间	
触发事件	用户进入性能监视界面		
用例描述	设备正常运行后,使用 SNMP 进行数据采集,监测一体化网络实际运行中的性能数据,并进行显示和记录		
参与者	操作人员、网络交换设备		
前提条件	网络监控管理软件正常完成开机自检		
后续条件	完成网络性能信息显示和记录		
主事件流	1. 软件在数据库中读取交换机信息; 2. 软件根据读取到的交换机管理 IP,通过 SNMP 协议查询网络性能信息,包括交换机整体性能和端口性能; 3. 用户选择某个交换机进行整体性能查看时,软件以图形化方式显示该交换机的整体性能,包括温度、出带宽、进带宽、内存占用率、查询延迟等; 4. 用户选择某个交换机进行端口性能查看时,软件以图形化方式显示交换机所有端口的性能,包括端口进流量和端口出流量; 5. 在软件运行过程中,持续进行网络性能监视,若状态发生变化,则实时变更显示; 6. 软件运行过程中,周期性将监视到的网络性能数据记录到数据库中,并为用户提供数据清空功能		
可替换事件流	无		

b. 性能数据查询

性能数据查询用例主要流程如图 5-33 所示。

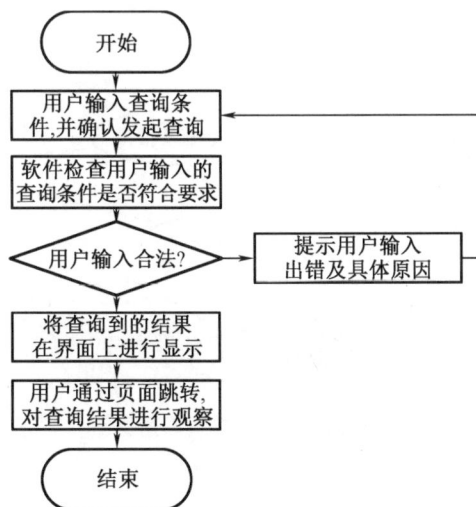

图 5-33　性能数据查询用例主要流程图

性能数据查询用例描述表见表 5-8。

表 5-8　性能数据查询用例描述表

用例编号	SR_WLJKGL_XNSJCX	用例名称	性能数据查询
编写者		时间	
触发事件	用户进入离线查询界面		
用例描述	设备正常运行后,用户可以对之前运行过程中记录的网络性能数据进行离线查询,软件提供多种查询条件,包括交换机名称、交换机性能项、状态、端口,以及开始结束时间等		
参与者	操作人员		
前提条件	网络监控管理软件正常完成开机自检		
后续条件	为用户显示查询到的性能数据		
主事件流	1. 用户输入查询条件,并确认发起查询; 2. 软件检查用户输入的查询条件是否符合要求; 3. 若条件符合要求,软件在数据库中按照条件进行查询,否则执行可替换事件流; 4. 将查询到的结果在界面上进行显示; 5. 用户可通过页面跳转,对查询结果进行观察		
可替换事件流	提示用户输入出错及具体原因,重新执行主事件流的步骤 1		

④故障报警管理

故障报警管理用例主要包括报警阈值管理、故障诊断及报警、报警信息查询和故障排查建议四个子用例,实时发现网络上发生的异常情况,并以声光等形式通知用户,以及事后对报警信息的查询等功能,用例关系如图 5-34 所示。

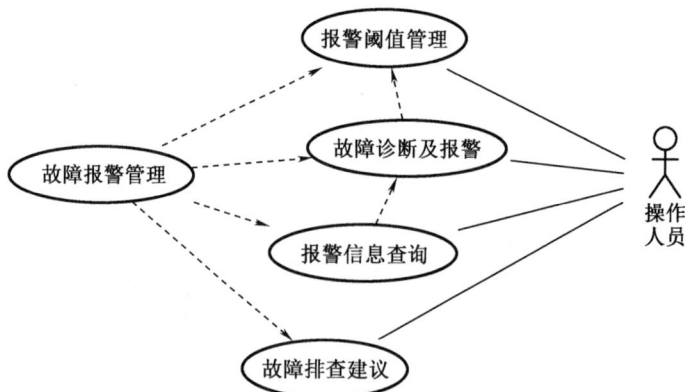

图 5-34　故障报警管理用例图

a. 报警阈值管理

报警阈值管理用例主要流程如图 5-35 所示。

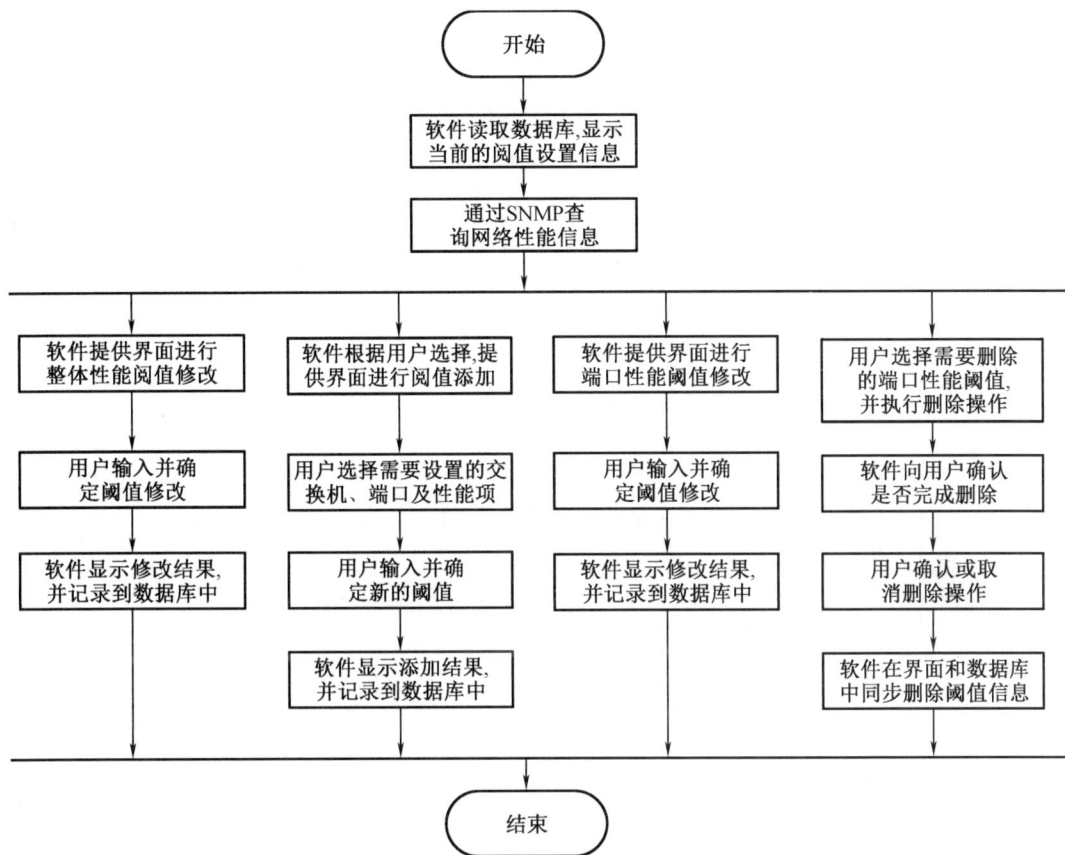

图 5-35 报警阈值管理用例主要流程图

报警阈值管理用例描述表见表 5-9。

表 5-9 报警阈值管理用例描述表

用例编号	SR_WLJKGL_BJYZGL	用例名称	报警阈值管理
编写者		时间	
触发事件	用户进入阈值设置界面		
用例描述	设备正常运行后,用户可以对网络性能的报警阈值进行设置,软件提供通用性能阈值设置和端口性能阈值设置功能,其中通用性能阈值对所有设备均有效,主要包括交换机温度、内存利用率、光口进/出速率及电口进/出速率等;端口性能阈值可以为某个交换机的某个端口指定性能阈值,包括进速率和出速率		
参与者	操作人员		
前提条件	网络监控管理软件正常完成开机自检		
后续条件	显示并存储用户设置的性能阈值		

表 5-9（续）

主事件流	1. 软件读取数据库,在界面上显示当前的阈值设置信息; 2. 若用户需要修改通用性能阈值,则执行后续流程;若需要添加端口性能阈值,则执行可替换事件流 1;若需要修改端口性能阈值,则执行可替换事件流 2;若需要删除端口性能阈值,则执行可替换事件流 3; 3. 用户双击选择某项通用性能阈值,软件为用户提供界面进行阈值修改; 4. 用户输入并确定阈值修改; 5. 软件检查用户输入信息是否合法,若合法,则执行后续流程,否则提示用户输入出错及具体原因,重新执行步骤 4; 6. 软件将用户修改的阈值信息进行显示,并记录到数据库中
可替换 事件流 1	1. 用户选择添加端口性能阈值,软件为用户提供界面进行阈值添加; 2. 用户选择需要设置的交换机、端口及性能项; 3. 用户输入并确定新的阈值; 4. 软件检查用户输入信息是否合法,若合法,则执行后续流程,否则提示用户输入出错及具体原因,重新执行步骤 3; 5. 软件将用户新增的阈值信息进行显示,并记录到数据库中
可替换 事件流 2	1. 用户选择需要修改的端口性能阈值,软件为用户提供界面进行阈值修改; 2. 用户观察并确认需要设置的交换机、端口及性能项; 3. 用户输入并确定修改后的阈值; 4. 软件检查用户输入信息是否合法,若合法,则执行后续流程,否则提示用户输入出错及具体原因,重新执行步骤 3; 5. 软件将用户修改的阈值信息进行显示,并记录到数据库中
可替换 事件流 3	1. 用户选择需要删除的端口性能阈值,并执行删除操作; 2. 软件向用户确认是否完成删除; 3. 用户确认或取消删除操作; 4. 若用户确认删除操作,则软件在界面和数据库中同步删除该条性能阈值信息; 5. 若用户取消删除操作,则软件不做任何处理

b. 故障诊断及报警

故障诊断及报警用例主要流程如图 5-36 所示。

故障诊断及报警用例描述表见表 5-10。

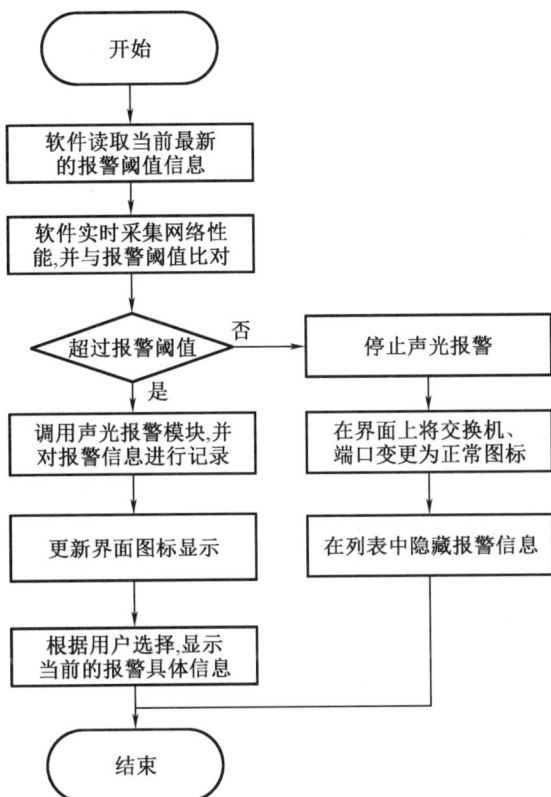

图 5-36 故障诊断及报警用例主要流程图

表 5-10 故障诊断及报警用例描述表

用例编号	SR_WLJKGL_GZZDJBJ	用例名称	故障诊断及报警
编写者		时间	
触发事件	无		
用例描述	设备正常工作后,软件将实时采集的网络性能数据与报警阈值进行比对,检查设备是否出现故障,若出现故障,则使用声光方式进行报警,在界面上显示报警信息并进行记录		
参与者	操作人员		
前提条件	网络监控管理软件正常完成开机自检		
后续条件	进行声光报警,完成报警信息记录,并为用户显示报警信息		
主事件流	1. 软件读取当前最新的报警阈值信息; 2. 软件实时采集网络性能数据,并与报警阈值信息比对; 3. 若某项网络性能数据超过报警阈值,则调用声光报警模块,通过指示灯和蜂鸣器进行报警提示,并对报警信息进行记录; 4. 在拓扑视图界面上,将发生报警的交换机变更为报警图标,如果是端口流量性能报警,则根据流量控制策略对支持流量控制或流量控制自协商功能的交换机进行流量控制设置,同时将相关端口变更为报警图标		

表 5-10   故障诊断及报警用例描述表

主事件流	5.用户点击某个交换机进行详细信息查看时,以列表的形式显示当前的报警具体信息,包括报警类型和开始时间等; 6.性能数据低于报警阈值后,软件自动停止声光报警,在界面上将交换机、端口变更为正常图标,并在列表中隐藏报警信息; 7.在软件运行过程中,持续进行故障诊断,若状态发生变化,则实时变更显示
可替换事件流	无

c. 报警信息查询

报警信息查询用例主要流程如图 5-37 所示。

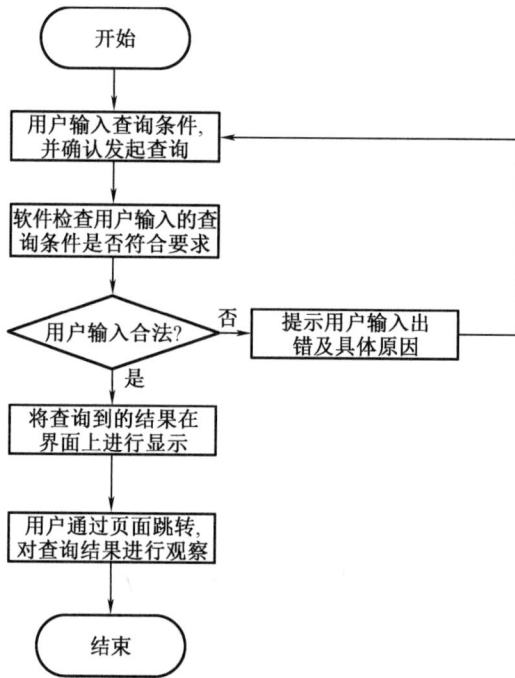

图 5-37   报警信息查询用例主要流程图

报警信息查询用例描述表见表 5-11。

表 5-11   报警信息查询用例描述表

用例编号	SR_WLJKGL_BJXXCX	用例名称	报警信息查询
编写者		时间	
触发事件	用户进入报警查询界面		

表 5–11（续）

用例描述	设备正常运行后,用户可以对之前运行过程中记录的报警信息进行查询,软件提供多种查询条件,包括交换机名称、告警类型、是否处理以及开始结束时间等,并返回查询结果,包括交换机名称、告警类型、告警数据、是否处理以及开始结束时间
参与者	操作人员
前提条件	网络监控管理软件正常完成开机自检
后续条件	为用户显示查询到的报警信息
主事件流	1. 用户输入查询条件,并确认发起查询; 2. 软件检查用户输入的查询条件是否符合要求; 3. 若条件符合要求,软件在数据库中按照条件进行查询,否则执行可替换事件流; 4. 将查询到的结果在界面上进行显示; 5. 用户可通过页面跳转,对查询结果进行观察
可替换事件流	提示用户输入出错及具体原因,重新执行主事件流的步骤 1

d. 故障排查建议

故障排查建议用例主要流程如图 5–38 所示。

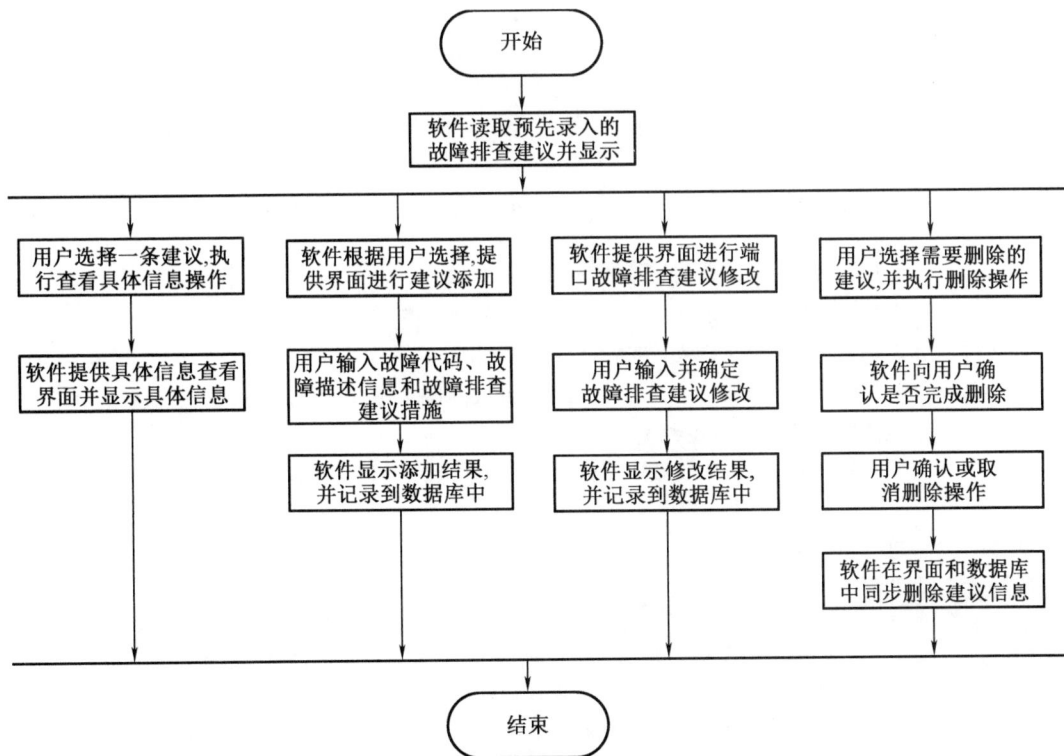

图 5–38　故障排查建议用例主要流程图

故障排查建议用例描述表见表5-12。

表5-12　故障排查建议用例描述表

用例编号	SR_WLJKGL_GZPCJY	用例名称	故障排查建议
编写者		时间	
触发事件	用户进入排故指南界面		
用例描述	软件提供故障排查建议,辅助用户进行快速定位排查并解决问题;另外,用户也可根据需要添加、删除或修改故障排查建议,对设备中初次遇到新型故障或者再次遇到的相似性故障进行添加、修改或者删除,完善排故指南		
参与者	操作人员		
前提条件	网络监控管理软件正常完成开机自检		
后续条件	为用户显示故障排查建议信息		
主事件流	1. 软件读取预先录入的故障排查建议,并在界面上进行列表显示; 2. 若用户需要查看详细信息,则执行后续流程;若需要添加故障排查建议,则执行可替换事件流1;若需要修改故障排查建议,则执行可替换事件流2;若需要删除故障排查建议,则执行可替换事件流3; 4. 用户选择某一条排查建议,可执行查看具体信息操作; 5. 软件提供具体信息查看界面,对用户选择的故障,显示具体的排查建议措施		
可替换事件流1	1. 用户选择添加故障排查建议,软件为用户提供界面进行添加; 2. 用户输入故障代码、故障描述信息和故障排查建议措施; 3. 软件检查用户输入信息是否合法,若合法,则执行后续流程,否则提示用户输入出错及具体原因,重新执行步骤2; 4. 软件将用户新增的故障排查建议信息进行显示,并记录到数据库中		
可替换事件流2	1. 用户选择需要修改的故障排查建议,软件为用户提供界面进行修改; 2. 用户观察并确认需要修改的故障代码、故障描述信息; 3. 用户输入并确定修改后的故障排查建议措施; 4. 软件检查用户输入信息是否合法,若合法,则执行后续流程,否则提示用户输入出错及具体原因,重新执行步骤3; 5. 软件将用户修改的故障排查建议信息进行显示,并记录到数据库中		
可替换事件流3	1. 用户选择需要删除的故障排查建议,并执行删除操作; 2. 软件向用户确认是否完成删除; 3. 用户确认或取消删除操作; 4. 若用户确认删除操作,则软件在界面和数据库中同步删除该条故障排查建议信息; 5. 若用户取消删除操作,则软件不做任何处理		

⑤工作日志管理

工作日志管理用例主要包括工作日志记录和历史日志查询两个子用例,实现对软件主

要操作和网络状态的记录与查询,用例关系如图 5-39 所示。

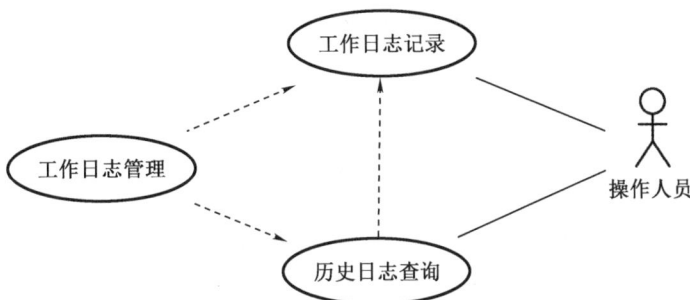

图 5-39 工作日志管理用例图

a. 工作日志记录

工作日志记录用例主要流程如图 5-40 所示。

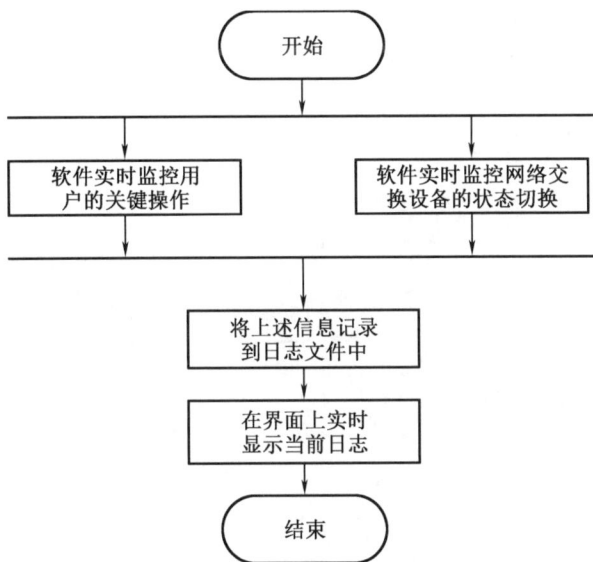

图 5-40 工作日志记录用例主要流程图

工作日志记录用例描述表见表 5-13。

表 5-13 工作日志记录用例描述表

用例编号	SR_WLJKGL_GZRZJL	用例名称	工作日志记录
编写者		时间	
触发事件	用户进入日志显示界面		
用例描述	软件收集设备运行过程监控的结果及网络上的主要状态变化,将上述数据记录到设备工作日志中,并为用户提供日志实时显示		

表 5-13（续）

参与者	操作人员
前提条件	网络监控管理软件正常完成开机自检
后续条件	将设备运行过程信息记录到日志中,并进行实时显示
主事件流	1. 软件实时监控用户的关键操作,包括监控设备的运行/停止(不同用户登录/退出)、数据录取开始/停止、网络交换设备参数配置等; 2. 软件实时监控网络交换设备的状态切换,包括网络交换设备和端口的状态变化; 3. 将上述信息记录到日志文件中,并在界面上实时显示
可替换事件流	无

b. 历史日志查询

历史日志查询用例主要流程如图 5-41 所示。

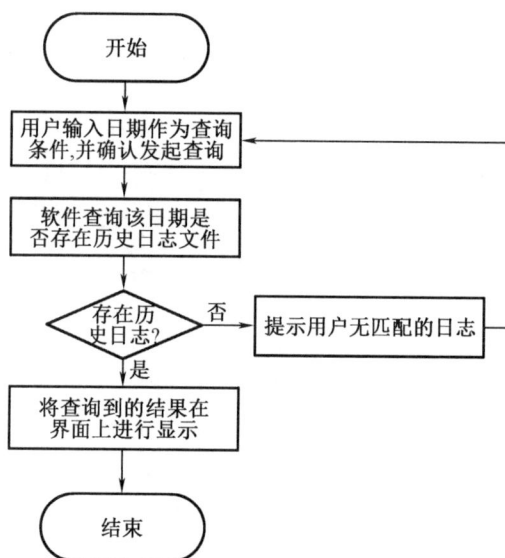

图 5-41　历史日志查询用例主要流程图

历史日志查询用例描述表见表 5-14。

表 5-14　历史日志查询用例描述表

用例编号	SR_WLJKGL_GZRZJL	用例名称	历史日志查询
编写者		时间	
触发事件	用户进入日志查询界面		
用例描述	用户可按照日期进行查询,查看所属日期的软件运行情况		
参与者	操作人员		

表 5-14(续)

前提条件	网络监控管理软件正常完成开机自检
后续条件	将用户关注的日志信息进行显示
主事件流	1. 将用户输入日期作为查询条件,并确认发起查询; 2. 软件查询该日期是否存在历史日志文件; 3. 若存在历史日志文件,将查询到的结果在界面上进行显示; 4. 否则,提示用户无匹配的日志
可替换事件流	无

⑥端口镜像控制

端口镜像控制用例无子用例,主要实现对交换机端口镜像数据的记录,用例关系如图 5-42 所示。

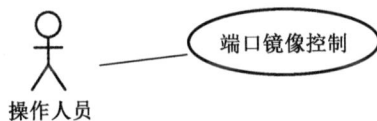

图 5-42　端口镜像控制用例图

端口镜像控制用例主要流程如 5-43 所示。

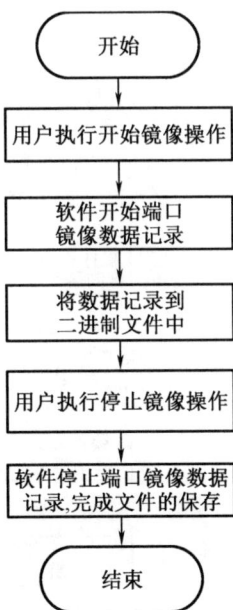

图 5-43　端口镜像控制用例主要流程图

端口镜像控制用例描述表见表 5-15。

表 5-15　端口镜像控制用例描述表

用例编号	SR_WLJKGL_DKJXKZ	用例名称	端口镜像控制
编写者		时间	
触发事件	用户进入端口镜像控制界面		
用例描述	软件根据用户的操作,控制端口镜像功能开始或停止,对交换机端口镜像数据进行记录,以便后续进行离线数据读取和分析		
参与者	操作人员		
前提条件	网络监控管理软件正常完成开机自检		
后续条件	完成镜像数据的记录		
主事件流	1.用户执行开始镜像操作; 2.软件开始端口镜像数据记录,将数据记录到二进制文件中; 3.用户执行停止镜像操作; 4.软件停止端口镜像数据记录,完成二进制文件的保存		
可替换事件流	无		

⑦网络交换设备配置

网络交换设备配置用例无子用例,主要实现对交换机的远程登录,进行交换机配置查询和配置修改,用例关系如图 6-45 所示。

网络交换设备配置用例主要流程如图 6-46 所示。

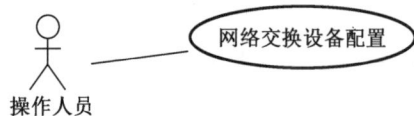

图 5-44　网络交换设备配置用例图　　　　图 5-45　网络交换设备配置用例主要流程图

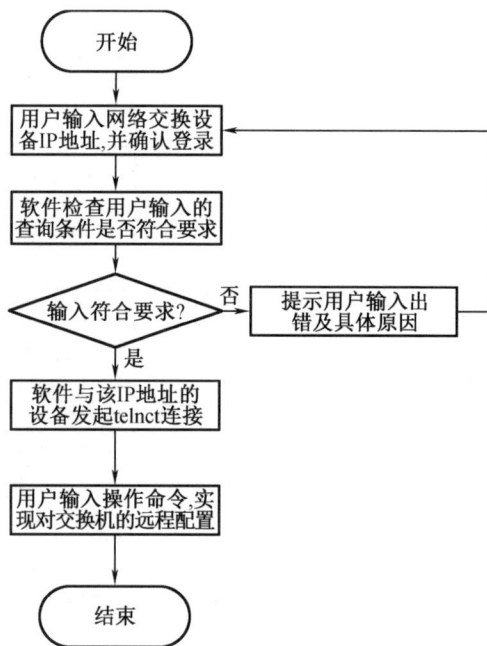

网络交换设备配置用例描述表见表 5-16。

表 5-16 网络交换设备配置用例描述表

用例编号	SR_WLJKGL_WLJHSBPZ	用例名称	网络交换设备配置
编写者		时间	
触发事件	用户进入网络交换设备配置界面		
用例描述	软件提供对交换机远程登录功能,用户在软件中输入需配置的交换机 IP 地址并确认登录,软件通过 telnet 连接目标交换机,用户即可在本软件输入各种操作命令,实现对交换机的远程操作配置		
参与者	操作人员		
前提条件	网络监控管理软件正常完成开机自检,软件处于管理员模式		
后续条件	完成网络交换设备配置		
主事件流	1. 用户输入需要配置的网络交换设备 IP 地址,并确认登录; 2. 软件检查用户输入的查询条件是否符合要求; 3. 若用户输入符合要求,软件与该 IP 地址的设备发起 telnet 连接,否则执行可替换事件流; 4. 用户可通过 telnet 连接界面,输入各种操作命令,实现对交换机的远程操作配置; 5. 配置完成后,关闭 telnet 连接		
可替换事件流	提示用户输入出错及具体原因,重新执行主事件流的步骤 1		

⑧用户权限管理

用户权限管理用例主要包括用户信息管理和用户登录管理两个子用例,实现对用户信息的增加、修改、删除,以及用户登录控制,用例关系如图 5-46 所示。

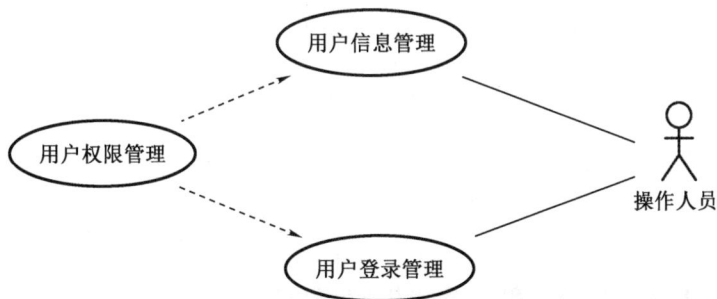

图 5-46 用户权限管理用例图

a. 用户信息管理

用户信息管理用例主要流程如图 5-47 所示。

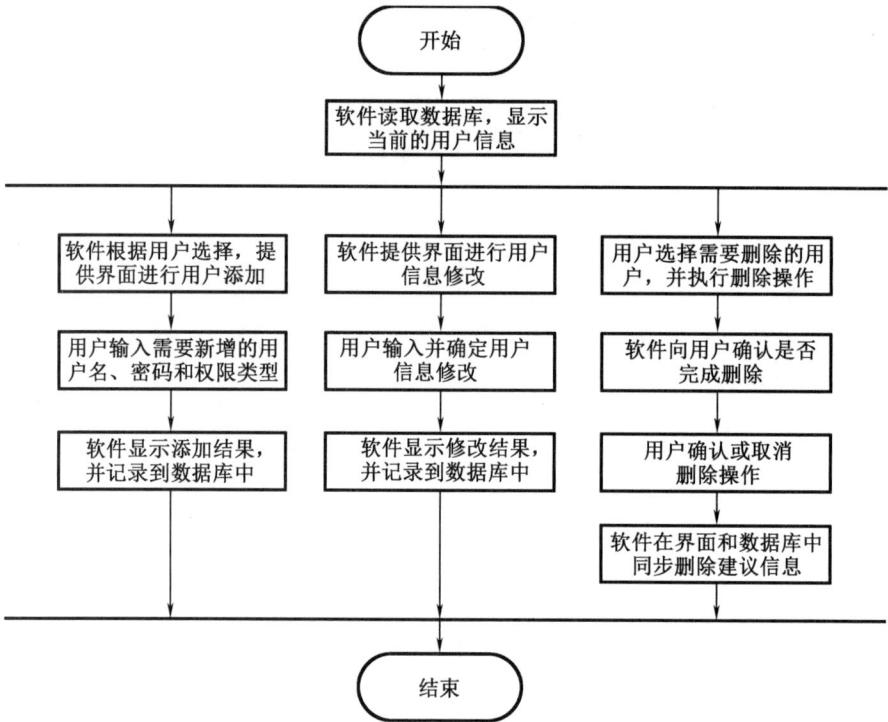

图 5-47　用户信息管理用例主要流程图

用户信息管理用例描述表见表 5-17。

表 5-17　用户信息管理用例描述表

用例编号	SR_WLJKGL_YHXXGL	用例名称	用户信息管理
编写者		时间	
触发事件	用户进入用户管理界面		
用例描述	软件为管理员用户提供用户信息管理功能,用户可以查看当前系统中支持的用户信息,并对用户信息进行增加、修改、删除		
参与者	操作人员		
前提条件	网络监控管理软件正常完成开机自检,软件处于管理员模式		
后续条件	将最新的用户信息记录到数据库中,并更新显示		
主事件流	1. 软件读取数据库,在界面上显示当前的用户信息; 2. 若用户需要修改用户信息,则执行后续流程;若需要添加用户信息,则执行可替换事件流 1;若需要删除用户信息,则执行可替换事件流 2; 3. 用户选择某项用户信息,软件为用户提供界面进行修改; 4. 用户输入并确定修改; 5. 软件检查用户输入信息是否合法,若合法,则执行后续流程,否则提示用户输入出错及具体原因,重新执行步骤 4; 6. 软件将用户修改的用户信息进行显示,并记录到数据库中		

表 5-17（续）

可替换 事件流 1	1. 用户选择添加用户信息,软件为用户提供界面进行添加; 2. 用户输入需要新增的用户名、密码和权限类型; 3. 软件检查用户输入信息是否合法,若合法,则执行后续流程,否则提示用户输入出错及 具体原因,重新执行步骤 2; 4. 软件将用户新增的用户信息进行显示,并记录到数据库中
可替换 事件流 2	1. 用户选择需要删除的用户信息,并执行删除操作; 2. 软件向用户确认是否完成删除; 3. 用户确认或取消删除操作; 4. 若用户确认删除操作,则软件在界面和数据库中同步删除该条用户信息; 5. 若用户取消删除操作,则软件不做任何处理

b. 用户登录管理

用户登录管理用例主要流程如图 5-48 所示。

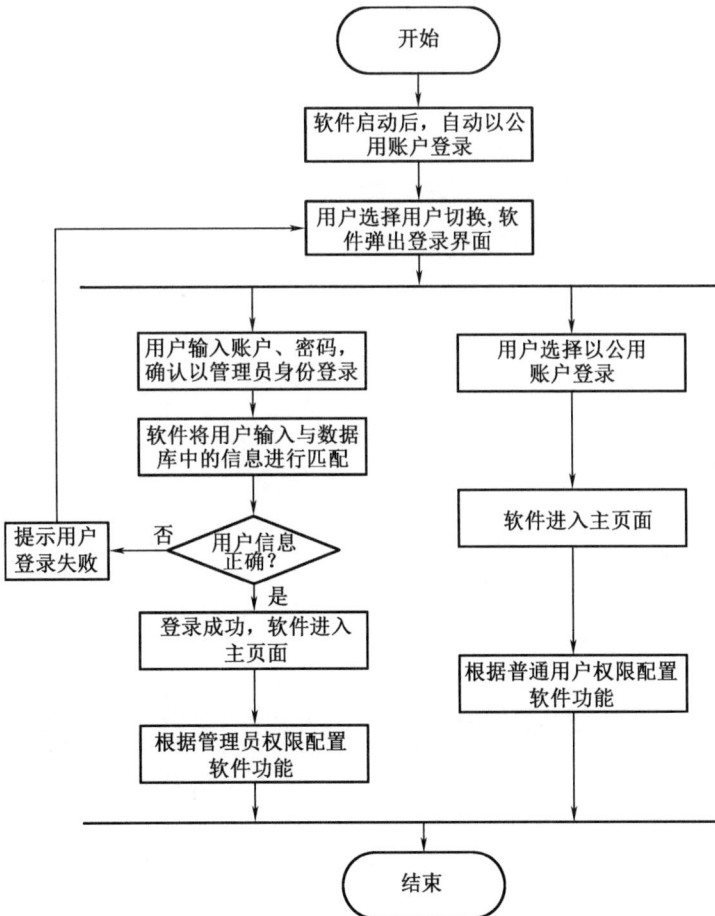

图 5-48　用户登录管理用例主要流程图

用户登录管理用例描述表见表 5-18。

表 5-18　用户登录管理用例描述表

用例编号	SR_WLJKGL_YHDLGL	用例名称	用户登录管理
编写者		时间	
触发事件	软件启动； 用户执行用户切换操作		
用例描述	软件进行用户切换时,进行用户登录管理。用户根据所获得的账户和密码,登录并进行验证,如果验证失败会提示用户错误信息。如果验证成功,即可登录到软件的主页面,并根据用户权限配置可用的功能		
参与者	操作人员		
前提条件	无		
后续条件	进入主页面,根据用户权限完成可用功能配置		
主事件流	1. 软件启动后,自动以公用账户登录； 2. 用户选择用户切换,软件弹出登录界面； 3. 若用户需要以管理员身份登录,则执行后续流程,否则执行可替换事件流； 4. 用户输入账号、密码,确认以管理员身份登录； 5. 软件根据用户输入的账号、密码,与数据库中的用户信息进行匹配； 6. 若数据库中存在匹配的用户信息,则登录成功,软件进入主页面,并根据管理员权限配置软件功能；若数据库中不存在匹配的用户信息,则提示用户登录失败并重新执行步骤2。		
可替换事件流	用户选择以公用账号登录,软件进入主页面,并根据普通用户权限配置软件功能		

⑨设备时钟同步

设备时钟同步用例无子用例,主要实现根据时统信息校正本地系统时间,用例关系如图 5-49 所示。

设备时钟同步用例主要流程如图 5-50 所示。

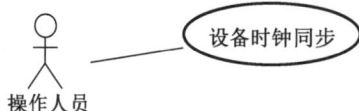

图 5-49　设备时钟同步用例图　　　　图 5-50　设备时钟同步用例主要流程图

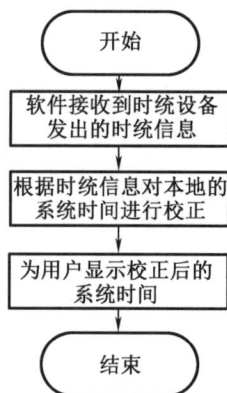

设备时钟同步用例描述表见表 5-19。

表 5-19　设备时钟同步用例描述表

用例编号	SR_WLJKGL_SBSZTB	用例名称	设备时钟同步
编写者		时间	
触发事件	无		
用例描述	软件运行过程中,接收时统设备发出的时统信息,并根据时统信息对本地的系统时间进行校正		
参与者	操作人员		
前提条件	收到时统设备发出的信息		
后续条件	本地系统时钟得到校正		
主事件流	1. 软件接收到时统设备发出的时统信息; 2. 根据时统信息对本地的系统时间进行校正,并为用户显示校正后的系统时间		
可替换事件流	无		

（3）外部接口需求

①接口标识和接口图

网络监控管理设备软件对外的数据接口为以太网接口,接口图如图 5-51 所示。

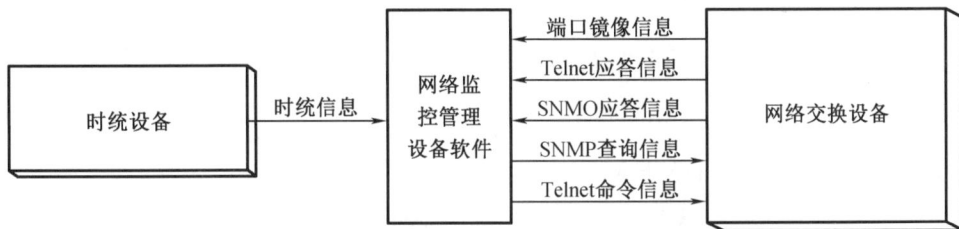

图 5-51　网管软件系统外部接口示意图

网络监控管理软件与网络交换设备之间通过以太网进行通信,使用 SNMP 协议实现网络监控管理信息的交互,使用 Telnet 协议实现对网络交换设备的配置,使用网络镜像方式实现对数据信息的记录监听。

网络监控管理软件使用应用集成公共支撑软件提供的订阅/发布接口,通过以太网与时统设备进行通信,实现时统信息接收。

②外部接口标识

软件外部接口标识和具体信息见表 5-20。

表 5-20　外部接口标识汇总

序号	信源	信宿	接口名称	接口标识	类型	接口功能说明
1	网络监控管理设备软件	网络交换设备	SNMP查询信息	O_SNMP_Query	以太网	查询网络交换设备的状态信息
2	网络交换设备	网络监控管理设备软件	SNMP应答信息	I_SNMP_Response	以太网	网络交换设备响应查询后,返回结果信息
3	网络监控管理设备软件	网络交换设备	telnet命令信息	O_Telnet_Command	以太网	向网络交换设备发送telnet命令
4	网络交换设备	网络监控管理设备软件	telnet应答信息	I_Telnet_Response	以太网	网络交换设备响应命令后,返回结果信息
5	网络交换设备	网络监控管理设备软件	端口镜像信息	I_Port_Mirroring	以太网	获取网络交换设备的端口镜像数据
6	时统设备	网络监控管理设备软件	时统信息	I_DDS_Time	以太网	由时统设备获取时统信息

(4)内部接口需求

本系统所有内部接口设计时统一明确。

(5)内部数据需求

本系统所有内部数据设计时统一明确。

5.2.3.2　网络控制与管理系统架构及逻辑设计

(1)设计决策

①输入输出和系统接口设计决策

a.对软件的人机交互遵循统一的设计要求,且满足嵌入节点的设计要求。

②系统行为的设计决策

a.各 CSCI 的界面操作响应时间一般要小于 2 s,若是操作时间超过 2 s,给出操作提示;

b.对于不合法的输入,给出合法输入提示。

③系统数据库/数据文件设计决策

a.能对数据库/数据文件进行显示、导出、修改、删除等;

b.能对记录的数据文件进行压缩存储。

④可移植性

a.本软件运行环境指定为中标麒麟系列操作系统,不考虑可移植性。

(2)软件体系结构

网络监控管理设备体系结构自上而下共分为四层,分别是人机交互层、应用层、框架层、支撑层(图 5-52)。

网络监控管理设备软件体系				
人机交互层	人机交互界面　触控显示屏			
应用层	主体框架单元　拓扑视图单元　交换机管理单元　告警管理单元　镜像控制单元 配置管理单元　实时监控单元　阈值设置单元　排故指南单元　日志操作单元 离线查询单元　用户管理单元　端口镜像记录单元			
框架层	Qt4.8.5			
支撑层	中标麒麟4.0　Sqlite 5.0　声光报警模块驱动　网络驱动　触摸屏驱动			

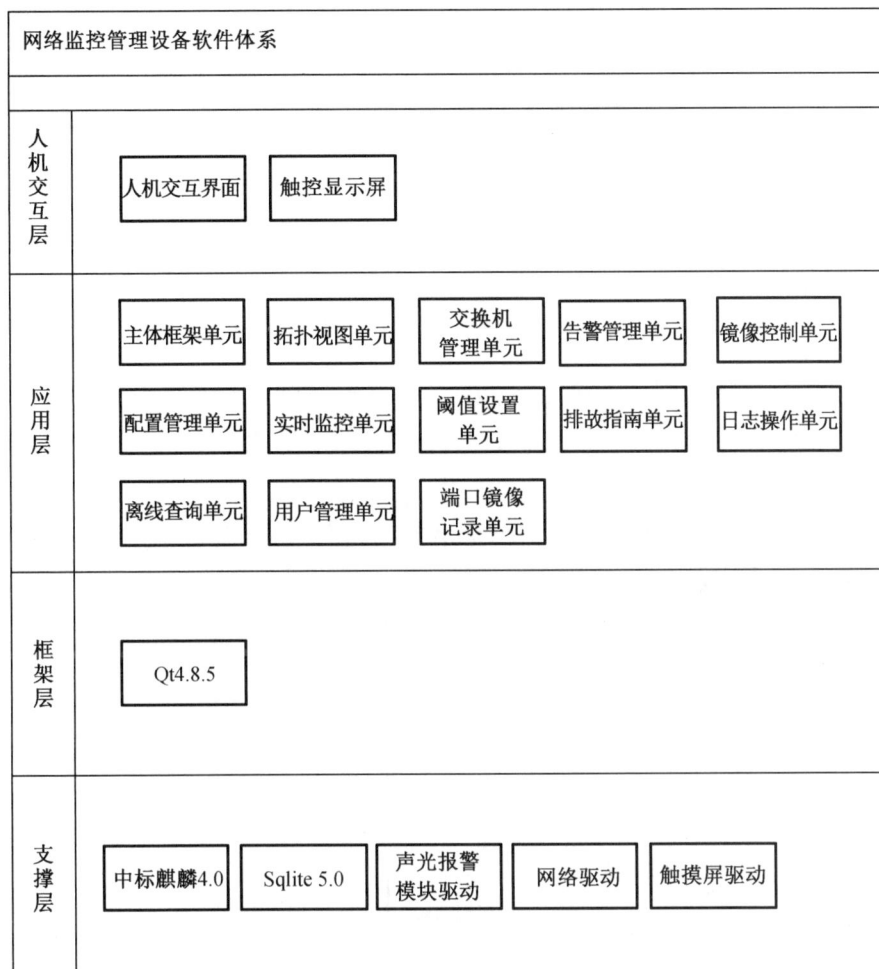

图 5-52　网络监控管理设备体系结构图

（3）系统业务逻辑

①软件初始自检

a. 实现流程

实现流程如图 5-53 所示。

b. 结构与算法

无特殊算法。

c. 补充说明

软件初始自检主要完成:设备状态检查,保证满足软件运行的基本要求;进行通信的网络是否畅通,保证设备与交换网络通信正常;本地数据库连接检查,由于数据库中保存有软件运行的重要信息,所以连接数据库正常保证软件基本运行要求。

②网络设备监控

a. 实现流程

实现流程如图 5-54 所示。

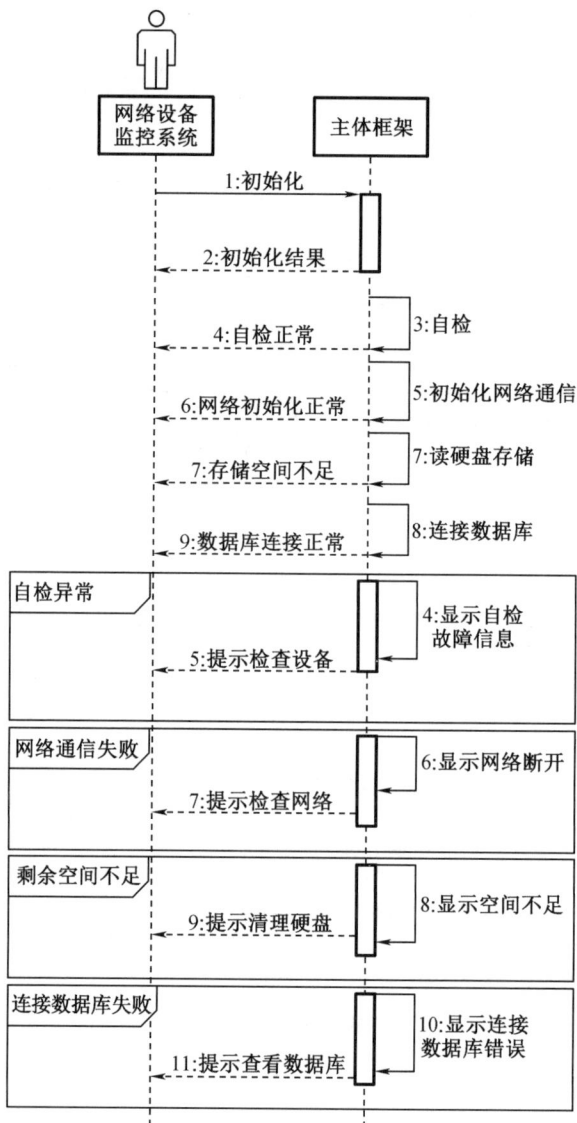

图 5-53　软件初始自检用例时序图

b.结构与算法

无特殊算法。

c.补充说明

网络监控设备主要完成:显示数据库中保存的交换机信息,允许管理员修改交换机信息并更新信息到数据库中;主界面中以拓扑图的形式显示交换网络,区分显示交换设备的开关机状态、连接状态,同时实时通过 SNMP 查询更新显示交换网络状态;界面中常态显示核心交换机的全部端口状态,实时通过 SNMP 协议查询交换机端口状态,并通过不同的图标来更新端口状态;点击任意交换机则显示该交换机的全部端口状态、基本信息、当前告警信息;选择交换机后可以查询交换机的详细信息,即交换机连接的所有设备、交换机各端口的状态;设备状态发生改变则立即更新显示。

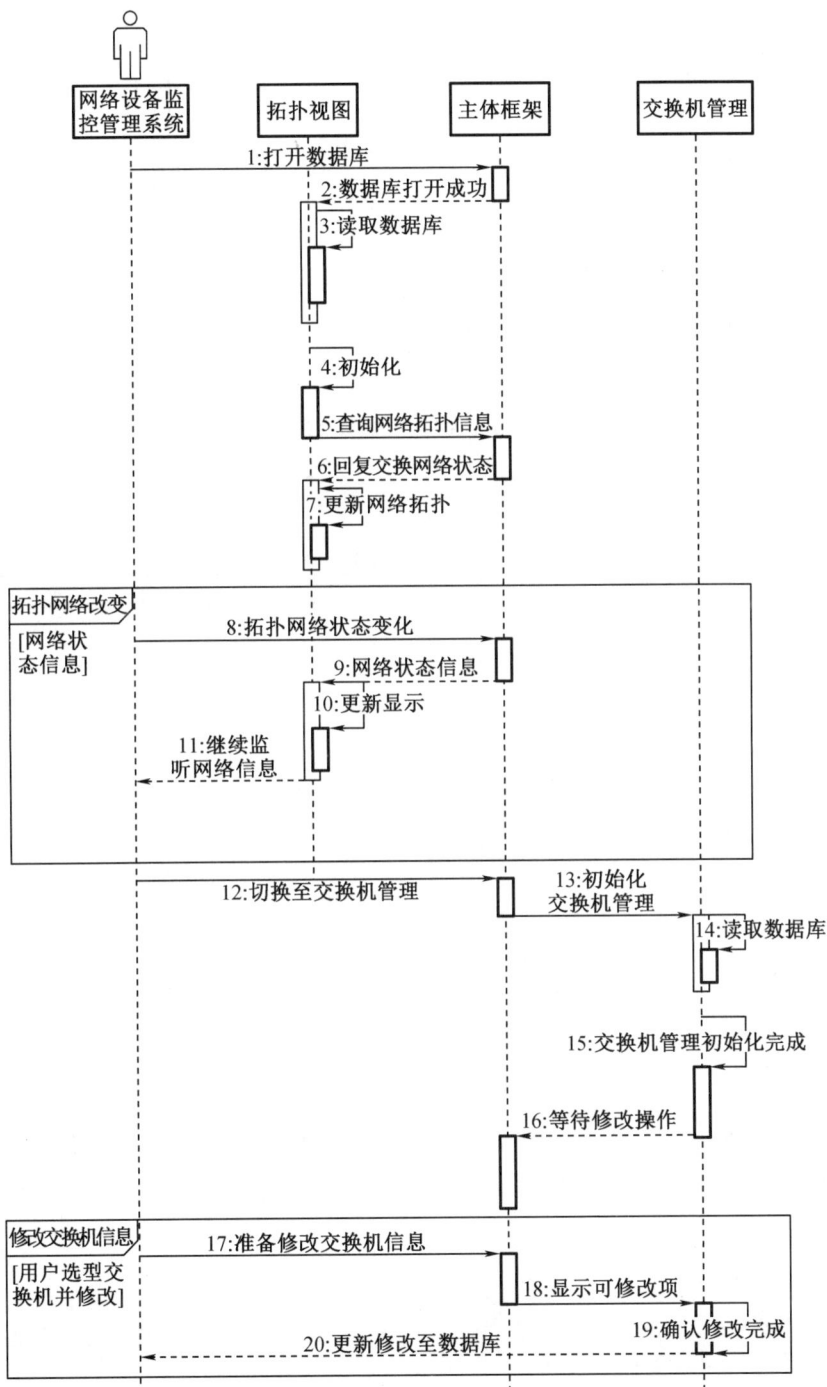

图 5-54　网络设备监控时序图

③网络性能管理

a. 实现流程

实现流程如图 5-55 所示。

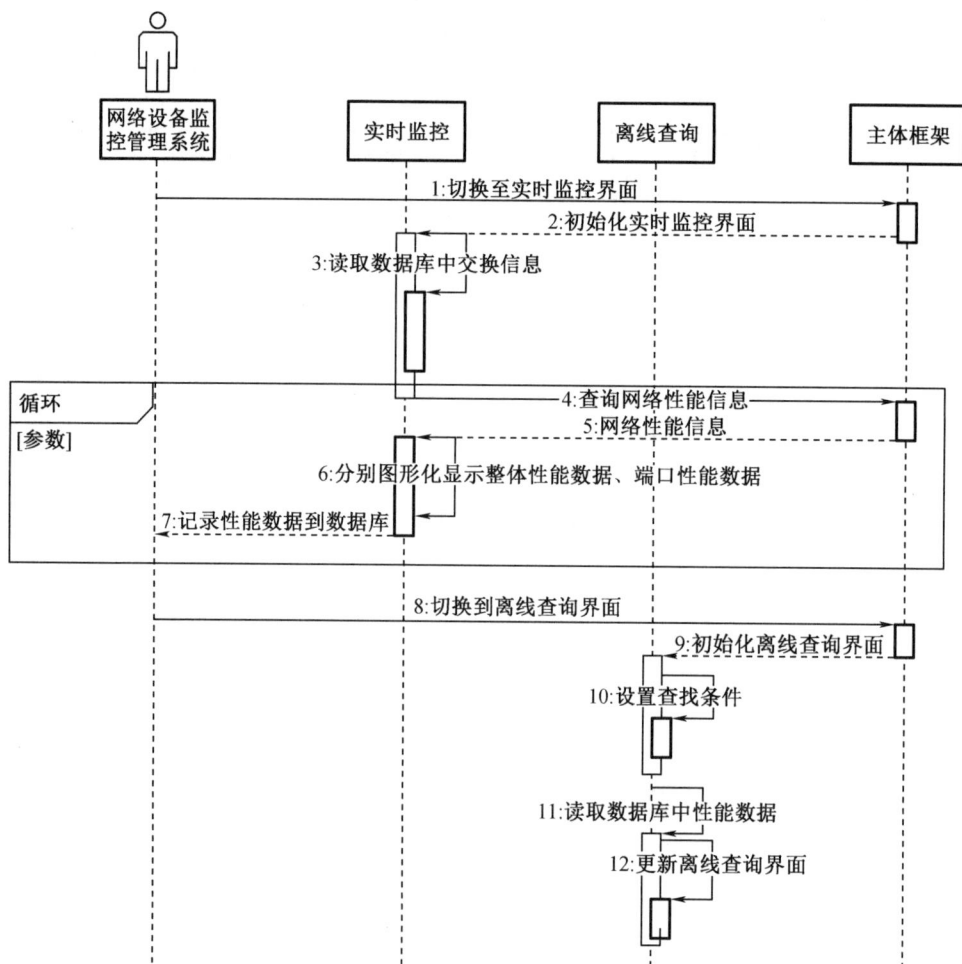

图 5-55　网络性能管理用例序列图

b. 结构与算法

无特殊算法。

c. 补充说明

网络性能管理主要完成:图形化显示交换机的整体性能,并实时更新显示;图形化显示交换机所有端口的进出流量,并实时更新显示;离线筛选查询并显示网络性能数据记录,查询条件可任意组合。

④ 故障报警管理

a. 实现流程

实现流程如图 5-56 所示。

b. 结构与算法

无特殊算法。

c. 补充说明

故障报警管理主要完成:显示当前全部阈值设置信息;允许修改已有阈值设置并保存修改;用户添加交换机某端口阈值设置或修改任意阈值设置时,根据不同情况给出合理输入限制;将实时采集的网络性能数据与当前设置的阈值进行比较,超过阈值范围则进行声光报警;选择查询条件后查询,显示相应的告警信息;显示数据库中保存的故障排查建议;允许修改、添加、删除现有故障排查建议。

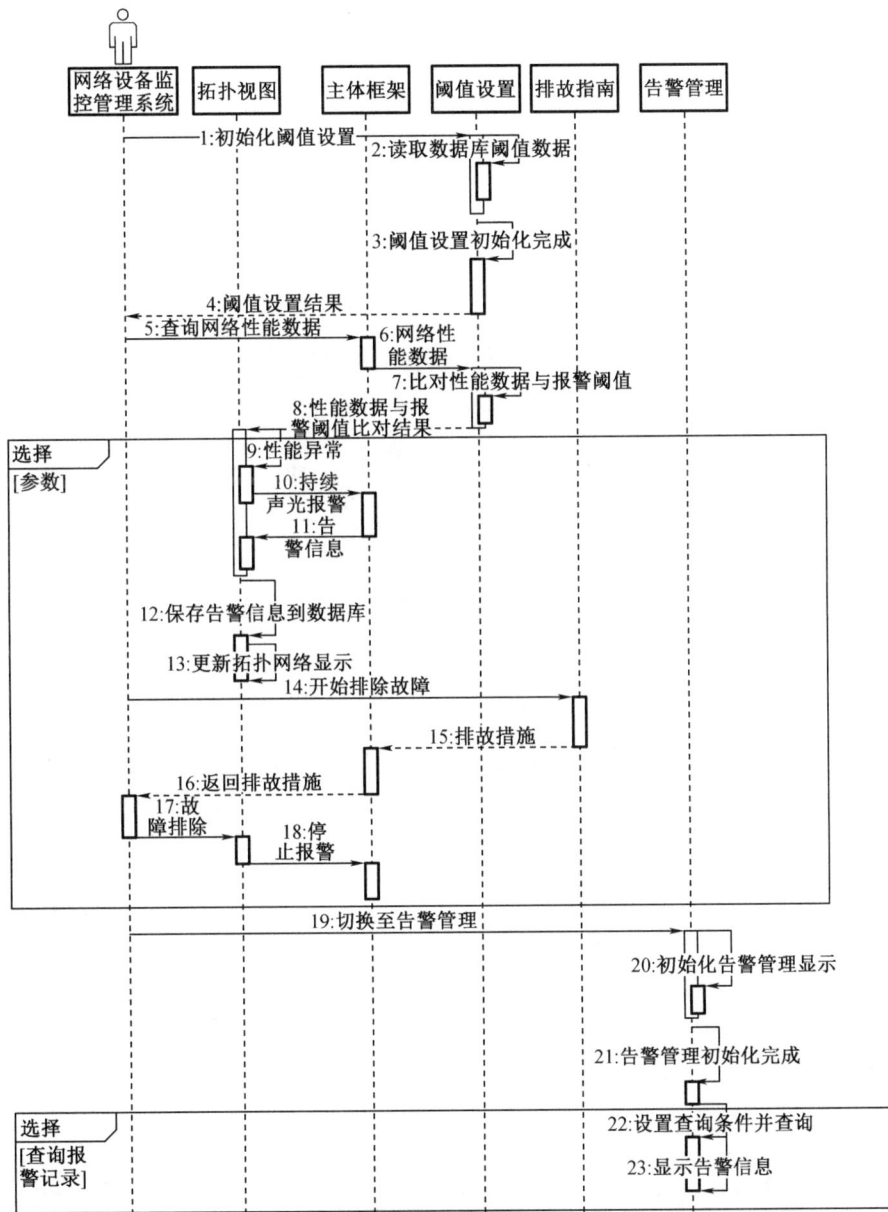

图5-56 故障报警管理用例序列图

⑤工作日志管理

a.实现流程

实现流程如图5-57所示。

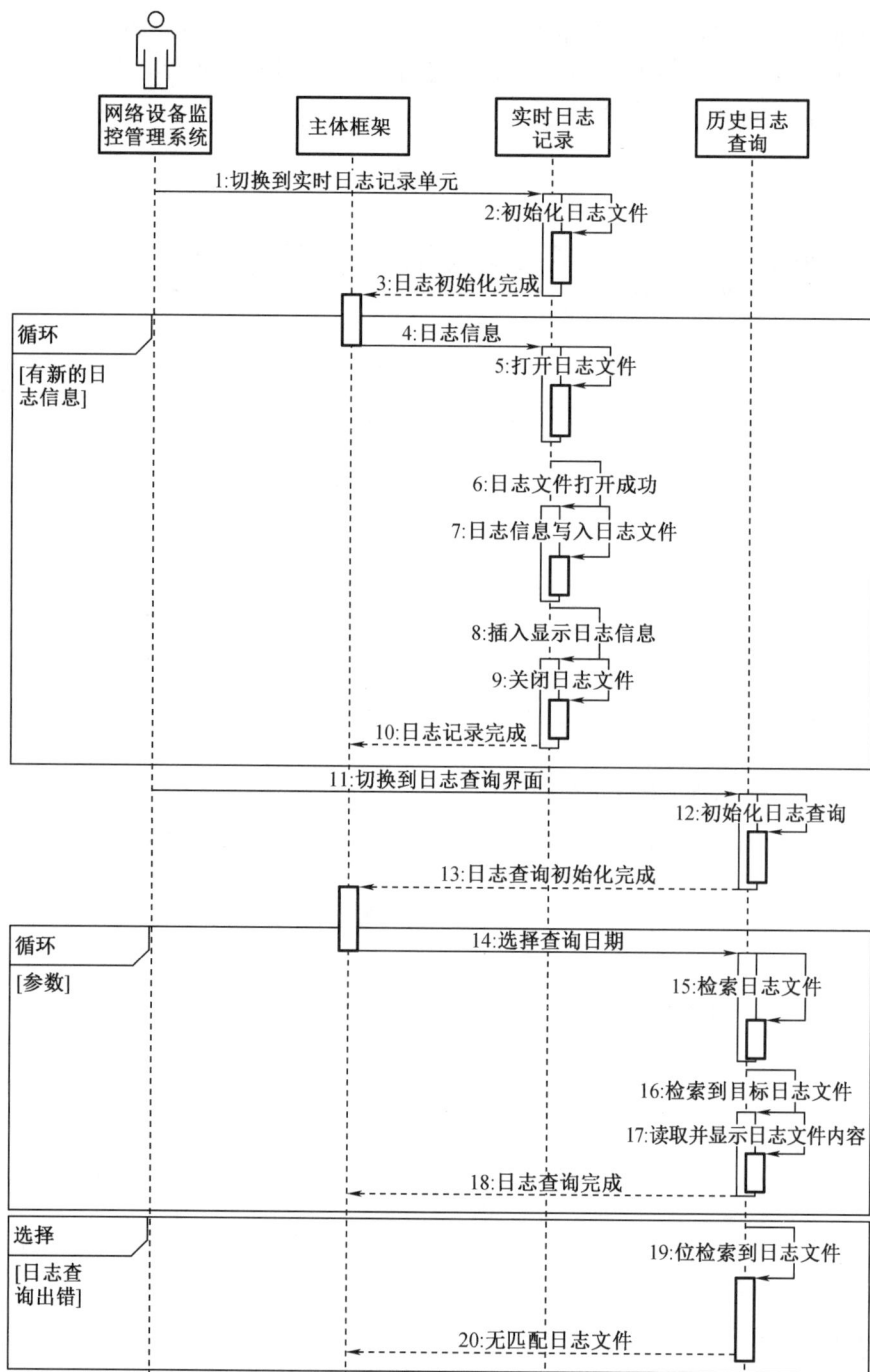

图 5-57　工作日志管理用例序列图

b. 结构与算法

无特殊算法。

c. 补充说明

工作日志管理主要完成:记录和显示软件的工作信息、用户的关键操作、网络中交换设备的状态切换情况;显示数据库中保存的故障排查建议;允许修改、添加、删除现有故障排查建议。

⑥端口镜像控制

a.实现流程

实现流程如图 5-58 所示。

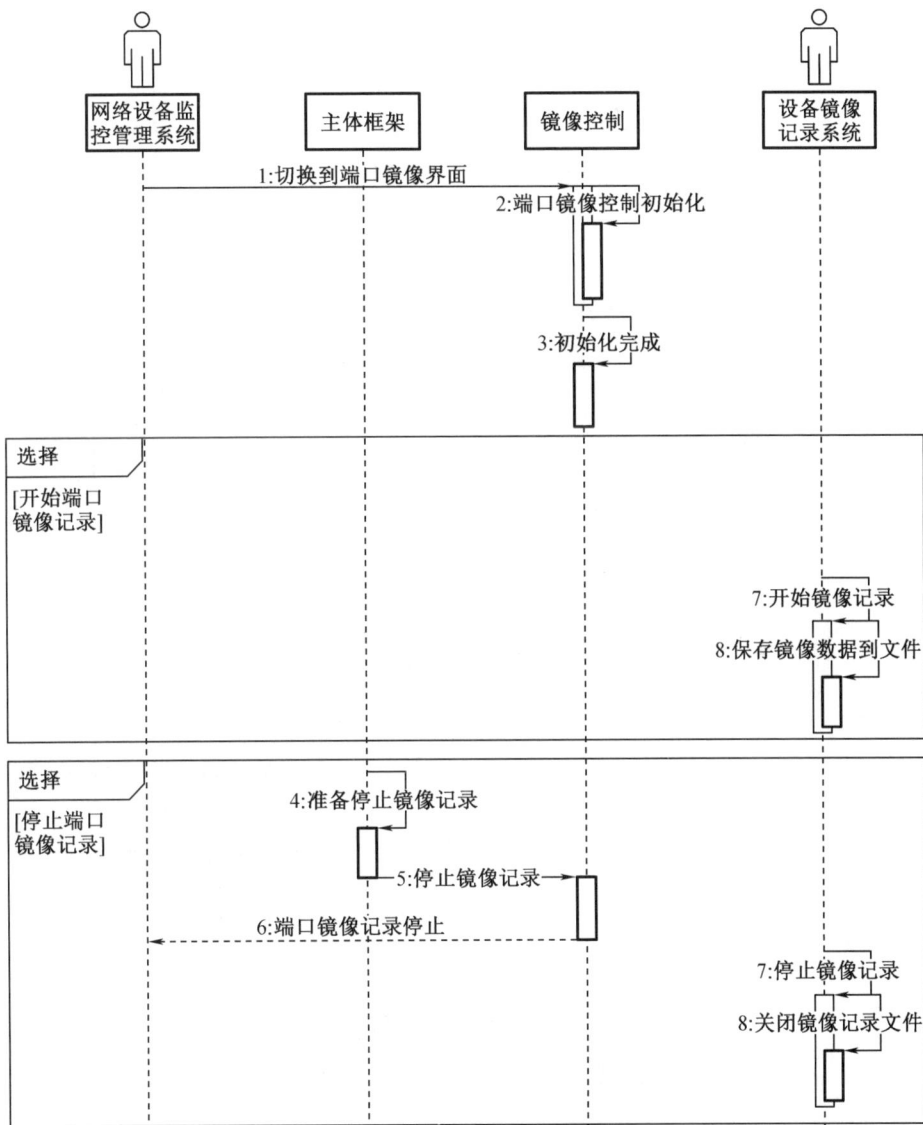

图 5-58　端口镜像控制用例序列图

b.结构与算法

无特殊算法。

c.补充说明

端口镜像控制主要完成:控制记录网络中交换设备的端口镜像数据到本地镜像文件中。

⑦网络交换设备配置

a. 实现流程

实现流程如图 5-59 所示。

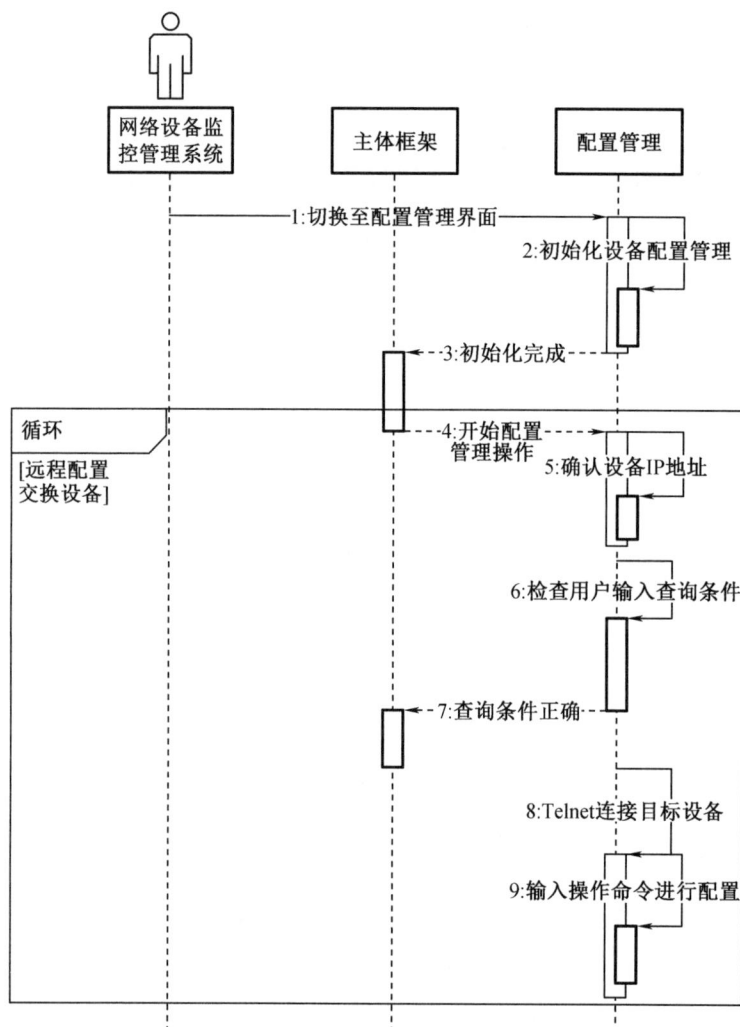

图 5-59　网络设备交换配置用例序列图

b. 结构与算法

无特殊算法。

c. 补充说明

网络交换设备配置主要完成：通过 Telnet 远程连接交换设备，输入操作命令后实现对交换设备的远程配置。

⑧用户权限管理

a. 实现流程

实现流程如图 5-60 所示。

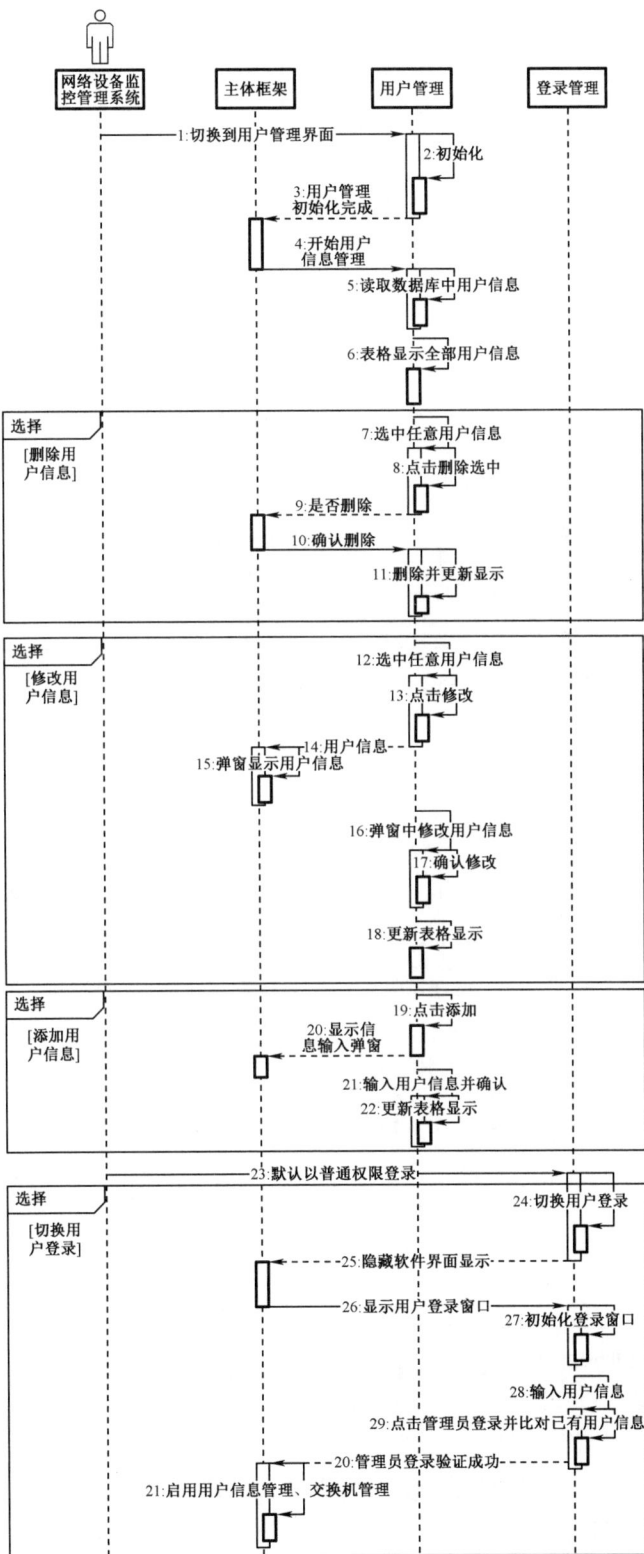

图5-60　用户权限管理用例序列图

b. 结构与算法

无特殊算法。

c. 补充说明

用户权限管理主要完成：显示数据库中保存的用户信息；允许管理员修改现有用户信息；管理员登录时，验证用户信息，与数据库中用户信息比对无误后通过验证，普通用户登录面验证。

⑨设备时钟同步

a. 实现流程

实现流程如图 5-61 所示。

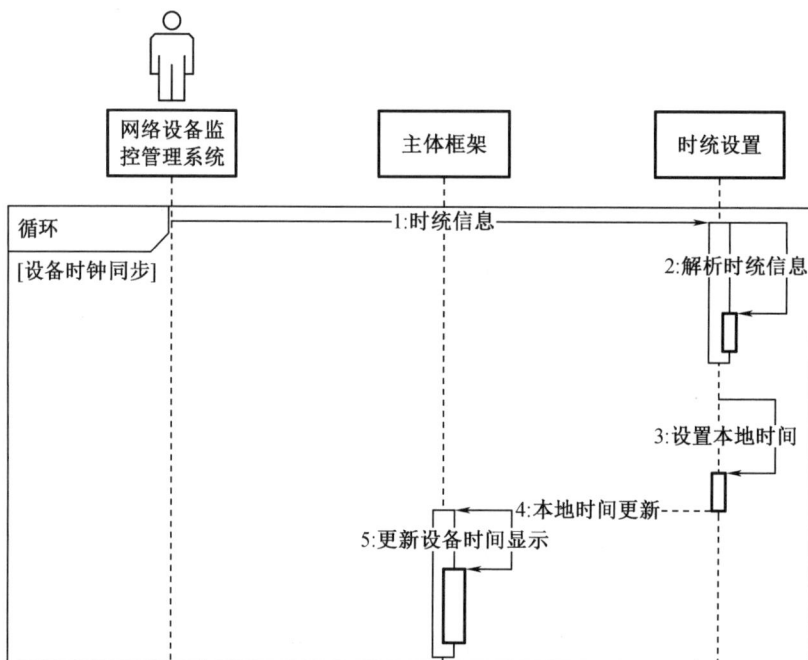

图 5-61　设备时钟同步用例序列图

b. 结构与算法

无特殊算法。

c. 补充说明

设备时钟同步主要完成：接收时统设备发送的时统信息；解析时统信息，将根据时统信息设置设备本地时间。

（4）内部接口设计

①接口标识和接口图

网络监控管理设备内部数据接口为公用方法，接口图如图 5-62 所示。

网络监控管理设备子系统之间基于 Socket 通信，使用 UDP 协议实现子系统之间信息通信，即使用 UDP 协议发送/接收通信信息。

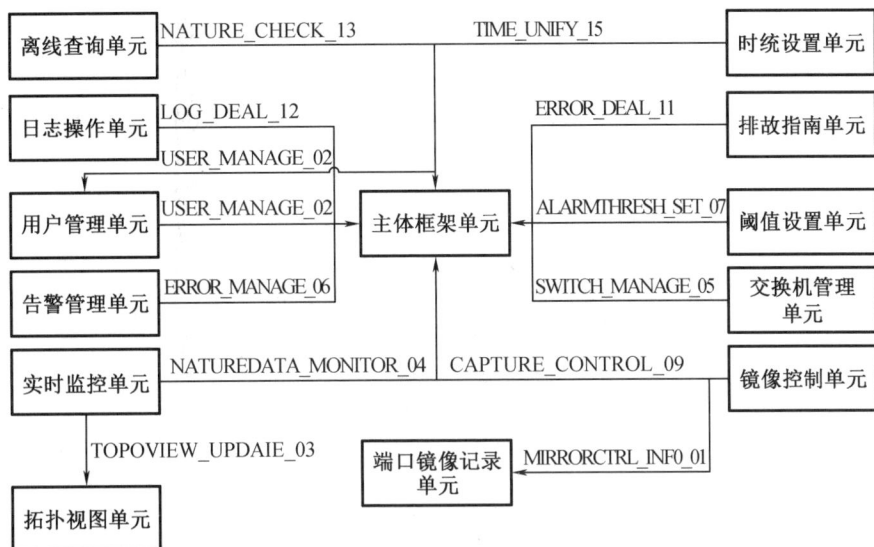

图 5-62　内部接口示意图

②内部接口标识

软件内部接口标识和具体信息见表 5-21 至表 5-36。

表 5-21　内部接口标识信息描述表

序号	信源	信宿	接口名称	接口标识	接口功能说明
1	镜像控制单元	端口镜像记录单元	镜像控制信息	MIRRORCTRL_INFO_01	发送开始或停止记录信息
2	用户管理单元	主体框架单元	用户权限信息	USER_MANAGE_02	获取用户权限
3	实时监控单元	拓扑视图单元	拓扑视图更新	TOPOVIEW_UPDATE_03	更新拓扑视图显示
4	主体框架单元	实时监控单元	交换机性能信息	NATUREDATA_MONITOR_04	刷新显示性能数据监控曲线
5	主体框架单元	交换机管理单元	交换机信息管理	SWITCH_MANAGE_05	显示、修改交换机信息
6	主体框架单元	告警管理单元	管理历史告警信息	ERROR_MANAGE_06	查询、显示、删除告警信息
7	主体框架单元	阈值设置单元	告警阈值设置	ALARMTHRESH_SET_07	操作交换机告警阈值
8	其他单元	主体框架单元	界面初始化	FRAMVIEW_INIT_08	初始化所有功能单元,建立信息转发接口
9	主体框架单元	镜像控制单元	镜像控制信息	CAPTURE_CONTROL_09	控制镜像记录开始或停止

表 5-21（续）

序号	信源	信宿	接口名称	接口标识	接口功能说明
10	主体框架单元	配置管理单元	配置管理操作	CONFIG_MANAGE_10	远程连接交换机并进行配置
11	主体框架单元	排故指南单元	排故指南信息	ERROR_DEAL_11	显示和操作排故指南信息
12	主体框架单元	日志操作单元	日志信息	LOG_DEAL_12	显示、记录、查看日志信息
13	主体框架单元	离线查询单元	性能数据查询	NATURE_CHECK_13	显示、查看、删除历史性能数据
14	其他单元	用户管理单元	用户登录管理	USERINFO_MANAGE_14	操作用户信息、管理用户登录
15	主体框架单元	时统设置单元	时统操作	TIME_UNIFY_15	同步设备系统时间
16	镜像控制单元	端口镜像记录单元	端口镜像操作	CAPTURE_DEAL_16	记录或停止端口镜像记录

表 5-22　具体信息 1

接口标识	MIRRORCTRL_INFO_01								
使用说明	函数功能:发送镜像控制信息 当开始或停止镜像记录时被调用								
数据元素说明	名称	英文名	简短描述	类型	测量单位	极限值/值域	精确度	精度/分辨率	合法性检查
	控制指令	ctrl_info	开始或停止记录	int	—	—	—	—	—

表 5-23　具体信息 2

接口标识	USER_MANAGE_02								
使用说明	函数功能:提供当前登录用户权限 切换用户登录时被调用								
数据元素说明	名称	英文名	简短描述	类型	测量单位	极限值/值域	精确度	精度/分辨率	合法性检查
	用户权限	user_limit	管理员权限或普通权限	bool	—	—	—	—	—
	用户详细信息	user_info	用户的详细信息	QString	—	—	—	—	—

表5-24　具体信息3

接口标识	TOPOVIEW_UPDATE_03								
使用说明	函数功能：实时更新交换网络的拓扑显示 更新拓扑图显示时被调用								
数据元素说明	名称	英文名	简短描述	类型	测量单位	极限值/值域	精确度	精度/分辨率	合法性检查
	告警信息	Alarm	交换机的告警信息	QString	—	—	—	—	—
	恢复正常	Normal	交换机恢复正常	QString	—	—	—	—	—
	端口连线	portStatus	交换机端口状态信息	QString	—	—	—	—	—

表5-25　具体信息4

接口标识	NATUREDATA_MONITOR_04								
使用说明	函数功能：根据snmp查询的结果实时更新交换机性能曲线图显示 接收到交换机性能数据后被调用								
数据元素说明	名称	英文名	简短描述	类型	测量单位	极限值/值域	精确度	精度/分辨率	合法性检查
	性能数据	Data	交换机的主要性能数据	double	—	—	—	—	—
	流量速率	Flow	流入流出速率	double	—	—	—	—	—

表5-26　具体信息5

接口标识	SWITCH_MANAGE_05								
使用说明	函数功能：显示数据库中的交换机信息、管理员可以修改交换机信息 交换机管理初始化和管理员修改交换机信息时被调用								
数据元素说明	名称	英文名	简短描述	类型	测量单位	极限值/值域	精确度	精度/分辨率	合法性检查
	交换机信息	switchInfo_DB	数据库中的或者管理员修改后的交换机信息	QString	—	—	—	—	—

表 5-27　具体信息 6

接口标识	ERROR_MANAGE_06								
使用说明	函数功能：显示、增加、删除、修改、查询数据库中交换机告警信息 告警管理初始化时、管理员增删改查交换机告警信息时被调用								
数据元素 说明	名称	英文名	简短描述	类型	测量 单位	极限值/ 值域	精确度	精度/ 分辨率	合法性 检查
	告警信息	errorInfo	数据库中保存着交换机的告警信息	QString	—	—	—	—	—

表 5-28　具体信息 7

接口标识	ALARMTHRESH_SET_07								
使用说明	函数功能：显示、增加、删除、修改交换机报警的阈值大小 阈值设置初始化时、管理员增加、删除、修改阈值时被调用								
数据元素 说明	名称	英文名	简短描述	类型	测量 单位	极限值/ 值域	精确度	精度/ 分辨率	合法性 检查
	报警阈值	alarmThresh	交换机报警时达到的最小值	int	—	—	—	—	—

表 5-29　具体信息 8

接口标识	CAPTURE_CONTROL_09								
使用说明	函数功能：发送开始镜像记录或停止镜像记录的控制指令 端口镜像中点击开始或停止时被调用								
数据元素 说明	名称	英文名	简短描述	类型	测量 单位	极限值/ 值域	精确度	精度/ 分辨率	合法性 检查
	镜像控制 信息	mirrorCtrl	镜像记录单元开始或停止记录的指令	QByte Array	—	—	—	—	—

表 5-30　具体信息 9

接口标识	CONFIG_MANAGE_10								
使用说明	函数功能：通过 telnet 远程连接到交换机，根据输入指令完成配置 管理员进行远程配置时被调用								
数据元素说明	名称	英文名	简短描述	类型	测量单位	极限值/值域	精确度	精度/分辨率	合法性检查
	配置指令	configInfo	交换机的远程配置指令	—	—	—	—	—	—

表 5-31　具体信息 10

接口标识	ERROR_DEAL_11								
使用说明	函数功能：显示故障排除指南，增加、删除、修改排故指南								
数据元素说明	名称	英文名	简短描述	类型	测量单位	极限值/值域	精确度	精度/分辨率	合法性检查
	排故指南	errorGuid	排除故障的	QString	—	—	—	—	—

表 5-32　具体信息 11

接口标识	LOG_DEAL_12								
使用说明	函数功能：显示实时的日志信息、显示需要查看的目标日志信息 有新的日志或用户查看目标日期的日志时被调用								
数据元素说明	名称	英文名	简短描述	类型	测量单位	极限值/值域	精确度	精度/分辨率	合法性检查
	实时日志	realTimeLog	本次软件启动后的日志信息	QString	—	—	—	—	—
	历史日志	historyLog	保存在本地的日志文件中内容	QString	—	—	—	—	—

表 5-33　具体信息 12

接口标识	NATURE_CHECK_13								
使用说明	函数功能：显示、删除、查询存在数据库中的历史性能数据 用户查询或删除性能数据时被调用								
数据元素说明	名称	英文名	简短描述	类型	测量单位	极限值/值域	精确度	精度/分辨率	合法性检查
	历史性能数据	natureData	数据库中记录的性能数据	QString	—	—	—	—	—

表 5-34　具体信息 13

接口标识	USERINFO_MANAGE_14								
使用说明	函数功能：显示、增加、删除、修改数据库中用户信息 用户信息管理初始化、管理员增、删、改用户信息时被调用								
数据元素说明	名称	英文名	简短描述	类型	测量单位	极限值/值域	精确度	精度/分辨率	合法性检查
	用户信息	userInfo	用户用户名、密码、权限	QSting	—	—	—	—	—

表 5-35　具体信息 14

接口标识	TIME_UNIFY_15								
使用说明	函数功能：根据时统设备发送的信息设置本机时间 接收到时统信息并设置本机时间是被调用								
数据元素说明	名称	英文名	简短描述	类型	测量单位	极限值/值域	精确度	精度/分辨率	合法性检查
	时统信息	timeInfo	需要设置的本机时间	QDateTime	—	—	—	—	—

表 5-36　具体信息 15

接口标识	CAPTURE_DEAL_16								
使用说明	函数功能：开始或停止端口镜像记录 接收到端口镜像记录控制信息时被调用								
数据元素说明	名称	英文名	简短描述	类型	测量单位	极限值/值域	精确度	精度/分辨率	合法性检查
	镜像记录控制信息	mirrorCtrlInfo	镜像记录单元发送的控制信息	QByteArray	—	—	—	—	—

5.2.3.3　网络控制与管理系统展示

（1）系统组成清单。

①中标麒麟操作系统。

②SQLite 数据库。

③网络监控管理软件。

④数据库文件：data. db 和 data2. db。

⑤SNMP 需读取的 OID 信息文件，包括：oid. xml，oid16. xml，oid28. xml，oid60. xml，以及所有交换机的端口对应设备信息文件（文件名为：交换机号. xml）。

⑥需镜像的端口配置文件：image. xml。

⑦镜像文件记录位置文件：imagedir. txt。

⑧核心交换机带外地址文件：outband. txt。

⑨用于镜像的网卡信息：sz_name. txt。

⑩日志文件记录位置文件：logdir. txt。

⑪交换机端口链接情况配置文件：H1. xml、H2. xml A1. xml、B1. xml、A2. xml、B2. xml、A3. xml、B3. xml、A6. xml、B6. xml。

⑫时统 DDS 通信配置文件：common/ bluedcs. conf、libBLUEDCS. so。

④~⑫的文件均需安装在与网络监控管理软件相同目录下。

（2）系统运行环境

①计算机设备：一体化网络定制的监控管理设备。

②通信设备：一体化网络定制的系列交换机。

③其他软件：中标麒麟操作系统、Qt4. 6。

（3）系统组织和操作概述

①网管软件的功能主要分为拓扑管理、故障管理、性能管理、配置管理、用户管理、设备自检、数据导出和端口镜像。

其中拓扑管理用来对网络拓扑进行监测；故障管理用来显示及排查设备及网络故障；性能管理用来监管用户网络的各项内存指标；配置管理由用户查询并修改各项配置信息；用户管理用来记录、查询、修改不同权限的用户信息；设备自检用于检测本设备所属的各硬件模块工作状态是否正常；数据导出用于导出的监测设备的监控结果，方便进行数据分析；端口镜像用于在网络出故障的时，对交换机的某一端口流量进行监测一级快速地定位故障。

②性能特性：

a. 时间性能需求：从网络通信故障发生到故障响应时间不大于 600 ms；

b. 故障检测率：大于等于 95%；

c. 虚警率小于等于 10%。

③该软件执行的功能模块包括：设备管理模块、实时监控模块、统计管理模块、离线查询模块、用户管理模块和退出模块。由用户界面进行信息交互。

④监控口令:普通操作员与管理员模式分别有不同的口令,在系统的"用户管理"模块中可以设置;软件启动自动运行为操作员模式,运行过程中可切换为管理员模式登录,需进行口令验证。

(4)系统菜单

软件在设计时根据需求进行了功能的划分,采用一、二级菜单切换的方式,使得功能所属更加的明确。目前划分一级菜单5个,分别是设备管理、实时监控、统计管理、离线查询、用户管理。根据每个一级菜单,共划分出13个二级菜单。每级菜单的对应关系划分可以参照表5-37。

表5-37 功能分配

一级菜单	二级菜单	功能描述
设备管理	拓扑视图	利用拓扑结构展示当前网络的结构、交换机的信息。
	告警查询	按照不同条件对交换机的信息进行查询。
	交换机管理	统一配置各个交换机的基本信息。
	端口镜像	镜像交换机镜像口的数据到监控管理设备
	配置管理	远程访问网络内的设备,执行相关的命令操作。
实时监控	性能监控	以折线图形式展示各个交换机的信息。
	端口流量速率	以折线图形式展示每个交换机端口的进出速率。
统计管理	阈值设置	设置单个交换机的端口以及交换机基本性能的门限值。
	排故指南	预设值故障可能原因,帮助用户进行故障排除
	实时日志	实时显示软件运行与各个交换机的交互信息。
	日志查询	支持按照日期查询历史的日志信息,帮助用户分析交换机的工作状态。
离线查询	离线查询	支持按照不同的条件查询软件运行过程中与各交换机的交互数据
用户管理	用户管理	面向管理员,提供基本的用户增删改查等管理功能。

(5)系统操作流程

①设备管理

a.拓扑视图

页面展示了当前网络的连接状态(图5-63),整体被划分成4个区域:

(a)网络拓扑显示区:当交换机未打开时,以暗蓝色显示。当接通交换机后,以绿色图标显示;当交换机端口流量超过预设定的阈值时,以红色告警显示(图6-65)。

(b)交换机信息显示区:点击拓扑图中的某个交换机,可以查看当前交换机上各个端口的信息。点击【查看详细信息】按钮,在弹出窗口中,可以查看当前交换机各个端口所连接的设备以及状态(图5-66)。点击【关闭蜂鸣器】按钮,阻塞蜂鸣器提示告警,同时按钮名称变为【打开蜂鸣器】,此时再次点击后,取消阻塞蜂鸣器提示告警。

(c)60口交换机显示区:因设备位置原因,无法直接查看设备的端口信息,因此软件特开启此区域用以查看设备的端口状态。

(d)交换机端口区:点击某个交换机时,动态显示当前交换机的端口工作状态信息。

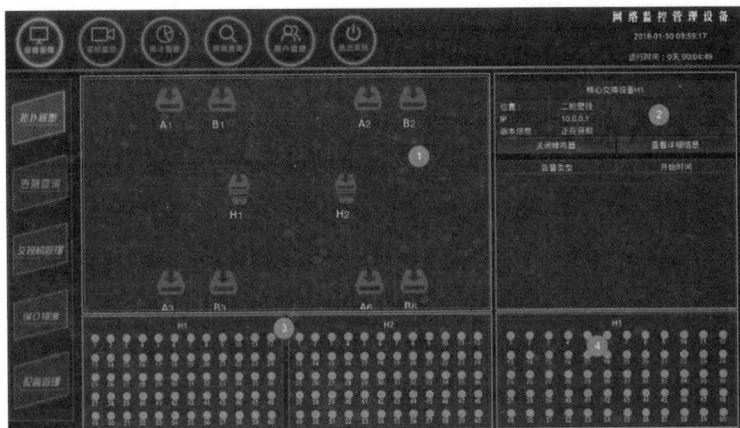

图5-63 拓扑视图页面

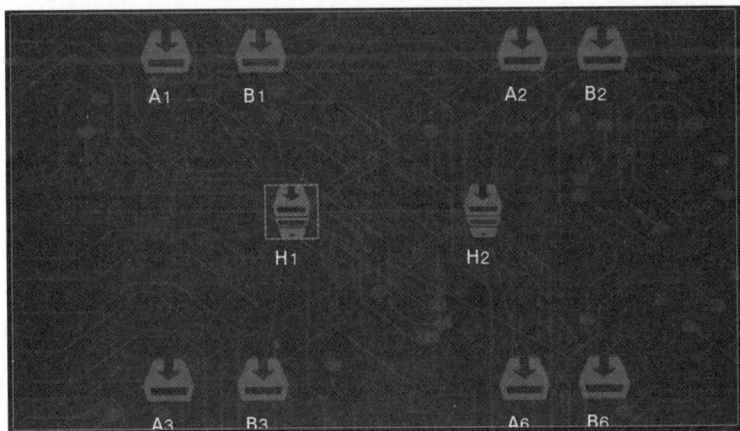

图5-64 交换机告警状态

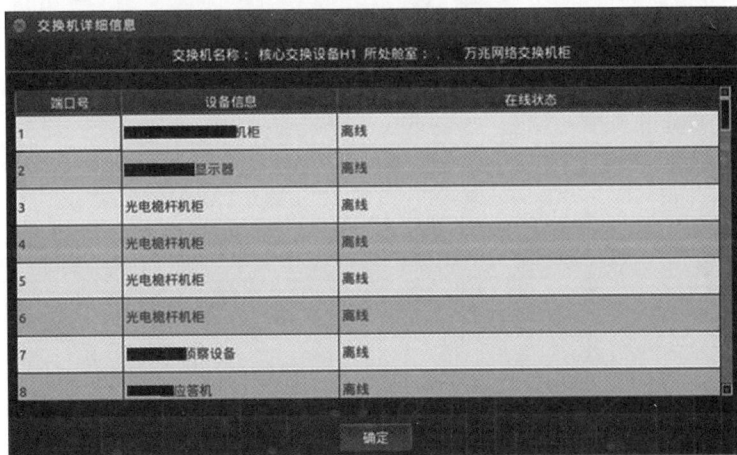

图5-65 交换机详细信息

b. 告警查询

此页面用于用于查询交换机的端口状态信息,支持按照交换机、告警类型、状态处理、开始和结束时间等组合查询,查询的结果以表格形式分页显示,并支持上下页以及手动页面设置跳转显示(图 5-66)。

图 5-66　告警信息查询页面

注意:【清空数据】功能用于将当前查询出来的端口信息从数据库中全部清除,所清空的数据无法复原。

c. 交换机管理

此页面显示了当前软件所监控的交换机的信息(图 5-67),用户可以双击某一行,在弹出的窗口中,可以修改交换机的描述信息、网络配置信息(图 5-68)。根据实际网络拓扑情况,非核心交换机不存在带外管理,所以修改非核心交换机信息时,禁用带外 IP 管理修改。修改交换机信息后,【交换机查询】中同步更新并继续查询显示。

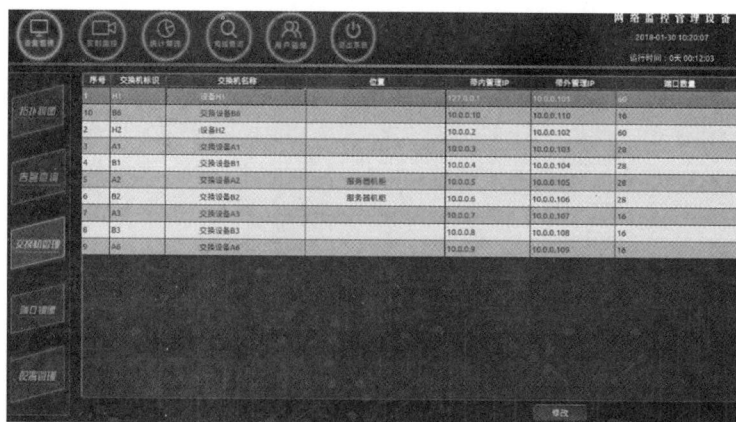

图 5-67　交换机管理页面

图 5-68　交换机修改页面

注意:H1 和 H2 均含有 60 个端口,其具有带内管理 IP 和带外管理 IP,带外管理 IP 作为备用 IP,当带内管理 IP 不可达时,软件会自动查询带外管理 IP。其余类型的交换机不具备带外管理 IP。

d. 端口镜像

交换机上会预设一个镜像口,在被配置需镜像的端口转发报文时,均会给该镜像口一份备份数据,因此有必要对镜像口进行数据的记录。用户通过 imagedir. txt 配置镜像文件个数以及每个文件最大的兆字节数。配置完成后,点击【开始】即可在程序运行的 ImageFile 文件夹下记录镜像口所流经的数据信息,记录文件以 bin 格式结尾。点击【停止】即可结束数据捕获(图 5-69)。

注意:所捕获记录的 bin 文件暂不支持查看。

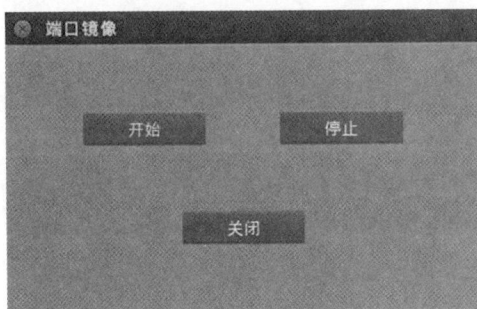

图 5-69　端口镜像

e. 配置管理

此页面提供了对交换机远程登录功能,用户在输入框中输入待操控的交换机 IP 地址,点击【登录】。若能 telnet 上目标交换机,用户即可在本软件输入各种操作命令,实现对交换机的远程操作配置(图 5-70)。

注意:该功能只面向管理员用户开放,普通用户无法操作。

图 5-70 配置管理页面

②实时监控

a. 性能监控

作为本软件核心功能,提供了对所有交换机的温度、出带宽、进带宽、内存以及时延的记录,以折线图形式展示,做到数据的及时显示。可以通过左侧的交换机列表切换查询的交换机,图 5-71 展示了交换机 H1 的性能信息。

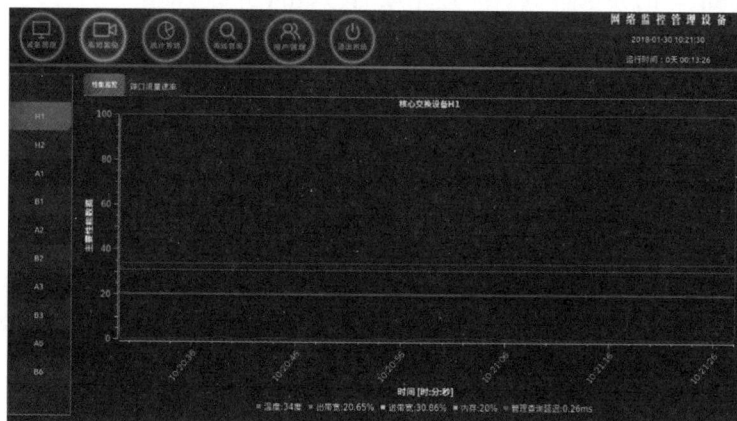

图 5-71 性能监控页面

b. 端口流量速率

此页面会根据用户选择的交换机,动态在区域 1 进行设置交换机的端口数量。在区域 1 处切换交换机端口索引,在区域 2 处即可显示对应交换机端口的流入和流出流量信息(图 5-72)。

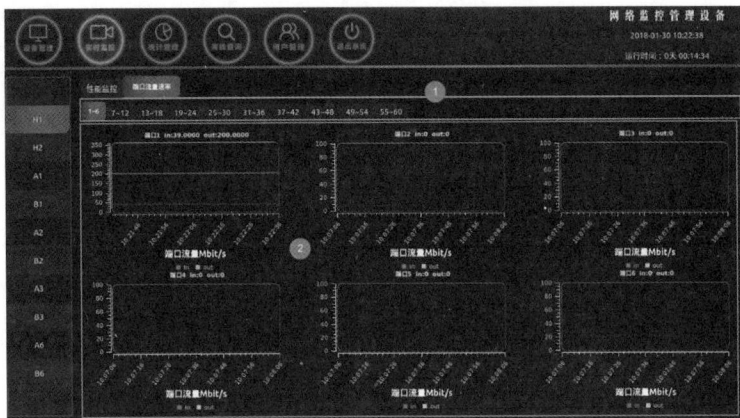

图 5-72　端口流量速率监控页面

③统计管理

a. 阈值设置

此页面提供了对交换机基本属性以及端口属性极限的设置。区域1用于设置任一交换机的任一端口出入速率,区域2用于设置交换机的基本属性的极限值,如温度、内存利用率等(图 5-73)。

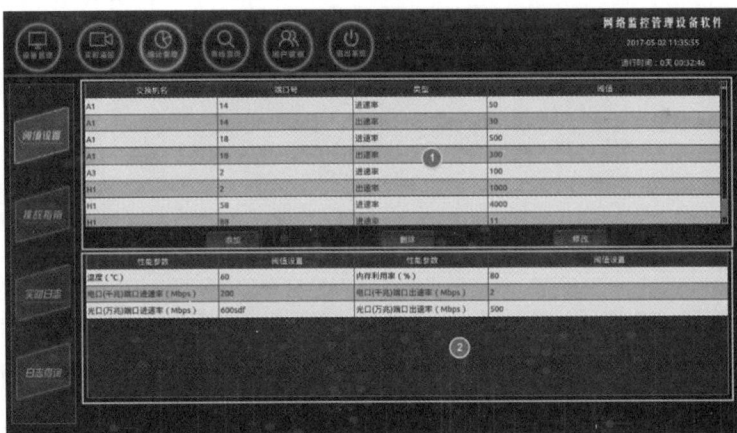

图 5-73　阈值设置页面

点击【添加】在弹出的窗口中选择交换机名称、端口、监控的类型以及极限值,点击【确定】即可完成添加。添加的端口告警信息,当监控到该类型信息后,如果超出预设定的值,则会进行告警提示(图 5-74)。

双击区域一的任意一行数据,在弹出的窗口中可以对当前数据进行修改(图 5-75)。用户可以重新设置极限值。修改完成后,点击【确定】即可完成。

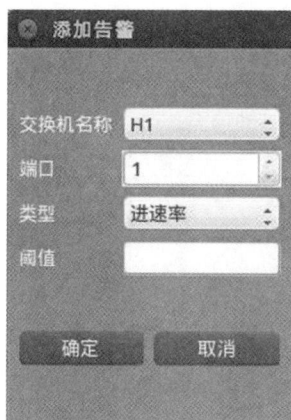

图 5-74　添加端口告警信息

图 5-75　修改端口阈值

区域 2 集中显示了对所有交换机的阈值设定功能,用户双击表格的某一行,在弹出的窗口中,重新设定该属性的阈值,点击【确定】即可完成修改,修改的阈值数据即时生效(图 5-76)。

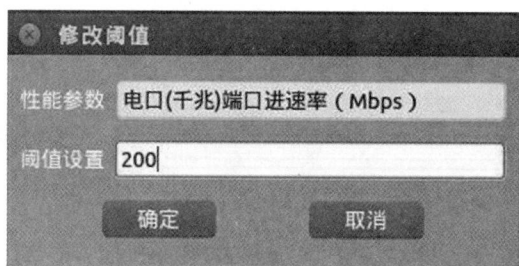

图 5-76　修改交换机属性阈值

b. 排故指南

软件在运行时会弹出一些错误信息窗口,这些窗口是软件为了确保自身的运行稳定,同时也告知用户软件缺少了某种条件。在窗口里会显示故障码、错误的描述信息。当用户看到此错误信息时,可以在当前页面进行查找,根据建议的措施,进行一定的排查,帮助用户迅速定位和排查问题(图 5-77)。

点击【添加】按钮,在弹出的窗口中,输入故障代码、出错的信息以及建议的措施。点击【确定】,可在数据记录中新插入一条信息(图 5-78)。

c. 实时日志

此页面用于软件在运行时显示产生的记录信息,该日志信息也按日期保存在本地的文件中(图 5-79)。

d. 日志查询

软件在运行时产生的实时日志记录,均会被记录至数据库。该页面可以让用户按照日期进行查询,查看所属日期的软件运行情况(图 5-80)。

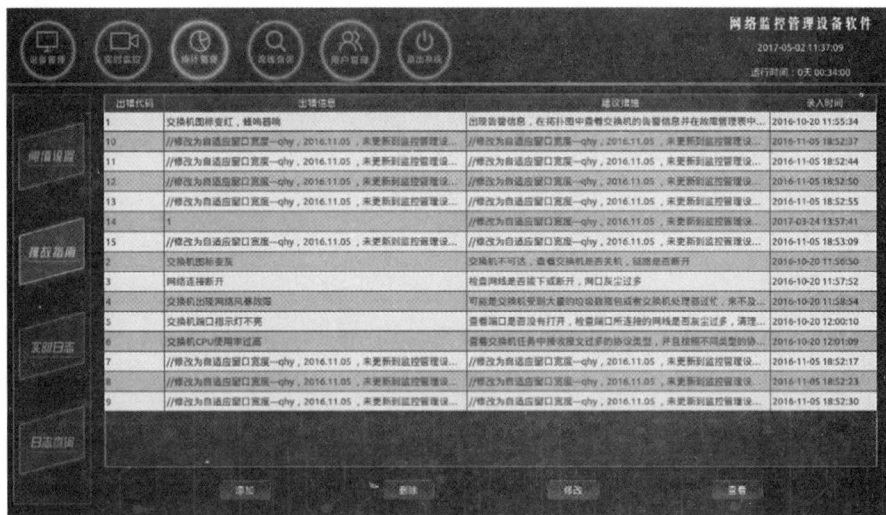

图 5-77　排故指南页面

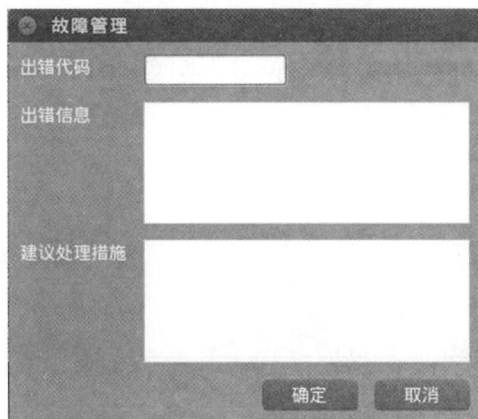

图 5-78　添加排故信息

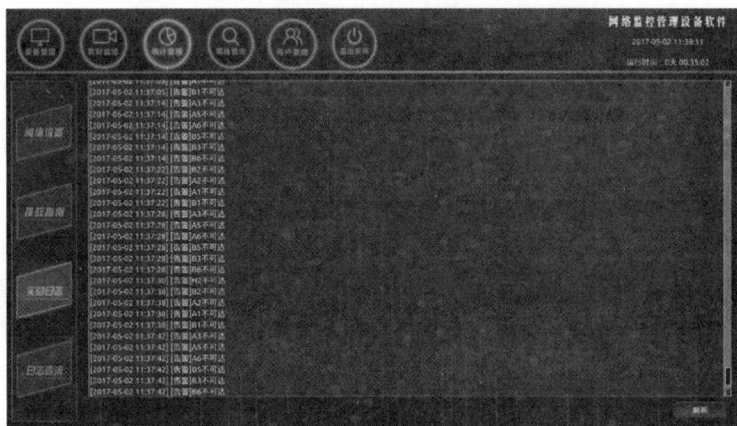

图 5-79　实时日志页面

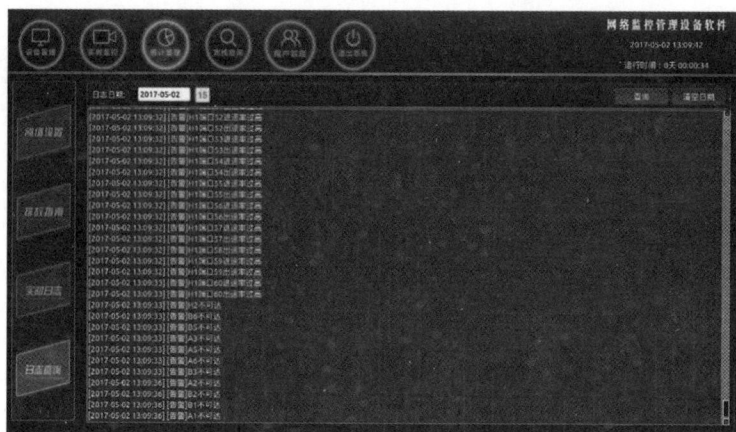

图 5-80　日志查询

④离线查询

此页面提供了对所监控的交换机运行时产生的记录查询功能,用户可以选择交换机名称、交换机性能项、状态、端口,以及开始结束时间等进行组合查询。查询的结果以表格形式指定,支持上下页切换和手动页面跳转显示(图 5-81)。

注意:【清空数据库】用于清空所有的记录信息,该操作被执行后,之前监控的数据即被清除,无法恢复。

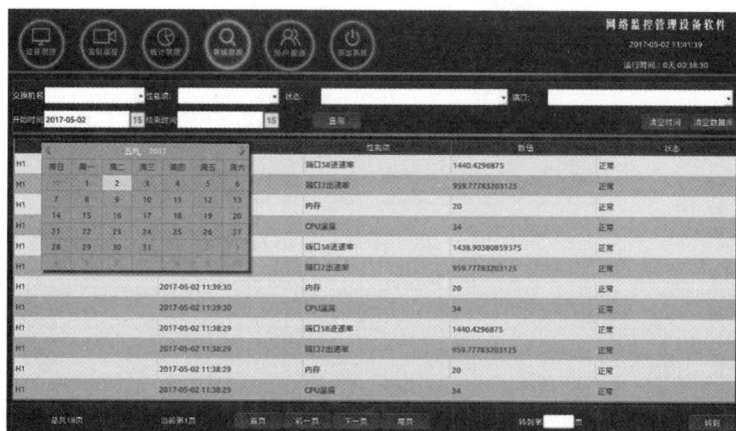

图 5-81　离线查询页面

⑤用户管理

a. 角色设置

本软件在设计之初采用了普通用户和管理员两种角色的设置,在功能操作上也针对不同权限进行了隔离,保证了程序运行的安全。表 5-38 完整地列出不同角色所具有的功能。

表 5-38　角色功能划分

一级菜单	二级菜单	普通用户	管理员
设备管理	拓扑视图	√	√
	告警查询	√	√
	交换机管理	√	√
	端口镜像	√	√
	配置管理	×	√
实时监控	性能监控	√	√
	端口流量速率	√	√
统计管理	阈值设置	√	√
	排故指南	√	√
	实时日志	√	√
	日志查询	√	√
离线查询	离线查询	√	√
用户管理	用户管理	×	√

b. 用户登录

运行本软件,显示如图 5-82 所示。用户根据所获得的账户和密码,如果验证失败会提示用户错误信息。如果验证成功,即可登录到软件的主页面。

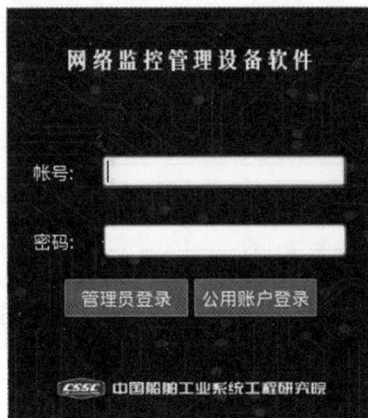

图 5-82　用户登录页面

c. 用户管理

管理员可以查看已存在的用户,同时也可以执行添加、修改、删除等操作(图 5-83)。

注意:该功能只面向管理员用户开放,普通用户无法操作。

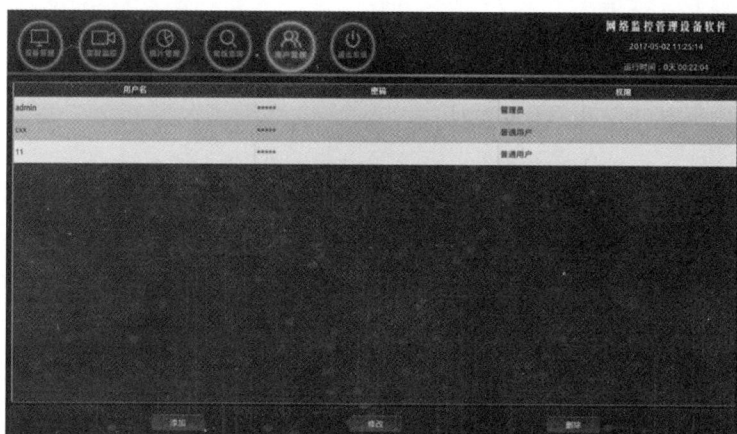

图 5-83　用户管理页面

（a）添加新用户

点击【添加】按钮，管理员输入用户名、密码以及分配的权限（目前只有一种管理员权限），点击【确定】。如果输入的用户名已经存在，软件会提示无法重复添加用户。如果验证通过，即可新插入一条用户信息（图 5-84）。

（b）修改用户信息

管理员选择记录中的某条用户信息，点击【修改】按钮，在弹出的对话框中，可以修改所选用户的密码和用户角色。点击【确定】按钮，软件验证无误后，即可完成此数据修改，设定禁用用户级别（即用户权限）修改（图 5-85）。

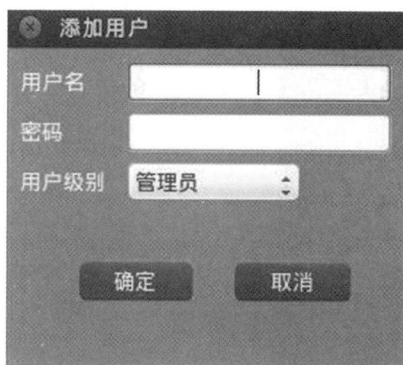

图 5-84　添加新用户

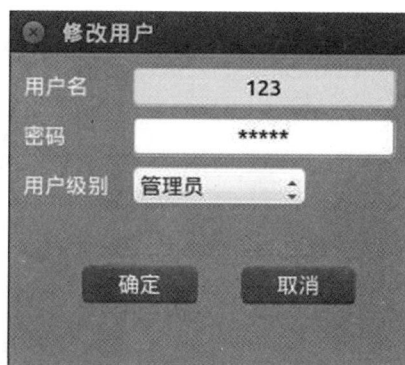

图 5-85　修改用户信息

（c）删除用户信息

管理员选择某条用户记录，点击【删除】按钮。在弹出的对话框中，如果要确认删除，则点击【OK】即可从数据库中删除记录（图 5-86）。

注意：选择删除的数据无法复原。

⑥退出系统

长按【退出系统】图标，弹出（图 5-87）窗口。点击【切换用户】可以退出当前登录状态，页面显示登录页面。点击【关闭】，软件会退出运行。

图 5-86 删除用户信息

图 5-87 退出系统

5.3 关键技术突破

本章介绍了适用于船舶制造车间的网络控制与管理系统,该系统所有业务功能均自主研发,且采用模块化思维,将各业务功能固化为独立的模块,提高系统研发、升级效率,系统具体模块化单元见表 5-39。

表 5-39 软件单元汇总表

网络控制与管理系统			
软件单元名称	标识	功能简述	备注
主体框架单元	UNIT_MAINFRAME	功能调度,数据分配	新研
拓扑视图单元	UNIT_TOPOVIEW	监控交换网络的状态	新研
交换机管理单元	UNIT_SWITCHMANAGE	管理交换机的基本信息	新研
告警管理单元	UNIT_ALARMMANEGE	显示和查看告警信息,设置交换机告警阈值	新研
镜像控制单元	UNIT_MIRRORCONTROL	控制开始和停止端口镜像	新研
配置管理单元	UNIT_CONFIGMANAGE	Telnet 交换机后配置和管理交换机信息	新研
实时监控单元	UNIT_REALTIMEMONITOR	图形化显示交换机端口状态	新研
日志管理单元	UNIT_LOGMANAGE	显示实时日志信息、查看历史日志内容	新研
阈值设置单元	UNIT_THRESHSET	显示的配置交换机告警阈值	新研
排故指南单元	UNIT_ERRORGUID	显示常见故障排除方法	新研
实时日志记录单元	UNIT_REALTIMELOG	显示设备的实时日志记录	新研
日志查询单元	UNIT_QUERYLOG	查询显示某个日期的日志记录	新研
离线查询单元	UNIT_OFFLINEQUERY	条件查询网络性能数据记录	新研
用户管理单元	UNIT_USERMANAGE	显示并管理数据库中记录的用户信息	新研
登录管理单元	UNIT_REGISTERMANAGE	管理软件用户信息、用户登录验证、切换用户、退出登录	新研
时统设置单元	UNIT_TIMESET	接收并解析时统信息、设置本地时间	新研
设备镜像记录系统			
软件单元名称	标识	功能简述	备注
端口镜像记录单元	UNIT_MIRRORRECORD	将端口镜像数据记录到目标路径下的记录文件中	新研

5.4 应 用 效 果

针对船舶制造车间网络运维保障效率较低和网络运维保障工作均为故障"事后处理"模式导致的车间网络运维管理效率不高、故障率高等问题,开展网络运行数据采集技术和智能监控模型的技术研究,研发以大数据挖掘分析为基础的船舶制造车间的网络控制与管理系统,为故障事先干预机制提供决策依据,从而实现船舶制造车间网络智能化管控。

5.4.1 船舶制造车间网络控制与管理系统报告

该研究报告对工业网络智能监控模型研究、工业网络智能数据采集技术研究、船舶制造车间的网络控制与管理系统开发等工作进行了详细记录。工业网络智能监控模型研究具体包括船舶制造车间工业网络性能测量研究、工业网络监控系统结构研究、工业网络智能监控结构模型、船舶制造车间工业网络智能监测与控制、船舶制造车间工业网络报警与预警等研究工作。工业网络智能数据采集技术研究具体包括网络拥塞概述、网络拥塞产生的原因、网络拥塞监测、基于 QoS 的网络拥塞控制、船舶制造车间设备运行数据采集、船舶制造车间事件捕获等研究工作。船舶制造车间的网络控制与管理系统开发具体包括网络控制与管理系统需求、网络控制与管理系统架构及逻辑设计、网络控制与管理系统展示等研究工作。

5.4.2 船舶制造车间网络控制与管理系统软件

本章完成了船舶制造车间的网络控制与管理系统介绍工作,船舶制造车间的网络控制与管理系统功能主要分为拓扑管理、故障管理、性能管理、配置管理、用户管理、设备自检、数据导出和端口镜像。其中拓扑管理用来对网络拓扑进行监测;故障管理用来显示及排查设备及网络故障;性能管理用来监管用户网络的各项内存指标;配置管理由用户查询并修改各项配置信息;用户管理用来记录、查询、修改不同权限的用户信息;设备自检用于检测本设备所属的各硬件模块工作状态是否正常;数据导出用于导出的监测设备的监控结果,方便进行数据分析;端口镜像用于在网络出故障的时,对交换机的某一端口流量进行监测一级快速地定位故障。

5.5 技 术 创 新 点

5.5.1 车间网络流量控制

网络控制与管理是船舶制造车间网络和车间制造执行正常运行的重要保障,一个完善的、具有良好适应性和扩展性的网络控制与管理系统是实现管理功能的重要工具。为了保障车间网络稳定、高效的运行,本章研发的船舶制造车间网络控制与管理系统在车间网络设备监控、运行性能监视与基于阈值的故障诊断和报警基础上,支持在交换机端口流量出现异常拥塞的情况下对交换机相关端口进行流量控制,同时将异常信息以合理、有效的方式通知网络管理员,进而满足车间关键数字化设备和系统对车间网络通信的可靠性需求。

5.5.2　工作模式设计

本研究成果物"船舶制造车间网络控制与管理系统"采用两种工作模式:分别工作于系统联调试验与实装系统运行。在系统进行联调试验的过程中,使用人员为网络维护人员时,网管软件可工作在维护管理方式下,所有网络监控和管理功能均设置为可用,用户可以通过网管软件对网络交换设备进行监视和配置;在系统作为装备实际运行的过程中,使用人员为船厂信息网络维护工作人员,网管软件可工作在网络监视方式下,对网络的配置功能被屏蔽,用户主要利用网管软件进行网络状态的监视。

5.6　本　章　小　结

本章节介绍了工业网络智能监控模型研究、工业网络智能数据采集技术研究、船舶制造车间的网络控制与管理系统开发等工作,主要结论如下。

5.6.1　工业网络智能监控模型研究

网络性能指标测量方法、网络性能指标及网络系统结构共同构成了网络监控模型。船舶制造车间工业网络性能是一组经过测量工具测量那些可用于船舶制造车间网络控制与管理系统设计、配置和维护的性能参数后所得到的结果,它与用户的操作和终端性能无关,体现的是船舶制造车间工业网络自身的特性,是由性能参数来描述网络路径的。本章节对工业网络监控系统结构进行了深入分析,包括集中式网络监控结构、基于 Web 的网络监控结构、分布式网络监控结构、基于 Agent 的网络监控结构。本章节对网络性能测量技术进行了深入研究,包括测量的分类和指标,具体指标包括网络节点流量、时延、丢包率、吞吐量、带宽等。通过对网络监控模型的深入研究,为船舶制造车间网络控制与管理系统的研发奠定了理论基础。

5.6.2　工业网络智能数据采集技术研究

本章分析了网络拥塞产生的原因,并针对网络拥塞问题,研究了拥塞监测技术、基于QoS 的网络拥塞控制原理。为了实现网络数据采集,对 SNMP 协议进行深入研究。通过SNMP 协议,实现管理者从被管理设备中收集数据有两种方法,一种是轮询(Polling)方法,另一种是基于陷入(Trap)的方法。代理软件不停地收集网络中的通信信息、服务器的状态和网络设备的统计数据。管理者通过向代理发出查询信号可以获取这些信息,这个过程就叫轮询。有异常事件发生时,让被管设备立即通知网络管理工作站,这个过程叫作基于陷入的方法。以上两种数据收集方法都有缺点,综合它们能够形成一个有效的网络管理办法,这就是面向陷入的轮询方法(Trap-directed Polling)。通常,网络管理工作站轮询嵌入在被管理设备中的代理来收集数据,可以通过各种方式如数字或图形显示这些数据。当故障发生时,被管理设备中的代理可以及时向网络管理工作站发送错误信息,而不需要等到管理工作站轮询时才发现这些故障。

5.6.3　船舶制造车间的网络控制与管理系统开发

本章完成了船舶制造车间的网络控制与管理系统介绍工作,具体工作包括网络控制与管理系统需求分析、系统架构设计、业务逻辑设计及系统开发。网络控制与管理系统为船舶制造车间网络提供配置管理、故障管理、性能管理、安全管理等通用管理功能,并且能够实时监控网络交换及接入设备运行状态,进行网络故障、性能的监测与告警,并对故障进行辅助分析定位,保障船舶制造车间网络安全、可靠、高效、稳定的运行。

参 考 文 献

[1] 谢予,孙崇波,阴晴.中国船舶工业2021年发展回顾与未来展望[J].世界海运,2022,45(2):1-6.

[2] 郗金波,谢新,韩涛,等.中韩造船业国际竞争力对标分析[J].造船技术,2021,49(4):51-54,61.

[3] 伍育红,胡向东.工业互联网网络传输安全问题研究[J].计算机科学,2020,47(S1):360-363,380.

[4] 张定华,胡祎波,曹国彦,等.面向工业网络通信安全的数据流特征分析[J].西北工业大学学报,2020,38(1):199-208.

[5] 谢明志.中国船舶工业的现状与挑战[J].中国制造业信息化,2011(18):24.

[6] 赵小强,李晶,王彦本.物联网系统设计及应用[M].北京:人民邮电出版社,2015.

[7] 王浩,郑武,谢昊飞,等.物联网安全技术[M].北京:人民邮电出版社,2016.

[8] 盘和林,贾胜斌,张宗泽.5G新产业:商业与社会的创新机遇[M].北京:中国人民大学出版社,2020.

[9] 张小强.工业4.0智能制造与企业精细化生产运营[M].北京:人民邮电出版社,2017.

[10] 杨峰义,谢伟良,张建敏,等.5G无线网络及关键技术[M].北京:人民邮电出版社,2017.

[11] 马常霞,张占强.TCP/IP网络协议分析及应用[M].南京:南京大学出版社,2020.

[12] 孙容磊.中国战略性新兴产业研究与发展:智能制造装备[M].北京:机械工业出版社,2016.

附录 A   工 业 互 联 网 标 准

工业互联网标准体系框架包括"A 基础共性""B 网络""C 边缘计算""D 平台""E 安全""F 应用"等 6 大类标准。

当前,工业互联网标准体系共包括 417 项标准项目,其中基础共性标准 45 项,网络标准 165 项,边缘计算标准 12 项,平台标准 95 项,安全标准 78 项,应用标准 22 项。工业互联网标准体系(部分标准项目)见表 A-1。

表 A-1　工业互联网标准体系（部分标准项目）

总序号	分序号	标准名称	标准编号/计划编号	对应国际标准号	标准类型	制订/修订	推荐/强制
A 基础共性							
AA 术语定义							
1.	1)	企业资源计划　第1部分：ERP 术语	GB/T 25109.1—2010		国家标准	制订	推荐
2.	2)	工业互联网术语					
3.	3)	工业互联网平台术语					
AB 通用要求							
4.	1)	工业互联网平台选型指南	20203863-T-469		国家标准	制订	推荐
5.	2)	工业互联网应用场景和业务需求	2018-1379T-YD		行业标准	制订	推荐
6.	3)	工业互联网时间敏感网络需求及场景	2018-1368T-YD		行业标准	制订	推荐
7.	4)	工业互联网边缘计算需求	2018-1665T-YD		行业标准	制订	推荐
8.	5)	工业互联网平台通用技术要求	2018-1380T-YD		行业标准	制订	推荐
9.	6)	工业互联网安全防护总体要求	2017-0960T-YD		行业标准	制订	推荐
10.	7)	工业互联网中区块链应用场景和业务需求	2020-1195T-YD		行业标准	制订	推荐
11.	8)	边缘计算工业互联网数据中心设计规范					
12.	9)	工业互联网IPv6应用场景					
13.	10)	工业互联网内生安全通用要求					
AC 架构							
14.	1)	工业互联网总体网络架构	20170053-T-339		国家标准	制订	推荐
15.	2)	工业互联网体系架构	2018-1378T-YD		行业标准	制订	推荐
16.	3)	工业互联网标识解析体系架构	2018-1377T-YD		行业标准	制订	推荐
17.	4)	工业互联网边缘计算总体架构与要求	2018-1666T-YD		行业标准	制订	推荐
18.	5)	工业互联网平台总体架构					
19.	6)	工业互联网信息模型总体框架					
20.	7)	工业互联网APP参考架构					
21.	8)	工业互联网数字孪生参考架构					

表 A-1(续1)

总序号	分序号	标准名称	标准编号/计划编号	对应国际标准号	标准类型	制订/修订	推荐/强制
AD 测试与评估							
22.		工业互联网安全体系框架					
23.	1)	数据管理能力成熟度评估模型	GB/T 36073—2018		国家标准	制订	推荐
24.	2)	工业互联网平台 测试规范 第 1 部分：总则					
25.	3)	工业互联网平台 测试规范 第 2 部分：工业 PaaS 平台					
26.	4)	工业互联网平台 测试规范 第 3 部分：工业 DaaS 平台					
27.	5)	工业互联网平台 测试规范 第 4 部分：工业 APP					
28.	6)	工业互联网平台工业企业上云效果评价					
29.	7)	工业互联网应用成熟度评估规范					
30.	8)	工业互联网园区综合评价指标及方法					
31.	9)	工业互联网工厂内网评估指标体系					
AE 管理							
32.	1)	信息技术 开放系统互连 OSI 登记机构的操作规程 第 1 部分：一般规程	GB/T 17969.1—2000	ISO/IEC 9834-1:1993	国家标准	制订	推荐
33.	2)	信息技术 开放系统互连 OSI 登记机构的操作规程 第 1 部分：一般规程和国际对象标识符树的质量弧	GB/T 17969.1—2015		国家标准	制订	推荐
34.	3)	信息技术 开放系统互连 用于对象标识符解析系统运营机构的规程	GB/T 35300—2017		国家标准	制订	推荐
35.	4)	云制造服务平台安全防护管理要求	GB/T 39403—2020		国家标准	制订	推荐
36.	5)	系统与软件工程 工业软件质量度量	20194196-T-469		国家标准	制订	推荐
37.	6)	工业互联网平台质量管理要求	20211173-T-339		国家标准	制订	推荐

表 A-1(续 2)

总序号	分序号	标准名称	标准编号/计划编号	对应国际标准号	标准类型	制订/修订	推荐/强制
38.	7)	工业互联网安全服务机构能力认定准则	2019-0025T-YD		行业标准	制订	推荐
39.	8)	工业互联网标识解析节点管理规范					
40.	9)	工业互联网标识解析服务机构能力总体要求					
41.	10)	工业互联网平台边缘能力分级与管理要求					
AF 产业链/供应链							
42.	1)	基于工业互联网的产业大数据平台建设指南					
43.	2)	工业互联网供应链预警平台技术要求					
44.	3)	基于工业互联网的供应链数据跨域融合规范					
AG 人才							
45.	1)	工业互联网从业人员能力要求	2020-1793T-SJ		行业标准	制订	推荐
B 网络							
BA 终端与网络							
BAA 工业设备/产品联网							
46.	1)	现场设备工具(FDT)接口规范	GB/T 29618		国家标准	制订	推荐
47.	2)	远程终端单元(RTU)技术规范	GB/T 34039—2017		国家标准	制订	推荐
48.	3)	现场设备集成通用要求	20184172-T-604		国家标准	制订	推荐
49.	4)	现场设备集成服务器	20184170-T-604		国家标准	制订	推荐
50.	5)	现场设备集成客户端	20184171-T-604		国家标准	制订	推荐
51.	6)	工业互联网车载时间敏感网络需求及场景					
52.	7)	工业互联网车载时间敏感网络参考架构					
53.	8)	工业互联网传统装备智能化改造通用要求					
BAB 工业互联网企业内网络							

表 A-1（续 3）

总序号	分序号	标准名称	标准编号/计划编号	对应国际标准号	标准类型	制订/修订	推荐/强制
54.	9)	工业无线网络 WIA 规范 第 4 部分：WIA-FA 协议一致性测试规范	GB/T 26790.4—2020		国家标准	制订	推荐
55.	10)	用于工业测量与控制系统的 EPA 规范 第 2 部分：协议一致性测试规范	GB/T 26796.2—2011		国家标准	制订	推荐
56.	11)	全分布式工业控制网络 第 1 部分：总则	GB/T 36417.1—2018		国家标准	制订	推荐
57.	12)	基于时间敏感技术的宽带工业总线规范 AUTBUS	20194001-T-604		国家标准	制订	推荐
58.	13)	工业互联网 综合布线系统 第 1 部分：总则	2018-1696T-YD		行业标准	制订	推荐
59.	14)	工业互联网 综合布线系统 第 2 部分：对称电缆和连接硬件、组件、配线设施技术要求	2018-1697T-YD		行业标准	制订	推荐
60.	15)	工业互联网 综合布线系统 第 3 部分：光缆和连接器、组件、配线设施技术要求	2018-1698T-YD		行业标准	制订	推荐
61.	16)	工业互联网联网技术无源光网络（PON）总体技术要求	2018-0172T-YD		行业标准	制订	推荐
62.	17)	工业互联网联网技术无源光网络（PON）网络测试方法	2019-1020T-YD		行业标准	制订	推荐
63.	18)	工业互联网时间敏感网络技术要求	2018-1367T-YD		行业标准	制订	推荐
64.	19)	工业互联网网络与移动前传网络融合部署技术要求	2020-1196T-YD		行业标准	制订	推荐
65.	20)	工业互联网软件定义的工厂内网络总体架构与技术要求	2018-2334T-YD		行业标准	制订	推荐
66.	21)	工业互联网软件定义的工厂内网络转发层模型与技术要求	2018-2333T-YD		行业标准	制订	推荐
67.	22)	工业互联网软件定义的工厂内网络管理层模型与技术要求	2018-2332T-YD		行业标准	制订	推荐

表 A-1(续 4)

总序号	分序号	标准名称	标准编号/计划编号	对应国际标准号	标准类型	制订/修订	推荐/强制
68.	23)	工业互联网边缘计算网络技术要求	2021-0186T-YD		行业标准	制订	推荐
69.	24)	工业互联网时间敏感网络流量模型规范					
70.	25)	工业互联网时间敏感网络安全可靠技术要求					
71.	26)	工业互联网边缘计算与时间敏感网络融合架构及技术要求					
72.	27)	工业互联网 IT/OT 融合导则					
BAC 工业互联网企业外网络							
73.	1)	工业互联网基于 SD-WAN 的网络技术要求	2020-0020T-YD		行业标准	制订	推荐
74.	2)	工业互联网工厂外网总体技术要求					
75.	3)	工业互联网工厂外网骨干网技术要求					
76.	4)	工业互联网工厂外网接入网技术要求					
77.	5)	工业互联网工厂外网入云专线指标及技术要求					
78.	6)	工业互联网工厂外网服务质量技术要求					
79.	7)	工业云服务网络服务要求					
80.	8)	工业互联网云端融合网络技术要求					
81.	9)	工业互联网确定性网络技术要求					
BAD 工业园区网络							
82.	1)	工业互联网园区网络总体技术要求	2020-0021T-YD		行业标准	制订	推荐
83.	2)	工业互联网园区网络 5G 网络服务能力总体架构与技术要求					
84.	3)	工业互联网园区网络 5G 网络部署技术要求					

表 A-1（续 5）

总序号	分序号	标准名称	标准编号/计划编号	对应国际标准号	标准类型	制订/修订	推荐/强制
85.	4)	工业互联网园区网络 5G 应用场景及技术要求					强制
BAE 网络设备							
86.	1)	工业以太网交换机技术规范	GB/T 30094—2013		国家标准	制订	推荐
87.	2)	工业互联网用技术无源光网络（PON）设备技术要求	2019-1021T-YD		行业标准	制订	推荐
88.	3)	工业互联网用技术无源光网络（PON）设备测试方法	2019-1527T-YD		行业标准	制订	推荐
89.	4)	工业互联网时间敏感网络网关设备测试方法	2021-0184T-YD		行业标准	制订	推荐
90.	5)	工业互联网时间敏感网络网关设备技术要求					
91.	6)	工业互联网时间敏感网络端网络设备技术要求					
BAF 网络资源和管理							
92.	1)	工业互联网 IPv6 地址分配技术要求	2018-2335T-YD		行业标准	制订	推荐
93.	2)	工业互联网 SRv6 网络技术要求					
94.	3)	工业互联网 IPv6 确定性网络技术要求					
95.	4)	工业互联网时间敏感网络集中网络配置技术要求					
96.	5)	工业互联网时间敏感网络与实时操作系统（RTOS）融合技术要求					
97.	6)	工业互联网时间敏感网络网络运维管理技术要求					
98.	7)	工业互联网工厂内网络管理技术要求					
99.	8)	工业互联网工业园区网络管理技术要求					

表 A-1(续 6)

总序号	分序号	标准名称	标准编号/计划编号	对应国际标准号	标准类型	制订/修订	推荐/强制
BAG 互联互通互操作							
100.	1)	OPC 统一架构 第 1 部分：概述和概念	GB/T 33863.1—2017		国家标准	制订	推荐
101.	2)	OPC 统一架构第 9 部分：警报和条件	20180185-T-604		国家标准	制订	推荐
102.	3)	OPC 统一架构第 10 部分：程序	20180184-T-604		国家标准	制订	推荐
103.	4)	OPC 统一架构第 11 部分：历史访问	20180183-T-604		国家标准	制订	推荐
104.	5)	OPC 统一架构第 13 部分：集合	20180187-T-604		国家标准	制订	推荐
105.	6)	现场设备集成 EDD 与 OPCUA 集成技术规范	2019298-T-604		国家标准	制订	推荐
106.	7)	工业互联网时间敏感网络与 OPCUA 融合技术要求	2021-0182T-YD		行业标准	制订	推荐
107.	8)	工业互联网信息模型系统功能和测试要求					
108.	9)	工业互联网信息模型库技术要求					
109.	10)	工业互联网交换中心总体技术要求					
BB 5G+工业互联网							
BBA "5G+工业互联网"网络技术与组网							
110.	1)	基于蜂窝网络的工业无线通信规范 第 1 部分：通用技术要求	20184670-T-604		国家标准	制订	推荐
111.	2)	基于蜂窝网络的工业无线通信规范 第 4 部分：安全要求					
112.	3)	基于蜂窝网络的工业无线通信规范 第 5 部分：应用规范					
113.	4)	"5G+工业互联网" 融合组网技术要求					
BBB "5G+工业互联网"适配增强技术							
114.	1)	工业互联网基于 5G 网络的工业室内定位技术要求	2020-0022T-YD		行业标准	制订	推荐

表A-1(续7)

总序号	分序号	标准名称	标准编号/计划编号	对应国际标准号	标准类型	制订/修订	推荐/强制
115.	2)	面向工业场景的 5G 上行技术要求					
BBC "5G+工业互联网"终端							
116.	1)	5G 与 PLC 融合终端技术要求					
117.	2)	5G 与 DCS 融合终端技术要求					
118.	3)	5G 与 SCADA 融合终端技术要求					
119.	4)	5G 与 AGV 融合终端技术要求					
120.	5)	5G 与工业 AR/VR 融合终端技术要求					
BBD "5G+工业互联网"边缘计算							
121.	1)	5G 多接入边缘计算技术要求					
122.	2)	5G 多接入边缘计算测试方法					
BBE "5G+工业互联网"应用							
123.	1)	面向航空领域的"5G+工业互联网"应用场景及技术要求					
124.	2)	面向矿山领域的"5G+工业互联网"应用场景及技术要求					
125.	3)	面向港口领域的"5G+工业互联网"应用场景及技术要求					
126.	4)	面向离散制造领域高端装备制造业的"5G+工业互联网"应用场景及技术要求					
127.	5)	面向电网领域的"5G+工业互联网"应用场景及技术要求					
128.	6)	面向钢铁领域的"5G+工业互联网"应用场景及技术要求					
129.	7)	面向工业园区的"5G+工业互联网"应用场景及技术要求					

表 A-1(续 8)

总序号	分序号	标准名称	标准编号/计划编号	对应国际标准号	标准类型	制订/修订	推荐/强制
130.	8)	面向水泥领域的"5G+工业互联网"应用场景及技术要求					
BBF "5G+工业互联网" 网络管理							
131.	1)	5G 融合网络管理技术要求					
BC 标识解析							
BCA 编码与存储							
132.	1)	信息技术　开放系统互连　对象标识符(OID)的国家编号体系和操作规程	GB/T 26231—2017		国家标准	制订	推荐
133.	2)	工业物联网仪表身份标识协议	GB/T 33901—2017		国家标准	制订	推荐
134.	3)	物联网标识体系　OID 应用指南	GB/T 36461—2018		国家标准	制订	推荐
135.	4)	物联网标识体系　对象标识符编码与存储要求	GB/T 41810—2022		国家标准	制订	推荐
136.	5)	工业互联网标识解析标识编码规范	2019—1011T-YD		行业标准	制订	推荐
137.	6)	工业互联网标识解析标识注册管理协议与技术要求	2019—1013T-YD		行业标准	制订	推荐
138.	7)	工业互联网标识解析基于标签的编码存储与识读方法	2019—1015T-YD		行业标准	制订	推荐
139.	8)	工业互联网标识解析能源标识编码规范	2020—0033T-YD		行业标准	制订	推荐
140.	9)	工业互联网标识解析装备标识编码规范	2020—0034T-YD		行业标准	制订	推荐
141.	10)	工业互联网标识解析航天标识编码规范	2020—0035T-YD		行业标准	制订	推荐
142.	11)	工业互联网标识解析航空标识编码规范	2020—0036T-YD		行业标准	制订	推荐
143.	12)	工业互联网标识解析船舶标识编码规范	2020—0037T-YD		行业标准	制订	推荐
144.	13)	工业互联网标识解析汽车标识编码规范	2020—0038T-YD		行业标准	制订	推荐
145.	14)	工业互联网标识解析食品标识编码规范	2020—0039T-YD		行业标准	制订	推荐
146.	15)	工业互联网标识解析机械标识编码规范	2020—0040T-YD		行业标准	制订	推荐

表A-1(续9)

总序号	分序号	标准名称	标准编号/计划编号	对应国际标准号	标准类型	制订/修订	推荐/强制
147.	16)	工业互联网标识解析药品标识编码规范	2020-0041T-YD		行业标准	制订	推荐
148.	17)	工业互联网标识解析家电标识编码规范					
149.	18)	工业互联网标识解析电子标识编码规范					
150.	19)	工业互联网标识解析材料标识编码规范					
151.	20)	工业互联网标识解析集装箱标识编码规范					
152.	21)	工业互联网标识解析线缆标识编码规范					
153.	22)	工业互联网标识解析肥料标识编码规范					
154.	23)	工业互联网标识解析仪器仪表标识编码规范					
155.	24)	工业互联网标识解析矿山机械标识编码规范					
156.	25)	工业互联网标识解析模具标识编码规范					
157.	26)	工业互联网标识解析电网标识编码规范					
158.	27)	工业互联网标识解析机织服装标识编码规范					
159.	28)	工业互联网标识解析冶金合金专用设备标识编码规范					
160.	29)	工业互联网标识解析机床标识编码规范					
BCB 标识采集							
161.	1)	基于互联网的射频识别标签信息查询与发现服务	2009-1683T-SJ		行业标准	制订	推荐
162.	2)	工业互联网标识解析标识数据采集方法	2020-0027T-YD		行业标准	制订	推荐
163.	3)	工业互联网标识解析标识数据发现服务技术要求	2020-0029T-YD		行业标准	制订	推荐
164.	4)	工业互联网标识解析标识数据信息服务技术要求	2020-0030T-YD		行业标准	制订	推荐

表A-1（续10）

总序号	分序号	标准名称	标准编号/计划编号	对应国际标准号	标准类型	制订/修订	推荐/强制
165.	5)	工业互联网标识解析主动标识载体总体技术框架					
166.	6)	工业互联网标识解析主动标识载体安全芯片技术要求					
167.	7)	工业互联网标识解析主动标识载体通用集成电路卡技术要求					
168.	8)	工业互联网标识解析主动标识载体通用模组技术要求					
BCC 解析							
169.	1)	信息技术 开放系统互连 对象标识符解析系统	GB/T 35299—2017	ISO/IEC 29168-1:2011	国家标准	制订	推荐
170.	2)	工业互联网标识解析可信解析	2018-2331T—YD		行业标准	制订	推荐
171.	3)	工业互联网标识解析权威解析协议与技术要求	2019-1016T—YD		行业标准	制订	推荐
BCD 交互处理							
172.	1)	工业互联网标识解析基于 Handle 的企业信息服务系统技术要求	2018-1689T—YD		行业标准	制订	推荐
173.	2)	工业互联网标识解析信息协同共享技术要求	2018-1690T—YD		行业标准	制订	推荐
174.	3)	工业互联网标识解析数据同步技术要求	2019-1012T—YD		行业标准	制订	推荐
175.	4)	工业互联网标识解析标识注册信息查询规范	2019-1014T—YD		行业标准	制订	推荐
176.	5)	工业互联网标识解析数据管理架构与技术要求	2019-1017T—YD		行业标准	制订	推荐

表 A-1（续 11）

总序号	分序号	标准名称	标准编号/计划编号	对应国际标准号	标准类型	制订/修订	推荐/强制
177.	6)	工业互联网标识解析数据语义化规范	2019-1018T-YD		行业标准	制订	推荐
178.	7)	工业互联网标识解析标识接入认证协议和技术要求	2019-1019T-YD		行业标准	制订	推荐
179.	8)	工业互联网标识解析标识数据参考模型	2020-0028T-YD		行业标准	制订	推荐
180.	9)	工业互联网标识解析标识数据安全和隐私要求	2020-0031T-YD		行业标准	制订	推荐
181.	10)	工业互联网标识解析 MES 系统对接通用要求	2021-0183T-YD		行业标准	制订	推荐
182.	11)	工业互联网标识解析核心元数据	2021-0185T-YD		行业标准	制订	推荐
183.	12)	工业互联网标识解析接入认证系统接口技术要求					
184.	13)	工业互联网标识解析接入认证系统接口测试技术要求					
185.	14)	工业互联网标识解析系统安全防护要求					
186.	15)	工业互联网标识解析船舶元数据规范					
187.	16)	工业互联网标识解析电力元数据规范					
188.	17)	工业互联网标识解析仪表元数据规范					
BCE 设备与中间件							
189.	1)	工业互联网标识解析权威解析服务器技术要求	2020-0023T-YD		行业标准	制订	推荐
190.	2)	工业互联网标识解析代理解析服务器技术要求	2020-0024T-YD		行业标准	制订	推荐
191.	3)	工业互联网标识解析注册服务器技术要求	2020-0025T-YD		行业标准	制订	推荐
192.	4)	工业互联网标识解析数据采集网关技术要求	2020-0026T-YD		行业标准	制订	推荐

船舶制造车间组网技术

360

表 A-1(续12)

总序号	分序号	标准名称	标准编号/计划编号	对应国际标准号	标准类型	制订/修订	推荐/强制
193.	5)	工业互联网标识解析工业 APP 标识服务总体要求					
194.	6)	工业互联网标识解析接入认证系统接口规范					
195.	7)	工业互联网标识解析接入认证系统接口测试规范					
BCF 异构标识互操作							
196.	1)	工业互联网基于 Ecode 的异构标识解析体系互操作	20204854-T-339		国家标准	制订	推荐
197.	2)	工业互联网基于 Ecode 的异构标识解析体系互操作	2018-1399T-YD		行业标准	制订	推荐
198.	3)	工业互联网基于 Handle 的异构标识解析体系互操作	2018-1400T-YD		行业标准	制订	推荐
199.	4)	工业互联网基于 OID 的异构标识解析体系互操作	2018-1401T-YD		行业标准	制订	推荐
BCG 标识节点							
200.	1)	工业互联网标识解析国家顶级节点服务能力测试规范	2020-0420T-YD		行业标准	制订	推荐
201.	2)	工业互联网标识解析递归节点技术要求	2020-1197T-YD		行业标准	制订	推荐
202.	3)	工业互联网标识解析国家顶级节点服务能力测试规范					
203.	4)	工业互联网标识解析二级节点技术要求					
204.	5)	工业互联网标识解析二级节点服务能力测试规范					
205.	6)	工业互联网标识解析国家顶级节点与二级节点对接技术要求					

表 A-1（续 13）

总序号	分序号	标准名称	标准编号/计划编号	对应国际标准号	标准类型	制订/修订	推荐/强制
206.	7)	工业互联网标识解析递归节点接口技术要求					
207.	8)	工业互联网标识解析递归节点测试规范					
BCH 标识应用							
208.	1)	工业互联网标识解析服务个性化定制应用标识服务接口规范	2020-0032T-YD		行业标准	制订	推荐
209.	2)	工业互联网标识解析机床产品溯源服务管理规范					
210.	3)	工业互联网标识解析基于 eSIM 的应用框架					
C 边缘计算							
CA 边缘数据集采与处理							
211.	1)	工业互联网边缘数据集采处理技术要求					
CB 边缘设备							
212.	1)	工业互联网边缘计算边缘节点管理接口要求	2018-1663T-YD		行业标准	制订	推荐
213.	2)	工业互联网边缘计算边缘网关要求	2018-1664T-YD		行业标准	制订	推荐
214.	3)	工业互联网边缘计算边缘节点模型与要求边缘控制器					
215.	4)	工业互联网边缘计算边缘节点模型与要求边缘云					
216.	5)	工业互联网边缘计算边缘控制器技术要求及测试方法					
217.	6)	工业互联网边缘计算边缘网关技术要求及测试方法					

表 A-1(续 14)

总序号	分序号	标准名称	标准编号/计划编号	对应国际标准号	标准类型	制订/修订	推荐/强制
218.	7)	工业互联网边缘计算边缘云技术要求及测试方法					
CC 边缘平台							
219.	1)	工业互联网边缘计算平台技术要求及测试方法					
CD 边缘智能							
220.	1)	工业互联网边缘智能技术要求					
CE 边云协同							
221.	1)	工业互联网边缘计算面向工业智能的边云协同模型与要求					
CE 算力网络							
222.	1)	工业互联网算力网络技术要求					
D 平台							
DA 工业设备接入上云							
DAA 工业设备接入数据字典							
223.	1)	云制造服务平台制造资源接入集成规范	GB/T 39471—2020		国家标准	制订	推荐
224.	2)	工业互联网平台工业设备接入数据字典 第 1 部分:通用要求					
225.	3)	工业互联网平台工业设备接入数据字典 第 2 部分:高炉					
226.	4)	工业互联网平台工业设备接入数据字典 第 3 部分:数控机床					
227.	5)	工业互联网平台工业设备接入数据字典 第 4 部分:电力设备					
228.	6)	工业互联网平台工业设备接入数据字典 第 5 部分:工程机械					

表 A−1(续 15)

总序号	分序号	标准名称	标准编号/计划编号	对应国际标准号	标准类型	制订/修订	推荐/强制
229.	7)	工业互联网平台工业设备接入数据字典 第 6 部分:场内物流设备					
230.	8)	工业互联网平台工业设备接入数据字典 第 7 部分:水轮机					
231.	9)	工业互联网平台工业设备接入数据字典 第 8 部分:采矿设备					
DAB 工业设备上云管理							
232.	1)	工业互联网平台工业设备上云通用管理要求 第 1 部分:总则					
233.	2)	工业互联网平台工业设备上云通用管理要求 第 2 部分:高炉					
234.	3)	工业互联网平台工业设备上云通用管理要求 第 3 部分:数控机床					
235.	4)	工业互联网平台工业设备上云通用管理要求 第 4 部分:电力设备					
236.	5)	工业互联网平台工业设备上云通用管理要求 第 5 部分:工程机械					
237.	6)	工业互联网平台工业设备上云通用管理要求 第 6 部分:场内物流设备					
238.	7)	工业互联网平台工业设备上云通用管理要求 第 7 部分:水轮机					
239.	8)	工业互联网平台工业设备上云通用管理要求 第 8 部分:采矿设备					
DAC 工业设备数字化管理							
240.	1)	工业互联网平台工业设备数字化管理要求					

表 A-1（续 16）

总序号	分序号	标准名称	标准编号/计划编号	对应国际标准号	标准类型	制订/修订	推荐/强制
DB 工业大数据							
DBA 工业数据交换							
241.	1)	信息技术工业大数据交换规范					
DBB 工业数据分析与系统							
242.	1)	信息技术 通用数据导入接口规范	GB/T 36345—2018		国家标准	制订	推荐
243.	2)	工业互联网平台工业数据分析与系统技术要求					
DBC 工业数据管理							
244.	1)	信息技术 数据质量评价指标	GB/T 36344—2018		国家标准	制订	推荐
245.	2)	工业互联网平台数据字典 第 1 部分：数据元素规范					
246.	3)	工业互联网平台数据字典 第 2 部分：管理规范					
247.	4)	信息技术大数据数据治理实施指南					
248.	5)	信息技术工业数据质量管理功能要求					
249.	6)	工业数据空间分级分类管理通用要求					
250.	7)	工业数据空间总体架构与技术要求					
251.	8)	工业互联网平台制造企业数据质量治理技术要求					
DBD 工业数据建模							
252.	1)	企业资源计划 第 2 部分：ERP 基础数据	GB/T 25109.2—2010		国家标准	制订	推荐
253.	2)	工业过程测量和控制 过程设备目录中的数据结构和元素	GB/T 20818		国家标准	制订	推荐
254.	3)	工业过程测量、控制和自动化生产设施表示 用参考模型（数字工厂）	GB/Z 32235—2015		国家标准	制订	推荐

表 A-1(续 17)

总序号	分序号	标准名称	标准编号/计划编号	对应国际标准号	标准类型	制订/修订	推荐/强制
DBE 工业大数据服务							
255.	1)	信息技术 数据交易服务平台交易数据描述	GB/T 36343—2018		国家标准	制订	推荐
256.	2)	信息技术 数据交易服务平台通用功能要求	GB/T 37728—2019		国家标准	制订	推荐
257.	3)	信息技术大数据数据服务能力评估 第1部分:评估模型					
258.	4)	信息技术大数据数据服务能力评估 第2部分:评估过程					
DBF 工业大数据中心							
259.	1)	工业互联网大数据中心功能架构					
260.	2)	工业互联网大数据中心分中心 第1部分:规划建设					
261.	3)	工业互联网大数据中心分中心 第2部分:基础设施					
262.	4)	工业互联网大数据中心分中心 第3部分:接口规范					
263.	5)	工业互联网大数据中心分中心 第4部分:数据互通					
264.	6)	工业互联网大数据中心数据应用管理规范					
265.	7)	工业互联网大数据中心数据安全监测技术要求					
266.	8)	工业互联网大数据中心用户授权管理规范					
267.	9)	工业互联网大数据中心数据汇聚和共享管理规范					
268.	10)	工业互联网大数据跨中心接入数据交换管理规范					

表A-1（续18）

总序号	分序号	标准名称	标准编号/计划编号	对应国际标准号	标准类型	制订/修订	推荐/强制
269.	11)	信息技术工业互联网数据中心基础设施 第1部分：设计要求					
270.	12)	信息技术工业互联网数据中心基础设施 第2部分：建筑信息					
271.	13)	信息技术工业互联网数据中心设备和基础设施 第3部分：供配电系统					
272.	14)	信息技术工业互联网数据中心设备和基础设施 第4部分：环境管理					
273.	15)	信息技术工业互联网数据中心设备和基础设施 第5部分：综合布线系统					
274.	16)	信息技术工业互联网数据中心设备和基础设施 第6部分：安全系统					
275.	17)	信息技术工业互联网数据中心设备和基础设施 第7部分：综合管理					
276.	18)	工业互联网数据中心碳使用效率					
277.	19)	工业互联网数据中心水资源使用效率					
278.	20)	工业互联网数据中心能源综合利用评价方法					
DC 工业机理模型与组件							
DCA 工业机理模型							
279.	1)	工业互联网平台工业机理模型开发指南					
DCB 工业微组件							
280.	1)	工业互联网平台工业微组件参考架构					
281.	2)	工业互联网平台工业微组件开发指南					
282.	3)	工业互联网平台工业微组件应用实施导则					

表 A−1（续 19）

总序号	分序号	标准名称	标准编号/计划编号	对应国际标准号	标准类型	制订/修订	推荐/强制
283.	4)	工业互联网平台工业微组件分类规范					
DCC 工业智能应用							
284.	1)	工业互联网平台工业知识图谱构建技术要求					
DD 工业数字孪生							
DDA 能力要求							
285.	1)	工业数字孪生功能要求					
286.	2)	工业数字孪生数字孪生管理系统功能体系结构					
DDB 开发运维							
287.	1)	工业数字孪生开发运维要求					
288.	2)	工业数字孪生数据交换与接口要求					
DDC 应用服务							
289.	1)	工业数字孪生应用实施规范					
290.	2)	工业数字孪生应用成熟度					
291.	3)	工业互联网数据中心数字孪生技术要求					
DE 工业微服务与开发环境							
DEA 工业微服务							
292.	1)	工业互联网平台微服务参考框架	20203865−T−469		国家标准	制订	推荐
293.	2)	工业互联网平台微服务功能与接入运行要求					
DEB 开发环境							
294.	1)	工业互联网平台开放应用编程接口规范	20203867−T−469		国家标准	制订	推荐
295.	2)	工业互联网平台应用管理接口要求	YD/T3844−2021		行业标准	制订	推荐
DF 工业 APP							

表 A-1(续 20)

总序号	分序号	标准名称	标准编号/计划编号	对应国际标准号	标准类型	制订/修订	推荐/强制
DFA 工业 APP 开发							
296.	1)	工业互联网平台工业 APP 可视化开发环境通用要求					
297.	2)	工业互联网平台工业 APP 接口规范					
298.	3)	工业 APP 测试方法					
299.	4)	工业 APP 低代码开发平台通用要求					
DFB 工业 APP 应用							
300.	1)	工业 APP 应用模型					
301.	2)	工业 APP 应用评价					
DFC 工业 APP 服务							
302.	1)	工业软件工业 APP 分类分级和测评	20202626-T-469		国家标准	制订	推荐
DG 平台服务与应用							
DGA 服务管理							
303.	1)	工业互联网平台碳中和解决方案分类分级					
304.	2)	工业互联网平台碳中和服务能力规范					
DGB 应用管理							
305.	1)	工业互联网平台企业应用水平与绩效评价管理	20211174-T-339		国家标准	制订	推荐
306.	2)	工业互联网平台应用实施指南 第 1 部分:总则	20211170-T-339		国家标准	制订	推荐
307.	3)	工业互联网平台应用实施指南 第 2 部分:数字化管理					
308.	4)	工业互联网平台应用实施指南 第 3 部分:智能化生产					

表 A-1(续 21)

总序号	分序号	标准名称	标准编号/计划编号	对应国际标准号	标准类型	制订/修订	推荐/强制
309.	5)	工业互联网平台应用实施指南　第 4 部分:网络化协同					
310.	6)	工业互联网平台应用实施指南　第 5 部分:个性化定制					
311.	7)	工业互联网平台应用实施指南　第 6 部分:服务化延伸					
DGC 工业互联网平台+安全生产							
312.	1)	工业互联网平台安全生产数字化管理 第 1 部分:总则					
313.	2)	工业互联网平台安全生产数字化管理 第 2 部分:石化工行业危险化学品领域管理					
DGD 平台互通适配							
314.	1)	工业互联网平台异构协议兼容适配指南	20203866-T-469		国家标准	制订	推荐
315.	2)	工业互联网平台监测分析指南					
316.	3)	工业互联网平台服务商评价方法					
317.	4)	工业互联网平台解决方案分类方法					
E 安全							
EA 分类分级安全防护							
EAA 分类分级定级指南							
318.	1)	工业互联网企业网络安全分类分级定级指南					
EAB 应用工业互联网的工业企业网络安全							
319.	1)	联网工业企业安全防护规范					
EAC 工业互联网平台企业网络安全							
320.	1)	工业互联网平台企业安全防护规范					

表 A-1（续 22）

总序号	分序号	标准名称	标准编号/计划编号	对应国际标准号	标准类型	制订/修订	推荐/强制
EAD 工业互联网标识解析企业网络安全							
321.	1)	工业互联网标识解析企业安全防护规范					
EAE 工业互联网企业数据安全							
322.	1)	工业互联网企业数据安全防护规范					
EAF 工业互联网关键要素安全							
323.	1)	工业控制系统信息安全 第1部分：评估规范	GB/T 30976.1—2014		国家标准	制订	推荐
324.	2)	工业控制系统信息安全 第2部分：验收规范	GB/T 30976.2—2014		国家标准	制订	推荐
325.	3)	工业通信网络 网络和控制系统安全 工业自动化和控制系统安全程序 建立	GB/T 33007—2016	IEC 62443-2-1:2010	国家标准	制订	推荐
326.	4)	工业自动化和控制系统网络安全 可编程序控制器（PLC）第1部分：系统要求	GB/T 33008.1—2016		国家标准	制订	推荐
327.	5)	工业自动化和控制系统网络安全集散控制系统（DCS）第1部分：防护要求	GB/T 33009.1—2016		国家标准	制订	推荐
328.	6)	工业自动化和控制系统网络安全集散控制系统（DCS）第2部分：管理要求	GB/T 33009.2—2016		国家标准	制订	推荐
329.	7)	工业自动化和控制系统网络安全集散控制系统（DCS）第3部分：评估指南	GB/T 33009.3—2016		国家标准	制订	推荐
330.	8)	工业自动化和控制系统网络安全集散控制系统（DCS）第4部分：风险与脆弱性检测要求	GB/T 33009.4—2016		国家标准	制订	推荐
331.	9)	信息安全技术 工业控制系统安全控制应用指南	GB/T 32919—2016		国家标准	制订	推荐
332.	10)	信息安全技术 工业控制系统安全管理基本要求	GB/T 36323—2018		国家标准	制订	推荐

表 A-1(续 23)

总序号	分序号	标准名称	标准编号/计划编号	对应国际标准号	标准类型	制订/修订	推荐/强制
333.	11)	信息安全技术 工业控制系统信息安全分级规范	GB/T 36324—2018		国家标准	制订	推荐
334.	12)	信息安全技术 工业控制系统现场控制设备通用安全功能测试要求	GB/T 36470—2018		国家标准	制订	推荐
335.	13)	信息安全技术 网络安全等级保护基本要求	GB/T 22239—2019		国家标准	制订	推荐
336.	14)	信息安全技术 网络安全等级保护安全设计技术要求	GB/T 25070—2019		国家标准	制订	推荐
337.	15)	信息安全技术 工业控制网络安全隔离与信息交换系统安全技术要求	GB/T 37934—2019		国家标准	制订	推荐
338.	16)	信息安全技术 工业控制网络监测安全技术要求及测试评价方法	GB/T 37953—2019		国家标准	制订	推荐
339.	17)	信息安全技术 数控网络安全技术要求	GB/T 37955—2019		国家标准	制订	推荐
340.	18)	信息安全技术 工业控制系统安全检查指南	GB/T 37980—2019		国家标准	制订	推荐
341.	19)	信息安全技术 工业控制系统专用防火墙技术要求	GB/T 37933—2019		国家标准	制订	推荐
342.	20)	信息安全技术 工业控制系统网络审计产品安全技术要求	GB/T 37941—2019		国家标准	制订	推荐
343.	21)	信息安全技术 工业控制系统漏洞检测产品技术要求及测试评价方法	GB/T 37954—2019		国家标准	制订	推荐
344.	22)	网络关键设备安全通用要求	GB 40050—2021		国家标准	制订	强制
345.	23)	信息安全技术 工业控制系统安全防护技术要求和测试评价方法	20171744—T—469		国家标准	制订	推荐
346.	24)	工业通信网络 网络和系统安全 工业自动化和控制系统信息安全技术	JB/T 11962—2014		行业标准	制订	推荐
347.	25)	工业互联网数据安全保护要求	YD/T 3865—2021		行业标准	制订	推荐

表 A-1（续 24）

总序号	分序号	标准名称	标准编号/计划编号	对应国际标准号	标准类型	制订/修订	推荐/强制
348.	26)	工业互联网安全防护总体要求	2017-0960T-YD		行业标准	制订	推荐
349.	27)	工业互联网安全接入技术要求	2018-0179T-YD		行业标准	制订	推荐
350.	28)	工业互联网平台安全防护要求	2018-1396T-YD		行业标准	制订	推荐
351.	29)	工业 APP 安全防护通用要求	2019-0682T-YD		行业标准	制订	推荐
352.	30)	信息技术 安全技术 工业互联网平台安全参考模型		ISO/IEC 24392			
353.	31)	工业互联网设备安全防护要求					
354.	32)	工业互联网安全数据采集设备技术要求					
355.	33)	工业交换机安全防护要求					
356.	34)	工业互联网安全信任体系技术框架					
357.	35)	工业互联网标识解析系统安全防护要求					
358.	36)	工业互联网边云协同安全技术要求					

EB 安全管理

EBA 安全监测管理

总序号	分序号	标准名称	标准编号/计划编号	对应国际标准号	标准类型	制订/修订	推荐/强制
359.	1)	工业互联网安全态势感知系统技术要求	2019-0026T-YD		行业标准	制订	推荐
360.	2)	工业互联网安全监测与管理系统通用要求	2019-0027T-YD		行业标准	制订	推荐
361.	3)	工业互联网企业侧安全监测与协同管理系统技术要求	2019-0684T-YD		行业标准	制订	推荐
362.	4)	工业互联网企业侧安全监测与协同管理系统接口规范	2019-0685T-YD		行业标准	制订	推荐
363.	5)	工业互联网平台企业安全态势感知平台技术要求					
364.	6)	工业互联网平台企业安全态势感知平台接口规范					